¿Quieres un reto?

¿Quieres un reto?

Los mejores problemas de los concursos de programación de la Universidad de Varsovia

¿Quieres un reto?
Los mejores problemas de los concursos de programación de la Universidad de Varsovia

ISBN: 978-84-122380-0-6
Depósito legal: VA 725-2020

Primera edición en castellano

© 2020 by Miguel Revilla Rodríguez
Traductor y editor Miguel Revilla Rodríguez
Supervisor de edición Tomasz Idziaszek

Traducido de la segunda edición en inglés de:
Looking for a Challenge?
The Ultimate Problem Set from the University of Warsaw Programming Competitions

© 2012–2018 by the Faculty of Mathematics, Informatics and Mechanics, University of Warsaw
© 2018 by Wydawnictwo Naukowe PWN SA
Editores Krzysztof Diks, Tomasz Idziaszek, Jakub Łącki, Jakub Radoszewski
Diseño y tipografía Emilka Bojańczyk / Podpunkt
Ilustraciones Emilka Bojańczyk, Diana Gawronkiewicz / Podpunkt
Publicación Łukasz Łopuszański, Edyta Kawala
Coordinadora de la producción Anna Bączkowska

Compuesto con X͟ǝ̄L̄A̲TEX

Fecha de revisión: 5 de noviembre de 2020

Contenido

/Prefacio a la presente edición

La colección de problemas de algoritmia de esta edición de *¿Quieres un reto?: Los mejores problemas de los concursos de programación de la Universidad de Varsovia*, se publicó por primera vez en 2012. El 17 de mayo de ese año, la Universidad de Varsovia albergó la 36 edición de la final mundial del *ACM International Collegiate Programming Contest* (ACM-ICPC). El ganador fue el equipo de la Universidad estatal de tecnologías de la información, mecánica y óptica de San Petersburgo.

Los concursantes de la Universidad de Varsovia, Tomasz Kulczyński, Jakub Pachocki y Wojciech Śmietanka, ocuparon el segundo lugar en la clasificación de 112 equipos, seleccionados entre 8000, de los mejores estudiantes de programación de 2219 universidades provenientes de 85 países. Junto a otros programadores competitivos polacos, coorganizaron y participaron en numerosos concursos de programación, celebrados regularmente por el personal docente y los estudiantes de la Facultad de matemáticas, informática y mecánica de la Universidad de Varsovia (MIMUV). Estas competiciones han proporcionado a los estudiantes polacos, y del resto del mundo, la oportunidad de ampliar y perfeccionar sus capacidades en la resolución de problemas algorítmicos y de programación, ambos elementos nucleares de las ciencias de la computación. Para muchos participantes, los eventos de la MIMUV supusieron el hallazgo de un camino hacia el éxito en los concursos de programación más prestigiosos y, más importante, lanzaron sus extraordinarias carreras científicas y profesionales.

Aunque la estructura y los contenidos no han variado desde la primera edición, los editores, Tomasz Idziaszek, Jakub Łącki y Jakub Radoszewski, han relizado un buen número de pequeñas correcciones. Los tres quieren aprovechar esta oportunidad para agradecer la colaboración de aquellos lectores detallistas cuyos comentarios facilitaron dichas mejoras.

Para reflejar el progreso y los logros de sus carreras profesionales desde 2012, incluimos algunas notas biográficas actualizadas, respecto de las que aparecerán posteriormente en el texto, de los autores de las soluciones.

Szymon Acedański: profesor en la MIMUV; fundador y CTO de InviNets, una empresa de software que desarrolla aplicaciones para el *internet de las cosas*; miembro del Comité principal de la Olimpiada informática polaca.

Marcin Andrychowicz: se doctoró en criptografía, en la MIMUV, en 2016; medalla de plata de la final mundial del ACM-ICPC en 2013; finalista de Google Code Jam en 2016; en la actualidad, trabaja en OpenAI, en California.

Piotr Chrząstowski: profesor en la MIMUV; miembro del Comité principal de la Olimpiada informática polaca.

Marek Cygan: profesor en la MIMUV; en 2018 recibió un posdoctorado en ciencias de la computación; beneficiario de una Starting Grant del Consejo europeo de investigación en 2015; cofundador de NoMagic.AI, una empresa especializada en software para robótica.

Tomasz Czajka: desarrollador en SpaceX desde 2014, concretamente en los sistemas informáticos del cohete Falcon y la nave Dragon; segunda plaza en la Facebook Hacker Cup de 2014.

Krzysztof Diks: profesor en la MIMUV; desde 2016, presidente del Comité de acreditación polaco; ha participado en 20 ocasiones en la final mundial del ACM-ICPC como entrenador adjunto y es consejero académico de los equipos de programación competitiva de la Universidad de Varsovia, con los que logró, entre 2012 y 2017: dos medallas de oro, tres de plata y una de bronce, incluyendo dos segundos puestos absolutos (2012 y 2017).

Andrzej Gąsienica-Samek: fundador y presidente de la empresa de software Atinea; creador y desarrollador de los portales educativos Insta.Link e instaKod, para la enseñanza de idiomas extranjeros y lenguajes de programación.

Tomasz Idziaszek: recibió su doctorado en teoría de lenguajes de árboles infinitos, por parte de la MIMUV, en 2014; hoy trabaja en Codility en el desarrollo de problemas de algoritmia y evaluación de capacidades de programación; desde 2013, es secretario científico del Comité principal de la Olimpiada informática polaca.

Grzegorz Jakacki: cofundador (2008) y CEO de Codility, una plataforma para evaluar el nivel de competencia en la programación; entre otros clientes de Codility, se encuentran Amazon, Intel, Microsoft, Nokia, PayPal, Samsung, Slack y Tesla.

Tomasz Kociumaka: estudiante de doctorado en la MIMUV; obtuvo una beca de investigación competitiva, otorgada por el Ministerio de ciencia y educación superior (2013); coautor de más de 50 publicaciones científicas; medalla de plata en la final mundial del ACM-ICPC (2013 y 2014); finalista de Google Code Jam y Facebook Hacker Cup (2015).

Eryk Kopczyński: profesor en la MIMUV; disfruta de un éxito continuado en concursos de programación, incluyendo las finales de 2017 de la Facebook Hacker Cup y del Yandex.Algorithm.

Marcin Kubica: profesor en la MIMUV; miembro del Comité principal de la Olimpiada informática polaca; desde 2015, ingeniero jefe de software en Codility.

Tomasz Kulczyński: ingeniero de software en Google Varsovia desde 2012; cofundador de CodiLime; finalista en la Facebook Hacker Cup (2013 y 2016).

Jakub Łącki: recibió su doctorado en algoritmos para grafos dinámicos, por parte de la MIMUV, en 2015; desde 2016 trabaja para Google Research en Nueva York; desde 2014 está en el comité científico de la Olimpiada internacional de informática.

Krzysztof Onak: investigador en el IBM T.J. Watson Research Center, Yorktown Heights, EEUU.

Jakub Pachocki: graduado en 2013 en la MIMUV; recibió su doctorado, por parte de la Carnegie Mellon University, en 2016; desde 2017, investigador en OpenAI; ganador del Google Code Jam en 2012; segundo en la Facebook Hacker Cup en 2013 y finalista en 2014 y 2015.

Paweł Parys: profesor en la MIMUV; ganador del premio Cor Baayen ERCIM de 2012, otorgado a estudiantes jóvenes en el campo de las ciencias de la computación y la matemática aplicada; finalista en la Facebook Hacker Cup en 2013.

Jakub Pawlewicz: profesor en la MIMUV.

Marcin Pilipczuk: profesor en la MIMUV; en 2017 recibió un posdoctorado en ciencias de la computación; beneficiario de una Starting Grant del Consejo europeo de investigación en 2017.

Michał Pilipczuk: profesor en la MIMUV; recibió su doctorado en 2013 en la Universidad de Bergen (Noruega); ganador del premio Cor Baayen ERCIM en 2016, otorgado a estudiantes jóvenes en el campo de las ciencias de la computación y la matemática aplicada.

Jakub Radoszewski: profesor en la MIMUV; recibió su doctorado en algoritmos sobre textos, por parte de la MIMUV, en 2012; desde 2016, vicepresidente del Comité principal de la Olimpiada informática polaca.

Wojciech Rytter: profesor en la MIMUV; miembro del Comité principal de la Olimpiada informática polaca; creador activo de problemas desafiantes e inspiradores para concursos de programación.

Krzysztof Stencel: profesor en la MIMUV; miembro del Comité principal de la Olimpiada informática polaca.

Wojciech Śmietanka: graduado por la MIMUV en 2012; cofundador de CodiLime; después de haber trabajado como ingeniero de software en Google Zurich, en la actualidad, desempeña su labor en Londres, en Quadrature Capital, una empresa de gestión de inversiones.

Tomasz Waleń: profesor en la MIMUV; miembro del Comité principal de la Olimpiada informática polaca; cofundador y desarrollador en Codility.

Jakub Wojtaszczyk: trabaja en Google Varsovia; coautor de un sistema que alberga concursos de programación distribuida; juez en las finales mundiales del ACM-ICPC.

Filip Wolsk: entre 2012 y 2016, empleado por empresas líderes en operaciones bursátiles de alta frecuencia, incluyendo Teza Technlogies; desde agosto de 2016, investigador de inteligencia artificial en OpenAI.

Presentamos esta edición revisada, con la esperanza de que los problemas que incluye sigan estimulando a los lectores a sumergirse en las profundidades de la algoritmia y la programación. Lo hacemos, además, con la confianza de que el estudio de las soluciones diseñadas por los autores ayuden al lector a mejorar sus capacidades para afrontar desafíos de ciencia e ingeniería en su carrera profesional.

/Introducción

Este libro resume los logros y eventos más significativos de los casi 20 años de historia de los concursos de algoritmia y programación polacos, organizados o apoyados por el personal y el alumnado de la Facultad de matemáticas, informática y mecánica de la Universidad de Varsovia. La historia de las competiciones polacas se escribe con los nombres de quienes participaron en ellas, tanto organizadores como concursantes. El hecho de que Polonia fuese la sede de la Olimpiada internacional de informática en 2005, y de las finales mundiales del *ACM International Collegiate Programming Contest* en 2012, dice mucho sobre la calidad de los concursos de programación albergados por Polonia a lo largo de los años.

Los participantes en las competiciones polacas cuentan en sus currículums con un buen número de éxitos a nivel internacional. Entre los más importantes están: primer puesto para Filip Wolski y Tomasz Kulczyński en la Olimpiada internacional de informática en 2006 y 2007, respectivamente, así como la doble victoria de la Universidad de Varsovia en la final mundial del *ACM International Collegiate Programming Contest*, gracias a Tomasz Czajka, Andrzej Gąsienica-Samek y Krzysztof Onak, en 2003, y Marek Cygan, Marcin Pilipczuk y Filip Wolski, en 2007. Los concursantes polacos también han disfrutado del éxito, incluyendo la victoria, en otras competiciones como TopCoder Open, Google Code Jam, Facebook Hacker Cup y Microsoft Imagine Cup. Tales logros no habrían sido posibles sin el extraordinario nivel de dificultad que aportan los concursos de programación nacionales, que han permitido identificar el talento y le han dado la oportunidad de desarrollarse.

Concursos de informática

No debemos subestimar el papel que juegan los concursos en la selección y educación de aquellos estudiantes, tanto de secundaria como universitarios, especialmente dotados. Estos eventos educativos exigen unos conocimientos y habilidades que superan con creces lo que se puede aprender en los institutos y universidades. Un buen concurso es aquel que está vinculado al núcleo de la disciplina implicada, y el aprendizaje y experiencia que se adquieren mediante la participación no son volátiles, sino que consolidan la base del futuro desarrollo. Pero es aún más importante el hecho de que la competición ayuda a los participantes en el desarrollo de capacidades que resultarán útiles en sus futuras vidas profesionales: la diligencia, la búsqueda incesante del éxito, la autodisciplina, el hambre por el conocimiento, la propia mejoría, el trabajo en equipo, la honestidad, la ambición, el ansia de la competición y la dedicación. Tomar parte en un buen concurso debería suponer un reto intelectual para los jóvenes, mientras que el éxito debería venir acompañado del orgullo y el reconocimiento.

Los problemas planteados en los concursos dicen mucho de la calidad de estos. Deberían ser originales, atractivos y presentar diferentes niveles de dificultad. Solucionarlos será motivo de satisfacción para el concursante, mientras que la imposibilidad de resolverlos debería animar a ampliar conocimientos y desarrollar nuevas capacidades. Este libro contiene los mejores problemas de los concursos de algoritmia y programación organizados, o coorganizados, por la Universidad de Varsovia, junto con sus soluciones. La selección de las tareas ha sido realizada por quienes han jugado un papel fundamental en la historia de los concursos de algoritmia y programación polacos, ya sea como organizadores o participantes. Todos los autores de los textos aquí presentados están íntimamente vinculados a la Facultad de matemáticas, informática y mecánica de la Universidad de Varsovia, ya sea como estudiantes o como personal académico.

Cada uno de los problemas tratados en este libro, ha sido utilizado durante uno de los siguientes eventos: Olimpiada informática polaca, Olimpiada informática polaca junior, Campus de entrenamiento de la Olimpiada informática polaca, Olimpiada informática centroeuropea, Concurso universitario de programación polaco y Escaramuzas algorítmicas.

La **Olimpiada informática polaca** fue fundada en 1993 por el Instituto de ciencias de la computación de la Universidad de Breslavia, presidida entonces por el profesor Maciej Sysło. Entre los fundadores del evento se encontraban cuatro miembros de la Universidad de Varsovia: Piotr Chrząstowski-Wachtel, Jan Madey (director, en aquel momento, del Instituto de informática), Wojciech Rytter y Stanisław Waligórski (que se convirtió en el primer presidente del Comité principal de la Olimpiada informática polaca). La Universidad de Varsovia fue, desde el principio, un elemento fundamental en el evento, tanto desde un punto de vista científico como técnico. Todos los autores de los textos presentes en este libro están, o han estado, vinculados a la Olimpiada.

La Olimpiada informática es un concurso dirigido a estudiantes de secundaria. Los cuatro ganadores de las fases nacionales representan a su país en la Olimpiada internacional de informática.

La Olimpiada informática polaca consta de tres fases. La primera suele organizarse en octubre o noviembre e implica a unos mil concursantes, que deben resolver cinco tareas desde casa. La soluciones, una vez completadas, se envían a través de internet para su evaluación por los organizadores. Unos 400 concursantes se clasifican para la segunda fase, que tiene una duración de tres días y se celebra en determinados centros regionales que colaboran intensamente con las universidades que ofrecen los mejores programas de ciencias de la computación de Polonia. El propósito del primer día es que los participantes se familiaricen con el reglamento y la mecánica del concurso. Durante los dos días siguientes, los concursantes deben resolver, de forma individual, dos o tres tareas, a lo largo de una sesión supervisada de cinco horas de duración. Las soluciones se recogen en todos los centros regionales y se evalúan en un entorno común, utilizando la misma metodología. La consecuencia de esta valoración es que unos 80 autores, los de las mejores soluciones, se clasifican para la final de la Olimpiada. Esta es muy similar a la segunda fase. Los cuatro mejores concursantes de la final representarán a Polonia en concursos internacionales de programación, entre los que se encuentra la Olimpiada internacional de informática.

Hasta la fecha, en las 19 ediciones de la Olimpiada informática polaca, han competido 15.000 estudiantes, que han tratado de resolver un total de 300 tareas.

*

La **Olimpiada internacional de informática** tiene lugar cada verano, y reune a los mejores programadores de secundaria del mundo. La primera edición se celebró en 1989. Desde entonces, los estudiantes polacos han logrado 31 medallas de oro, 28 de plata y 22 de bronce.

El personal académico y los estudiantes de la Universidad de Varsovia han participado activamente en la organización de concursos internacionales de programación vinculados a la Olimpiada informática: la propia **Olimpiada internacional de informática** (IOI 2005), tres reuniones de la **Olimpiada informática centroeuropea** (CEOI 1997, 2004, 2011) y dos ediciones de la **Olimpiada informática báltica** (BOI 2001, 2008).

Cada año, los finalistas de la Olimpiada informática polaca tienen la oportunidad de participar en el **Campus de entrenamiento de la Olimpiada informática polaca**, donde resuelven y comentan problemas de algoritmia y programación preparados, en su mayoría, por antiguos alumnos de la Universidad de Varsovia.

Durante los últimos seis años, se ha organizado otro evento con regularidad, en concreto la **Olimpiada informática polaca junior**, un concurso para los estudiantes de secundaria más jóvenes. La idea de la Olimpiada junior fue propuesta por el gran profesor Ryszard Szubartowski, y el Instituto de informática de la Universidad de Varsovia jugó un papel activo en el desarrollo y realización del concurso.

Muchos de los finalistas de la Olimpiada informática eligen la Universidad de Varsovia para continuar su educación en el campo de la informática. La universidad permite a sus estudiantes desarrollar su vena competitiva, promoviendo que intenten conseguir una plaza en el equipo que representará a la Universidad de Varsovia en los concursos de programación por equipos, incluyendo el **ACM International Collegiate Programming Contest**. El ACM-ICPC es el concurso de ciencias de la computación más antiguo y prestigioso del mundo, y está considerado como el campeonato mundial de programación por equipos. Cada equipo consta de tres estudiantes que representan a una misma universidad. La primera fase de la competición es regional, existiendo varias decenas de estos eventos en cada continente habitado del mundo. Los mejores equipos de las fases regionales (todos los ganadores y algunos más, dependiendo del potencial de la región y del número de equipos participantes en la misma) llegan a la final.

Tanto las fases regionales como la final, comparten un mismo formato: cada equipo, compuesto de tres miembros, dispone de un ordenador y cinco horas para resolver entre ocho y doce problemas. Las soluciones propuestas por los concursantes se evalúan en tiempo real, tras lo que reciben un resultado corto pero concreto: *aceptado*, *error en tiempo de ejecución*, *límite de tiempo superado*, *respuesta incorrecta* o *error de presentación*. Todas las tareas se consideran de forma individual y se marcan como aceptadas o rechazadas. El equipo ganador será el que logre completar un mayor número de tareas. En caso de que varios equipos empaten en el número de problemas resueltos, la clasificación depende del tiempo total empleado en su solución, siendo el más bajo el que mejor valoración obtiene. Sin embargo, cada envío rechazado supone una penalización de 20 minutos.

La historia del ACM-ICPC se remonta a 1977 y está vinculada íntimamente al trabajo de Bill Poucher, creador y director del concurso. Se popularizó entre los estudiantes y profesorado polacos por obra del profesor Jan Madey, que formó el primer equipo, representante de la Universidad de Varsovia, en la edición de 1994. La primera fase se desarrolló en Amsterdam, donde lograron la clasificación. Como campeones regionales, aquellos estudiantes de la Universidad de Varsovia asistieron a la final mundial, que tuvo lugar en Nashville, donde se clasificaron en la decimoprimera posición. Desde entonces, los equipos de la Universidad de Varsovia han alcanzado siempre la final mundial, resultando vencedores en dos ocasiones, en 2003 y 2007. En 2012, la Universidad de Varsovia tuvo el placer de ser la anfitriona de la final mundial del ACM-ICPC.

Es importante mencionar que la universidad ya contaba con experiencia en la organización de eventos de gran escala similares. Entre 2001 y 2003, la Universidad de Varsovia albergó el **Concurso regional centroeuropeo**, clasificatorio para el ACM-ICPC. Y en 1998-2001 y 2011, también organizó el **Concurso universitario de programación polaco**.

❖

En 2001, durante los preparativos de la Olimpiada informática báltica, se presentó un nuevo concurso de programación, Cazadores de algoritmos. En 2005, fue rebautizado como **Escaramuzas algorítmicas**. Se trata de una competición individual abierta, en la que pueden participar personas de cualquier edad y situación profesional. Los únicos factores a tener en cuenta son los conocimientos y capacidades de los concursantes. El concurso consta de dos fases. La primera se organiza a través de internet, dura una semana y está dividida en cinco o seis rondas. Durante cada una de ellas, se pide a los concursantes resolver entre una y cuatro tareas. El nivel de dificultad se incrementa en cada ronda. Por último, se invita a los 20 mejores participantes de la primera fase a concursar en una final presencial, con un formato similar al del ACM-ICPC (con la excepción de que la participación es individual, en vez de por equipos). El ganador recibe el título de *Maestro en algoritmos del año*. Escaramuzas algorítmicas ha logrado una enorme popularidad a lo largo del tiempo, causando que, cada año, se inscriban varios miles de personas y que, algunos de ellos, incluyan su clasificación en su *curriculum vitae*.

❖

Como cualquiera puede imaginar, para celebrar este elevado número de concursos a lo largo de los años, ha sido necesario inventar y redactar cientos de tareas de programación. Para "mantenerlas vivas", procuramos publicarlas en un portal educativo llamado **MAIN***, que fue creado por iniciativa de los organizadores de la Olimpiada informática polaca, y está administrado por personal académico y estudiantes de la Universidad de Varsovia. El archivo de MAIN está integrado con el sistema informático de la Olimpiada informática polaca, llamado **SIO**, que permite el envío de soluciones para su evaluación en tiempo real, las 24 horas del día. Los lectores de este libro pueden trabajar en sus propias soluciones y verificarlas en el portal MAIN. ¡Buena suerte!

Sobre los autores

Los autores de los textos presentados en este libro están vinculados íntimamente a la Universidad de Varsovia, y han tenido un impacto significativo en la historia de los concursos de algoritmia y programación organizados por esta. Dada la naturaleza del libro, hemos preferido limitarnos a aquellas personas con experiencia en la redacción y solución de tareas competitivas. Entre los autores hay profesores y estudiantes, antiguos concursantes con éxitos en concursos internacionales, educadores y divulgadores de la informática.

Se pidió a cada autor que seleccionase las dos tareas que le resultasen más estimulantes, de las utilizadas en las competiciones organizadas por la Universidad de Varsovia, y que describiese sus soluciones. La elección ha estado basada en el nivel de dificultad, los métodos y técnicas de solución, el valor educativo o la preferencia personal de cada autor concreto. Cada problema y solución vienen precedidos por una breve biografía del autor, poniendo de relieve los vínculos existentes entre su trayectoria profesional y los concursos de programación, así como sus intereses científicos y privados.

---

*En la actualidad MAIN ya no se utiliza, los problemas han sido trasladados a http://szkopul.edu.pl.

Agradecimientos

En las páginas de este libro solo ha sido posible honrar a 30 personas que han tenido un impacto significativo en el desarrollo de los concursos de programación en Polonia, contribuyendo, al mismo tiempo, a la popularización de la informática y a la educación de muchos científicos de la computación de enorme talento. Sin embargo, quisiera extender mi gratitud a todos aquellos que han hecho posible que este libro sea una realidad. Deseo dar las gracias a los autores de los textos, que lograron entregarlos a tiempo, a pesar de la premura existente. Debo mencionar un agradecimiento especial a aquellos que no solo han aportado su contenido sino que, además, han contribuido con su experiencia a la edición de toda la obra: Tomasz Idziaszek, Jakub Łącki y Jakub Radoszewski. Sin su compromiso y esfuerzo, este libro nunca habría visto la luz. Durante la preparación de la versión en inglés, hemos recibido la ayuda de mi hija Justyna Diks y de mi amigo Jerzy Jaromczyk, ayudados por Neil Moore. Es necesario expresar, también, un agradecimiento especial a Richard Hallas, por su labor corrigiendo la traducción, ayudado en su trabajo por Grzegorz Jakacki y Marcin Kubica. También le estoy extraordinariamente agradecido al estudio gráfico Podpunkt, por el diseño del formato del libro y por su enorme paciencia con los editores durante la preparación de los materiales para la publicación. Por otro lado, hemos recibido una buena dosis de ayuda y ánimo por parte de Rafał Sikorski, un abogado con un interés especial por la informática.

No habría sido posible publicar el libro en su forma actual y con una tirada limitada a 1000 copias, sin el apoyo económico del Ministerio de economía, el PKO Bank Polski y la Fundacja PKO Banku Polskiego. Quiero también aprovechar esta oportunidad para expresar mi aprecio por los gestores de estas instituciones, que han reconocido el importante valor educativo de esta obra y por su compromiso con la educación en sus términos más amplios.

A todos los lectores de este libro: disfrutad de su lectura y de la satisfacción de descubrir los secretos que se esconden tras los algoritmos.

Krzysztof Diks

Los problemas >

SZYMON ACEDAŃSKI

Es estudiante de doctorado en la Facultad de
matemáticas, informática y mecánica de la
Universidad de Varsovia, y su área principal de
estudio es el procesamiento de lenguage natural,
especialmente el etiquetado morfosintáctico y el
análisis profundo. Colabora con el Grupo de
ingeniería lingüística de la Academia polaca de las
ciencias, donde realiza proyectos en ese campo. Ha
ganado dos medallas de oro en la Olimpiada
informática báltica. En 2004, su equipo ganó la fase
regional centroeuropea del ACM-ICPC y representó a
la Universidad de Varsovia en la final mundial en
Shanghai, China. Es director técnico de la Olimpiada
informática polaca y voluntario en la Fundación de la
infancia de Polonia, donde imparte anualmente
talleres para estudiantes de secundaria de altas
capacidades. Entre sus aficiones se encuentra la
fotografía y, durante las estaciones cálidas del año,
navegar y viajar.

/ Hormigas

Concurso: Concurso universitario de programación polaco 2011
Autor: Szymon Acedański
Memoria: 6 MB
https://oi.edu.pl/en/archive/amppz/2011/drz

A los expertos en informática les gustan los árboles. Y a las hormigas, también. Por lo que tenemos un árbol por el que pasean dos hormigas, la Hormiga Izquierda y la Hormiga Derecha, como se puede observar en la figura. Las hormigas caminan por la ruta indicada por la línea de puntos. Comienzan su viaje en el extremo inferior del tronco, en lados opuestos. La Hormiga Izquierda necesita 2 segundos para recorrer una arista del árbol si lo hace desde la raiz (hacia arriba), y 1 segundo si camina hacia la raiz (hacia abajo). La Hormiga Derecha es dos veces más rápida. Cuando las hormigas se encuentran, ambas se dan la vuelta y empiezan a caminar en sentido contrario. Si cualquiera de las dos hormigas llega al suelo, empieza a escalar inmediatamente el lado opuesto del tronco. Aparte de eso, las hormigas son tan pequeñas que no podríamos verlas ni con un microscopio (en la imagen las mostramos mucho más grandes). La tarea consiste en escribir un programa que calcule el momento en el que las hormigas se darán la vuelta por segunda vez.

Entrada

La primera línea de la entrada contiene un único entero t ($1 \leq t \leq 1000$), que representa el número de casos de prueba descritos a continuación.

La descripción de cada uno de los casos de prueba consta de dos líneas. La primera contiene un entero par n ($2 \leq n \leq 100.000.000$), que especifica el número de aristas del árbol. La segunda línea contiene la descripción del árbol. Es una cadena de $\frac{n}{2}$ caracteres de longitud, que representan un número binario de $2n$ bits, escrito en formato hexadecimal (utilizando dígitos y minúsculas de la a a la f). Este número muestra el camino de la Hormiga Izquierda alrededor de todo el árbol, asumiendo que la Hormiga Derecha no se mueve. Los bits consecutivos del número (comenzando desde la izquierda) indican los lugares en los que la Hormiga Izquierda se aleja de la raiz del árbol a lo largo de la artista correspondiente (bit = 1) o hacia la raiz utilizando esa misma arista (bit = 0). La raiz tiene un tronco, es decir, hay exáctamente una arista que nace en la raiz del árbol.

El tamaño de archivo de entrada no superará los 50 MB, lo que es mucho más que la cantidad de memoria disponible para ejecutar el programa.

Salida

El programa debe generar una salida de t líneas, que contengan las respuestas de los casos de prueba, de forma consecutiva. Cada respuesta indicará el momento (en segundos) en el que las hormigas se darán la vuelta por segunda vez, en forma de una fracción irreducible p/q (sin espacios en blanco alrededor de /), donde p y q son enteros positivos. Si la respuesta es un entero entonces, obviamente, $q = 1$.

Ejemplo

Para los datos de entrada:

```
1
28
fb1da30d1b7230
```

el resultado correcto es:

```
282/5
```

Explicación del ejemplo: Los datos de ejemplo corresponden a la figura que ilustra el problema y que transforma la siguiente secuencia de bits:

1111 1011 0001 1101 1010 0011 0000 1101 0001 1011 0111 0010 0011 0000

/ Solución

Hormigas es el único problema de programación que he sido capaz de escribir con un planteamiento rápido. Todos mis intentos anteriores de preparar un problema bajo petición, con la expectativa de hacerlo de una forma rápida, habían sido en vano. Sin embargo, en esa tarde veraniega en concreto, en algún lugar lejano, gracias a la presencia inspiradora de mi colega Jakub Radoszewski, que me comentó la necesidad de nuevos problemas para el Concurso universitario de programación polaco, tuve esta conversación conmigo mismo:

— Hmm, un ejercicio… bien. Entonces necesito un personaje.

— ¿Byteasar? En realidad… no, esto no es para la Olimpiada informática… Quizá un animal. A todo el mundo le gustan.

— Vamos con uno de los candidatos habituales: termitas, hormigas, pulgas…

— ¡Hormigas! Recuerdo que Paweł Parys hablaba de un problema interesante:

Problema. Ciertas hormigas caminan por una rama que se extiende horizontalmente desde el tronco de un árbol. Todas ellas se desplazan a la misma velocidad. Cuando dos se encuentran, dan media vuelta y continúan su camino en sentido contrario. Las hormigas que llegan al tronco del árbol también se dan la vuelta y comienzan nuevamente su ascenso. Si una hormiga llega al extremo de una rama, se cae. Dadas las posiciones iniciales y las velocidades, calcular el momento en el que caerá la última hormiga*.

— Entonces, ¿qué pasaría si las hormigas no cayesen del árbol y la tarea consistiese en calcular su posición en las ramas?

— En realidad, nada emocionante. Estarían yendo y viniendo constantemente. ¿Quizá unas podrían ser más rápidas que otras?

— No, no, demasiado difícil. Solo se me ocurre una solución de fuerza bruta. ¿Y si, además, reducimos el número de hormigas a, digamos, dos?

— Entonces es muy fácil. ¿Mejor sustituimos la rama por algo más complejo?

— Pues sí, un árbol sería perfecto. Concretamente, un árbol natural, con la raiz hacia abajo.

— Bien, porque un árbol oculta ligeramente el hecho de que las hormigas se están moviendo en círculo.

— Por lo menos que los segmentos de "ascenso" sean más difíciles de recorrer.

---

*Recomendamos al lector que trate de resolver este problema. La solución es hermosa.

— Está claro, pero, ¿cuál es el objetivo? Quizá determinar el punto de encuentro de las hormigas.

— Además, sé cómo resolverlo sin leer la representación de árbol completo. Basta con simular el movimiento de una de las hormigas. Sabiendo el número de segmentos de "ascenso" y "descenso" que le quedan a la hormiga, también puedo calcular el tiempo necesario en cada punto para que la otra hormiga recorra la porción restante del árbol... sí, eso es.

Ya estaba a punto de cantar victoria. Pero... una última idea:

— ¿Y si el problema pidiese que se calcule el *segundo* punto de encuentro?

Debo admitir que la cuestión era intrigante. Pero no esperaba que el problema descrito tuviese propiedades tan sorprendentes. En concreto, me resultó llamativo que la siguiente observación sea cierta:

Observación. Después del primer encuentro, la Hormiga Izquierda siempre llega a la raiz más rápido que la Hormiga Derecha.

Pero es la Hormiga Derecha la que, presuntamente, se mueve más rápido...

Solución

Querido lector, parece poco probable que el relato anterior te haya acercado mínimamente a la solución. De hecho, incluso la observación mencionada resulta sospechosa. Así, intentaré explicar la solución paso a paso. La especificación de los datos de entrada está escrita de forma que resulte imposible almacenar el árbol completo en memoria. La solución del autor lee la descripción una sola vez, sin guardarla. De forma esquemática:

1. Leemos el tamaño del árbol, lo que nos dá el número de segmentos de "ascenso" y de "descenso".
2. Mientras leemos la descripción, simulamos el paseo de la Hormiga Izquierda hasta su primer encuentro con la Hormiga Derecha. En cada arista, podemos comprobar si hemos hallado el punto de encuentro pues, al conocer la distancia recorrida por la Hormiga Izquierda, sabemos la distancia que debe cubrir la Hormiga Derecha.
3. Seguimos leyendo la entrada, esta vez simulando el paseo de la Hormiga Derecha, hasta que la Hormiga Izquierda llegue a la raiz.
4. Desde este punto, continuamos simulando el recorrido de la Hormiga Derecha, hasta llegar al segundo punto de encuentro.

Para ver cómo se puede desarrollar este esquema en un algoritmo completo, nos referiremos a una descripción más formal de la solución del autor, escrita por Tomasz Idziaszek mientras preparaba el problema para el concurso.

Utilizaremos terminología de grafos para árboles estándar, con la excepción de que la raiz del árbol se encuentra en la parte inferior. Un punto del árbol se puede describir como un par de números reales (a, k), donde a indica el número total de aristas recorridas por la Hormiga Izquierda hasta dicho punto (habiendo recorrido, posiblemente, algunas aristas en ambos sentidos, que se contarán dos veces), y k indica la altura del punto (el número de aristas desde la raiz hasta el mismo). Si la hormiga no está en un vértice del árbol, a y k tendrán valores no enteros, que indican la porción que ha sido recorrida en la arista actual, o que queda por debajo de la hormiga, respectivamente. Si la Hormiga Izquierda necesita t_u segundos para escalar una arista de "ascenso" y t_d segundos para recorrer una arista de "descenso", entonces llegará a (a, k) en

$$[a, k, t_u, t_d] := \frac{a + k}{2} t_u + \frac{a - k}{2} t_d$$

segundos. Por lo tanto, el primer encuentro entre la Hormiga Izquierda y la Hormiga Derecha, (a_1, k_1), se produce cuando

$$[a_1, k_1, 2, 1] = [2n - a_1, k_1, 1, \tfrac{1}{2}]. \tag{1}$$

Nuevamente, podemos hallar este punto simulando el paseo de la Hormiga Izquierda mientras leemos la descripción del árbol, arista por arista. Cuando la Hormiga Izquierda se encuentra en el punto (a, k), que será el comienzo de alguna arista, podemos comprobar si el encuentro podría producirse en esa misma arista. Digamos que $b = 1$ si es una arista de "ascenso", y $b = -1$ en caso contrario. Si el encuentro se va a producir después de recorrer un segmento ε de la arista, entonces (1) queda satisfecho por

$$a_1 = a + \varepsilon, \quad k_1 = k + b\varepsilon,$$

por lo que

$$\varepsilon = \frac{6n - 9a - k}{9 + b}.$$

Por tanto, si $0 \leq \varepsilon < 1$, entonces habremos localizado el primer punto de encuentro, que se alcanzará en

$$t_1 = [a_1, k_1, 2, 1] = \frac{3a_1 + k_1}{2}$$

segundos.

Si dejamos que las hormigas continúen y vuelvan a la raiz, la Hormiga Izquierda la alcanzará en $[a_1, -k_1, 2, 1] = t_1 - k_1$ segundos, y la Hormiga Derecha en

$$[2n - a_1, -k_1, 1, \tfrac{1}{2}] = t_1 - \frac{k_1}{2}$$

segundos. Ahora vemos claro que la Hormiga Izquierda llegará a la raiz antes que la Hormiga Derecha.

En este momento podemos empezar a buscar el segundo punto de encuentro. Lo haremos simulando el paseo de la Hormiga Derecha. Después de que esta haya recorrido la distancia ε' en la arista que comienza en (a', k'), llegará al segundo punto (a_2, k_2), siempre que

$$a_2 = a' + \varepsilon', \quad k_2 = k' + b'\varepsilon',$$
$$[a_1, -k_1, 2, 1] + [2n - a_2, k_2, 2, 1] = [a_2 - a_1, k_2 - k_1, 1, \tfrac{1}{2}],$$

por lo que

$$\varepsilon' = \frac{12n - 9(a' - a_1) + (k' - k_1)}{9 - b'}.$$

Si $0 \le \varepsilon' < 1$, entonces habremos hallado el segundo punto de encuentro. El tiempo necesario para alcanzarlo es de

$$t_2 = [a_2 - a_1, k_2 - k_1, 1, \tfrac{1}{2}] = \frac{3(a_2 - a_1) + (k_2 - k_1)}{4}$$

segundos. Por lo que el tiempo total hasta el segundo encuentro de las hormigas es igual a

$$t_1 + t_2 = \frac{3(a_1 + a_2) + (k_1 + k_2)}{4}.$$

Veremos que ε es múltiplo de $\frac{1}{9+b}$, y una manipulación algebraica sencilla pondrá de manifiesto que ε' es múltiplo de $\frac{9-b}{(9+b)(9-b')}$. Esto implica que los números a_1, a_2, k_1, k_2 son múltiplos de $\frac{1}{800}$. Por lo tanto, es posible realizar todos los cálculos utilizando enteros de 64 bits, que representan los valores multiplicados por 800.

Todo lo dicho representa un algoritmo en el que cada paso consiste en leer cada arista de la entrada de forma consecutiva y ejecutar un número de operaciones constante. En consecuencia, el tiempo de ejecución del algoritmo es de $O(n)$, con uso de memoria también constante.

MARCIN ANDRYCHOWICZ

Es estudiante en la Facultad de matemáticas, informática y mecánica de la Universidad de Varsovia. Cuando estaba en secundaria ganó tres medallas de oro en la Olimpiada internacional de informática, quedando tercero en el TopCoder High School Tournament, y ganó Escaramuzas algorítmicas en 2008. Durante su etapa universitaria ha sido capitán de un equipo que ganó el Concurso regional centroeuropeo del ACM-ICPC, y obtuvo una medalla de bronce en la Final mundial del ACM-ICPC de 2009.

Sus áreas de interés se centran en protocolos criptográficos de seguridad demostrable contra ataques físicos y en operaciones bursátiles basadas en algoritmos. En su tiempo libre disfruta del montañismo, el *snowboarding* y viajar.

/ Hiperreloj

Concurso: Campus de entrenamiento de la Olimpiada informática polaca 2007
Autor: Jakub Pawlewicz
Memoria: 32 MB
https://oi.edu.pl/en/archive/ontak/2007/hip

El Pitufo Cerebrito llegó a la conclusión de que los días eran demasiado cortos y, por culpa de eso, no le daría tiempo a escribir todos los tomos de *Reflexiones del Pitufo Cerebrito*. Decidió visitar al Padre Tiempo, para pedirle que los días tuviesen 48 horas. El Padre Tiempo no quería aceptar la solucitud pero, tras la molesta insistencia del Pitufo Cerebrito, terminó por ceder. Sin embargo, lo hizo con una condición: el Pitufo Cerebrito debía resolver primero el rompecabezas del Hiperreloj.

El Hiperreloj consta de N relojes. Cada uno de ellos tiene una manecilla y algunos números. En la esfera del reloj i-ésimo $(1 \leq i \leq N)$ están los números desde 1 hasta k_i. Inicialmente, todas las manecillas indican el dígito 1. El Padre Tiempo explicó el rompecabezas de la siguiente manera:

Tienes que realizar una secuencia de movimientos. En cada uno de ellos puedes mover la manecilla de un reloj arbitrario una posición a derecha o izquierda. Después del último movimiento, todas las manecillas del Hiperreloj deben volver a sus posiciones iniciales. Además, cada configuración posible del Hiperreloj debe aparecer una sola vez.

El Pitufo Cerebrito lleva más de una hora dándole vueltas al Hiperreloj y se está convenciendo de que, a pesar de su sabiduría, no logrará resolver el enigma. Necesita tu ayuda.

Entrada

La primera línea de la entrada contiene un entero positivo N. En cada una de las siguientes N líneas hay un entero mayor que 1: en la línea $(i + 1)$-ésima, está el número k_i. El total de configuraciones posibles (es decir, $k_1 k_2 \cdots k_N$) no supera 10^6.

Salida

Si no hay solución posible, escribir la palabra NIE (*no* en polaco). En caso contrario, se deben escribir las líneas $k_1 k_2 \cdots k_N$, describiendo los movimientos siguientes. Cada línea debe contener dos enteros. El primero, i $(1 \leq i \leq N)$, es el número de reloj al que se le ha girado la manecilla. El segundo indica una dirección: 1 (en el

sentido normal de las agujas del reloj) o -1 (en el sentido contrario). Si hay varias
soluciones posibles, cualquiera de ellas es válida.

Ejemplo

Para los datos de entrada:

3

2

2

3

el resultado correcto es:

1   1
2   1
1   -1
3   1
1   1
2   -1
3   1
2   1
1   -1
2   -1
3   -1
3   -1

/ **Solución**

Comencemos expresando la tarea en términos matemáticos. La configuración del Hiperreloj se puede describir con una secuencia de enteros $x_1, x_2, \ldots, x_N$, que indican los números que muestran los relojes individuales, donde $x_i \in \{1, 2, \ldots, k_i\}$. En cada paso, podemos girar la manecilla de uno de los relojes una posición en el sentido de las agujas del reloj o en el contrario, por lo que podemos ir de una configuración $x_1, x_2, \ldots, x_N$ a otra $y_1, y_2, \ldots, y_N$, con que haya un índice j, de forma que $y_i = x_i$ para $i \neq j$ e $y_j = x_j \pm 1$. Además, 1 y k_j son adyacentes en el reloj j-ésimo, por lo que se permiten movimientos de forma que $x_j = 1$ e $y_j = k_j$ o $x_j = k_j$ e $y_j = 1$.

Es natural interpretar el Hiperreloj como un grafo, en el que los vértices corresponden a las diferentes configuraciones y las aristas a las posibles transiciones de un movimiento. ¿Cómo podemos interpretar el rompecabezas en términos de ese grafo? Buscamos un ciclo que pase por cada vértice exáctamente una vez, es decir, un *ciclo hamiltoniano*. El problema de hallar un ciclo hamiltoniano en un grafo arbitrario es NP-completo. Lo que significa que no puede ser resuelto en tiempo polinómico. Pero nuestro grafo tiene una particularidad concreta* que permite resolverlo en tiempo lineal.

---

*Formalmente, este grafo es un producto cartesiano de ciclos sencillos.

Dos relojes

Comencemos resolviendo la tarea para el caso en el que el Hiperreloj esté formado por dos relojes. Lo natural es interpretar la situación como una rejilla de $k_1 \times k_2$. Podemos pasar de una casilla a otra siempre que compartan un lado, además, también consideramos conectadas la última casilla de una fila o columna con la primera de la misma, y viceversa.

La Figura 1 muestra el ejemplo para $k_1 = 6$ y $k_2 = 9$ y su solución. Esta idea se puede generalizar para cualquier situación en la que, al menos uno de los lados, sea de longitud par. El siguiente pseudocódigo corresponde a la imagen, asumiendo que comenzamos en la esquina superior izquierda.

```
Algoritmo LadoPar(k₁, k₂)
    {asumimos que 2 | k₁}
    para i := 1 hasta k₁/2 hacer
        para j := 1 hasta k₂ − 1 hacer
            escribir 2 1 {abajo}
        escribir 1 1 {derecha}
        para j := 1 hasta k₂ − 1 hacer
            escribir 2 −1 {arriba}
        escribir 1 1 {derecha}
```

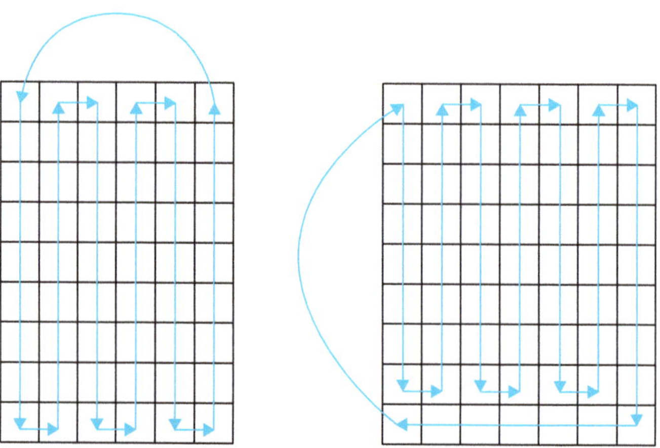

Figura 1: Solución para $k_1 = 6$, $k_2 = 9$ (izquierda) y para $k_1 = 7$, $k_2 = 9$ (derecha).

Las situaciones en las que ambos lados tienen longitudes impares, requieren una pequeña modificación sobre la idea original. En la Figura 1 vemos una solución de ejemplo para $k_1 = 7$ y $k_2 = 9$. De nuevo, el siguiente pseudocódigo corresponde a la imagen, asumiendo que empezamos en la esquina superior izquierda.

```
Algoritmo LadoImpar(k₁, k₂)
    {asumimos que 2 ∤ k₁}
    para i := 1 hasta (k₁ − 1)/2 hacer
        para j := 1 hasta k₂ − 2 hacer
            escribir 2 1 {abajo}
        escribir 1 1 {derecha}
        para j := 1 hasta k₂ − 2 hacer
            escribir 2 −1 {arriba}
        escribir 1 1 {derecha}
    para i := 1 hasta k₂ − 1 hacer
        escribir 2 1 {abajo}
    para i := 1 hasta k₁ − 1 hacer
        escribir 1 −1 {izquieda}
    escribir 2 1 {abajo}
```

Más relojes

Ya sabemos cómo lidiar con el problema para $N = 2$. Resulta que es suficiente como para resolver la versión generalista del problema. Una vez hallado el ciclo hamiltoniado de los dos primeros relojes, podemos tratarlos como un solo reloj con $k_1 k_2$ estados, lo que nos sirve para mostar el ciclo hamiltoniano resultante en el nuevo reloj.

La manecilla del nuevo reloj apunta a un par de números que indican el estado de los dos relojes con los que ha sido creado. Mover la manecilla es equivalente a mover uno de los relojes en la dirección apropiada. Podemos desplazarnos entre cada par de estados consecutivos en un solo movimiento, porque generan un ciclo (ver la Figura 2).

En consecuencia, este nuevo reloj se puede volver a mezclar con el tercero y, mediante la misma técnica, podremos llegar a tener un único reloj, que indica el estado de todo el Hiperreloj. Una vez en ese punto, basta con girar su manecilla 360° y el problema quedará resuelto. Esto significa, por otro lado, que siempre existe solución.

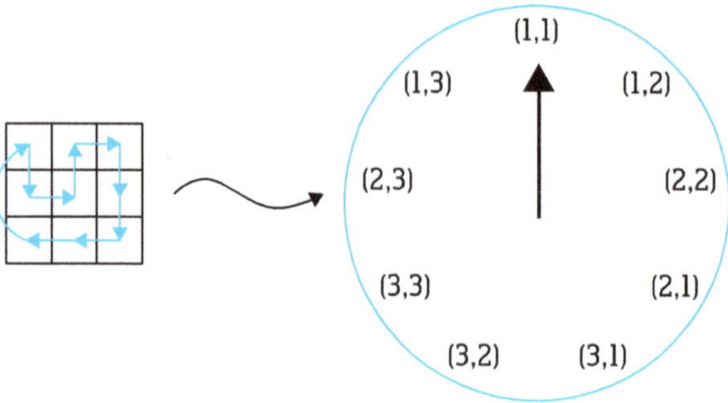

Figura 2: *Mezcla de dos relojes de longitud 3 en uno.*

Representación de los relojes

Para implementar la idea que hemos visto, debemos decidir cómo almacenar los relojes que vamos creando. En realidad, no necesitamos conocer los valores de sus esferas, nos basta con saber qué movimientos corresponden a girar sus manecillas en el sentido normal de un reloj. En el ejemplo anterior, debemos saber que pasar de la primera posición a la segunda (del estado $(1, 1)$ al $(1, 2)$), corresponde a un giro en el sentido de las agujas del segundo reloj (es decir, un movimiento 2 1), etc. Por lo tanto, un reloj con k estados estará representado por un *array* de longitud k, donde, bajo el índice i-ésimo, hay un par (a, b), de forma que $a \in \{1, 2, \dots, N\}$ y $b \in \{-1, 1\}$, que indica un movimiento que debe ser realizado desde el estado i-ésimo hasta el $(i + 1)$-ésimo (o desde el último al primero).

Esta información es suficiente para poder girar el reloj en ambas direcciones, ya que si un par (a, b) corresponde a la transición entre los estados i-ésimo e $(i + 1)$-ésimo, un movimiento desde el estado $(i + 1)$-ésimo al i-ésimo, corresponde al par $(a, -b)$. Utilizando la solución de los dos relojes, podemos mezclarlos en tiempo lineal con el número de estados del reloj resultante. Podemos estimar el tiempo total para todas las $N - 1$ mezclas. Digamos que $M = k_1 k_2 \cdots k_N$. La solución completa trabaja en tiempo proporcional a

$$k_1 k_2 + k_1 k_2 k_3 + \cdots + M = M \left(\frac{1}{k_3 k_4 \cdots k_N} + \frac{1}{k_4 k_5 \cdots k_N} + \cdots + 1 \right) \le$$

$$\le M \left(\frac{1}{2^{N-2}} + \frac{1}{2^{N-3}} + \cdots + 1 \right) < 2M,$$

por lo que resulta lineal con el tamaño de la entrada.

/ Peces

Concurso: Escaramuzas algorítmicas 2009
Autor: Eryk Kopczyński
Memoria: 256 MB
https://oi.edu.pl/en/archive/pa/2009/ryb

En un remoto archipiélago vive una especie de peces depredadores poco común. Estos peces tienen un ritmo de vida muy regular. Se despiertan cada mañana a la misma hora y se van a cazar. Por la noche, vuelven al mismo lugar del que salieron. Se van a dormir cada día a la misma hora, pero pueden despertarse en un lugar diferente, debido a la acción de las corrientes marinas.

A lo largo del día, cada pez se rige por la siguiente regla: en cada momento dado tiene que ser capaz de ver dónde estaba a la misma hora del día anterior, es decir, exactamente 24 horas antes. Evidentemente, un pez no puede ver un punto que esté en el lado contrario de una isla.

Unos ictiólogos llevan bastante tiempo observando a los peces del archipiélago y, cada par de días, han registrado la ruta de uno de ellos. Por desgracia, después de recopilar una gran cantidad de información, ha habido un accidente y se han perdido algunos datos, mientras que el resto están completamente desordenados. Los científicos no pueden saber ni qué pez ha recorrido cada una de las rutas que han registrado. Te han pedido ayuda. Te van a enviar las descripciones desorganizadas de las rutas de los peces y te pedirán que les digas el número mínimo de peces que han observado durante la investigación.

Entrada

La entrada consta de dos partes: la descripción del archipiélago y la descripción de las rutas de los peces. La primera línea de la descripción del archipiélago contiene dos enteros, w y h ($3 \leq w \leq 1000$, $3 \leq h \leq 1000$), separados por un espacio sencillo. En cada una de las siguientes h líneas hay una cadena de caracteres de longitud w, que describe una parte del archipiélago. Un carácter . representa el océano, mientras que # representa tierra. Hay agua (el carácter .) en todos los límites del mapa.

Un punto del archipiélago es visible desde otro si ningún segmento que los conecte tiene puntos en común con el interior o el límite de cualquier área de tierra. La dirección en la que nadan los peces es irrelevante.

En la siguiente línea, hay un entero n ($2 \leq n \leq 1000$) que especifica el número de rutas de peces registradas. Las siguientes $2n$ líneas contienen descripciones de esas rutas. En la primera línea de la descripción de una ruta hay tres enteros, x, y y d ($1 \leq x \leq w$, $1 \leq y \leq h$, $2 \leq d \leq 10.000$), separados por un espacio sencillo. Los números x e y son las coordenadas del lugar en el que se despierta un pez (columna y fila) y d es la longitud de la ruta. La segunda línea es una cadena de d caracteres, N, W, S o E, que representa la dirección del pez. Significan arriba, izquierda, abajo y derecha, respectivamente. Está garantizado que las rutas solo recorren las celdas que contienen agua, que el pez no abandona el fragmento de archipiélago descrito en la entrada y que cada ruta termina en la misma celda en la que empieza.

Los peces solo pueden nadar de forma vertical u horizontal, moviéndose a lo largo de una línea que conecta los centros de las celdas que hay en su ruta. Sin embargo, desconocemos su velocidad. El pez puede acelerar o frenar de forma que siempre pueda ver el punto que ocupaba exáctamente 24 horas antes.

Las corrientes marinas pueden mover a un pez que duerme como mucho una celda hacia arriba, abajo, izquierda o derecha, desde el lugar en el que se detuvo a dormir. Se puede asumir que, entre cada dos celdas de agua del archipiélago, existe una ruta (hipotética) que cruza ambas.

Salida

En la primera línea de la salida, el programa debe escribir un entero k que represente el número mínimo posible de peces presente en función a los datos recogidos por los científicos. Cada una de las siguientes k líneas contiene una lista de rutas de un solo pez. El pez *no* ha nadado necesariamente por esas rutas *en días consecutivos*, sino en dos días cualquiera de su vida.

Un pez puede viajar por dos rutas *en dos días consecutivos*, si ambas comienzan en la misma celda o en celdas vecinas (celdas que comparten uno de sus lados) y si el pez ha podido realizar la segunda ruta sin perder de vista, en ningún momento, el punto que ocupaba exáctamente 24 horas antes.

Las rutas están numeradas desde 1 hasta n, según su orden en la entrada. Se deben escribir los números de las rutas en cada línea de la salida en orden creciente y, a su vez, la líneas deben estar ordenadas de forma que los primeros números de cada una formen, también, una secuencia creciente.

Ejemplo

Para los datos de entrada:

```
10   8
..........
........#..
.........#.
..........
...#......
......###.
......###.
..........
4
2   7   12
NNNEEESSSWWW
2   8   24
WNNNNNNNEEEEESSSSSSSWWWW
1   8   46
NNNNNNNEEEEESSSSSSEEEENNNNNNSSSSSSSWWWWWWWWWW
1   8   32
NNNNNNNEEEEEEEEESSSSSSSWWWWWWWWWW
```

el resultado correcto es:

```
2
1   2   3
4
```

 Un mismo pez podría haber recorrido las dos primeras rutas (incluso en días consecutivos). Después de unos días, el pez podría haber seguido la tercera ruta. Sin embargo, la última ha debido ser recorrida por otro pez. A diferencia de las tres primeras, esta rodea la isla grande.

/ **Solución**

El problema *Peces* no es, en absoluto, habitual. Es el único que conozco que implica la topología. El comportamiento de los peces está descrito en el enunciado de tal manera que, después de leerlo, no resulta intuitivo en relación a qué dos rutas podría recorrer un mismo pez (no necesariamente en días consecutivos). Resulta que esta condición se puede expresar de forma mucho más sencilla, respondiendo a un concepto topológico. Llamaremos a esas rutas *equivalentes*. La tarea consiste en calcular las clases de abstracción de la relación de equivalencia de las rutas.

En primer lugar, hay que darse cuenta de que dos rutas de idéntica forma y dirección, que se diferencien únicamente en el lugar en el que despierta el pez, son equivalentes. Esto es debido a que el pez puede nadar la misma ruta diariamente con una velocidad constante, comenzando cada vez en la siguiente celda del recorrido (a la que ha llegado durante la noche por acción de las corrientes marinas). Por lo tanto, podemos despreocuparnos del lugar en el que despierta un pez y tomar en consideración únicamente la forma de las rutas, que son bucles dirigidos.

Al examinar el ejemplo de la Figura 1, se puede deducir que dos rutas son equivalentes siempre que una de ellas se pueda deformar con continuidad en la otra. En topología, esos bucles se denominan *homotópicos*. Al final de la solución se puede encontrar un esquema de la demostración de este hecho, cuyo conocimiento no es necesario para entender el resto de la misma.

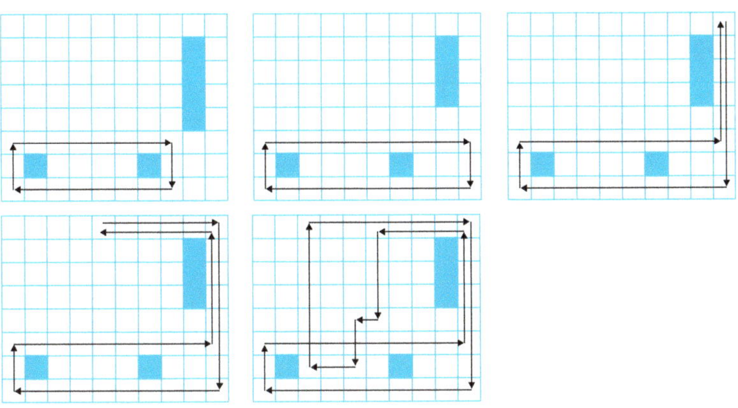

Figura 1: *Ruta de ejemplo que podría nadar un pez en días consecutivos. No se indica el lugar en el que despierta el pez, ya que no es relevante.*

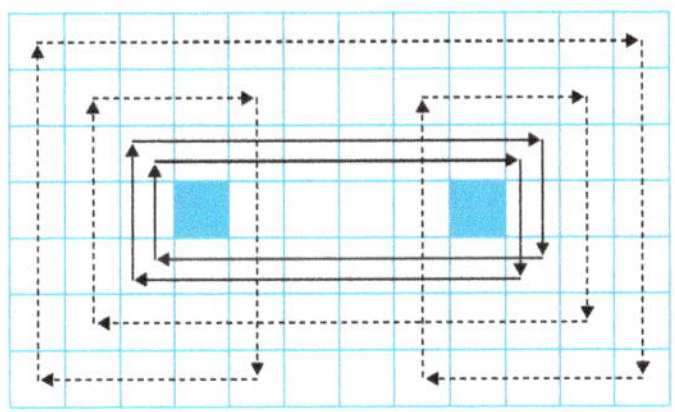

Figura 2: *Ambas rutas circunnavegan la dos islas dos veces, pero no son equivalentes.*

La idea inicial

Consideremos qué ocurre cuando dos rutas son equivalentes. En la Figura 1 se observa que dichas rutas pueden tener formas completamente distintas. En un archipiélago sin islas, todas las rutas son equivalentes. Sin embargo, si hay una isla, una ruta que circunnavegue a esta no es equivalente a otra que no la rodee. Más aún, una ruta que circunnavegue dos veces no es equivalente a otra que lo haga una sola vez. La dirección de circunnavegación (a favor o en contra de las agujas del reloj) también es relevante. Estas aseveraciones podrían sugerir la idea de que contar, de alguna manera, el número de veces que cada ruta circunnavega cada isla permitiría distinguir rutas no equivalentes. Sin embargo, resulta que esa comprobación no es suficiente (ver la Figura 2).

La representación de las rutas

La clave para resolver el problema consiste en transformar cada ruta en algún tipo de representación canónica. Buscamos que la representación de dos rutas sea igual si, y solo si, dos rutas son equivalentes. Imaginemos que las rutas de los peces fuesen gomas elásticas que se encogen y se ajustan a las costas de las islas. Esa transformación es, ciertamente, continua, por lo que, si las formas de dos gomas elásticas son iguales, podremos decir que son equivalentes. La implicación contraria también es cierta, es decir, que dos rutas son equivalentes si, y solo si, las gomas elásticas, una vez encogidas, son idénticas (incluyendo el elemento direccional). El lector puede verificar este hecho dibujando rutas aleatorias y determinando la forma que tomarían las gomas. Podemos asumir que cualquier ruta que no circunnavegue una isla se reduciría a un tamaño microscópico y desaparecería, por lo que todas son equivalentes en este caso.

¿Cómo podemos simular el proceso de la goma elástica? Comencemos imaginando que, en cada fragmento continuo horizontal del océano, hay un rayo láser, que registra el hecho de haber sido cruzado por un pez y la dirección de este (ver la Figura 3).

Asumimos que un pez cruza el rayo siempre que nade en el campo delimitado por el mismo desde o hacia el sur. Podemos calcular los rayos cruzados por cada ruta y en qué dirección lo hace. Observemos que si un pez cruza un rayo y vuelve inmediatamente, podemos ignorar ambas intersecciones, obteniendo la ruta equivalente. Esto podría provocar otro par de intersecciones adyacentes, que también podríamos eliminar.

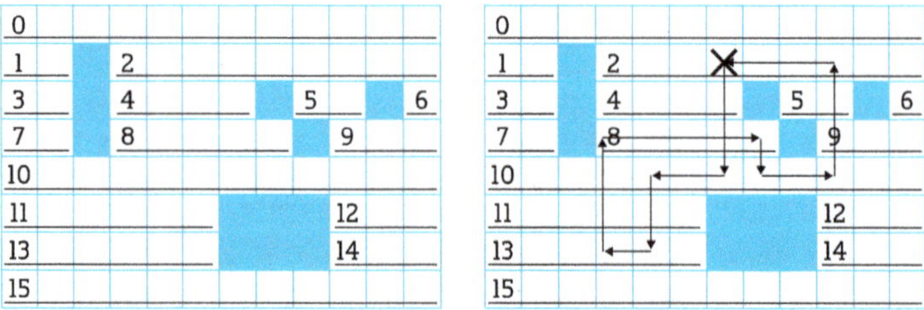

Figura 3: Izquierda: un archipiélago con los rayos láser marcados e identificados por números naturales. Derecha: ejemplo de la ruta de un pez en la que encontramos una secuencia de intersecciones. La celda en la que despierta el pez está indicada con una equis.

Para el ejemplo de la Figura 3, obtendríamos la siguiente secuencia de intersecciones:

$$2\textsc{s}, 4\textsc{s}, 8\textsc{s}, 10\textsc{s}, 11\textsc{s}, 11\textsc{n}, 10\textsc{n}, 8\textsc{n}, 8\textsc{s}, 9\textsc{n}, 5\textsc{n}, 2\textsc{n},$$

donde N o S indican que el pez nadó hacia el norte o el sur, respectivamente. Al eliminar iterativamente las intersecciones adyacentes al mismo rayo láser, obtendremos la siguiente secuencia (el par eliminado en cada paso se indica en negrita):

1. 2s, 4s, 8s, 10s, **11s**, **11n**, 10n, 8n, 8s, 9n, 5n, 2n,
2. 2s, 4s, 8s, **10s**, **10n**, 8n, 8s, 9n, 5n, 2n,
3. 2s, 4s, **8s**, **8n**, 8s, 9n, 5n, 2n,
4. **2s**, 4s, 8s, 9n, 5n, **2n** (la ruta, en realidad, es cíclica, por lo que podemos asumir que la primera y última intersecciones son adyacentes),
5. 4s, 8s, 9n, 5n.

Es posible calcular las intersecciones a eliminar en tiempo lineal, durante el procesado de los rayos que cruza el pez. Podemos almacenar las intersecciones detectadas en una pila. Al encontrar una nueva intersección, podemos comprobar si implica al mismo rayo láser que la del extremo superior de la pila: si es así, eliminamos ambas. Al final del proceso eliminaremos las primera y última intersecciones, siempre que correspondan al mismo rayo. Durante la eliminación, podemos ignorar la dirección de las intersecciones, pues un pez no puede cruzar el rayo dos veces seguidas en el mismo sentido. Denominaremos la secuencia obtenida una *representación* de la ruta. Las direcciones son relevantes únicamente al comparar las representaciones de dos rutas diferentes, ya que nos permiten distinguir el sentido de circunnavegación de la isla.

Equivalencia cíclica

Resulta que dos rutas son equivalentes si, y solo si, sus representaciones presentan una equivalencia cíclica*. Dejaremos este hecho sin demostrar, pero el lector se podrá convencer tras analizar algunos ejemplos. Las representaciones se pueden desplazar cíclicamente, porque el desplazamiento cíclico de la ruta depende del lugar en el que se despierta el pez que, como sabemos, no influye en la equivalencia de las rutas.

La tarea consiste en hallar las clases de abstracción de la relación de equivalencia, que se corresponden con las clases de abstracción de la relación de equivalencia cíclica de sus representaciones. El algoritmo más sencillo que verifica si dos palabras tienen equivalencia cíclica se ejecuta en tiempo $O(d^2)$, donde d es la longitud máxima de ambas palabras. Podemos calcular clases de abstracción, comprobando

*Dos palabras tienen *equivalencia cíclica* si una de ellas es un desplazamiento cíclico de la otra. El *desplazamiento cíclico* de una palabra $a_1 a_2 \ldots a_n$ es cualquier palabra con la forma $a_i a_{i+1} \ldots a_n a_1 a_2 \ldots a_{i-1}$.

si cada par de representaciones de rutas tienen equivalencia cíclica. Esto nos lleva a una solución que funciona en tiempo $O(wh + n^2d^2)$.

Mejora de la complejidad

Es posible lograr soluciones más rápidas utilizando algoritmos más eficientes para la comprobación de la equivalencia cíclica. No resulta difícil demostrar que dos palabras, v y w, de la misma longitud, tienen equivalencia cíclica si, y solo si, v es una subpalabra de ww. Por lo tanto, utilizando cualquier algoritmo de coincidencia de patrones lineal (como el Knuth–Morris–Pratt), podemos verificar en tiempo lineal si dos palabras tienen equivalencia cíclica, lo que lleva a una solución de complejidad $O(wh + n^2d)$.

Sin embargo, podemos probar desde una perspectiva diferente. En vez de comprobar la equivalencia cíclica de cada par de representaciones, podemos transformar estas en algún formato determinado, que denominaremos *representación canónica*. Será una equivalencia cíclica lexicográficamente máxima (ECLM), es decir, una equivalencia cíclica de la representación que tenga el mayor valor en orden lexicográfico. En el ejemplo visto, la representación canónica de 4S, 8S, 9N, 5N es 9N, 5N, 4S, 8S. Cabe mencionar que el cálculo de una ECLM se puede reducir a la búsqueda del sufijo lexicográficamente máximo de una palabra. Podemos demostrar fácilmente que un sufijo lexicográficamente máximo de una palabra $vv\#$, donde $\#$ es un nuevo símbolo menor que todos los que aparecen en v, comienza en una posición que indica el principio de la ECLM de v. Para hallar el sufijo lexicográficamente máximo de una palabra, podemos utilizar el algoritmo de Duval, que funciona en tiempo lineal.

A partir de ahí, dos rutas son equivalentes si, y solo si, sus representaciones canónicas son iguales. Podemos calcular la representación canónica de cada ruta y, después, ordenarlas todas. Una exploración sencilla del *array* resultante nos permitirá el cálculo de las clases de abstracción. Este tipo de técnica funciona en tiempo $O(wh + nd \log n)$ si se aplica un algoritmo de ordenación lineal-logarítmico. Se puede mejorar hasta $O(wh + nd)$, es decir, lineal con el tamaño de entrada, utilizando ordenación por casilleros u ordenación de *hashes*, en vez de las representaciones completas (en el segundo caso, la complejidad aumenta hasta $n \log n$).

Esquema de demostración del teorema de homotopía de las rutas

Esta sección está dedicada a demostrar esquemáticamente el siguiente teorema:

Teorema. Dos rutas son equivalentes si, y solo si, son homotópicas.

Comenzaremos viendo algunas definiciones tomadas de la topología. Digamos que $W \subseteq \mathbb{R}^2$ es un área cubierta por agua.

Definición 1. Un *bucle* (dirigido) en W es cualquier función continua $p: [0, 1] \to W$, de forma que $p(0) = p(1)$. Por intuición, $p(t)$ es el lugar en el que se encontraba un pez en el momento t.

Definición 2. Digamos que p y q son bucles en W. La *homotopía* entre p y q es cualquier transformación continua $F: [0, 1]^2 \to W$, de forma que lo siguiente sea cierto para cualquier $0 \leq r, t \leq 1$:

$$F(0, t) = p(t), \quad F(1, t) = q(t), \quad F(r, 0) = F(r, 1).$$

Se dice que dos bucles son *homotópicos* si existe homotopía entre ellos.

Lema. Las rutas recorridas por un pez en dos días consecutivos son homotópicas.

Demostración. Digamos que p y q son esas rutas, y que $H: [0, 1]^2 \to W$ queda definido por la fórmula $H(r, t) = (1 - r)p(t) + rq(t)$. La imagen de H está contenida en W, porque el pez siempre puede ver el lugar donde estaba exáctamente 24 horas antes, lo que significa que el segmento entre $p(t)$ y $q(t)$ está contenido en W para cualquier t. Es sencillo verficar que H es, entonces, una homotopía entre p y q. $\square$

Una relación homotópica es una relación de equivalencia, por lo que si dos rutas recorridas por un pez en dos días consecutivos son equivalentes, entonces dos rutas cualquiera nadadas por un mismo pez serán equivalentes. Esto finaliza la demostración de implicación "con contundencia".

Observemos que la condición establecida a las rutas de los peces en dos días consecutivos significa, precisamente, que existe una homotopía entre ellas, lo que es lineal con r. Por lo tanto, dos rutas son equivalentes si, y solo si, existe una homotopía lineal por partes entre ellas (más aún, requerimos que $H(r)$ sea una ruta correcta si r es un punto que conecta los segmentos lineales). Resulta que la existencia de una homotopía arbitraria implica la existencia de una homotopía en la forma deseada, pero no lo demostraremos aquí.

PIOTR CHRZĄSTOWSKI

Es profesor ayudante en el Instituto de informática de la Universidad de Varsovia. Durante años ha impartido el curso *Introducción a la programación* a estudiantes de primer año de ciencias de la computación. Le gusta detectar problemas algorítmicos donde otros ni los esperan, y los utiliza como base para la redacción de exámenes. Los más complicados se convierten en tareas de la Olimpiada informática polaca. Ha sido miembro del comité principal de la Olimpiada informática polaca desde su origen, con solo una corta ausencia. Su investigación científica se centra en la teoría de computación distribuida incluyendo, principalmente, redes de Petri, que utiliza para describir procesos de negocio. Es autor de muchos proyectos de programación y aplicaciones, con una extensa experiencia en la combinación de informática y negocios. Últimamente se ha involucrado en el diseño de interfaces de usuario.

Es presidente del jurado del Concurso de la UE para científicos jóvenes. Disfruta jugando al ajedrez, al bridge y al Go. Una de sus grandes pasiones es la música clásica.

/ Pilotos

Concurso: 17ª Olimpiada informática polaca
Autor: Piotr Chrząstowski
Memoria: 64 MB
https://oi.edu.pl/en/archive/oi/17/pil

En el Centro de Entrenamiento Byteano, los pilotos se preparan para ejecutar misiones que requieren una extraordinaria precisión y control. Una forma de medir las capacidades de un piloto, es el tiempo que es capaz de volar a lo largo de una ruta determinada sin desviarse demasiado, dicho de otra forma, si es capaz de realizar un vuelo estable. La tarea no es sencilla, ya que el simulador es tan sensible que registra hasta el movimiento más sutil de los mandos del avión. El simulador registra, en todo momento, un único parámetro que describe la posición de los mandos. Antes de cada sesión de entrenamiento, se establece un cierto nivel de tolerancia t. La tarea del piloto consiste en volar el mayor tiempo posible de forma que todas las mediciones de la posición de los mandos durante el vuelo se diferencien, como mucho, por t. En otras palabras, un segmento del vuelo, que comience en el tiempo i y finalice en el tiempo j, estará dentro del nivel de tolerancia t si las mediciones posicionales, comenzando en la i-ésima y finalizando en la j-ésima, forman una secuencia $a_i, \ldots, a_j$ de forma que, para todos los elementos a_k, a_l de la secuencia, se mantenga la desigualdad $|a_k - a_l| \leq t$.

La tarea consiste en escribir un programa que, dado un valor t y una secuencia de mediciones de la posición de los mandos, determine la longitud del segmento más largo del vuelo que se ha mantenido dentro del nivel de tolerancia t.

Entrada

En la primera línea de la entrada hay dos enteros, t y n ($0 \leq t \leq 2.000.000.000$, $1 \leq n \leq 3.000.000$), separados por un espacio sencillo, que especifican el nivel de tolerancia y el número de mediciones de la posición de los mandos que se han realizado. La segunda línea indica esas mediciones, separadas por espacios sencillos. Cada medición es un entero del intervalo 1 a 2.000.000.000.

Salida

El programa deberá escribir un único entero como salida: la longitud de la porción del vuelo más larga que se haya mantenido dentro del nivel de tolerancia.

Ejemplo

Para los datos de entrada:

3   9

5   1   3   5   8   6   6   9   10

el resultado correcto es:

4

 Hay dos segmentos máximos, ambos de longitud 4: la secuencia 5, 8, 6, 6 y la secuencia 8, 6, 6, 9.

/ Solución

Definamos algunos conceptos. Expresamos la secuencia de mediciones consecutivas como $a_1, a_2, \ldots, a_n$. Diremos que el segmento $[i, j]$ es t-estable, para un t dado, si satisface el requisito de mantener las mediciones dentro del rango t, por lo que, para cada par de índices i', j', tal que $i \leq i' \leq j' \leq j$, tenemos $|a_{i'} - a_{j'}| \leq t$. La tarea será determinar el segmento t-estable más largo para una constante t dada.

Solución ingenua en $O(n^3)$

La idea inicial es considerar todos los pares del índice i, j y determinar cuál de ellos corresponde al segmento t-estable más largo.

```
registro := 1 {longitud del segmento t-estable más largo hasta el momento}
para i := 1 hasta n hacer
    para j := i + 1 hasta n hacer
        si t-estable(i, j) entonces
            si j − i + 1 > registro entonces
                registro := j − i + 1
devolver registro
```

¿Cómo podemos verificar si un segmento $[i, j]$ dado es estable? Evidentemente, podríamos considerar todos los pares (i', j') de forma que $i \leq i' \leq j' \leq j$, y verificar si todos los valores $a_{i'} - a_{j'}$ están dentro de la tolerancia t. Esa solución sería demasiado costosa: ya que el número de pares (i', j') para cada uno de los $O(n^2)$ segmentos $[i, j]$ es cuadrático, la complejidad sería de $O(n^4)$. Pero una observación sencilla nos permite comprobar la t-estabilidad de cada uno de los segmentos $[i, j]$ en tiempo lineal. Para asumir la t-estabilidad, debemos conocer dos valores: el mínimo y el máximo dentro del segmento. Si la diferencia entre ellos no es mayor que t, el segmento será t-estable, en caso contrario, no lo es. Podemos calcularlo fácilmente utilizando $2n - 2$ comparaciones y, con alguna optimización, incluso sería posible con $\lceil 3n/2 \rceil - 2$. Una vez considerada esta idea, tendremos una solución de coste $O(n^3)$, pero seguimos estando muy lejos de la solución óptima.

Solución mejorada en $O(n^2)$

La primera consideración importante será que extender un segmento que no sea t-estable por cualquiera de sus extremos, no lo convertirá en t-estable. En otras palabras, si el segmento $[i, j]$ no resulta ser t-estable, no existirá ningún segmento $[i', j']$ t-estable para ningún $i' \leq i$ y $j \leq j'$. Esto significa que si, para el comienzo constante del segmento i, desplazamos adelante el final del segmento j, y encontramos que para algún j el segmento $[i, j]$ no es t-estable, podemos dejar de considerar i como un comienzo interesante: no habrá más segmentos que, empezando en i, sean t-estables, por lo que no se mejorará el registro. Hay que tener en cuenta que, cuando avanzamos con j, podremos actualizar los valores máximo y mínimo solo si a_j resulta ser el valor mayor o menor de los considerados. De esta forma, podremos obtener un algoritmo sencillo de complejidad $O(n^2)$.

```
i := 1
registro := 1
mientras i ≤ n − registro hacer
    {no hay necesidad de considerar i mayores, ya que ese i}
    {no puede ser el comienzo del segmento t-estable más largo}
    mín := a[i] {el menor...}
    máx := a[i] {y el mayor valor del rango}
    j := i + 1
    estable := verdadero
    mientras (j ≤ n) y estable hacer
        si a[j] > máx entonces
            máx := a[j]
        si no si a[j] < mín entonces
            mín := a[j]
        si máx − mín > t entonces
            estable := falso
        si no
            j := j + 1
    si j − i > registro entonces
        registro := j − i
    {no es necesario comprobar esta condición en cada iteración}
    {porque conocemos el mejor j para un i dado}
devolver registro
```

Notemos el hecho de que abandonamos el bucle con el valor de j indicando el índice más pequeño para el que el segmento que comienza en i no es estable. La resta $j - i$ nos devuelve el número de elementos del segmento estable más largo que empiece en i.

Como tenemos un bucle lineal anidado en otro, el coste total de la solución es cuadrática. Para poder reducir esta complejidad, necesitaremos técnicas más sofisticadas.

Una solución mejor en $O(n \log n)$

Ahora la idea básica es incrementar dos punteros que representen los extremos de un segmento estable. Si a_j destruye la estabilidad, hacemos avanzar a i. En caso contrario, incrementamos j. Para hacer una comprobación rápida de la estabilidad, deberíamos conocer los valores mínimo y máximo del segmento en cuestión. Para ello, necesitaremos una técnica especial que represente un conjunto múltiple que contenga los elementos $a_i, \ldots, a_j$ de forma que el coste de determinar esos valores mínimo y máximo sea bajo. La necesidad del conjunto múltiple se debe a que los valores se pueden repetir dentro de un mismo segmento.

Si utilizamos árboles equilibrados, como el AVL, podremos almacenar cada valor junto a su multiplicidad. La altura de un árbol AVL es logarítmica en relación al número de valores representados. Por lo tanto, ya que los valores mínimo y máximo residen, respectivamente, en los caminos más a la izquierda y más a la derecha, es posible determinarlos en tiempo $O(\log n)$.

El pseudocódigo del algoritmo es bastante sencillo.

```
i := 1
IniciarAVL(a[1]) {crea un árbol AVL de un elemento que contiene a[1]}
registro := 1
mín := a[1]
máx := a[1]
j := 2
mientras j ≤ n hacer
    InsertarAVL(a[j])
    si a[j] > máx entonces
        máx := a[j]
    si no si a[j] < mín entonces
        mín := a[j]
    mientras máx − mín > t hacer
        {si a[j] no cambia mín o máx, o si los cambia pero}
        {sin perder la t-estabilidad, este bucle no se ejecutará}
        EliminarAVL(a[i])
        Actualizar(mín,máx)
        i := i + 1
    j := j + 1
    si j − i > registro entonces
        registro := j − i
devolver registro
```

Podemos actualizar los valores *mín* y *máx* después de la eliminación de $a[i]$ de una forma más eficiente, modificando los procedimientos *InsertarAVL* y *EliminarAVL*, pero no conviene obsesionarse con la idea. En cualquier caso, el coste máximo de cada una de estas operaciones será de $O(\log n)$, incluso sin ninguna optimización.

El algoritmo completo tiene un coste de tiempo de $O(n \log n)$. Resulta tan pequeño porque el número de iteraciones del bucle es lineal: al menos uno de los índices i o j se incrementa en cada iteración (no importa que los bucles estén anidados, la combinación de ambos se ejecutará un máximo de $2n − 2$ veces). En cada iteración del bucle, cada acceso a la estructura de datos del conjunto múltiple consumirá $O(\log n)$ operaciones, gracias a la implementación del árbol AVL.

Soluciones lineales

La observación clave es que no necesitamos recordar todas las mediciones del segmento $[i, j]$, sino que nos basta con las mínima y máxima. Si logramos hacerlo rápidamente, el resto de los valores no será necesario. Vamos a presentar dos soluciones, ambas de coste lineal.

 Digamos que $p[j]$ indica, para cada j, el índice i más pequeño para el que el segmento $[i, j]$ es t-estable. Estamos buscando el segmento t-estable más largo por lo que, si conocemos $p[j]$ para cada j, obtendremos el resultado al comparar los valores $j - p[j] + 1$. Supongamos que $minval(i, j)$ y $maxval(i, j)$ son los valores menor y mayor del segmento $[i, j]$.

Hallaremos la solución mediante un razonamiento inductivo, un potente método presente en muchos de los algoritmos más eficientes. En nuestro caso, consideraremos los elementos consecutivos a_j para $j = 2, \ldots, n$ y diseñaremos un método para avanzar desde $j - 1$ hasta j. Asumamos, de forma inductiva, que conocemos el valor $p[j - 1]$ y que queremos utilizar este dato para determinar $p[j]$. La primera cuestión es por qué este valor debería ser diferente de $p[j - 1]$. Esto solo ocurrirá cuando a_j destruya la estabilidad, así que, o $a[j] - minval(p[j - 1], j - 1) > t$, o bien $maxval(p[j - 1], j - 1) - a[j] > t$. Si no se cumple ninguna de estas desigualdades, entonces $p[j] = p[j - 1]$.

El caso en el que se destruya la estabilidad, $p[j] \neq p[j - 1]$, requiere hallar el menor índice i que haga estable el segmento $[i, j]$. Consideremos tres casos:

→ Si $a[j - 1] > a[j]$ entonces el peligro viene únicamente de la parte superior. El nuevo elemento $a[j]$ podría ser demasiado pequeño para algunos de los elementos del segmento $[p[j - 1], j - 1]$. Por lo tanto, deberíamos encontrar entre estos índices una k de forma que ninguno de los elementos $a[k], \ldots, a[j - 1]$ supere a $a[j]$ por más de t. Es, por lo tanto, conveniente conocer los índices de los izquierda-máximos decrecientes del segmento, comenzando con el valor mayor de todo el segmento. (Un izquierda-máximo en un segmento es un elemento tal que ninguno de los elementos con índice superior sea mayor).

→ Si $a[j - 1] < a[j]$ entonces el peligro viene únicamente de la parte inferior. De forma análoga, deberíamos tener un acceso sencillo a la secuencia creciente de los izquierda-mínimos. (Un izquierda-mínimo en un segmento es un elemento tal que ninguno de los elementos con índice superior sea menor).

→ Si $a[j] = a[j - 1]$ entonces no tenemos nada que hacer, excepto verificar que el segmento actual es el más largo (tenemos $p[j] = p[j - 1]$, y el segmento es ahora más largo).

Aquí podemos ver que la clave del éxito es tener información sobre dos secuencias concretas: la decreciente de izquierda-máximos y la creciente de izquierda-mínimos del segmento $[p[j-1], j-1]$. En cada uno de los casos guardaremos los índices de los valores almacenados. También deberíamos decidir cuál de los posibles valores equivalentes es el que se guardará. Parece evidente: si algún valor izquierda-máximo m es demasido grande para un $a[j]$ dado, todas las apariciones de m en el segmento $[p[j-1], j-1]$ serán igual de malas, por lo que nos interesará la última aparición de ese valor. El primer candidato para $p[j]$ será el elemento cuyo índice supere en 1 a la última aparición de su izquierda-máximo. Puede ocurrir, sin embargo, que algunos, incluso todos, izquierda-máximos consecutivos sean demasiado grandes. En ese caso, deberíamos detenernos en el izquierda-máximo más a la izquierda que no quiebre la t-estabilidad (en el caso extremo, el elemento $a[j]$ en consideración podría ser ese izquierda-máximo, así que siempre encontraremos uno). Con los izquierda-mínimos se produce una situación análoga: necesitamos los índices de las últimas apariciones de los valores crecientes que sean izquierda-mínimos. Por ejemplo, para $t = 4$ y una secuencia 4-estable

$$5, 4, 6, 8, 7, 7, 4, 6, 4, 5$$

los valores decrecientes de los izquierda-máximos que nos interesan son 8, 7, 6, 5, siendo sus índices correspondientes 4, 6, 8, 10, mientras que los valores crecientes de los izquierda-mínimos son 4, 5 con índies 9, 10. Es evidente que aquí tenemos $p[10] = 1$. Si aumentamos la secuencia en consideración con un elemento 11, deberemos modificar ambas secuencias. Por ejemplo, si añadimos $a[11] = 2$, tendremos $p[11] = 7$ (el segmento 4-estable más largo comienza con el valor 4 en la séptima posición). La secuencia actualizada de izquierda-máximos para este nuevo segmento 4-estable que finaliza en el 2 que acabamos de añadir, será igual a 6, 5, 2, con índices 8, 10, 11, mientras que la secuencia de izquierda-mínimos solo tendrá un elemento, 2 con índice 11.

Notemos que el valor real de $p[j]$ no es importante, salvo en el caso en el que incrementemos j sin modificar $p[j]$. Solo entonces se podrá mejorar el registro.

Vamos a plantearlo con más formalidad. Por cada j definimos una secuencia decreciente de izquierda-máximos UP_j de la siguiente manera. El primer elemento de la secuencia es el mayor valor del segmento $[p[j], j]$. Si hay más de un valor igual, elegimos el último. Los elementos consecutivos de esta secuencia son las últimas apariciones de aquellos elementos x menores que los elegidos anteriormente, pero que satisfacen la propiedad de que no habrá valores mayores que x hasta el final del segmento (es decir, hasta j). La secuencia creciente de izquierda-mínimos $DOWN_j$ se define de forma análoga, comenzando con la última aparición del menor elemento del segmento $[p[j], j]$.

Una vez definidas estas dos secuencias, podemos determinar fácilmente el valor $p[j]$. Al mirar la primera secuencia UP_j, veremos que todos los valores que son mayores que $a[j]$ por más de t deben ser excluidos, junto con todos los elementos precedentes. Por lo tanto, un candidato para $p[j]$ será el índice superior en 1 al último elemento de UP_j, que destruye la t-estabilidad. Por supuesto, aunque el primer elemento de la secuencia no sea muy grande, detendremos esta parte de la investigación. En este caso, $p[j]$ será, posiblemente, igual a $p[j-1]$. Si, en su lugar, el primer elemento de la secuencia es mayor que $a[j]$ por más de t, eliminaremos de UP_j todos los elementos demasiado grandes y detendremos la eliminación en el elemento cuyo valor supere a $a[j]$ por, al menos, t. Guardaremos el índice del último elemento eliminado. El siguiente índice será un candidato para $p[j]$. Puede ocurrir que eliminemos todos los elementos de UP_j.

Realizaremos un proceso análogo con la secuencia $DOWN_j$, determinando otro candidato para $p[j]$. Ninguno de los dos impedirá un nuevo extremo del segmento $a[j]$, y ambos tendrán índices mayores por 1 que los últimos elementos eliminados. El valor $p[j]$ (nuevo valor para i) es igual al índice mayor de estos dos candidatos.

Ahora ha llegado el momento de actualizar los valores de *UP* y *DOWN* desde el otro extremo. El último valor de estas dos secuencias se convertirá en el nuevo $a[j]$. En el primer caso, debemos eliminar todos los valores menores de $a[j]$ y, si dicho valor no estaba presente en UP_{j-1}, aumentar la secuencia en $a[j]$. Si $a[j]$ sí estaba presente en UP_{j-1}, entonces no tendremos que aumentar la secuencia, pero sí el índice de este valor a j (que ahora será la última aparición). Por supuesto hacemos lo propio con la otra secuencia. Eliminamos todos los valores mayores y los añadimos al final, o actualizamos el índice si hemos encontrado el valor. La realización de estas acciones conservará la invariabilidad del bucle: las secuencias *UP* y *DOWN* satisfacen la definición y guardamos los valores de las últimas apariciones.

Ahora ha llegado el momento de comprobar si el nuevo elemento $a[j]$ ha incrementado el segmento t-estable más largo que teníamos hasta el momento. Basta con verificar si $j - i + 1$ es mayor que el registro guardado.

Nuestro algoritmo tiene ahora tres fases:

1. La actualización de *UP* y *DOWN* desde el principio.
2. La actualización de *UP* y *DOWN* desde el final.
3. La actualización del registro.

Podemos almacenar ambas secuencias utilizando colas de dos extremos (*deques*), es decir, estructuras que permiten la inserción y eliminación de elementos por ambos lados. Serán necesarias las siguientes operaciones (asumimos que los elementos de la *deque* tendrán dos campos, *val* e *ind*, que representan el valor y el índice de un elemento del segmento):

→ Incializar(q) — para inicializar una *deque* vacía q,

→ Vacía(q) — para verificar que q está vacía,

→ Primero(q) — devuelve el primer elemento de q,

→ EliminarPrimero(q) — elimina el primer elemento de q y devuelve su valor,

→ Último(q) — devuelve el valor del último elemento de q,

→ EliminarÚltimo(q) — elimina el último elemento de q y devuelve su valor,

→ InsertarÚltimo(q, x) — inserta x al final de q.

Tal estructura de datos es muy sencilla de implementar con la ayuda, por ejemplo, de una lista enlazada doble o un *array* que represente un *buffer* circular. Cada una de estas operaciones se puede realizar en tiempo constante.

```
Inicializar(UP)
Inicializar(DOWN)
último_up := 0; último_down := 0
registro := 1
para j := 1 hasta n hacer
    x.ind := j
    x.val := a[j]
    mientras (no Vacía(UP)) y (Primero(UP).val − t > a[j]) hacer
        último_up := EliminarPrimero(UP).ind
    mientras (no Vacía(DOWN) y (Primero(DOWN).val + t < a[j]) hacer
        último_down := EliminarPrimero(DOWN).ind
    i := máx(último_up + 1, último_down + 1)
    {Fin de la fase 1}
    mientras (no Vacía(UP)) y (Último(UP).val < a[j]) hacer
        EliminarÚltimo(UP)
    si Vacía(UP) o (Último(UP).val > a[j]) entonces
        InsertarÚltimo(UP,x)
    si no
        Último(UP).ind := j
    mientras (no Vacía(DOWN)) y (Último(DOWN).val > a[j]) hacer
        EliminarÚltimo(DOWN)
    si Vacía(DOWN) o (Último(DOWN).val < a[j]) entonces
        InsertarÚltimo(DOWN,x)
    si no
        Último(DOWN).ind := j
    {Fin de la fase 2}
    si j − i + 1 > registro entonces
        registro := j − i + 1
devolver registro
```

Analicemos la complejidad de esta solución. La primera impresión es que la complejidad no será lineal. Dentro del bucle más externo "para cada j" tenemos otros dos bucles, en los que se procesan la secuencias de longitud potencialmente lineal *UP* y *DOWN*. Pero el procesamiento global no puede consumir más que tiempo lineal, porque los bucles internos eliminan los elementos, que habían sido insertados con anterioridad. Y en cada iteración del bucle solo podemos insertar un único elemento por cada j. Así que el número total de eliminaciones también es lineal.

Consulta del rango mínimo. Otra idea que resulta en una solución lineal es el algoritmo general de la RMQ, que nos permite hallar rápidamente los valores mínimo y máximo de un segmento dado de un *array*. Después del procesamiento previo, que es lineal en relación a la longitud de la secuencia, las respuestas se obtienen en tiempo constante para cada segmento deseado. Sin embargo, este algoritmo es complejo de implementar.

En resumen

Este problema pone de relevancia un caso típico: podemos mejorar nuestra primera idea por varios órdenes de magnitud, pero hacerlo requiere un enorme esfuerzo y algunos conocimientos. En esta ocasión, hemos logrado una impresionante reducción de la complejidad: desde $O(n^3)$ (o, incluso, $O(n^4)$) hasta lineal. Como en la vida real, "barato" no suele significar "fácil", pero compensa.

/ Esquiadores

Concurso: 9ª Olimpiada informática polaca
Autor: Piotr Chrząstowski
Memoria: 32 MB
https://oi.edu.pl/en/archive/oi/9/nar

En la pendiente sur del Monte Byte hay varias pistas de esquí y un remonte. Todas las pistas discurren entre las estaciones superior e inferior del remonte. Cada mañana, un grupo de trabajadores del remonte examina el estado de las pistas. Todos juntos suben en el remonte hasta la estación superior y, entonces, cada uno de ellos baja esquiando por una de las pistas hasta la estación inferior. Cada trabajador desciende una sola vez. Las pistas por las que bajan esquiando pueden tener tramos comunes. Todas las pistas son descendentes.

El mapa de las pistas de esquí consiste en una red de giros conectados por segmentos en el bosque. Cada giro está a una altura diferente. Dos giros cualesquiera estarán conectados por un segmento como mucho. Al esquiar desde la cima a la estación inferior, se puede elegir una pista para visitar cualquier giro (aunque, probablemente, no todos en una sola vez). Las pistas de esquí se cruzan solo en los giros, y no discurren por túneles o pasos elevados.

Tarea

Escribe un programa que:
→ lea la entrada con el mapa de pistas de esquí,
→ calcule el número mínimo de trabajadores necesarios para examinar todas la vías de descenso,
→ escriba el resultado en la salida.

Entrada

En la primera línea de la entrada hay un entero n igual al número de giros que tiene una pista ($2 \leq n \leq 5000$). Están numerados de 1 a n.

Cada una de las siguientes $n - 1$ líneas contiene una secuencia de enteros, separados por espacios. Los enteros de la línea $(i + 1)$-ésima especifican qué giros pertenecen a la pista i. El primer entero k especifica el número de giros. Los siguientes k enteros son los números de estos, ordenados de oeste a este, según la disposición de los segmentos de pista que llevan hasta los mismos. La estación superior del remonte se encuentra en el giro 1, y la inferior en el n.

Salida

La única línea de la salida debe constar de un único entero: el número mínimo de trabajadores necesarios para examinar todas las vías de descenso.

Ejemplo

Para los datos de entrada:

```
15
5   3   5   9   2   4
1   9
2   7   5
2   6   8
1   7
1   10
2   14  11
2   10  12
2   13  10
3   13  15  12
2   14  15
1   15
1   15
1   15
```

el resultado correcto es:

```
8
```

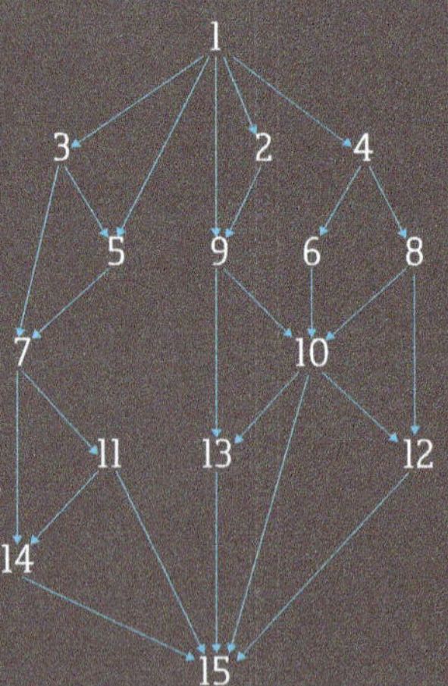

/ Solución

Nos encontramos ante un tipo de grafo muy especial. Los nodos son los giros, mientras que las aristas son los segmentos que los unen, de forma que cada arista contecta un giro con otro diferente. Se trata de un grafo planar, ya que describe pistas de esquí, que solo pueden tener intersecciones en los giros: no hay túneles ni pasos elevados. Además, el grafo no tiene ciclos. Por último, cuenta con dos nodos especiales: las estaciones superior e inferior del remonte. Desde la estación superior se puede llegar a todos los nodos, y desde cualquier nodo se puede llegar a la estación inferior. Vamos a denominarlo *grafo de esquí*.

Por cada grafo de esquí podemos definir un grafo dual de la siguiente manera. Los nodos del grafo dual serán las aristas del grafo original. Existe una arista del grafo dual que conecta e_1 con e_2 si el segmento e_1 termina en un giro desde el que se pueda acceder a e_2. Por lo que los nodos vecinos del grafo dual se corresponden con las aristas del grafo de esquí original que estén colocadas de forma sucesiva en un camino de descenso. Llamaremos N al grafo de esquí original y N_d al grafo dual.

Consideremos ahora la relación $\leq$ en el grafo dual N_d, definido entre sus nodos (segmentos de pista) de la siguiente manera: $e_1 \leq e_2$ si, y solo si, hay un camino en N_d que lleve desde e_1 hasta e_2. Por lo tanto, estamos ante una relación que expresa el hecho de que uno de los nodos se encuentra por encima del otro en un camino desde la parte superior a la inferior. Esta relación tiene las siguientes propiedades:
→ es reflexiva, es decir $\forall e \in E : e \leq e$;
→ es antisimétrica, es decir, $\forall e_1, e_2 \in E : e_1 \leq e_2 \land e_2 \leq e_1 \Rightarrow e_1 = e_2$;
→ es transitiva, es decir, $\forall e_1, e_2, e_3 \in E : e_1 \leq e_2 \land e_2 \leq e_3 \Rightarrow e_1 \leq e_3$.
Cada relación que satisfaga estas propiedades será una relación de *orden parcial*. Las relaciones de orden parcial juegan un importante papel en la informática. Permiten clasificar información y han sido objeto de una intensiva investigación a lo largo de los años.

Decimos que un conjunto A está parcialmente ordenado si en él se define una relación de orden parcial. Tal conjunto ordenado viene determinado por un par $\langle A, \leq \rangle$. Siempre resulta importante saber de qué orden estamos hablando, porque los conjuntos se pueden ordenar de muchas formas diferentes. Nuestro conjunto de segmentos de pista está ordenado por la relación $\leq$, como acabamos de ver.

Si, entre dos elementos de un conjunto parcialmente ordenado, se verifica la relación $a \leq b$, diremos que a no es mayor que b y que b no es menor que a. Vamos a presentar dos conceptos para formular el teorema clave de la solución.

En un conjunto A dado, ordenado parcialmente por la relación $\leq$, la secuencia $\{a_1, a_2, a_3, \ldots, a_n\}$ recibe el nombre de *cadena** si $a_1 \leq a_2, a_2 \leq a_3, \ldots, a_{n-1} \leq a_n$. En nuestro caso, las cadenas son, por ejemplo, todos los posibles segmentos de las pistas de esquí. Decimos que una cadena C es una *cadena máxima* si no es posible extenderla sin perder la propiedad de cadena. En nuestro caso, las cadenas máximas coincidirán con las rutas que comiencen en la estación superior y finalizacen en la inferior. Para una cadena dada $C = a_1, \ldots, a_n$, el elemento a_1 se denomina *mínimo* y a_n, *máximo*.

También vamos a definir el concepto dual de *anticadena*. Un conjunto $B = \{b_1, \ldots, b_n\}$ se denomina anticadena si no se encuentran dos elementos del conjunto ordenados por la relación $\leq$. Igualmente, la anticadena B recibe el nombre de *anticadena máxima* si no es posible extenderla sin perder la propiedad de ser una anticadena. En otras palabras, B es una anticadena máxima siempre que sea una anticadena y, para cada $x \in A \setminus B$, el conjunto $B \cup \{x\}$ no sea una anticadena.

Digamos que $A_1, \ldots, A_m$ es una familia de subconjuntos de A. Diremos que cubre el conjunto A si $\bigcup_{k=1}^{m} A_k = A$. Es importante el hecho de que una pista de esquí dada, desde la parte superior a la inferior, se corresponde con la selección de una cadena máxima en el grafo N_d. Nuestra tarea ha quedado, por tanto, reducida a la búsqueda de esa familia de cadenas máximas, cuyos elementos cubren el conjunto de nodos del grafo dual de N_d, y que tenga el menor número de elementos posible.

Podemos utilizar el siguiente teorema de Dilworth, descubierto en 1950 y descrito en el excelente libro de W. Marek y W. Lipski, *Análisis de combinatoria*.

Teorema. Para cualquier conjunto finito parcialmente ordenado $\langle P, \leq \rangle$, el número máximo de elementos de una anticadena es igual al número mínimo de cadenas que cubren el conjunto P.

Demostración. Seguiremos la demostración del libro citado. Asumiremos que el número máximo de elementos de una anticadena del conjunto P es m. No olvidemos que necesitaremos, al menos, m cadenas para cubrir el conjunto P. Cada cadena puede contener, como mucho, un elemento de la anticadena. Mostraremos cómo m cadenas son suficientes para cubrir el conjunto P.

Utilizaremos la inducción en el número de elementos de P. Para $|P| = 1$ el teorema tiene una aplicación trivial. La única anticadena máxima consta de un único elemento, que resulta ser el número mínimo de cadenas para cubrir P.

---

*Para esta tarea consideraremos únicamente cadenas finitas. En la teoría de conjuntos, también se habla de cadenas infinitas, naturalmente extendiendo la definición, pero no son necesarias en nuestro caso.

Vamos a suponer que esta tesis es válida para todos los conjuntos P' de k elementos, donde $k < n = |P|$. Consideremos cualquier cadena máxima C en P y cualquier anticadena A de la máxima cardinalidad posible m. Digamos que $R(C)$ representa el conjunto de elementos de C. Si eliminamos todos los elementos de C del conjunto P y, en el conjunto resultante $P \setminus R(C)$, restringimos la relación $\leq$ a estos elementos, tendremos dos casos.

En el primero, la longitud de la anticadena más larga del grafo restringido, denominado A', es $m - 1$ y, por la hipótesis de inducción, el conjunto $P \setminus R(C)$ puede cubrirse utilizando $m - 1$ cadenas. Junto a la cadena C habremos encontrado una cobertura que consta de m cadenas.

En el segundo caso, la longitud de A' sigue siendo igual a m (no puede ser menor de $m - 1$, porque cada cadena puede tener, como máximo, un elemento común con cada anticadena, por lo que, al restar $R(C)$, hemos eliminado, como mucho, un elemento de A). Hay que saber que A' no es solo la anticadena máxima en $P \setminus R(C)$ sino, también, en P y, además, $A' \cap C = \varnothing$. Definamos dos conjuntos:

$$B = \{x \in P : \exists\, a \in A' : a \leq x\} \quad \text{y} \quad T = \{x \in P : \exists\, a \in A' : x \leq a\}.$$

De forma intuituva entendemos que el conjunto B se corresponde con los elementos que no residen por encima de la anticadena A' y T se corresponde con los elementos que no están por debajo de A'.

Consideremos el elemento mínimo c de C (el más alto). No pertenece a B porque, de otra forma, la cadena C podría extenderse con algún elemento $a \in A'$, $a < c$, contradiciendo la maximalidad de C, en este caso, $a < c$ implica que $a \leq c$ y que $a \neq c$. Igualmente, T no contiene el elemento máximo de C. Por lo tanto, $|B| < |P|$ y $|T| < |P|$ y, utilizando la hipótesis de la inducción, podemos ver que las siguientes cadenas cubren los conjuntos:

$$B = B_1 \cup \ldots \cup B_m, \quad T = T_1 \cup \ldots \cup T_m,$$

porque la anticadena A' de P es también una anticadena en cada uno de los conjuntos ($A' \subseteq B$ y $A' \subseteq T$).

Digamos que $A' = \{a_1, \ldots, a_m\}$. Asumamos, sin perder la generalidad, que $a_i \in B_i \cup T_i$ para cada $1 \leq i \leq m$. Tengamos en cuenta que $P = B \cup T$, porque, en caso contrario, al tener un elemento x no comparable con ningún a_i, podríamos extender la cadena A' por x, contradiciendo la aceptación de su maximalidad. Por lo tanto

$$P = (B_1 \cup T_1) \cup \cdots \cup (B_m \cup T_m)$$

es una descomposición del conjunto P en m cadenas y el fin la demostración. $\square$

Hemos demostrado que el número mínimo de formas en las que se puede descender la pendiente para cubrir el grafo completo, es igual al tamaño de la anticadena más larga del grafo dual. El teorema de Dilworth no exige que las cadenas sean máximas: siempre podremos exteder una cadena que no lo sea, permitiendo la superposición de cadenas y obteniendo una correspondencia con el número mínimo de pistas de esquí que van de la parte superior a la inferior.

Existe un audaz algoritmo general que puede encontrar un conjunto mínimo de cadenas que cubran el conjunto de nodos, en un grafo finito que represente un orden parcial. Para este algoritmo, asumimos que las aristas conectan dos nodos cualquiera que se encuentren en la misma ruta de la parte superior a la inferior. Queremos cubrir todos los nodos, utilizando para ello el menor número posible de caminos nodo-disjuntos (la cobertura de caminos mínima). Dicha cobertura tendrá tantos elementos como la cobertura de cadenas mínima, solo debemos asegurarnos de que las cadenas de la cobertura son disjuntas. Por último, se puede encontrar la cobertura de caminos mínima de cualquier grafo acíclico dirigido, mediante una reducción al problema de la búsqueda de emparejamiento máximo en un grafo bipartito específico. En nuestro caso, sin embargo, dicha solución resultaría muy ineficiente. Para lograr un método mejor, utilizaremos el hecho de que los grafos de esquí son planares.

Comenzaremos viendo que los segmentos y giros dividen la superficie de la montaña en zonas de bosque, apreciables a simple vista al mirar la pendiente. Todos los pares de puntos de esas áreas se pueden conectar con una polilínea sin cruzar ninguna de las pistas de esquí. En la Figura 1, por ejemplo, dos de esas zonas están rodeadas por los segmentos (a veces ascendentes) que conectan los nodos 1, 2, 9, 10, 6, 4, 1 o 9, 10, 13, 9. Tenemos 12 zonas de bosque en todo el grafo, indicadas por las letras A, B, ..., L. Esas áreas de un grafo planar se llaman *caras*. Ahora veamos que cada anticadena máxima de los segmentos de pista en N_d consta de los propios segmentos, que representan una secuencia de aristas que separan caras adyacentes. De hecho, si faltase alguna cara, significaría que habríamos abandonado voluntariamente el requisito de maximalidad de una anticadena. Vamos a acordar que cruzaremos las aristas de oeste a este. Cada segmento supone, al menos, un ligero descenso, por lo que siempre sabremos qué extremo de un segmento está al oeste y cuál al este. Es fácil encontrar una secuencia de aristas cruzadas de este tipo en nuestro grafo de ejemplo: por ejemplo, podemos realizar un corte horizontal al grafo, cruzando las aristas 1-3, 1-5, 9-13, 9-10, 6-10, 8-10, 8-12. Estas aristas forman una anticadena máxima, aunque en este grafo concreto existen anticadenas compuestas de más elementos. La anticadena más larga corresponde al corte horizontal más largo del grafo y su longitud superará en 1 al número de caras atravesadas por el corte. ¿Cómo determinarlo automáticamente?

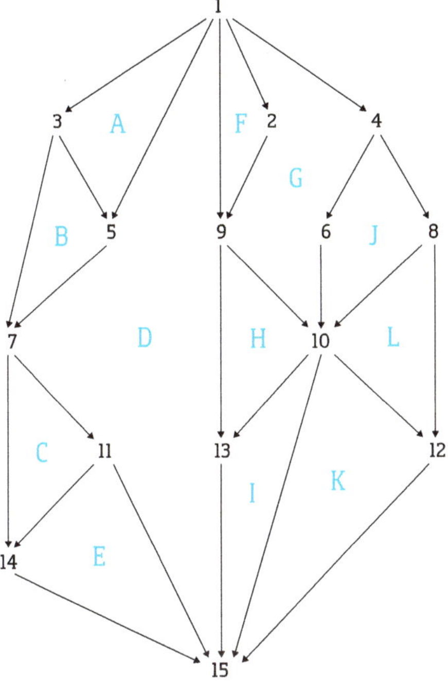

Figura 1: *Grafo de ejemplo con etiquetas asociadas a sus caras.*

Comencemos construyendo el grafo de caras S correspondiente al grafo de esquí original N. Los nodos de S serán las caras de N, y las aristas conectarán dichas caras, separadas, de oeste a este, por un segmento. La Figura 2 muestra el grafo de caras correspondiente al ejemplo que venimos utilizando. Los nodos del grafo están etiquetados con los caracteres de las caras, y las aristas con pares de números que representan los extremos de los segmentos correspondientes en el grafo original N.

En este grafo de caras gozamos de una cierta libertad: las caras F y G también podrían estar conectadas por la arista 2–9. Para no complicar la descripción, hemos elegido cualquiera de las aristas, aunque, evidentemente, de entre dos aristas distintas que separen dos caras, solo una de ellas puede ser miembro de una anticadena, por lo que la elección es totalmente arbitraria.

Ahora el problema ha quedado reducido a determinar la longitud del camino más largo de este grafo. El resultado final será mayor por 2, teniendo en cuenta las caras externas. Esto se puede hacer, por ejemplo, utilizando el siguiente método. Comenzamos ordenado topológicamente la caras, almacenándolas una por una en un *array*, en este orden. A continuación, en una sola pasada, podemos actualizar los caminos más largos que partan de una cara inicial. En nuestro grafo, el valor máximo corresponde a seis caminos de la misma validez: BADFGJL, BADHGJL, BADHIKL, CEDFGJL, CEDHGJL y CEDHIKL, cada uno de ellos con seis aristas. Por lo tanto, el número mínimo de esquiadores será de 8.

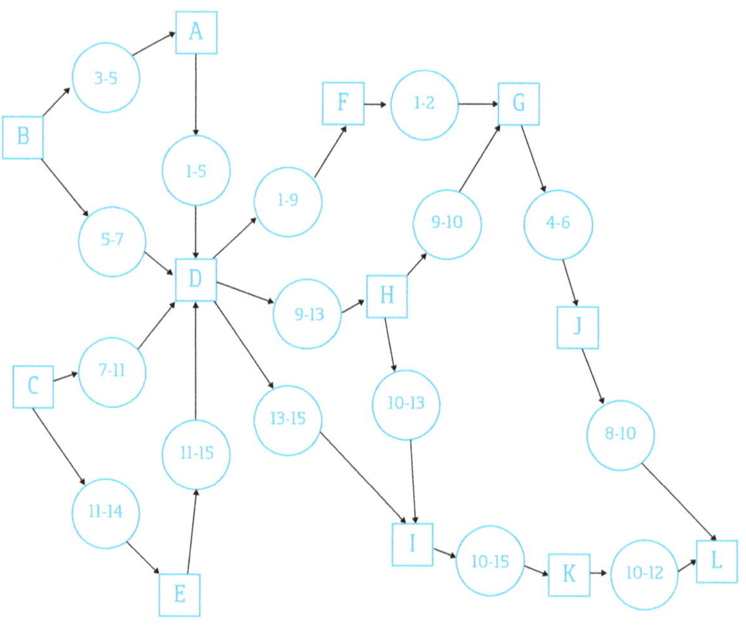

Figura 2: *Grafo de caras para el grafo de esquí de ejemplo.*

Consideremos la complejidad de nuestro algoritmo. El grafo de caras se puede generar en tiempo lineal en relación al número de aristas de N. La ordenación topológica también necesita tiempo lineal. En los grafos planares el número de aristas y caras es lineal con respecto al número de nodos (según el teorema de Euler), por lo que la complejidad total del algoritmo es lineal con el número de nodos del grafo original N.

Es posible, desde luego, argumentar que la solución de esta tarea no debería implicar la demostración del complejo teorema de Dilworth. Basta con tener "suficiente intuición y buenas sensaciones" y programar el algoritmo descrito. Es cierto, pero no lo es menos que este tipo de soluciones suelen ser conocidas, o inventadas, por el tipo de personas capaces de realizar tales demostraciones.

La idea de esta tarea se me ocurrió mientras contemplaba el mapa de un bonito complejo de esquí y me preguntaba cuántas veces deberías subir a la cumbre para recorrer cada tramo de las pistas de esquí. Desde luego que una sola persona deberá realizar el ascenso tantas veces como el número mínimo de esquiadores sean necesarios para la comprobación de la mañana. Como puedes imaginar, el complejo contaba con más de un remonte, pero pensé que sería mejor no complicar excesivamente el problema. Resultó que, incluso con esta versión simplificada de la tarea en la que hay un solo remonte, solo tres concursantes lograron la máxima puntuación.

MAREK CYGAN

Obtuvo su doctorado en la Facultad de matemáticas, informática y mecánica de la Universidad de Varsovia. Sus áreas de investigación incluyen diferentes aspectos de la algoritmia, con especial interés en algoritmos de aproximación y complejidad parametrizada.

No tuvo sus primeros éxitos en concursos de programación hasta que ya había comenzado sus estudios de máster en la Universidad de Varsovia. Junto a sus compañeros de equipo Marcin Pilipczuk y Filip Wolski (y, anteriormente, también con Piotr Stańczyk), ganó el Concurso universitario de programación polaco, el Concurso regional centroeuropeo del ACM-ICPC y la final mundial del ACM-ICPC en 2007. A nivel individual, fue campeón del Google Code Jam de 2005 y finalizó tercero en el TopCoder Open de 2009. Como finalista múltiple de Google Code Jam, TopCoder Open y TopCoder Collegiate Challenge, en la actualidad ocupa el noveno lugar en la clasificación de TopCoder. Además de trabajar y pasar tiempo con su familia, disfruta corriendo, nadando y observando la evolución de los mercados financieros.

/ Barricadas

Concurso: Escaramuzas algorítmicas 2007
Autor: Marek Turski
Memoria: 32 MB
https://oi.edu.pl/en/archive/pa/2007/bar

Bytelandia es una isla con una serie de ciudades conectadas por carreteras de doble sentido. La red de carreteras está diseñada de forma que hay, exactamente, una manera de conducir entre cualquier par de ciudades (sin dar la vuelta).

Por desgracia, se aproximan tiempos oscuros y Bytelandia se prepara para la guerra. Byteasar, el principal estratega de Bytelandia, está preparando un plan de defensa, que incluye la creación de una *zona de seguridad especial*. La zona consistirá en el bloqueo de algunas de las carreteras de Bytelandia, de forma que sea imposible conducir por ellas. Para hacer que la zona sea completamente segura, se deben cumplir las siguientes condiciones:

→ desde cada ciudad dentro de la zona, debe ser posible conducir a cualquier otra ciudad dentro de la misma zona,

→ no debe ser posible llegar desde una ciudad fuera de la zona a otra que esté dentro,

→ la zona deben contener, exactamente, k ciudades.

Se están considerando muchas soluciones diferentes al problema. Para valores distintos de k, es necesario determinar el número mínimo de carreteras que hay que bloquear, con el objetivo de lograr una zona de seguridad especial de tamaño k (que consta de, exactamente, k ciudades). Ayuda a Byteasar a escribir un programa que, para un valor determinado de k, calcule el número necesario de barricadas.

Tarea

Escribe un programa que:

→ lea de la entrada una descripción de las carreteras de Bytelandia y el conjunto de consultas (diferentes valores de k),

→ para cada consulta, determine el número mínimo posible de barricadas necesarias para construir una zona de seguridad especial del tamaño solicitado,

→ escriba el resultado en la salida.

Entrada

La primera línea de la entrada contiene un entero n ($1 \leq n \leq 3000$), que representa el número de ciudades de Bytelandia. Las ciudades están numeradas $1, 2, \ldots, n$.

Cada una de las siguientes $n-1$ líneas de la entrada contiene un par de enteros a, b $(1 \leq a, b \leq n)$. Cada par a, b representa una carretera directa que conecta las ciudades a y b. Cada par de ciudades estará conectado por, como mucho, una carretera directa.

La siguiente línea de la entrada contiene un entero m $(1 \leq m \leq n)$, que representa el número de consultas que habrá que procesar. Cada una de las siguientes m líneas contiene un entero k_i $(1 \leq k_i \leq n)$, que representa la consulta número i (el número de ciudades que debe haber dentro de la zona de seguridad especial i-ésima).

Salida

El programa debe escribir exactamente m números en la salida, cada uno en una línea diferente. El número de la i-ésima línea debe ser:
→ -1, si la creación de una zona especial de seguridad de tamaño k_i no es posible,
→ en caso contrario, el número mínimo de carreteras que hay que bloquear para construir una zona especial de seguridad de tamaño k_i.

Ejemplo

Para los datos de entrada:

```
7
1   2
1   3
2   4
2   5
3   6
3   7
2
2
3
```

el resultado correcto es:

```
2
1
```

/ Solución

Encontré este problema en la final de Escaramuzas algorítmicas 2007. Por desgracia, no logré resolverlo durante el torneo, lo que me hizo perder la competición.

Cualquier concursante experto, tras una breve reflexión, es capaz de identificar un algoritmo de tiempo polinómico para este problema. La complejidad de tiempo de una rutina de programación dinámica al uso puede llegar, con facilidad, a $O(n^3)$. Sin embargo, una sencilla y, al mismo tiempo, brillante observación, demuestra que el algoritmo se ejecuta en tiempo $O(n^2)$. Me parece un truco muy interesante, y esa es la razón por la que he dedicado este capítulo a *Barricadas*.

Algoritmo

Comenzaremos con una descripción de la solución estándar por programación dinámica. En aras de la sencillez, digamos que la raiz del árbol se encuentra en un vértice arbitrario y, desde ahora, asumiremos que estamos trabajando con un árbol con raiz T. En consecuencia, utilizaremos notación normalizada, como en las relaciones padre-hijo del árbol T. Como es normal, en una solución de programación dinámica, lo más importante es definir con exactitud qué es lo que va a calcular nuestro algoritmo.

Para un vértice v, indicamos el subárbol del árbol T como T_v, mientras que $|T_v|$ es el número de vértices en T_v. Además, para un vértice v y un entero arbitrario $1 \leq i \leq |T_v|$, $t[v][i]$ es el número mínimo de aristas que hay que eliminar de T_v para lograr que el componente conexo que contiene el vértice v conste de, exactamente, i vértices. Una vez que tenemos todos los valores $t[\cdot][\cdot]$, es sencillo resolver el problema, con un tiempo de cálculo de cada respuesta de $O(n)$. Dejaremos los detalles como ejercicio para el lector.

Si v es una hoja del árbol T, entonces el subárbol con raiz en v tendrá un único vértice, de forma que $t[v][1] = 0$. Por lo tanto, asumamos que el vértice v tiene, exactamente, k hijos $u_1, \ldots, u_k$ en el árbol T. Por otro lado, asumimos que ya se han calculado todos los valores $t[u_j][i]$, para $1 \leq j \leq k$ y $1 \leq i \leq |T_{u_j}|$. Lo único que queda es combinar los valores que ya hemos obtenido.

Podemos calcular un *array* análogo a t para subárboles más y más grandes, con raiz en v. En primer lugar, lo calculamos únicamente para el vértice v, después, para v y el subárbol con raiz en u_1, después para v y los subárboles con raiz en u_1 y u_2 y, así, sucesivamente. Denominaremos con T_v^j al árbol T_v con los subárboles con raiz en u_z eliminados, para cada $j < z \leq k$ (hay un ejemplo en la Figura 1). Digamos que $t_j[v][i]$ es un valor análogo a $t[v][i]$ obtenido del árbol T_v^j. Debemos tener en cuenta que nuestro objetivo es calcular $t[v][i] = t_k[v][i]$.

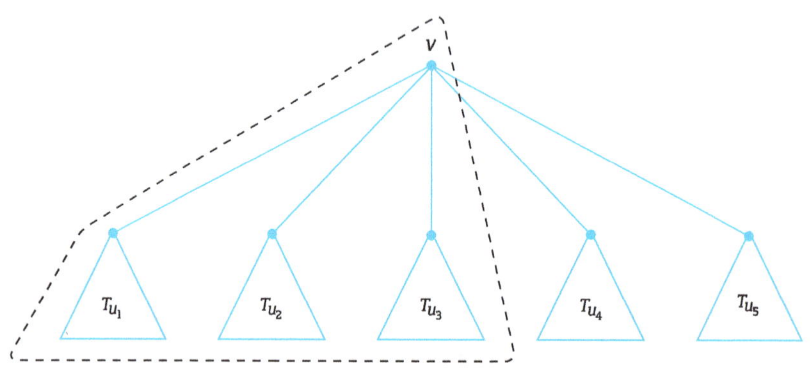

Figura 1: El área rodeada por la línea discontinua contiene los vértices del árbol T_v^3.

Comenzamos con $j = 0$. Entonces, v es una hoja de T_v^j, por lo que $t_j[v][1] = 0$. Ahora, vamos a calcular los valores de de $t_j[v][i]$ para los siguientes valores de j, de acuerdo a la siguiente fórmula:

$$t_j[v][i] = \min\left(t_{j-1}[v][i] + 1, \min_{\substack{a+b=i \\ a,b \geq 1}}(t_{j-1}[v][a] + t[u_j][b])\right). \tag{1}$$

La fórmula considera dos posibilidades. Podemos eliminar la arista vu_j, de forma que el componente conexo que contiene a v conste solo de los vértices de T_v^{j-1}. También podemos dejar la arista en el árbol, en cuyo caso el componente conexo que contiene a v se construye a partir de a vértices de T_v^{j-1} y b vértices de T_{u_j}.

Análisis de complejidad

El mayor consumo de tiempo de nuestro algoritmo se produce en la fórmula (1). Podemos limitar el número de operaciones necesarias para obtener todos los valores $t[\cdot][\cdot]$ en $O(n^3)$, ya que nuestro algoritmo rellena $n - 1$ *arrays* $t_j[v][\cdot]$ (un *array* por cada arista de T), cada uno de los cuales necesita un tiempo de ejecución de $O(n^2)$. Sin embargo, y de forma sorprendente, podemos lograr un límite superior mejor sin realizar cambios en el algoritmo. Basta con investigar atentamente el número de operaciones realizadas.

Lema. Para un vértice fijo v, el número de operaciones necesarias para calcular todos los valores $t[u][\cdot]$, donde u pertenece a T_v, es $O(|T_v|^2)$.

Demostración. Demostraremos el lema por inducción sobre la profundidad del árbol T_v. Si v es una hoja, es obvio que el lema queda satisfecho. Por lo tanto, asumiremos que el vértice v tiene, exactamente, k hijos $u_1, \ldots, u_k$, y denominaremos $a_j = |T_{u_j}|$. Al realizar la operación de combinación del hijo j-ésimo, es decir, al calcular $t_j[v][\cdot]$, recorremos los valores $t_{j-1}[v][a]$ y $t[u_j][b]$ para todos los a y b posibles. Podemos elegir el valor de a de $|T_v^{j-1}|$ maneras diferentes, y el de b de otras $|T_{u_j}|$. De aquí obtenemos

$$O(|T_v^{j-1}| \cdot |T_{u_j}|) = O\big((1 + a_1 + a_2 + \cdots + a_{j-1}) \cdot a_j\big)$$

operaciones. De la asunción inductiva sabremos que el cálculo de todos los valores de la tabla t, para vértices por debajo de v, consumirá $O(\sum_{j=1}^{k} a_j^2)$ tiempo. En definitiva, el número de operaciones necesario para calcular $t[u][\cdot]$ para todos los vértices u, que pertenecen a T_v, es de

$$O\Big(\sum_{i=1}^{k}\sum_{j=1}^{k} a_i a_j + \sum_{j=1}^{k} a_j + \sum_{j=1}^{k} a_j^2\Big) = O\big((1 + \sum_{j=1}^{k} a_j)^2\big) = O(|T_v|^2). \qquad \square$$

Existe también una interpretación en términos de combinatoria de la demostración del lema. Ya que conectar un solo subárbol implica $O(|T_v^{j-1}| \cdot |T_{u_j}|)$ operaciones, podemos interpretar este número como una cantidad de trabajo proporcional al número de pares de vértices del árbol T que tienen v como su menor ancestro común. Ya que cada par de vértices se cuenta exactamente una vez, tendremos una complejidad de tiempo de $O(n^2)$.

Observemos que, utilizando el lema de la raíz del árbol T, logramos un límite superior de $O(n^2)$ en el número total de operaciones necesarias para calcular todos los valores $t[\cdot][\cdot]$.

Merece la pena mencionar que, para lograr una complejidad de tiempo de $O(n^2)$, tendremos que realizar un máximo de $O(|T_v^{j-1}| \cdot |T_{u_j}|)$ operaciones en la fórmula (1). En concreto, no podemos permitirnos iterar sobre un rango demasiado amplio de valores enteros a y b, ya que, incluso aunque cada operación de mezcla tenga una complejidad de $\Omega(n \cdot |T_{u_j}|)$ (o, incluso, $\Omega(|T_v| \cdot |T_{u_j}|)$), nuestro algoritmo necesitará un tiempo de ejecución de $\Omega(n^3)$ en el peor de los casos.

/ **Agencia** *de viajes*

Concurso: Escaramuzas algorítmicas 2006
Autor: Marek Cygan
Memoria: 32 MB
https://oi.edu.pl/en/archive/pa/2006/biu

Últimamente, los habitantes de Bytelandia han comenzado a viajar más de lo habitual. El emprendedor Byteasar ha tenido la idea de abrir una agencia de viajes. El primer día, vinieron a la agencia n clientes (los etiquetaremos con enteros de 1 a n), cada uno de los cuales quiere realizar un viaje. Por desgracia, cada cliente tiene sus propios requisitos.

La tarea consiste en ayudar a Byteasar a seleccionar qué clientes deben unirse al viaje, para maximizar sus beneficios.

Los clientes le dicen a Byteasar qué valor tiene el viaje para ellos. Digamos que x_i es el valor del viaje para el cliente i-ésimo ($-1.000.000 \leq x_i \leq 1.000.000$). Si $x_i \geq 0$, entonces el cliente paga x_i dólares byteanos por el viaje y, si $x_i < 0$, entonces Byteasar debe pagar al cliente i-ésimo la cantidad de $-x_i$ dólares byteanos si, finalmente, realiza el viaje.

Aparte de los requisitos económicos, los clientes también plantean demandas sociales. El cliente i-ésimo tiene k_i ($0 \leq k_i \leq n-1$) de esas demandas. La demanda j-ésima del cliente i-ésimo está representada por un par de enteros (a_{ij}, b_{ij}) ($1 \leq a_{ij} \leq n$, $a_{ij} \neq i$, $1 \leq b_{ij} \leq 1.000.000$). Este requisito significa que, si el cliente i-ésimo va al viaje, entonces el cliente a_{ij}-ésimo también debe ir, o el coste del viaje del cliente i-ésimo se verá reducido en b_{ij} dólares byteanos. Esto podría significar que, para algunos clientes, el coste del viaje pasase de ser positivo a negativo y que Byteasar tendría que entregar dinero a esos clientes, por lo que irán al viaje sin que queden satisfechas algunas de sus demandas sociales.

Ayuda a Byteasar a seleccionar los clientes que deberían viajar, de forma que su beneficio se maximice (el número de clientes que pueden ir a un mismo viaje es ilimitado).

Tarea

Los casos de prueba de esta tarea son abiertos, están disponibles para los concursantes. La solución de la tarea debe ser un programa que lea un único entero p ($0 \leq p \leq 10$) de la entrada y escriba la solución del caso p-ésimo en la salida.

En la primera línea de cualquier archivo de salida debe haber exactamente un entero k ($0 \leq k \leq n$): el número de clientes que deberían ir al viaje de Byteasar. Si el número k es positivo, entonces la segunda línea contendrá k enteros, separados por espacios sencillos y que especifiquen los números de los clientes individuales que asistirán al viaje. Si hay más de una solución óptima, la salida debe contener solo una de ellas. El orden de los números de los clientes es irrelevante.

Descripción de un archivo de entrada única

La primera línea contiene, exactamente, un entero n ($1 \leq n \leq 1000$), que especifica el número de clientes de la agencia de viajes. Las siguientes n líneas describen a los clientes. En la línea $(i + 1)$-ésima ($1 \leq i \leq n$) están los enteros x_i ($-1.000.000 \leq x_i \leq 1.000.000$) y k_i ($0 \leq k_i \leq n - 1$) y, después, k_i pares de enteros a_{ij}, b_{ij} ($1 \leq a_{ij} \leq n$, $a_{ij} \neq i$, $1 \leq b_{ij} \leq 1.000.000$). Todos los números de la línea están separados por espacios sencillos. Se puede asumir que cada cliente tiene, como mucho, un requisito social respecto a cualquier otro cliente.

Ejemplo

Para los datos de entrada:

```
4
5 0
6 2 1 10 3 1
-10 0
1 2 1 10 2 10
```

el resultado correcto es:

```
3
1 2 4
```

Explicación del ejemplo: Si Byteasar elige a los clientes 1, 2 y 4, obtendrá un beneficio de 11 dólares byteanos, y esta es la solución óptima.

/ Solución

Preparé el problema *Agencia de viajes* para la edición de 2006 del concurso Escaramuzas algorítmicas. Sirve como ejemplo de una aplicación poco habitual del teorema del flujo máximo y corte mínimo.

Aunque es posible resolverlo en tiempo polinómico, se dió a los concursantes acceso a los casos de prueba, para animar a aquellos que no lograban resolverlo a ganar, al menos, algunos puntos, mediante la investigación de la estructura especial de grafos en los primeros.

Solución

En una aplicación típica de una reducción al problema del corte mínimo, es posible transformar cada solución de la tarea original en un corte con, exactamente, el mismo coste e, igualmente, se puede transformar cada corte en una solución del problema original, también con el mismo coste exacto. En este sentido, *Agencia de viajes* es un tanto peculiar, ya que no todos los cortes se corresponden con soluciones del problema original. En cualquier caso, la propiedad se verifica en todos los cortes *mínimos*, que son los que vamos a analizar.

Asumamos, por simplificar, que no hay ningún cliente con $x_i = 0$. Al final de esta sección justificaremos por qué podemos asumirlo. Para una instancia determinada del problema *Agencia de viajes*, crearemos el siguiente grafo dirigido auxiliar $G = (V, A, c)$, con la capacidad de cada arco definida por la función $c : A \rightarrow \mathbb{R}_+$. Como conjunto de vértices tomaremos $V = s, t \cup K$, donde s, t son dos vértices especiales, mientras que el conjunto $K = v_1, \ldots, v_n$ contiene, exactamente, n vértices, uno por cliente, donde el vértice v_i corresponde al cliente i-ésimo. Dado que el valor del viaje es positivo o negativo para cada cliente, particionamos el conjunto K en K_+ y K_-, dependiendo del signo del valor x_i correspondiente a un cliente. Creamos el conjunto de arcos de la siguiente manera:

→ Por cada cliente $v_i \in K_+$, añadimos al conjunto A un arco (s, v_i) de capacidad x_i.

→ Por cada cliente $v_i \in K_-$, añadimos al conjunto A un arco (v_i, t) de capacidad $-x_i$ (recordemos que para $v_i \in K_-$ tenemos $x_i < 0$).

→ Por cada requisito social (a_{ij}, b_{ij}) de un cliente i-ésimo, añadimos al conjunto A un arco $(v_i, v_{a_{ij}})$ de capacidad b_{ij}.

La Figura 1 muestra un grafo G de ejemplo.

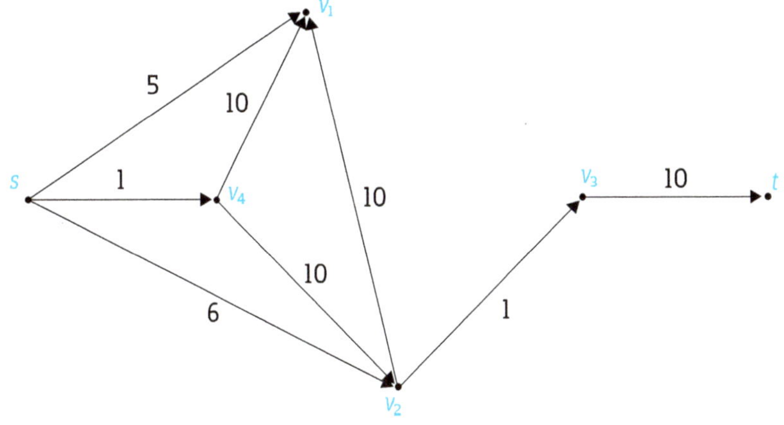

Figura 1: *Construcción del árbol dirigido G para los datos de ejemplo del enunciado.*

Un conjunto de arcos $S \subseteq A$ es un corte st si, después de eliminar del grafo los arcos de S, no hay un camino desde el vértice s al vértice t. El objetivo es demostrar que resolver el problema *Agencia de viajes* es equivalente a encontrar el corte st mínimo en el grafo G, esto es, un corte st con una suma mínima de las capacidades de los arcos eliminados.

No olvidemos que el problema de Byteasar es de maximización, mientras que la búsqueda de un corte mínimo es, evidentemente, de minimización. Por lo tanto, cambiaremos su punto de vista. Digamos que W es la suma de los valores x_i de los clientes del conjunto K_+. Claramente, W es el límite máximo del beneficio de Byteasar. Denominamos con OPT el beneficio máximo que podría obtener Byteasar. A continuación, consideremos cómo podrían afectar las decisiones de Byteasar a su beneficio.

(a) Si Byteasar no elige a un cliente $v_i \in K_+$, pierde x_i del beneficio potencial.

(b) Si Byteasar elige a un cliente $v_i \in K_-$, pierde $-x_i$, ya que tiene que pagarle, exactamente, $-x_i$ al cliente i-ésimo.

(c) Si Byteasar no satisface el requisito social (a_{ij}, b_{ij}), debe reducir el precio del cliente i-ésimo en b_{ij} dólares byteanos.

Estas decisiones corresponden, en los siguientes lemas, a la eliminación de arcos de los tres tipos, enumerados durante la definición del conjunto A.

Lema 1. El coste de un corte st mínimo en el grafo G no es mayor que $W-\mathrm{OPT}$.

Demostración. Digamos que $X \subseteq K$ es el conjunto de clientes que Byteasar llevaría al viaje en una solución óptima. Vamos a construir un corte st de coste igual a $W-\mathrm{OPT}$ y, en consecuencia, mostrar que el coste de cualquier corte st mínimo no es mayor que $W-\mathrm{OPT}$. Como conjunto S tomamos:

$$\{(s, v_i) : v_i \in K_+ \setminus X\} \cup \{(v_i, t) : v_i \in X \cap K_-\} \cup \{(v_i, v_j) \in A : v_i \in X, v_j \notin X\}.$$

Podemos observar que se trata, exactamente, de los arcos enumerados en los puntos (a), (b) y (c) y, por lo tanto, la suma de las capacidades de los arcos de S es igual a $W-\mathrm{OPT}$. En particular, en el caso de ejemplo (Figura 1) el conjunto S contiene un único arco (v_2, v_3).

Asumiremos que S no es un corte st del grafo G. Digamos que $(s, u_1, \ldots, u_l, t)$ es un camino de s a t, que no utiliza ningún arco del conjunto S. Por la definición de G, los arcos que se extienden desde s tienen sus extremos finales en el conjunto K_+, mientras que todos los arcos que llegan al vértice t comienzan en K_-. Por lo tanto, $u_1 \in K_+$ y $u_l \in K_-$. Como el arco (s, u_1) no pertenece al conjunto S, podemos deducir que Byteasar lleva al viaje al cliente u_1. Igualamente, ya que $(u_l, t) \notin S$, sabemos que el cliente u_l no formará parte del viaje. En consecuencia, existe un entero $1 \leq i < l$, tal que el cliente u_i ha estado en el viaje y el u_{i+1} se ha quedado en casa y, por esta razón, el requisito social correspondiente al arco (u_i, u_{i+1}) no queda satisfecho. Por ello, este arco pertenece al conjunto S, lo que entra en contradicción con la asunción de que el camino desde s hasta t que hemos considerado no contiene ningún arco de S. $\qquad\square$

Lema 2. El coste de un corte st mínimo en el grafo G no es menor que $W-\mathrm{OPT}$.

Demostración. Digamos que $S \subseteq A$ es cualquier corte st mínimo. Definimos un conjunto de clientes $X \subseteq K$ (descrito en la Figura 2), que Byteasar debería llevar al viaje, como veremos ahora. El conjunto X consta de

→ cada cliente $v \in K_+$, para los que el arco (s, v) no pertenece al conjunto S y

→ cada cliente $v \in K_-$, de forma que el arco (v, t) pertenezca al conjunto S.

Digamos que $c(S)$ es la suma de las capacidades de los arcos del conjunto S. Queremos demostrar que el beneficio logrado por Byteasar al llevar al viaje a clientes del conjunto X es, al menos, $W - c(S)$, lo que, en consecuencia, demuestra que $c(S) \geq W - \mathrm{OPT}$. Para hacerlo, justificaremos cada requisito social no satisfecho estableciendo que su arco correspondiente pertenece al conjunto S.

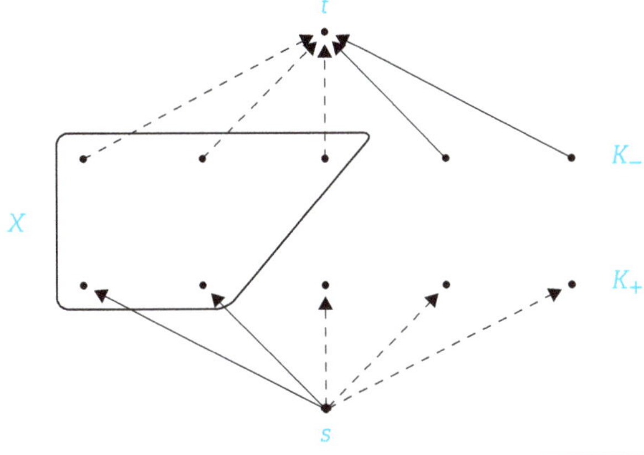

Figura 2: *Conjunto de clientes que deberían ir al viaje en base a un corte st, cuyos arcos aparecen como líneas discontinuas. Omitimos los arcos entre los vértices de $K_+ \cup K_-$.*

Asumamos lo contrario: que existe un requisito social (a_{ij}, b_{ij}) del cliente i-ésimo, que no ha sido satisfecho, lo que significa que el cliente i-ésimo pertenece al conjunto X, mientras que el cliente a_{ij} no pertenece al conjunto X y, al mismo tiempo, $(v_i, v_{a_{ij}}) \notin S$. Digamos que $\alpha = v_i$ y $\beta = v_{a_{ij}}$, y consideremos los casos mostrados en la Figura 3. En cada caso, mostramos que en el grafo $G \setminus S$ (es decir, el G al que se le han eliminado las aristas de S) existe un camino de s a t, que contradice la definición de un corte st.

(i) $\alpha \in K_-, \beta \in K_-$. Como $\alpha \in X$, tenemos $(\alpha, t) \in S$, mientras que de la minimalidad del corte S en el grafo $S \setminus G$ hay un caminmo de s a α, ya que, en otro caso, eliminar el arco (α, t) no tendría sentido. Sin embargo, $(\alpha, \beta) \notin S$ y, en consecuencia, existe un camino desde s hasta β en $G \setminus S$. Por la definición del conjunto X y por la asunción de que $\beta \notin X$, deducimos que $(\beta, t) \notin S$ y, por lo tanto, que existe un camino desde s hasta t en el grafo $G \setminus S$: una contradicción.

(ii) $\alpha \in K_-, \beta \in K_+$. Igualmente, como en el caso anterior, deducimos que existe un camino desde s hasta α en $G \setminus S$. De forma análoga, de la minimalidad del corte S, se deriva que existe un camino desde β hasta t y, en consecuencia, existe un camino desde s hasta t en $G \setminus S$: una contradicción.

(iii) $\alpha \in K_+, \beta \in K_-$. En este caso, los arcos (s, α) y (β, t) no pertenecen al conjunto S y, por lo tanto, en el grafo $G \setminus S$ existe un camino desde s hasta t: una contradicción.

(iv) $\alpha \in K_+, \beta \in K_+$. Por la definición del conjunto S, el arco (s, β) no pertenece al conjunto S. Debido al hecho de que S es un corte mínimo, deducimos que existe un camino desde β hasta t en el grafo $G \setminus S$ y, como $(s, \alpha) \notin S$, existe un camino desde s hasta t en el grafo $G \setminus S$: una contradicción. $\qquad\square$

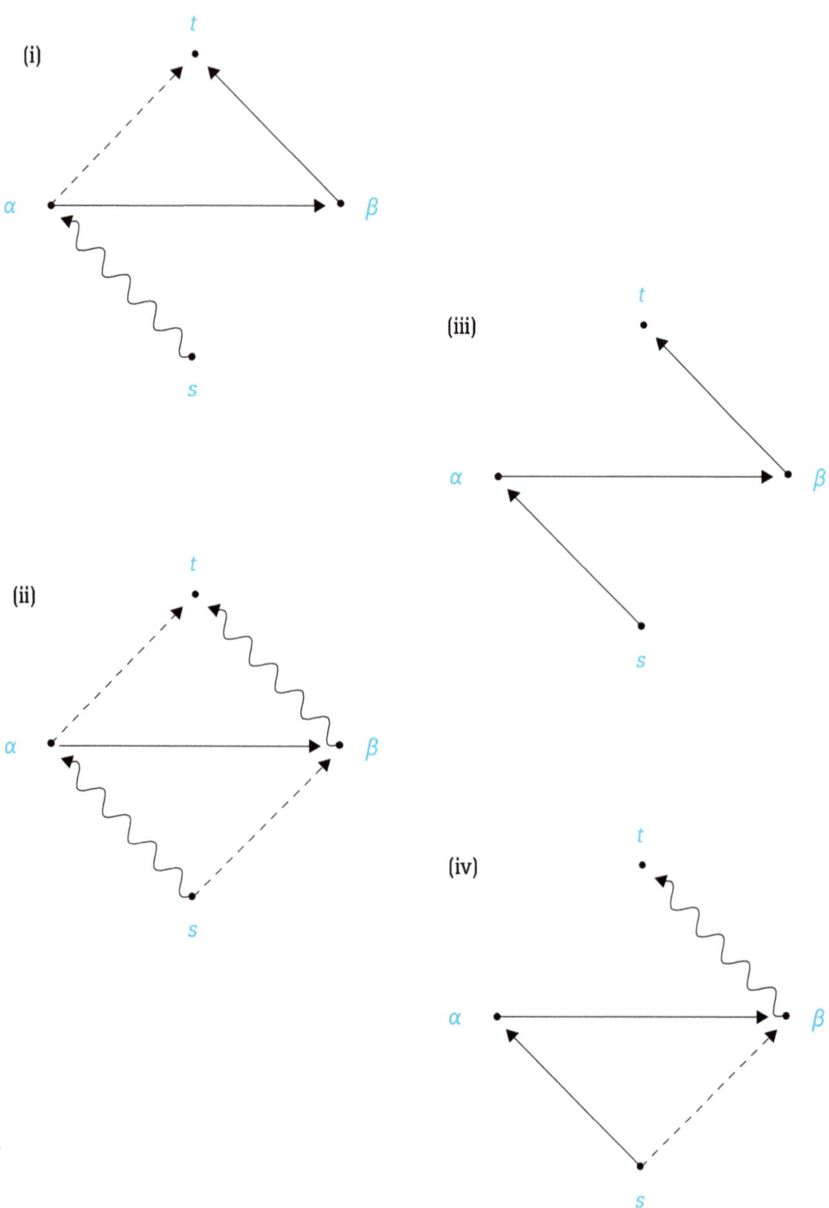

Figura 3: *Ilustración de los casos de la demostración del Lema 2. Los arcos discontinuos pertenecen al conjunto S, mientras que los de forma de serpiente indican los caminos que existen en el grafo G \ S.*

Gracias al teorema del flujo máximo y corte mínimo, podemos construir con eficiencia un corte mínimo que, por la construcción dada en la demostración del Lema 2, se puede transformar en una solución óptima al problema de Byteasar. La complejidad de dicho algoritmo depende de la implementación del algoritmo de flujo máximo. Si utilizamos el de Dinic, el tiempo de ejecución es de $O(n^3)$.

Sigue quedando un asunto pendiente. Deberíamos explicar por qué podemos asumir que no hay ningún cliente con $x_i = 0$. Si, para todos los clientes para los que $x_i = 0$, establecemos $x_i := \varepsilon$, donde $\varepsilon < \frac{1}{2n}$, el beneficio óptimo de Byteasar cambia por menos de $\frac{1}{2}$ dólares byteanos. Es fácil observar que, para obtener la solución de la tarea original, podemos resolver la modificada y tomar el cálculo del grupo de clientes en el viaje.

Alternativamente, podemos definir el conjunto K_+ como el de clientes con valores de x_i no negativos, y la única modificación en el análisis sería la asunción adicional de la demostración del Lema 2. Concretamente, si existen varios cortes mínimos, deberemos considerar el corte con el menor número de arcos eliminados. Dejamos el resto de detalles como ejercicio para el lector.

Epílogo

Encontré por primera vez una aplicación interesante del teorema de flujo máximo y corte mínimo en el problema *El pintor loco*, escrito por Andrew Stankevich.

Además, mediante la reducción al problema del corte mínimo, podemos resolver el problema de la cobertura de vértices de peso mínimo en grafos bipartitos (por ejemplo, el problema *Cociente intelectual*, del Concurso universitario de programación polaco de 2011). Proponemos al lector la interesante tarea de llegar a una reducción, demostrando que la cobertura de vértices de peso mínimo en grafos bipartitos es un caso especial del problema de la *Agencia de viajes*. Una pista: dos conjuntos independientes del grafo son los clientes con valores positivos y negativos de x_i.

TOMASZ CZAJKA

Es graduado por la Facultad de matemáticas, informática y mecánica de la Universidad de Varsovia y por la Universidad Purdue. Ha ganado dos medallas de oro en la Olimpiada internacional de informática y dos medallas de plata en la Olimpiada internacional de matemática. Formó parte del equipo que representó a la Universidad de Varsovia en la final mundial del ACM-ICPC de 2003, y que resultó campeón por primera vez. Posteriormente, ganó TopCoder Collegiate Challenge, TopCoder Open (tres veces), Google Code Jam Europe, Escaramuzas algorítmicas y el torneo en línea de inteligencia artificial CodeCup (cuatro veces). En la actualidad, trabaja en la sede central de Google en Mountain View, California, dedicado, entre otras cosas, a la preparación de concursos del Google Code Jam. En 2011 tuvo un hijo, llamado Sebastian.

Concurso: Escaramuzas algorítmicas 2010
Autor: Jakub Łącki
Memoria: 32 MB
https://oi.edu.pl/en/archive/pa/2010/grz

/ Champiñones

En el Bosque Byteano se ha desatado una intensa lluvia. Byteasar, un ávido recolector de champiñones, ha decidido aprovechar la ocasión de salir a practicar su afición.

Byteasar conoce un camino que recorre el bosque, en el que hay varios claros llenos de champiñones. Cada par de claros consecutivos a lo largo del camino son equidistantes, y Byteasar necesita 15 minutos para caminar desde un claro hasta otro adyacente. Una vez que llega a un claro, Byteasar, como todo recolector de champiñones que se precie, recoge instantáneamente todos los que encuentra. Es un hecho conocido que los champiñones brotan como… champiñones, y que, una vez recogidos, solo necesitan media hora para volver a crecer.

Sabiendo el número de champiñones que crecen en cada uno de los claros y la duración del paseo de Byteasar, y asumiendo que toma aquella ruta que maximiza sus recogidas, encuentra el número de champiñones que acumulará. Byteasar puede terminar su paseo en cualquier punto del camino.

Entrada

La primera línea de la entrada contiene dos enteros, n y t ($1 \leq n, t \leq 1.000.000$), que especifican el número de claros que hay en el camino y la duración del paseo de Byteasar, en cuartos de hora. La segunda línea contiene una secuencia de n enteros a_i ($1 \leq a_i \leq 1.000.000$), que representan el número de champiñones en los claros consecutivos del camino. Byteasar comienza su paseo en el primero de estos claros. Asumimos que Byteasar puede recolectar champiñones tanto justo antes del primer como justo después del t-ésimo cuarto de hora.

Salida

En la primera y única línea de la salida, el prograba de escribir un entero: el número máximo de champiñones que Byteasar puede recolectar durante su paseo.

Ejemplo

Para los datos de entrada:

5 4

3 4 3 5 1

el resultado correcto es:

18

Explicación del ejemplo: En el camino óptimo de Byteasar, que tiene una duración de 60 minutos, recolecta 18 champiñones: 3 en el tiempo 0, 4 tras 15 minutos, 3 tras 30 minutos, 5 tras 45 y, por último, 3 tras 60 minutos.

/ Solución

El problema *Champiñones* apareció en la segunda fase en línea de Escaramuzas algorítmicas 2010, por lo que era uno de los problemas más fáciles de ese concurso. De hecho, es posible implementar la solución óptima en unas pocas líneas de código. Pero dar con la respuesta y demostrar que es válida no es fácil en absoluto.

Construcción de un grafo

Para empezar, debemos deducir cómo dar forma al problema en términos de teoría de grafos. Sabemos que se tarda 15 minutos en caminar entre claros adyacentes y que los champiñones vuelven a crecer en 30 minutos. Pero el problema no nos exige que Byteasar esté permanentemente caminando, o que deba hacerlo a la máxima velocidad. ¿Puede ocurrir que sea mejor avanzar más despacio o detenerse a esperar a que los champiñones crezcan de nuevo?

Por suerte, no es tan complicado. El aspecto clave es que si Byteasar camina del claro A al claro adyacente B, los champiñones de B ya habrán reaparecido. ¿Por qué? Porque aunque Byteasar haya recolectado los champiñones de B, le habrá llevado, al menos, 30 minutos el paseo de B a A y la vuelta.

Esto significa que, si nos estamos moviendo, podemos hacerlo a la máxima velocidad. La única duda que queda es si, después de haber recolectado los champiñones de un claro, tiene sentido detenerse y esperar 30 minutos hasta que hayan vuelto a crecer en el mismo lugar. La respuesta también es negativa: no es una buena idea. Después de todo, en 30 minutos tenemos tiempo de desplazarnos a un claro adyacente, recolectar los champiñones que haya, y volver.

La única excepción se produce cuando $n = 1$. En ese caso, al no haber un punto adyacente al que ir, no tenemos más opcion que quedarnos quietos. Es un caso que hay que procesar por separado. Olvidar este tipo de casos límite es un origen de errores habitual.

Vamos a resumir estas deducciones en términos de teoría de grafos. Los claros son vértices del grafo, cada vértice tiene un *peso* (el número de champiñones), y dos claros adyacentes están conectados por una arista. Buscamos un camino que comience en el vértice 1, de longitud t y con un peso total máximo.

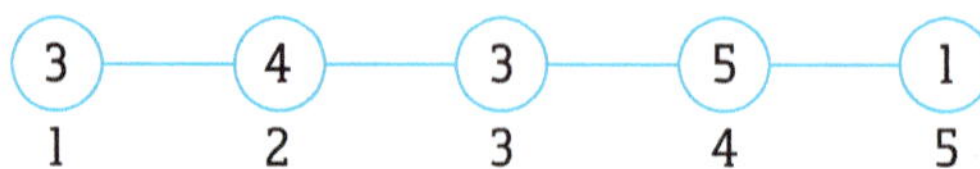

Figura 1: *Grafo correspondiente al ejemplo del enunciado.*

El primer algoritmo

Digamos que $f_k(x)$ es el peso máximo total de un camino de longitud k, que comienza en el vértice x (los vértices están numerados de 1 a n). En otras palabras, es el número máximo de champiñones que se pueden recolectar en k cuartos de hora, comenzando en el claro x. Obviamente, $f_0(x) = a_x$, y nuestro objetivo es hallar $f_t(1)$. Calculamos los valores de f_k para $k > 0$ utilizando f_{k-1} y una fórmula recursiva.

```
Algoritmo Champiñones1(n, t, a)
    si n = 1 entonces
        devolver (⌊t/2⌋ + 1) · a₁
    para x := 1 hasta n hacer
        f₀(x) := aₓ
    para k := 1 hasta t hacer
        f_k(1) := a₁ + f_{k-1}(2)
        f_k(n) := a_n + f_{k-1}(n − 1)
        para x := 2 hasta n − 1 hacer
            f_k(x) := aₓ + máx(f_{k-1}(x − 1), f_{k-1}(x + 1))
    devolver f_t(1)
```

No es necesario almacenar la tabla bidimensional completa de valores $f_k(x)$. Al calcular f_k es suficiente guardar dos filas de la tabla: f_k y f_{k-1}. Por lo tanto, el requisito de espacio es de $O(n)$. Por otro lado, la complejidad de tiempo es de $O(tn)$. Resulta demasiado lento para la entrada más grande posible ($n = t = 1.000.000$).

El algoritmo anterior no obtiene ninguna ventaja de la forma especial de nuestro grafo. Con una pequeña generalización, funcionaría con cualquier otro. Pero nuestro caso es bastante sencillo: el grafo tiene un solo camino. Si trabajamos un poco más, podremos aprovechar esta propiedad para lograr un algoritmo más rápido.

Algoritmo rápido

Imaginemos el aspecto que puede tener el camino óptimo. Rápidamente se nos ocurrirá una idea muy sencilla: caminar hasta el lugar en el que haya un mayor número de champiñones entre dos claros adyacentes y, después, movernos entre ellos. Esa sería la mejor estrategia para un t muy grande pero, por desgracia, no es óptima si t es pequeño. Por ejemplo, si $t = 7, n = 6, a = [4, 4, 1, 1, 5, 5]$, la estrategia resultará en $4 + 4 + 1 + 1 + 5 + 5 + 5 + 5 = 30$ champiñones. Pero habría un camino mejor si nos desplazamos en círculo entre los dos primeros claros, donde recolectaremos $8 \cdot 4 = 32$ champiñones. Habremos recogido muchos champiñones al final, pero hemos perdido muchos otros para llegar a ese lugar tan fértil.

No vamos a rendirnos todavía. Ir al lugar más fértil quizá no sea siempre la mejor opción, pero, ¿quizá sí es buena idea elegir dos claros adyacentes y desplazarnos entre ellos? Resulta que es verdad.

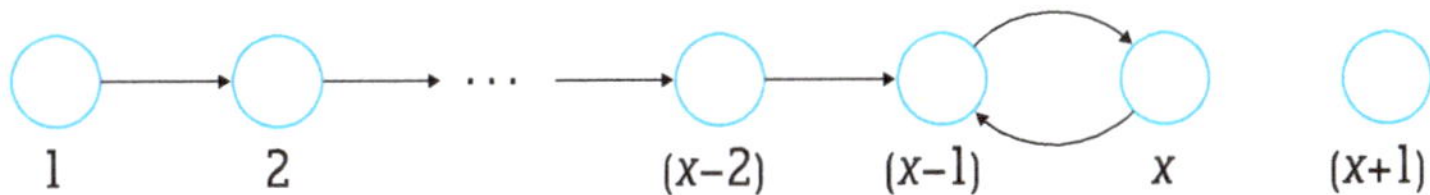

Teorema. Existe un camino óptimo con la forma $1 \rightarrow 2 \rightarrow \ldots \rightarrow (x - 2) \rightarrow (x - 1) \rightarrow x \rightarrow (x - 1) \rightarrow x \rightarrow (x - 1) \rightarrow \ldots$

Demostración. Supongamos que el camino óptimo no tiene esa forma. Podemos modificarlo para hacer que sea así, sin reducir la cantidad de champiñones.

Byteasar visita, durante su paseo, un conjuto de vértices $\{1, \ldots, z\}$. Buscaremos en ese conjunto dos vértices adyacentes $x - 1, x$ con el número máximo de champiñones, es decir, $a_{x-1} + a_x \geq a_{y-1} + a_y$, para $y = 2, \ldots, z$.

Ya que el camino no tiene la forma deseada, o termina en algún vértice $y \notin \{x - 1, x\}$ o Byteasar dará la vuelta en uno de esos vértices.

Si el camino termina en un vértice $y \notin \{x - 1, x\}$, y el último paso es $(y' \rightarrow y)$, eliminamos los dos últimos vértices y', y del camino y los sustituimos con $(x - 1), x$, añadiendo un ciclo $(x - 1) \rightarrow x \rightarrow (x - 1)$ en el lugar apropiado.

Igualmente, si el camino da la vuelta en algún vértice $y \notin \{x - 1, x\}$, es decir, Byteasar camina $(y' \rightarrow y \rightarrow y')$, eliminamos esos dos pasos, añadiendo nuevamente un ciclo $(x - 1) \rightarrow x \rightarrow (x - 1)$ en su lugar.

En ninguno de los dos casos reducimos el número de champiñones recolectados, ya que $a_{x-1} + a_x \geq a_{y'} + a_y$. Repitiendo el proceso, aumentamos el número de veces que se visitan los vértices $x - 1$ y x. Después de un máximo de t modificaciones, el proceso finaliza, por lo que obtendremos un camino óptimo de la forma deseada. $\qquad\square$

Gracias al teorema, hemos logrado un algoritmo sencillo: comprobar cada x del camino descrito y quedarnos con la mejor.

Algoritmo Champiñones2(n, t, a)
    si $n = 1$ **entonces**
        devolver $(\lfloor \frac{t}{2} \rfloor + 1) \cdot a_1$
    $s := a_1$ {Champiñones en el camino directo $1 \ldots x$}
    $r := 0$ {El mejor resultado}
    para $x := 2$ **hasta** mín$(n, t + 1)$ **hacer**
        $s := s + a_x$
        $r :=$ máx$(r, s + \lceil \frac{t+1-x}{2} \rceil \cdot a_{x-1} + \lfloor \frac{t+1-x}{2} \rfloor \cdot a_x)$
    devolver r

La complejidad de tiempo de este algoritmo es de $O(\text{mín}(n, t))$, mientras que la de espacio es constante.

/ Caramelos

Concurso: Escaramuzas algorítmicas 2010
Autor: Jakub Łącki
Memoria: 128 MB
https://oi.edu.pl/en/archive/pa/2010/cuk

Para celebrar el Día del niño, la madre de tres hermanos (Albert, Denis y Boris) les regala un montón de caramelos. Los dulces están empaquetados en n cajas, y hay a_i caramelos en la caja i-ésima. Los hermanos quieren repartir las cajas equitativamente, por lo que acuerdan las siguientes reglas:

→ un hermano más mayor no puede recibir menos caramelos en total que otro más pequeño (Albert es mayor que Denis y Denis es mayor que Boris),

→ la diferencia entre el número total de caramelos que recibe Albert y el que recibe Boris debe ser mínima.

Entrada

La primera línea de la entrada contiene un entero n ($3 \leq n \leq 24$), que especifica el número de cajas. La segunda línea consta de n enteros positivos a_i ($1 \leq a_i \leq 1.000.000.000$), que indican el número de caramelos que hay en cada caja.

Salida

La única línea de la salida debe contener un entero: la diferencia entre el número de caramelos que reciben Albert y Boris.

Ejemplo

Para los datos de entrada:

4

5 4 7 6

el resultado correcto es:

3

Caramelos es uno de los problemas de la fase final de Escaramuzas algorítmicas 2010, celebrado en Zielona Góra, Polonia. La brevedad de su enunciado y el pequeño tamaño de su entrada podrían sugerir que es un problema sencillo. Pero no es así. El algoritmo trivial, descrito como Caramelos1, es demasiado lento.

La solución que implementé durante el concurso es Caramelos2. Resultó ser lo bastante rápida. Después del concurso recibí comentarios de algunas personas que, tras analizar mi código, se mostraron contrariados al comprobar que no había implementado lo que aquí llamo Caramelos3 y pensaron que había resuelto el problema con una versión ligeramente optimizada del algoritmo trivial, que no debería haberse podido ejecutar dentro del límite de tiempo.

Yo insistía en que mi solución era bastante más rápida. Esa tarde le expliqué mi algoritmo a Eryk Kopczyński. Analizamos juntos su complejidad asintótica, que no está nada mal. A continuación, incluiré ese análisis. Más tarde, durante la explicación del conjunto de problemas, Eryk describió un algoritmo aún más rápido, Caramelos3, que era en el que habían pensado los organizadores.

El primer intento

Si solo hubiese dos hermanos, estaríamos ante una versión optimizada de un problema clásico, llamado *Partición*. Se sabe que es NP-completo. Podemos decir que nuestro problema es su generalización, y también es NP-completo. Por lo tanto, no debemos esperar una solución polinómica.

Por otro lado, ya que $n \leq 24$, no podemos descartar algoritmos exponenciales. De hecho, parece lógico pensar que la solución más sencilla, que verifica todas las distribuciones posibles de los caramelos, es lo suficientemente buena.

```
Algoritmo Caramelos1(a)
    r := ∞
    para aA, aD, aB son una partición del conjunto múltiple {a₁, ..., aₙ} hacer
        A := ∑ aA; D := ∑ aD; B := ∑ aB
        si A ≥ D ≥ B entonces
            r := mín(r, A − B)
    devolver r
```

Así obtenemos una complejidad de tiempo de $O(3^n n)$, ya que hay 3^n particiones de un conjunto en los tres subconjuntos disjuntos. Se puede reducir a $O(3^n)$, mediante el cálculo de las sumas parciales A, D, B al generar los subconjuntos.

Sin embargo, 3^{24} es, aproximadamente, $2,8 \cdot 10^{11}$. Asumiendo que pudiésemos procesar mil millones de particiones por segundo, supondría 280 segundos. El límite de tiempo era de 2 segundos, por lo que tendremos que pensar en una alternativa mejor.

Una solución mejor

Volvamos por un momento al problema *Partición*, que consiste en dividir los caramelos entre los hermano A y B. Mostraremos un algoritmo conocido que es significativamente más rápido que el de la solución trivial en $O(2^n)$.

La idea es la siguiente. Dividimos las cajas en dos grupos. En cada uno intentamos todas las particiones posibles y, entonces, combinamos las posibilidades. Pero en vez de intentar emparejar cada partición del primer grupo con cada una del segundo, lo que resultaría en un tiempo de ejecución de $O(2^n)$, utilizaremos una técnica más audaz. Por cada partición del primer grupo, podemos encontrar rápidamente la mejor opción en el segundo. Para hacerlo, comenzamos ordenando todas las posibilidades de ambos grupos por la diferencia en el número de caramelos que reciben los dos hermanos.

Algoritmo Partición(a)

    {Devuelve la partición óptima (A, B), $A \geq B$, del multiconjunto $\{a_1, \ldots, a_n\}$}

    $K :=$ multiconjunto de las particiones (A_1, B_1) de $\{a_1, \ldots, a_{\lfloor n/2 \rfloor}\}$

    $L :=$ multiconjunto de las particiones (A_2, B_2) de $\{a_{\lfloor n/2 \rfloor+1}, \ldots, a_n\}$

    $\{|K| = 2^{\lfloor n/2 \rfloor}, |L| = 2^{\lceil n/2 \rceil}\}$

    ordenar K de forma decreciente por $A_1 - B_1$

    ordenar L de forma creciente por $A_2 - B_2$

    $r := \infty; i := 0; j := 0$

    mientras $i < |K|$ **y** $j < |L|$ **hacer**

        $(A_1, B_1) := K[i]$

        $(A_2, B_2) := L[j]$

        $d := A_1 + A_2 - B_1 - B_2$

        si $d \geq 0$ **entonces**

            si $d < r$ **entonces**

                $r := d$

                $(A, B) := (A_1 + A_2, B_1 + B_2)$

            $i := i + 1$

        si no

            $j := j + 1$

    devolver (A, B)

El tiempo de ejecución del algoritmo Partición viene dominado por la ordenación, y es igual a $O(2^{n/2} \log(2^{n/2})) = O(\sqrt{2}^n n)$. Una mejora significativa.

Ahora podemos utilizar directamente este algoritmo en el problema *Caramelos*. Hay que tener en cuenta que, al menos uno de los hermanos, no puede recibir más de $\lfloor n/3 \rfloor$ cajas, y que el resto de caramelos se deben repartir de la forma más equitativa posible. Comprobemos todas esas cuestions.

Algoritmo Caramelos2(a)

    $r := \infty$

    para $aX \subseteq \{a_1, \dots, a_n\}, |aX| \le n/3$ **hacer**

        $X := \sum aX$

        $(Y, Z) := \text{Partición}(\{a_1, \dots, a_n\} \setminus aX)$

        $r := \text{mín}(r, \text{máx}(X, Y, Z) - \text{mín}(X, Y, Z))$

    devolver r

Todavía nos resta calcular la complejidad de tiempo. Y no es tan fácil. Por simplicidad, vamos a asumir que n es divisible por 3. Después de todo, siempre podríamos añadir una o dos cajas vacías, lo que no haría variar el resultado.

Hay $\binom{n}{k}$ subconjuntos aX de tamaño k. Por ello, la complejidad de tiempo es

$$T(n) = \sum_{k=0}^{n/3} \binom{n}{k} O\left(\sqrt{2}^{n-k}(n-k)\right) = O\left(n \sum_{k=0}^{n/3} \binom{n}{k} \sqrt{2}^{n-k}\right).$$

Para $1 \le k \le n/3$,

$$\binom{n}{k-1} = \frac{n!}{(k-1)!(n-k+1)!} = \frac{k}{n-k+1}\binom{n}{k} \le \frac{n/3}{2n/3}\binom{n}{k} = \frac{1}{2}\binom{n}{k},$$

$$\binom{n}{k-1}\sqrt{2}^{n-(k-1)} \le \frac{1}{\sqrt{2}}\binom{n}{k}\sqrt{2}^{n-k}.$$

En otras palabras, cada término de la suma no es mayor que $1/\sqrt{2}$ de la siguiente. Por lo tanto

$$T(n) = O\left(n\binom{n}{n/3}\sqrt{2}^{2n/3}\left(1 + \frac{1}{\sqrt{2}} + \frac{1}{\sqrt{2}^2} + \frac{1}{\sqrt{2}^3} + \dots\right)\right) = O\left(n\binom{n}{n/3}2^{n/3}\right),$$

al tener una serie geométrica convergente. Podemos estimar el coeficiente binomial utilizando la fórmula de Stirling:

$$n! = \sqrt{2\pi n}\left(\frac{n}{e}\right)^n (1 + o(1)) = \Theta(n^{n+1/2}e^{-n}),$$

$$\binom{n}{n/3} = \frac{n!}{(n/3)!(2n/3)!} = O\left(\frac{n^{n+1/2}e^{-n}}{(n/3)^{n/3+1/2}e^{-n/3}(2n/3)^{2n/3+1/2}e^{-2n/3}}\right) =$$

$$= O\left(n^{-1/2}e^{0}3^{n+1}2^{-(2n/3+1/2)}\right) = O\left(n^{-1/2}3^{n}2^{-2n/3}\right),$$

$$T(n) = O\left(n\binom{n}{n/3}2^{n/3}\right) = O\left(n^{1/2}3^{n}2^{-n/3}\right) = O\left((3/\sqrt[3]{2})^{n}\sqrt{n}\right) = O(2{,}39^{n}).$$

Finalmente, tenemos la complejidad de tiempo de Caramelos2: $O(2{,}39^{n})$.

Solución del autor

En el algoritmo anterior hemos utilizado el procedimiento Partición para dos de los hermanos. En vez de eso, podemos lograr un algoritmo incluso más rápido, si aplicamos la idea de Partición sobre los tres hermanos directamente. Dividimos las cajas en dos grupos K y L, particionamos los dos grupos entre los tres hermanos de todas las formas posibles, y tratamos de combinar con rapidez las particiones de K con las particiones oportunas de L.

Después, realizamos la siguiente transformación. Por cada partición (A_1, D_1, B_1) de K, definimos un punto del plano, $(x_1, y_2) = (A_1 - D_1, D_1 - B_1)$. Por cada partición (A_2, D_2, B_2) de L, definimos el punto $(x_2, y_2) = (D_2 - A_2, B_2 - D_2)$.

Estamos buscando una solución $A = A_1 + A_2, D = D_1 + D_2, B = B_1, B_2$ que satisfaga $A \geq D, D \geq B$ y que minimice el valor de $A - B$. Es fácil comprobar que esto se corresponde con $x_1 \geq x_2, y_1 \geq y_2$ y que estamos tratando de minimizar $(x_1 - x_2) + (y_1 - y_2)$.

Hemos reducido el problema a geometría pura. Dados dos conjuntos K', L' de puntos en un plano, hay que encontrar dos puntos que cumplan las condiciones.

Podemos resolver el problema utilizando un algoritmo de línea de barrido. Ordenamos todos los puntos por la coordenada y (y, después, por la x), y los procesamos en orden. Siempre que encontremos un punto de L', lo ponemos en un conjunto S. Cuando encontremos un punto de K', buscamos en S el punto (x, y) que no tenga la coordenada x más grande y que maximice la suma $x + y$. De esta forma, por cada punto de K' podremos encontrar rápidamente el punto de L' "más cercano", lo que nos permitirá hallar la solución óptima de forma eficiente.

Nos queda por describir cómo representar el conjunto S. Almacenaremos los puntos de S en un árbol de búsqueda binaria equilibrado (un árbol rojo-negro, por ejemplo), ordenado por x de forma creciente. Además, antes de insertar un punto (x, y) en el árbol, comprobaremos si ya existe otro punto (x', y') de forma que $x' \geq x$ y $x' + y' \leq x + y$. Si es así, el punto (x', y') ya no será necesario para el algoritmo, pues el nuevo es "mejor". Por lo tanto, eliminamos esos puntos del árbol.

De esta forma, nuestro árbol siempre estará ordenado de forma creciente, tanto por x como por $x + y$. Por lo tanto, dado un punto (x, y), podemos encontrar rápidamente el punto (x', y') en el árbol, con el $x' \leq x$ mayor y, al mismo tiempo, será el punto con el $x' + y'$ mayor.

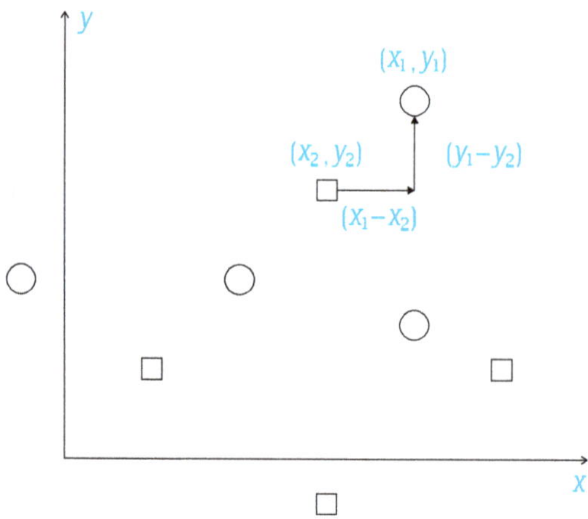

Figura 1: *Los círculos son elementos de K', mientras que los cuadrados lo son de L'.*

Algoritmo Caramelos3(a)

    K := multiconjunto de las particiones (A_1, D_1, B_1) de $\{a_1, \dots, a_{\lfloor n/2 \rfloor}\}$

    L := multiconjunto de las particiones (A_2, D_2, B_2) de $\{a_{\lfloor n/2 \rfloor + 1}, \dots, a_n\}$

    $\{|K| = 3^{\lfloor n/2 \rfloor}, |L| = 3^{\lceil n/2 \rceil}\}$

    K' := multiconjunto $\{(A_1 - D_1, D_1 - B_1): (A_1, D_1, B_1) \in K\}$

    L' := multiconjunto $\{(D_2 - A_2, B_2 - D_2): (A_2, D_2, B_2) \in L\}$

    ordenar $K' \cup L'$ de forma creciente por y, después por x

    $r := \infty$

    $S := \varnothing$

    para $(x, y) \in K' \cup L'$ ordenados **hacer**

        $\{S$ está ordenado tanto por x como por $(x + y)\}$

        si (x, y) viene de K' **entonces**

            (x', y') := el punto de S, tal que x' sea el mayor de $x' \leq x$

            si ese punto existe **entonces**

                $r := \min(r, (x + y) - (x' + y'))$

        si no

            mientras S contenga (x', y'), tal que $x' \geq x$ y $x' + y' \leq x + y$ **hacer**

                $S := S \setminus \{(x', y')\}$

            $S := S \cup \{(x, y)\}$

    devolver r

Los tamaños de K' y L' son $O(3^{n/2}) = O(\sqrt{3}^{\,n})$. Todas las operaciones en S trabajan en tiempo logarítmico y los puntos se añaden y eliminan una vez como mucho. Por lo tanto, la complejidad de tiempo total del algoritmo es de

$$O(\sqrt{3}^{\,n} \log \sqrt{3}^{\,n}) = O(\sqrt{3}^{\,n} n) = O(1{,}74^n).$$

KRZYSZTOF DIKS

Es profesor del Instituto de informática de la Universidad de Varsovia. Su especialidad es la algoritmia e imparte *Algoritmos y estructuras de datos*. Ha estado involucrado en la Olimpiada informática polaca desde 1994, presidiendo su Comité principal desde 1999. En 2005 fue el presidente del comité organizador de la Olimpiada internacional de informática, que tuvo lugar en Polonia. Es el creador y coorganizador del concurso de algoritmia más popular de Polonia, Escaramuzas algorítmicas. Es autor de muchos problemas para concursos y un promotor entusiasta de las ciencias de la computación. Desde 1999, junto al profesor Jan Madey, ha preparado a los equipos que han representado a la Universidad de Varsovia en diversos concursos de programación. En 2003 y 2007 fue coentrenador de los campeones del mundo del ACM-ICPC.

/ Codificación
de permutaciones

Concurso: 2ª Olimpiada informática polaca
Autor: Krzysztof Diks
Memoria: 32 MB
https://oi.edu.pl/en/archive/oi/2/kod

Cada permutación $A = (a_1, \ldots, a_n)$ de los números $1, \ldots, n$, se puede codificar como una secuencia $B = (b_1, \ldots, b_n)$, en la que b_i es igual al número de todos los a_j en los que $j < i$ y $a_j > a_i$, para $i = 1, \ldots, n$.

Ejemplo
La secuencia $B = (0, 0, 1, 0, 2, 0, 4)$ corresponde con el código de la permutación $A = (1, 5, 2, 6, 4, 7, 3)$.

Tarea
Escribe un programa que:
→ lea de la entrada la longitud n y los elementos sucesivos de la secuencia B,
→ examine si la secuencia corresponde con el código de alguna permutación de los números $1, \ldots, n$,
→ si es así, encuentre esa permutación y la escriba en la salida o, en caso contrario, escriba la palabra NIE (*no* en polaco).

Entrada
En la primera línea de la entrada hay un entero positivo n ($n \leq 30.000$), que representa el número de elementos de la secuencia B. Cada una de las siguientes n líneas contiene los elementos sucesivos de la secuencia B, como enteros no negativos no mayores que 30.000.

Salida
La salida debe contener:
→ en cada una de n líneas consecutivas, un elemento de la permutación A, cuyo código sea la secuencia B proporcionada en la entrada,
→ la palabra NIE, si la secuencia B no es el código de ninguna permutación.

Ejemplos

Para los datos de entrada:

7
0
0
1
0
2
0
4

el resultado correcto es:

1
5
2
6
4
7
3

mientras que para la entrada:

4
0
2
0
0

la salida correcta es:

NIE

/ Solución

Quisiera presentar dos problemas que preparé para la Olimpiada informática polaca. A primera vista, ambos parecen bastante sencillos. De hecho, incluso los programadores principiantes encontrarán fácilmente sus soluciones directas. Sin embargo, lo más probable es que esas técnicas *ad hoc* resulten extraordinariamente lentas: el auténtico desafío reside en diseñar algoritmos rápidos y eficientes.

Ambos problemas ejemplifican mi filosofía de lo que constituye un buen diseño en ejercicios de algoritmia. Al proponer una nueva tarea, mi objetivo radica en preparar un problema que no solo resulte original y novedoso, sino que, además, ilustre principios importantes, como la necesidad de utilizar técnicas de diseño de algoritmos correctas y estructuras de datos adecuadas, en pos de la eficiencia. Por otro lado, una solución inteligente a un problema bien diseñado, debería tener el potencial de convertirse en un patrón útil para afrontar tareas similares.

El problema *Codificación de permutaciones* cuenta con esas características. Aunque resulta un problema típico según los estándares de 2012, utiliza valores pedagógicos que eran fundamentales en la enseñanza de algoritmos en 1994, cuando el acceso a recursos educativos (como libros de texto y evaluadores en línea) era mucho más limitado que el actual. Incluso hoy día, esos valores mantienen intacta su importancia.

El problema *Torres* comparte valores pedagógicos similares a los de *Codificación de permutaciones* y añade otro aspecto importante: alienta la experimentación y la utilización de objetos, como un tablero de ajedrez o una hoja de papel.

El año 1994 fue especialmente importante para mí. Fue entonces cuando comenzaron mis aventuras de popularización de la algoritmia entre los estudiantes de secundaria polacos, además del principio de mi implicación en la Olimpiada informática. Trabajar con jóvenes dotados para la algoritmia ha sido toda una recompensa, y sus éxitos me han hecho disfrutar enormemente. Tuve la suerte de encontrar la oportunidad de trabajar con los futuros campeones de la Olimpiada internacional de informática y del ACM International Collegiate Programming Contest. Contemplar las exitosas carreras profesionales de antiguos concursantes, que se han convertido en investigadores y empleados de primer nivel de las principales empresas tecnológicas del mundo, me ha supuesto una inmensa alegría. Y todo comenzó resolviendo problemas como los dos que siguen.

Un punto de vista abstracto

Enfrentarse al diseño de un algoritmo desde el prisma de la implementación, en vez de desde términos abstractos, es un típico error de principiante. Hacerlo elimina, inmediatamente, un buen número de soluciones potenciales. Resulta mucho más productivo comenzar a meditar en el problema y en su solución utilizando constructos abstractos (como un conjunto o una secuencia) y operaciones abstractas sobre esos objetos (por ejemplo, "añadir un elemento a un conjunto", "comprobar si un objeto dado pertenece a un conjunto", "devolver el elemento *i*-ésimo de una secuencia"). Expresar el algoritmo en términos abstractos abre una diversidad de opciones en la selección de la mejor implementación del problema que nos ocupa. En este caso, la "mejor implementación" es la de menor tiempo de ejecución.

Probemos con la técnica planteada para *Codificación de permutaciones*. Tengamos en cuenta que, para cada permutación A de n elementos, los elementos correspondientes de su código satisfacen $0 \le b_i < i$ para $i = 1, 2, \dots, n$. Esto implica que habrá, como mucho, $n!$ códigos diferentes, ya que b_i tiene un máximo de i valores distintos. Por otro lado, podemos demostrar que diferentes permutaciones A' y A'' de n elementos, tienen diferentes códigos. En este extremo, consideraremos el índice j más grande, de forma que a'_j y a''_j sean diferentes. Sin perder la generalidad, podemos asumir que $a'_j < a''_j$. Por lo tanto $b'_j > b''_j$, porque todos los elementos que son mayores que a''_j y están a la izquierda de a''_j en la permutación A'', están a la izquierda de a'_j en la permutación A'. Además, a''_j se ubica a la izquierda de a'_j. Como hay $n!$ permutaciones, el número de códigos también es $n!$. Por lo tanto, cada secuencia B que satisface la condición

$$0 \le b_i < i \quad \text{para todos los } i = 1, 2, \dots, n \qquad (*)$$

es un código (único) de alguna permutación.

No es difícil comprobar en tiempo lineal si una secuencia determinda cumple la condición $(*)$. Por lo tanto, podemos asumir, en lo sucesivo, que B codifica alguna permutación y nuestro objetivo es "decodificarla".

Comencemos con la observación de que b_n identifica de forma unívoca al elemento del conjunto de *candidatos* $\{n, n-1, \dots, 1\}$ que es último en la permutación A. De hecho, b_n indica que, en la permutación A, hay exactamente b_n elementos a la izquierda de a_n que son mayores de a_n. Como a_n ocupa la última posición en A, significa que a_n es igual al elemento $(b_n + 1)$-ésimo de $\{n, n-1, \dots, 1\}$, contando desde el mayor. Después de eliminar a_n del conjunto de candidatos, a_{n-1} es igual al $(b_{n-1} + 1)$-ésimo elemento más grande en el conjunto de candidatos actualizado $\{n, n-1, \dots, 1\} \setminus \{a_n\}$. Por lógica, a_{n-2} es igual al $(b_{n-2} + 1)$-ésimo elemento más grande en $\{n, n-1, \dots, 1\} \setminus \{a_n, a_{n-1}\}$, etc.

A continuación, se incluye el pseudocódigo del algoritmo abstracto completo.

Algoritmo *DecodificarPermutación*$((b_1, \ldots, b_n))$
    Candidatos $:= \{n, n - 1, \ldots, 1\}$
    para $i := n$ **con paso** -1 **hasta** 1 **hacer**
        $k := b_i + 1$
        $e := k$-ésimo elemento más grande de *Candidatos*
        $a_i := e$
        Candidatos $:=$ *Candidatos* $\setminus \{e\}$
    devolver $(a_1, \ldots, a_n)$

Una vez que hemos llegado a este algoritmo abstracto, podemos empezar a pensar en su implementación. Tanto el código B como la permutación A estarán representados por *arrays* de n elementos, $B[1..n]$ y $A[1..n]$, respectivamente. Sin embargo, lo que resulta crucial para la solución es la elección correcta de la implementación del conjunto *Candidatos*. ¿Qué sabemos de este conjunto? Para empezar, *Candidatos* incluye todos los números $1, 2, \ldots, n$. En cada iteración del bucle, encontramos un elemento e que es el k-ésimo más grande de *Candidatos*, donde k es un número entre 1 y la cardinalidad actual de *Candidatos*. A continuación, eliminamos e de *Candidatos*. En nuestra solución, combinaremos estas dos operaciones en una sola, *EncontrarYEliminar(k)*. Es evidente que la complejidad de tiempo del algoritmo dependerá de la representación del conjunto *Candidatos* y de la implementación de la operación *EncontrarYEliminar(k)*.

Implementación

Técnica 1 — un *array*. Con esta técnica, representamos el conjunto *Candidatos* como el *array* de n elementos binarios *Cand*$[1..n]$. *Cand*$[e]$ es igual a 1 si e está en *Candidatos*, y a 0 en caso contrario. Con esta elección, *EncontrarYEliminar* se puede implementar como una simple exploración de *Cand* desde n hasta 1, para encontrar el valor 1 k-ésimo. La eliminación del elemento hallado se logra asignando el valor 0 a la posición correspondiente de *Cand*.

Función: *EncontrarYEliminar*(*k*)
    contador := 0; *e* := *n* + 1
    mientras *contador* < *k* **hacer**
        e := *e* − 1
        si *Cand*[*e*] = 1 **entonces**
            contador := *contador* + 1
    Cand[*e*] := 0
    devolver *e*

Es fácil ver que la búsqueda del elemento *e* con *EncontrarYEliminar* necesitará la exploración de $n - e + 1$ posiciones del *array Cand*. Como *EncontrarYEliminar* terminará por devolver todos los elementos de *Cand*, se inspeccionarán un total de $\sum_{e=1}^{n}(n - e + 1) = n(n + 1)/2$ posiciones para decodificar la permutación. Por desgracia, con este método el coste de la decodificación tendrá siempre un orden n^2, con independencia del código *B*.

Técnica 2 — una lista. El rendimiento cuadrático de la técnica anterior para la búsqueda del elemento *k*-ésimo, viene provocado por la exploración de los elementos que todavía están en el conjunto *Candidatos* (1 en *Cand*) y aquellos que ya han sido eliminados (0 en *Cand*). Para aligerar este problema, podemos representar el conjunto como una lista decreciente de sus elementos. En una representación así, encontrar el elemento *k*-ésimo del conjunto corresponde a encontrar el elemento *k*-ésimo de la lista, y solo necesita la exploración de *k* elementos del conjunto *Candidatos*, los *k* primeros de la lista. Se puede eliminar un elemento en tiempo constante. Asumimos que la lista está construida mediante campos *siguiente*[*e*], que apuntan al siguiente elemento de la lista, con *siguiente*[*e*] = 0 si *e* es el último de ellos. El acceso a la lista se logra mediante un puntero *Cand* a *s* (un centinela), con *siguiente*[*s*] apuntando al primer elemento de *Candidatos*. Así, *EncontrarYEliminar* se puede implementar de la siguiente manera:

Función *EncontrarYEliminar*(*k*)
    contador := 1; *f* := *Cand*
    mientras *contador* < *k* **hacer**
        f := *siguiente*[*f*]
        contador := *contador* + 1
    e := *siguiente*[*f*]; *siguiente*[*f*] := *siguiente*[*e*]
    devolver *e*

Con esta implementación, el coste de la decodificación depende del código B. El número total de veces que habrá que explorar el conjunto *Candidatos* es $\sum_{i=1}^{n}(b_i + 1)$, que supone un mínimo de n cuando todos los b_i son 0, y un máximo de $n(n+1)/2$ si $B = (0, 1, 2, \ldots, n-1)$. Por lo tanto, el tiempo de ejecución de la decodificación varía entre lineal y cuadrático. ¿Cuál es el coste promedio? Depende, por supuesto, de la distribución de los datos. Si asumimos que B es el código de una permutación aleatoria, y que todas las permutaciones tienen la misma probabilidad de aparecer (es decir, la probabilidad es de $1/n!$), es posible demostrar que el número promedio de elementos explorados en la lista *Cand* es de $n(n+2)/4$.

¿Podemos hacerlo todavía más rápido?

Técnica 3 — búsqueda binaria y árboles. Volvamos a la representación del conjunto *Candidatos* como el *array* de valores binarios $Cand[1..n]$. Ahora vamos a asumir que disponemos de la función "oráculo" $Cu\acute{a}ntosUnos(l, p)$, que devuelve el números de unos del *subarray* $Cand[l..p]$. Ahora podremos hallar el 1 que ocupa la posición k-ésima desde el extremo derecho del *array*, mediante una búsqueda binaria. Dividimos $Cand[l..p]$ en dos partes iguales (de hasta un elemento), $Cand[l..s]$ y $Cand[s+1..p]$, donde $s = \lfloor(l+p)/2\rfloor$. Si $Cu\acute{a}ntosUnos(s+1, p) \geq k$, entonces continúa la búsqueda del k-ésimo 1 desde la derecha del *subarray* $Cand[s+1..p]$. Si, por otro lado, $Cu\acute{a}ntosUnos(s+1, p) < k$, la búsqueda seguirá desde la posición $k - Cu\acute{a}ntosUnos(s+1, p)$ desde la derecha de $Cand[l..s]$, ya que todos los unos de $Cand[s+1..p]$ quedarán excluidos. El algoritmo se presenta como la función recursiva $EncontrarYEliminar(k, l, p)$, que encuentra y elimina el k-ésimo uno desde la derecha del *subarray* $Cand[l..p]$. Podemos encontrar el k-ésimo uno desde la derecha del *array* completo (es decir, el elemento más grande k-ésimo) mediante la llamada a $EncontrarYEliminar(k, 1, n)$.

```
Función EncontrarYEliminar(k, l, p)
    si l = p entonces
        Cand[l] := 0
        devolver l
    si no
        s := ⌊(l + p)/2⌋
        si CuántosUnos(s + 1, p) ≥ k entonces
            devolver EncontrarYEliminar(k, s + 1, p)
        si no
            devolver EncontrarYEliminar(k − CuántosUnos(s + 1, p), l, s)
```

Si pudiésemos ejecutar la función *CuántosUnos* en tiempo constante, el coste total de *EncontrarYEliminar*$(k, 1, n)$ sería de $O(\log n)$, porque, en cada paso de la búsqueda recursiva, el tamaño del *subarray* se divide por la mitad (más/menos un elemento). Pero, ¿qué hacer con los valores de *CuántosUnos*? En realidad, podemos almacenarlos. Vamos a asumir que tenemos un *array Cuántos*$[1..n]$, tal que, para $l < p$, que son los posibles argumentos de *EncontrarYEliminar*, *Cuántos*$[s]$ = *CuántosUnos*$(s + 1, p)$, donde $s = \lfloor (l + p)/2 \rfloor$. A partir de ahí, las llamadas a *CuántosUnos*$(s + 1, p)$ en *EncontrarYEliminar* se pueden sustituir con referencias a *Cuántos*$[s]$. ¿Y cómo eliminamos un elemento e del conjunto *Candidatos*? También es sencillo. Siempre que continúe la búsqueda en el *subarray* derecho *Cand*$[s+1, p]$, sabremos que se va a eliminar un 1 de este *subarray*. En consecuencia, se debe reducir *Cuántos*$[s]$ en uno. Estas ideas quedan recogidas en la siguiente función:

```
Función EncontrarYEliminar(k, l, p)
    si l = p entonces
        Cand[l] := 0
        devolver l
    si no
        s := ⌊(l + p)/2⌋
        si Cuántos[s] ≥ k entonces
            Cuántos[s] := Cuántos[s] − 1
            devolver EncontrarYEliminar(k, s + 1, p)
        si no
            devolver EncontrarYEliminar(k − Cuántos[s], l, s)
```

Todavía nos resta mostrar el proceso de inicialización del *array Cuántos*. Como, en un principio, *Cand* solo contiene unos, la tarea no es difícil. La siguiente función recursiva será suficiente:

```
Función InicializarCuántos(l, p)
    si l < p entonces
        s := ⌊(l + p)/2⌋
        Cuántos[s] := p − s
        InicializarCuántos(l, s)
        InicializarCuántos(s + 1, p)
```

Dejamos para el lector la demostración de que *InicializarCuántos*$(1, n)$ tiene coste lineal. El lector atento habrá notado que, en la última técnica, no hemos necesitado el *array Cand* salvo, quizá, por claridad en la presentación.

El problema que estamos tratando es uno de los más sencillos de este libro. No resulta difícil notar la presencia de inversiones en el mismo, que representan la dificultad del algoritmo de ordenación de las inserciones. Una inversión en una secuencia es un par de números de la misma que no están en orden. El coste del algoritmo de ordenación de inserciones es proporcional a la longitud de la secuencia y al número de inversiones dentro de ella.

A pesar de ser sencillo, el problema nos ha permitido demostrar una estrategia con la que abordar problemas de algoritmia para obtener soluciones eficientes (en términos de tiempo de ejecución). La estrategia consiste en comenzar con el desarrollo del algoritmo en términos abstractos y, después, elegir los mejores mecanismos de implementación para esas funciones y objetos abstractos. Además, el problema se puede utilizar para presentar e ilustrar un variado número de estructuras de datos (*arrays*, listas, árboles), algoritmos de búsqueda (lineal, binario), recursiones y el concepto de la complejidad del tiempo de ejecución (peor caso y promedio).

Le damos la vuelta al problema

Por último, vamos a tratar soluciones eficientes para el problema inverso: dada una permutación A, hallar su código B. Una técnica natural consiste en explorar la permutación A, de izquierda a derecha, y contar, para cada uno de sus elementos a_i, el número de elementos de A mayores que a_i y a la izquierda de a_i en A. La implementación directa de esta idea tiene un tiempo de ejecución de $O(n^2)$. Podríamos lograr una implementación mejor, mediante el uso de árboles binarios equilibrados, que nos daría una complejidad de tiempo de $O(n \log n)$. A continuación, mostraremos otra implementación que también se ejecuta en $O(n \log n)$. La solución, propuesta por el profesor Wojciech Rytter, no utiliza estructuras de datos complejas.

En ocasiones, es más sencillo resolver y demostrar la corrección de una versión generalizada de un problema que hacerlo sobre el problema original, más específico. Vamos a considerar la siguiente tarea, más generalista.

Tarea. Tenemos un *array* $A[1..n]$ de enteros del intervalo 0 hasta $n - 1$, no necesariamente distintos. Encontrar un *array* $B[1..n]$ tal que $B[j]$ sea el número de elementos de A mayores que $A[j]$ y que estén a la izquierda de $A[j]$ en A. Esto es,

$$B[j] = |\{1 \leq k < j : A[k] > A[j]\}|.$$

No perdamos de vista el hecho de que si A es una permutación de $\{1, \dots, n\}$, entonces, después de restar 1 de cada uno de los $A[j]$ y encontrar B, obtendremos el código para la permutación A.

Resolveremos el problema gracias a la siguiente observación:

Observación. Para dos enteros distintos no negativos $a < b$, lo siguiente es cierto: $\lfloor a/2 \rfloor = \lfloor b/2 \rfloor$ si, y solo si, $a = 2k$ y $b = 2k + 1$, para un entero $k \geq 0$.

¿Qué implica esta observación? Si dividimos (división entera) cada $A[j]$ por 2, el número de pares $(A[l], A[p])$, tal que $A[l] > A[p]$ y $l < p$, no variará, no teniendo en cuenta los pares que, antes de la operación de división, eran $A[k] = 2k + 1$ y $A[p] = 2k$, para un entero $k \geq 0$. Podemos utilizarla en nuestra solución.

Mientras que el *array A* contenga, al menos, un elemento mayor que 0, calculamos, por cada $A[j]$ par, el número de elementos (son impares) mayores por 1 que este elemento y que están a su izquierda. Sumamos este número al total de elementos mayores que el elemento que ocupa la posición j en el *array A* original y que están a su izquierda (en posiciones con índices menores que j). A continuación, dividimos (con divisiones enteras) cada elemento de A por 2 y repetimos el proceso anterior. El siguiente programa resume estas ideas. El *array Impar*$[0..n]$ almacena el contador de números impares presentes en el *array A* (cambiante), durante la exploración de este *array* de izquierda a derecha.

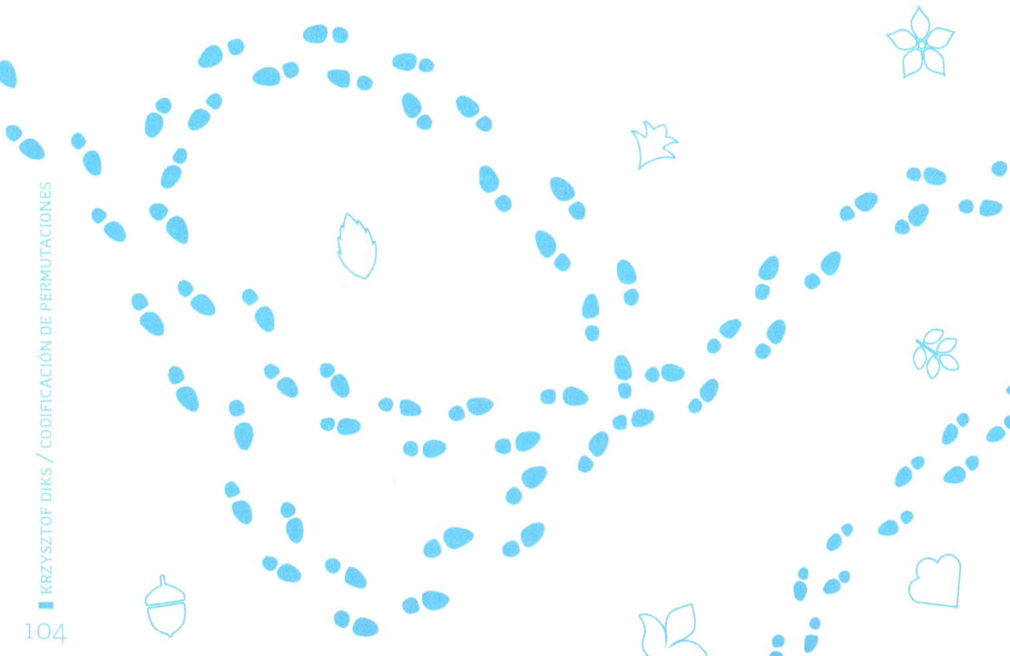

```
Algoritmo CodificarPermutación(A)
    para i := 1 hasta n hacer
        B[i] := 0
    CuántosCeros := 0
    mientras CuántosCeros < n hacer
        para i := 0 hasta n hacer
            Impar[i] := 0
        CuántosCeros := 0
        para i := 1 hasta n hacer
            si 2 ∤ A[i] entonces
                Impar[A[i]] := Impar[A[i]] + 1
            si no
                B[i] := B[i] + Impar[A[i] + 1]
            A[i] := A[i] div 2
            si A[i] = 0 entonces
                CuántosCeros := CuántosCeros + 1
    devolver B
```

Cada iteración del bucle **mientras** necesita un tiempo de $O(n)$. Como el número máximo de iteraciones será de $\lceil \log(n + 1) \rceil$, el tiempo resultante para el algoritmo completo es de $O(n \log n)$.

/ Torres

Concurso: 3ª Olimpiada informática polaca
Autor: Krzysztof Diks
Memoria: 32 MB
https://oi.edu.pl/en/archive/oi/3/wie

Situamos n torres en un tablero de ajedrez de tamaño $n \times n$. La colocación de las torres debe satisfacer las siguientes reglas:

→ Por cada $i = 1, \ldots, n$, la torre i-ésima se puede situar dentro de un rectángulo determinado por dos pares de coordenadas: (a_i, b_i), (c_i, d_i), donde (a_i, b_i) corresponde a la casilla en la esquina superior izquierda del rectángulo (fila, columna) y (c_i, d_i) indica las coordenadas de la casilla inferior izquierda del mismo, $1 \leq a_i \leq c_i \leq n$ y $1 \leq b_i \leq d_i \leq n$. La casilla superior izquierda del tablero tiene coordenadas $(1, 1)$ y, para la inferior izquierda, son (n, n).

→ No puede haber dos torres que se ataquen entre ellas, es decir, no pueden estar en la misma fila o en la misma columna.

Tarea

Escribe un programa que:

→ lea de la entrada el tamaño del tablero n y, por cada $i = 1, \ldots, n$, las coordenadas del rectángulo en el que se puede situar la torre i-ésima,

→ verifique si es posible colocar las torres en los rectángulos indicados, de forma que no se ataquen entre ellas y, si es así, encuentre esa disposición,

→ escriba en la salida una colocación de las torres que satisfaga las condiciones dadas o, si no es posible, la palabra NIE (*no* en polaco).

Entrada

En la primera línea de la entrada hay un entero positivo n ($1 \leq n \leq 3000$). En cada una de las siguientes n líneas aparecen cuatro enteros positivos, no mayores que n, separados por espacios sencillos. Los números de la línea i-ésima son las coordenadas del rectángulo en el que se puede situar la torre i-ésima (a_i, b_i, c_i y d_i, respectivamente).

Salida

La salida debe mostrar o bien la palabra NIE, o una serie de n líneas, en cada una
de las cuales aparecen dos enteros separados por un espacio sencillo. Los números
de la línea i-ésima deben especificar la situación de la torre i-ésima (fila, columna).
Cada una de esas posiciones debe estar dentro del rectángulo determinado por las
coordenadas de la línea $(i + 1)$-ésima de la entrada. Hay que tener en cuenta que las
posiciones de las torres se deben escribir en el mismo orden que las coordenadas
de los rectángulos especificados en la entrada.

Ejemplo

Para los datos de entrada:

```
4
1  1  1  1
1  3  2  4
3  1  4  2
2  2  4  4
```

el resultado correcto es:

```
1  1
2  3
3  2
4  4
```

/ Solución

Aunque el problema está formulado en dos dimensiones, vamos a demostrar que se puede reducir a solo una. En caso de que exista la disposición de torres deseada (la llamaremos disposición *admisible*), habrá, como mucho, una torre en cada fila y, de forma similar, una en cada columna. Vamos a denominar W_i a la i-ésima torre. Los índices de las filas en los que se puede colocar W_i pueden pertenecer al intervalo cerrado de enteros $[a_i..c_i]$, y los índices de las columnas correspondientes estarán en el intervalo $[b_i..d_i]$. Digamos que $[w_1, w_2, \ldots, w_n]$ es una permutación arbitraria de los índices de las filas (números $1, \ldots, n$) tal que, para cada i, $w_i \in [a_i..c_i]$, es decir, una selección admisible de filas para las torres. Igualmente, digamos que $[k_1, k_2, \ldots, k_n]$ es una permutación arbitraria de los índices de las columnas (números $1, \ldots, n$) tal que $k_i \in [b_i..d_i]$ o, lo que es lo mismo, una selección admisible de columnas. Dicho esto, una secuencia de pares $[(w_1, k_1), (w_2, k_2), \ldots, (w_n, k_n)]$ será una disposición admisible de las torres en un tablero de ajedrez. Más aún, cada disposición admisible de torres en el tablero debe ser una combinación de selecciones admisibles de filas y columnas. Así, nos basta con resolver el siguiente problema:

Problema. Tenemos un entero positivo n y n intervalos $J_i = [l_i..r_i]$, $1 \leq l_i \leq r_i \leq n$ de enteros positivos. La tarea consiste en comprobar si existe una permutación $[p_1, p_2, \ldots, p_n]$ de $1, 2, \ldots, n$ tal que cada $p_i \in [l_i..r_i]$. Denominaremos al número p_i como *representativo del intervalo* J_i. En otras palabras, estamos preguntando si existe una secuencia de representativos diferentes para los intervalos J_i. Devolver una de estas secuencias, si existe.

En vez de asignar representativos a intervalos, vamos a invertir la cuestión. A cada representativo $1, 2, \ldots, n$ se le asignará un intervalo al que representar. ¿Qué intervalo se le puede asignar a 1 con seguridad? ¿Y qué significa "con seguridad"? La respuesta es sencilla. Al número 1 se le puede asignar un intervalo tal que el resto de intervalos se le puedan asignar a los representativos $2, \ldots, n$. En primer lugar, el intervalo debe contener 1. Sin embargo, puede haber muchos de esos intervalos, así que, ¿cuál escogemos? No es difícil notar que la elección más segura es el intervalo más corto, es decir, aquel con un extremo derecho menor. ¿Por qué? Asumamos que $J = [1..r]$ es el intervalo más corto que contiene el elemento 1 y, en alguna asignación admisible de intervalos a representativos, se asigna J a $x > 1$. Ahora, digamos que $J' = [1..r']$ es un intervalo asignado a 1. Como J es el más corto, $r' \geq r$. Después de intercambiar las asignaciones de J y J', obtendremos una asignación admisible con J asignado a 1.

Una vez que tenemos un intervalo para el representativo 1, nos ocupamos del 2. A este le asignamos el intervalo más corto que contenga 2, sin tener en cuenta el que ya hemos seleccionado antes para el 1. Repetimos el proceso para 3, 4 y siguientes, eligiendo siempre entre los intervalos que estén ya asignados.

El proceso se puede formalizar de la siguiente manera:

Algoritmo ColocarTorres

    $S := \emptyset$

    para $i := 1$ **hasta** n **hacer**

        $P :=$ un conjunto de intervalos con el extremo izquierdo en i

        $S := S \cup P$

        si $S = \emptyset$ **entonces**

            escribir NO; **salir**

        si no

            $I :=$ un intervalo de S con el menor extremo derecho

            establecer i como representativo de I

            $S := S \setminus \{I\}$

Queda por decidir cómo implementar este algoritmo. En esencia, hay dos cuestiones que abordar: cómo calcular rápidamente el conjunto P y cómo implementar el conjunto dinámico S y sus operaciones.

El cálculo de P no es una tarea compleja. Basta con ordenar todos los intervalos con respecto a los extremos izquierdos y agrupar juntos aquellos para los que este sea igual. Como los extremos son enteros de $[1..n]$, esta ordenación se puede realizar en tiempo $O(n)$.

Ahora nos fijamos el conjunto S. Consta de intervalos con extremos enteros de $[1..n]$. Se pueden realizar sobre S las siguientes operaciones:

→ *Inicializar*(S): inicializar S como un conjunto vacío,

→ *Insertar*(S, I): insertar el intervalo I en S,

→ *Mín*(S): devolver un puntero al intervalo de S con el menor extremo derecho,

→ *EliminarMín*(S): eliminar de S el intervalo con el menor extremo derecho (el que devuelve *Mín*).

Un lector perspicaz ya habrá notado que nuestro algoritmo no llama explícitamente a la operación *Insertar*. Es cierto. Sin embargo, la operación abstracta en la asignación $S := S \cup P$ se puede implementar, de hecho, insertando en S los intervalos consecutivos de P.

Un conjunto S con las operaciones *Inicializar*, *Insertar*, *Mín* y *EliminarMín* no es más que una cola de prioridad organizada con respecto a los extremos derechos de los intervalos. Este tipo de cola de prioridad se puede implementar directamente con un montículo (una estructura de datos utilizada, por ejemplo, en el algoritmo de ordenación por montículos) o se puede utilizar la que nos proporciona la STL. El tiempo de ejecución en estas implementaciones de las operaciones *Insertar* y *EliminarMín* es de $O(\log k)$, donde k es el número de elementos que hay en la cola de prioridad, y la operación *Mín* utiliza tiempo constante. En consecuencia, el tiempo de ejecución en el peor caso de la implementación del algoritmo de búsqueda de representativos, para los intervalos, es de $O(n \log n)$. Como hemos reducido el problema original a dos tareas independientes para intervalos, hemos logrado una solución en $O(n \log n)$ para el problema *Torres*.

Por último, el problema *Torres* nos ofrece otra ventaja: podemos ver esta tarea como una buena introducción al interesante problema de encontrar representativos para familias de conjuntos finitos que no sean, necesariamente, intervalos de enteros. El problema general, conocido como un *sistema de representativos distinto*, se puede resolver, por ejemplo, con algoritmos de emparejamiento de grafos. Pero esa es otra historia.

ANDRZEJ GĄSIENICA-SAMEK

Se graduó en informática en la Facultad de matemáticas, informática y mecánica de la Universidad de Varsovia. Ha sido ganador tres veces de la Olimpiada informática polaca, y obtuvo una medalla de plata y tres de oro en la Olimpiada internacional de informática. En 2003, junto a su equipo, quedó primero en la final mundial del ACM-ICPC, celebrada en Beverly Hills. Dos años antes, en la final del ACM-ICPC de 2001, celebrada en Vancouver, habían alcanzado la sexta posición.

Trabajó durante cinco años en Comarch SA, uno de los proveedores de tecnologías de la información para empresas más importantes de Polonia, donde ocupó los puestos de director de departamento y director del centro de I+D. Durante ese tiempo, fue responsable de la gestión de los departamentos de I+D y desarrollo de software para el sector de la administración pública. Desde 2008 ha sido presidente de Atinea, una empresa que se ocupa, principalmente, de soluciones tecnológicas a medida y que cuenta con una plantilla de 30 programadores. Su actividad principal es el I+D en el campo de los sistemas de bases de datos flexibles.

Está interesado en la inteligencia digital. Aunque afirma que el estado actual del conocimiento científico en este área tiene poco que ver con la inteligencia real, su objetivo a largo plazo es crear un programa que sea capaz de "pensar" por sí mismo.

/ Monos

Concurso: 10ª Olimpiada informática polaca
Autor: Andrzej Gąsienica-Samek
Memoria: 32 MB
https://oi.edu.pl/en/archive/oi/10/mal

Tenemos n monos en un árbol, numerados del 1 al n. El mono número 1 cuelga de una rama por su cola. El resto de monos están sujetos por otros monos, se sujetan a otro monos, o ambas cosas. Cada mono puede utilizar sus dos manos y puede sujetar, como mucho, a un mono en cada mano (agarrándolo por la cola). Comenzando en el instante 0, cada segundo que pasa un mono suelta una de sus manos. Esto puede provocar que algunos monos caigan al suelo, donde pueden continuar soltando sus manos (la duración de la caida es instantánea).

Tarea

Escribe un programa que:
→ lea de la entrada la descripción de cómo están sujetos los monos, y en qué orden soltarán sus manos,
→ para cada mono, calcule el momento en el que caerán al suelo,
→ escriba el resultado en la salida.

Entrada

La primera línea de la entrada consta de dos enteros positivos, n y m ($1 \leq n \leq 200.000$, $1 \leq m \leq 400.000$). El número n determina la cantidad de monos y m especifica el tiempo (en segundos) en que los observamos. Las siguientes n líneas contienen la descripción de la situación inicial. En la línea k-ésima ($1 \leq k \leq n$), hay dos enteros que especifican los números de los monos que están sujetos por el mono k. El primer entero corresponde al número del mono sujeto con la mano izquierda y el segundo al de la mano derecha. Un valor de -1 indica que esa mano está libre. Las siguientes m líneas registran el resultado de la observación de los monos. La línea i-esima ($1 \leq i \leq m$) contiene dos enteros. El primero es el número del mono y el segundo el de la mano (1 = izquierda, 2 = derecha) que el mono suelta en el momento $i - 1$.

Salida

El programa debe escribir exactamente n enteros en la salida, uno por línea. El número de la línea i-ésima debe especificar el momento en el que el mono i-ésimo cae al suelo, o -1 en caso de que el mono no haya caido durante la observación.

Ejemplo

Para los datos de entrada:

```
3   2
−1   3
3   −1
1   2
1   2
3   1
```

el resultado correcto es:

```
−1
1
1
```

/ Solución

El problema *Monos* está inspirado en el mecanismo del *recolector de basura*, que se hizo popular con la llegada, a finales de los años noventa, del lenguaje de programación Java. El recolector de basura libera aquella memoria que ya no está referencia por el programa en ejecución.

Muchos programadores confunden los conceptos de gestión de memoria y gestión de recursos. La diferencia fundamental entre estos dos mecanismos se halla en sus requisitos: a diferencia de la liberación de memoria, que puede producirse con una demora desconocida y no predecible por el programador, los archivos o las conexiones de red deben ser liberadas en momentos determinados con precisión.

Una buena comprensión del problema *Monos* ayuda a explicar por qué el mecanismo del recolector de basura no resulta eficiente para la gestión general de recursos. Además, el problema arroja luz sobre el concepto erróneo de que la recolección de basura resuelve el problema de las fugas de memoria.

Los monos y los recolectores de basura

Vamos a intentar modelar la recolección de basura utilizando terminología de lenguajes orientados a objetos. En concreto, tenemos:

→ una pila de registros de activación,

→ objetos,

→ referencias (a objetos), que pueden ser campos de los objetos o variables incluidas en la pila.

Un programa tiene acceso solamente a aquellos objetos que están referenciados siguiendo un camino de referencias con origen en la pila. El resto de objetos ya no son accesibles por el programa y deben ser liberados (por ejemplo, los objetos *D* y *E* de la Figura 1).

¿Cuál es la conexión entre el modelo mencionado y el problema *Monos*? Los monos representan a los objetos, la pila es el árbol del que cuelga el mono 1 y las referencias se corresponden a las manos con las que los monos sujetan las colas de otros monos.

El problema *Monos* nos pide el momento exacto en el que un grupo de monos cae al suelo. La pregunta es análoga a conocer cuándo deja de estar disponible un objeto para un programa. Igual que queremos saber el momento exacto en el que cae cada mono, nos gustaría liberar la memoria tan pronto como deje de estar referenciada. Esto nos permitiría aplicar la recolección de basura a la gestión general de recursos.

Recolección de basura y gestión de recursos

Los intentos de utilizar un recolector de basura para la gestión de recursos general lleva, inmediatamente, a problemas de rendimiento, ya que determinar qué objetos se pueden liberar no es una tarea sencilla. Esto se debe al hecho de que un cambio en una sola referencia podría permitirnos, potencialmente, liberar un número arbitrariamente grande de otros objetos. Por ejemplo, si la pila de una función contiene un objeto de lista que, a su vez, contiene miles de otros objetos, al finalizar esta función, se perderá la única referencia a la lista y este objeto, junto con los que dependen de él, deberían ser liberados.

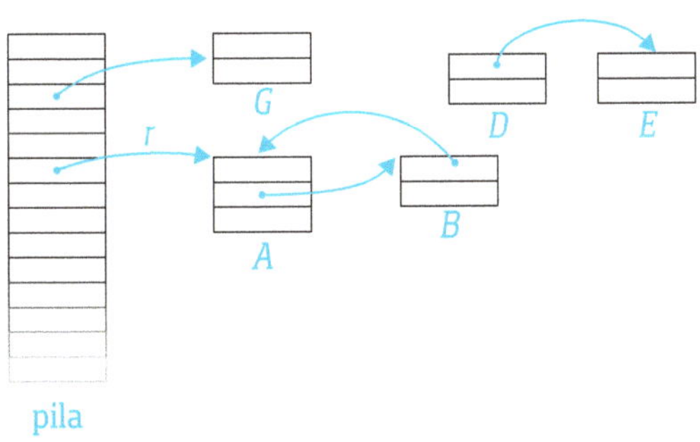

Figura 1: *Vista esquemática de un recolector de basura. Los rectángulos representan objetos y las flechas referencias.*

La primera idea que se nos ocurre es la de liberar el objeto tan pronto como su referencia es eliminada de la lista, o es modificada para que apunte a otro objeto. Evidentemente, esta estrategia serviría para el ejemplo mencionado pero, normalmente, puede haber más de una referencia apuntando al mismo objeto.

Si refinamos un poco la idea, podríamos asociar un *contador de referencias* a cada objeto, que almacene el número de referencias que apuntan al mismo, y actualizarlo cada vez que cambien las referencias. Gracias a estos contadores, podríamos liberar la memoria vinculada a los objetos en el momento en que desapareciese la última referencia, y para la gestión de recursos también nos serviría una técnica similar. De hecho, esta es la estrategia que utilizan algunos lenguajes de programación como, por ejemplo, Perl.

Por desgracia, las cadenas de referencias pueden formar ciclos. El objeto A podría referir a un objeto B que, a su vez, tuviese una referencia a A. Utilizando contadores de referencias, nunca liberaríamos los objetos A y B (sigue habiendo referencias a ambos), aunque dejasen de estar accesibles para el programa (en el ejemplo de la Figura 1, esto ocurriría después de eliminar la referencia r de la pila).

La identificación de los objetos que ya no están disponibles para el programa requiere la comprobación de todos los objetos y referencias. Este proceso es costoso y los recolectores de basura lo realizan en pocas ocasiones, lo que lleva a retrasos en la liberación de memoria.

Volvamos al problema *Monos*, para descubrir cuánto tiempo tardamos en identificar qué monos caen al suelo.

Monos y teoría de grafos

Podemos modelar nuestro problema como un grafo, en el que los monos son los vértices y las manos que sujetan las colas las aristas. No hay ninguna diferencia en el hecho de que un mono sujete una cola o tenga su propia cola sujeta por otro, por lo que el grafo no será dirigido. Más aún, podemos imaginar que dos monos se sujeten las colas entre ellos, incluso con las dos manos, por lo que estamos ante un grafo múltiple no dirigido. Para estimar la complejidad del tiempo de ejecución, resultará útil saber que el número de aristas del grafo no puede superar al doble del número de monos, por lo que nos basta con conocer el número de monos para evaluar el tiempo de ejecución.

La pregunta de cuáles de los monos están colgando es, utilizando terminología de teoría de grafos, la cuestión de determinar el componente conexo que incluya al mono 1. Dicho de forma más coloquial, queremos visitar, a partir del mono 1, todos los monos a los que podamos llegar a través de manos sujetando colas. Podemos lograrlo de forma sencilla mediante una búsqueda en profundidad, es decir, recorriendo las manos recursivamente y registrando todos los monos visitados.

La complejidad de tiempo de ejecución de ese recorrido es proporcional al tamaño del componente conexo que contenga al mono 1. Este número es $O(n)$, ya que, como hemos visto, el número de manos es proporcional a n. Por desgracia, esta operación se repite cada vez que un mono suelta una cola, resultando en un coste de $O(n^2)$. A la vista de la descripción del tamaño de entrada, resulta evidente que una solución en $O(n^2)$ es inaceptable para este problema.

Vuelta al recolector de basura

En vista de lo anterior, tiene sentido analizar la forma en que funcionan los recolectores de basura, sabiendo ya que la detección de objetos no alcanzables es tan cara. Para empezar, la recolección de basura no se produce después de cada cambio en una referencia, lo que puede resultar, lamentablemente, en demoras sustanciales en la liberación de memoria. Por lo tanto, si el objeto cuenta con métodos como *cerrar* o *desechar*, el programador debería utilizarlos siempre, antes de perder la referencia al objeto. En caso contrario, podríamos estar ante resultados no deterministas, dependiendo del recolector de basura.

En segundo lugar, los desarrolladores de recolectores de basura están más centrados en la eficiencia ante casos que se puedan producir en la práctica que en la complejidad asintótica. Por lo tanto, hay situaciones en las que el tiempo requerido por el recolector de basura es difícil de predecir. Sin embargo, podríamos aplicar un comentario similar a las operaciones *malloc* y *free* (*new* y *delete*), donde una buena eficiencia asintótica tampoco es la preocupación principal.

Por otro lado, si adoptamos una visión más teórica que empírica, resulta válido preguntarnos por la mejor complejidad de tiempo de ejecución en la recolección de basura. ¿De verdad es posible una buena eficiencia? Parece que la recolección de basura se puede lograr en tiempo lineal en relación al tamaño de la memoria asignada. Un argumento muy sencillo a este respecto es que, asumiendo la disponibilidad del doble de la memoria necesaria para el procesamiento y realizando la recolección de basura después de que se haya consumido todo el espacio, el coste de la operación se puede amortizar en el coste de la asignación. Se pueden encontrar más problemas interesantes sobre los recolectores de basura buscando *recolección de basura en tiempo real*.

Una solución mejor

Ya hemos hablado de los motivos por los que no se puede utilizar la gestión de memoria en la gestión general de recursos. En el problema *Monos* se nos pide que identifiquemos los momentos exactos en que caen los monos, y sabemos que la solución en $O(n^2)$ es inaceptable. Volvamos sobre el problema, esta vez poniendo la atención en aquello que hace a la cuestión diferente de la gestión de memoria.

La primera observación está en que los monos tienen dos manos, a diferencia de las referencias múltiples que son posibles con los objetos. Incluso así, cada objeto podría dividirse en varios pares (de forma similar a como lo hace el lenguaje de programación Lisp), lo que no cambiaría mucho en las condiciones de la recolección de basura. Igualmente, podemos imaginar la integración de dos monos en uno que tuviese dos colas y tres manos, lo que tampoco cambia el problema.

La segunda observación es que, durante el proceso y después de soltar la mano, los monos no vuelven a agarrar otra cola. Esta observación es más interesante que la anterior. Si dejamos de tener en consideración a los monos que caen, y comenzamos a pensar en términos de un grafo al que se le eliminan aristas, llegamos a una situación en la que un grafo se va descomponiendo lentamente en componentes conexos más pequeños. Nuestra preocupación está en el componente conexo que incluye el vértice 1. Resulta costoso, computacionalmente hablando, encontrar qué parte del componente conexo queda desconectada después de eliminar una arista, que ya requiere la exploración de todos los vértices conectados a 1. Son visitados cada vez que se elimina una arista, lo que contribuye al coste.

Sin embargo, si en vez de dividir el grafo intentamos construirlo, el proceso resulta mucho más eficiente. Si los vértices del componente conexo que contenga el vértice 1 están identificados adecuadamente, detectaremos con facilidad si una nueva arista conecta algún elemento nuevo a este componente. Podemos comprobar, en tiempo constante, si ambos extremos de una arista pertenecen al componente conexo del vértice 1. Si es así, no hay que hacer nada más. En caso contrario, y en tiempo proporcional al número de vértices añadidos, los marcamos como miembros del componente conexo del vértice 1. No hay necesidad de volver a visitar los vértices que ya pertenezcan a este componente. En consecuencia, la operación de añadir una arista utiliza tiempo proporcional al número de vértices vinculados.

Ahora, si ejecutamos todo el proceso hacia atrás, es decir, vamos añadiendo al árbol los monos que están en el suelo, cada paso necesitará un tiempo proporcional al número de monos añadidos en el mismo. Como resultado, esta sencilla solución consume un tiempo de ejecución de $O(n)$, el mejor posible a la vista del tamaño de la entrada.

Es importante entender que no podría aplicarse un truco similar a la gestión de memoria, que es mucho menos determinista que la secuencia de eventos de los monos. Por esa razón, los programadores deberían invocar siempre explícitamente los métodos *cerrar* o *desechar*, en aquellos objetos que los incluyan. El recolector de basura no tiene forma de predecir el momento exacto en el que desaparecerá la última referencia. De forma similar, debemos ser cuidadosos con un mono individual de cuya cola cuelgue el grupo completo del resto de monos. En ese caso, ni siquiera un recolector de basura nos protegería de las fugas de memoria.

TOMASZ IDZIASZEK

Es investigador ayudante en la Facultad de matemáticas, informática y mecánica de la Universidad de Varsovia. Su campo de investigación se centra en la teoría de autómatas, con especial interés en las conexiones entre automátas árbol y la lógica. Ha estado involucrado en concursos de programación desde hace once años. Ha sido finalista de varios concursos individuales (TopCoder, Google Code Jam, Escaramuzas algorítmicas) y de equipos (ganó, junto a Szymon Acedański y Jacek Jurewicz, el Concurso regional centroeuropeo del ACM-ICPC de 2004 y representó a la Universidad de Varsovia en la final mundial del ACM-ICPC). En la actualidad, está más involucrado en la organización de eventos como la Olimpiada informática polaca, el Campus de entrenamiento de la Olimpiada informática polaca y Escaramuzas algorítmicas (habiéndole dado este último la oportunidad de escribir problemas de algoritmia para la fase más difícil del concurso, que es su favorita). Además es autor y editor de artículos sobre ciencias de la computación en la popular publicación mensual polaca *Delta*. Disfruta de su tiempo libre tocando el piano.

/ **Plóter**

Concurso: Escaramuzas algorítmicas 2011
Autor: Tomasz Idziaszek
Memoria: 32 MB
https://oi.edu.pl/en/archive/pa/2011/plo

Para comprobar qué tal funciona su nuevo plóter, Byteasar ha decidido dibujar unas pocas bytecurvas. Una bytecurva de orden n consta de 2^n segmentos, cada uno de longitud $\sqrt{2}$. El primero conecta los puntos con las coordenadas $(0,0)$ y $(1,1)$. Se puede describir una bytecurva de orden n mediante una palabra L_n de longitud $2^n - 1$, utilizando el alfabeto de dos letras $\{\mathbf{L},\mathbf{R}\}$. La i-ésima letra de la palabra indica que, después de que se haya impreso el segmento i-ésimo, la pluma gira y se desplaza de forma ortogonal a la izquierda (letra $\mathbf{L}$) o a la derecha (letra $\mathbf{R}$), para imprimir el siguiente segmento. En otras palabras, la pluma cambia su dirección a izquierda o derecha en un ángulo de 90°.

L_1 consta de una sola letra $\mathbf{L}$ (giro a la izquierda) y L_2 consta de tres letras $\mathbf{LLR}$, lo que indica dos giros a la izquierda seguido de uno a la derecha. Mediante inducción, L_n se genera a partir de L_{n-1} de la siguiente manera: se separan todas las letras de L_{n-1} con espacios y se coloca un espacio adicional al princpio y al final. Después, en los espacios recién creados, se colocan, de forma alternativa, las letras $\mathbf{L}$ y $\mathbf{R}$, comenzando por $\mathbf{L}$. Por ejemplo, L_3 se genera de la siguiente forma:

$$L_2 = \mathbf{LLR} \rightarrow \_\mathbf{L}\_\mathbf{L}\_\mathbf{R}\_ \rightarrow \mathbf{LLRLLRR} = L_3.$$

Igualmente, $L_4 = \mathbf{LLRLLRRLLLRRLRR}$ (ver la siguiente figura).

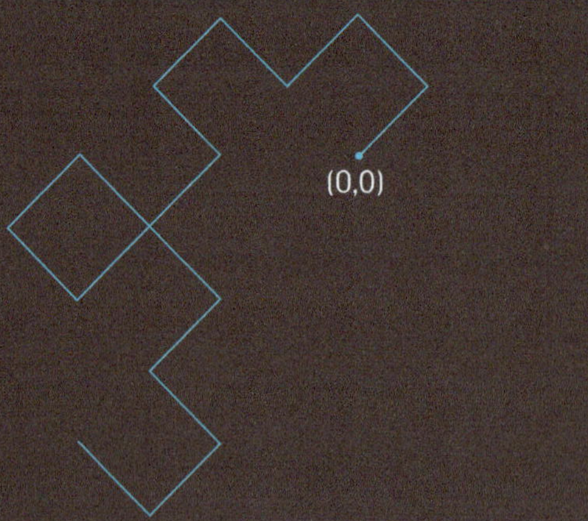

Dibujar cada segmento de la bytecurva tarda, exactamente, un segundo. Mientras espera a que el plóter termine de imprimir, Byteasar se hace la siguiente pregunta: dado un punto (x, y) del plano, ¿cuándo se situará la pluma en ese punto? Por ejemplo, en la bytecurva de orden 4 de la figura anterior, la pluma llegará al punto $(-3, -1)$ siete segundos y, nuevamente, once segundos después de empezar a dibujar. La tarea consiste en responder a la pregunta de Byteasar.

Entrada

La primera línea de la entrada consta de dos enteros, n y m ($1 \leq n, m \leq 2000$), donde n indica que la Bytecurva está descrita por L_n y m indica que habrá consultas sobre m puntos. Las siguientes m líneas contienen dos enteros cada una, x_i e y_i ($-10^9 \leq x_i, y_i \leq 10^9$), que indican las coordenadas del punto i-ésimo. No está garantizado que todos los puntos descritos en la entrada representen un punto de la bytecurva. Además, ningún punto aparecerá más de una vez.

Salida

La salida constará de m líneas, que contengan las respuestas a las consultas consecutivas. Cada respuesta tendrá un entero no negativo k_i, que especifique el número de visitas que realizará la pluma al punto consultado (x_i, y_i), seguido de k_i enteros no negativos que especifiquen los momentos de esas visitas, en orden creciente y en segundos, desde que comenzó a realizarse el dibujo. Los números deben estar separados por espacios sencillos.

Ejemplo

Para los datos de entrada:

```
4   3
-3   -1
1   1
-1   0
```

el resultado correcto es:

```
2   7   11
1   1
0
```

/ Solución

La bytecurva descrita en el problema es, de hecho, un fractal, conocido popularmente como la *curva del dragón*. Fue estudiado por primera vez en 1966 por dos físicos de la NASA, John Heighway y William Harter, pero popularizado por Martin Gardner en su columna de divulgación *Juegos matemáticos* y por el escritor Michael Crichton en su novela *Parque jurásico*.

La Figura 1 ilustra por qué la curva del dragón recibe ese nombre, mostrando algunas representaciones de órdenes pequeños. Se puede demostrar que la curva del dragón no tiene intersecciones consigo misma (aunque puede tocarse), por lo que el plóter visitará cada punto un máximo de dos veces. Denominamos S_n a la curva del dragón de orden n. También asumimos que el primer segmento de la curva conecta los puntos $(0, 0)$ y $(1, 0)$, por lo que es necesario transformar los puntos de la entrada mediante la fórmula

$$(x', y') = \left(\frac{x+y}{2}, \frac{y-x}{2} \right).$$

Existen muchas definiciones equivalentes para la curva del dragón, la que hemos utilizado en el enunciado del problema es solo una de ellas. Otra definición indica que la palabra L_n, que describe la curva, satisface la siguiente relación de recurrencia:

$$L_1 = \mathbf{L}, \quad L_n = L_{n-1}\mathbf{L}r(L_{n-1}), \tag{1}$$

donde r indica una operación que invierte el orden de las letras de la palabra y, simultáneamente, intercambia las letras $\mathbf{L}$ y $\mathbf{R}$, por ejemplo, $r(L_2) = \mathbf{LRR}$. Dejamos la demostración de la equivalencia de las definiciones como ejercicio para el lector.

Vamos a denominar al último punto de la curva de orden n como (x_n, y_n). Es fácil hallar la recurrencia que lo calcula:

$$x_1 = y_1 = 1, \quad x_n = x_{n-1} - y_{n-1}, \quad y_n = x_{n-1} + y_{n-1}.$$

La fórmula (1) dirige nuestra atención a una propiedad muy importante de la curva del dragón, concretamente que la curva de orden n se obtiene uniendo dos curvas de orden $n-1$. Para ser más precisos: la curva S_n consta de una curva S_{n-1} y su copia, fijada en el punto (x_n, y_n) y rotada 90° en el sentido de las agujas del reloj (ver nuevamente la Figura 1).

Figura 1: *Familia de curvas del dragón, S_n es la curva de orden n. En S_8 hemos distinguido las dos curvas S_7 que la forman.*

¿Por qué nos gustan los fractales?

Una tarea perfecta para un programador novato es escribir un programa que genere la imagen de un fractal. Aunque las reglas de generación de fractales son sencillas, pueden generar patrones muy complejos. Se pueden lograr efectos visuales muy ambiciosos con un esfuerzo de programación relativamente pequeño. Además, la condición repetitiva de los fractales nos permite ejercitar uno de los conceptos fundamentales de la programación: la recursividad.

No es ninguna sorpresa que los autores de problemas para concursos de programación recurran al mundo de los fractales en busca de inspiración. Un tipo de tareas muy popular es el de generar curvas de relleno, como las de Peano y Hilbert, o sus variantes. El tamaño de esas curvas crece de forma exponencial al orden de la curva, por lo que la tarea se suele plantear de la siguiente manera: para una curva de orden n y un número k, calcular las coordenadas de un punto del plano que se sitúe a una distancia de k desde el origen de la curva. Se espera que el programa se ejecute con complejidad de tiempo $O(n)$.

Lo normal es que estas tareas no sean complejas conceptualmente. Si queremos resolver este tipo de problema para la curva del dragón S_n, deberemos tener dos casos en consideración (recordemos que la longitud de la curva S_n es 2^n):

(a) $k < 2^{n-1}$ y encontrar de forma recursiva una solución a la curva S_{n-1},

(b) $k \geq 2^{n-1}$ y encontrar un punto de la curva S_{n-1} a una distancia de $2^n - k$ desde el origen de la curva y transformarlo adecuadamente.

El algoritmo que implementa esta idea es el siguiente (asumimos que los valores x_i, y_i han sido calculados previamente utilizando la recursión mencionada):

Algoritmo PuntoEnLaCurvaDelDragón(k,n)
    {asumimos que $0 \leq k \leq 2^n$}
    si $n = 1$ **entonces**
        devolver $(\lceil k/2 \rceil, \lfloor k/2 \rfloor)$
    si no si $k < 2^{n-1}$ **entonces**
        devolver PuntoEnLaCurvaDelDragón($k,n-1$)
    si no
        $(x, y) := $ PuntoEnLaCurvaDelDragón($2^n - k, n - 1$)
        devolver $(x_n + y, y_n - x)$

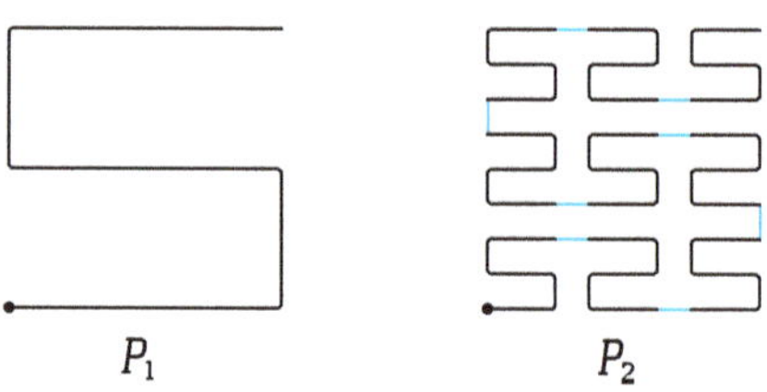

Figura 2: *Una curva de Peano de orden n se construye uniendo nueve curvas de orden n − 1.*

Problema inverso

La tarea puede plantearse al revés: dado un punto del plano (x, y), que pertenece a la curva, se nos pide determinar a qué distancia está del inicio de la curva. Antes de ver cómo se resuelve este problema en la curva del dragón, vamos a fijarnos en la solución para otro fractal: la curva de Peano (también conocida como la segunda curva de Hilbert, ver la Figura 2).

Este problema apareció en la final mundial del ACM-ICPC de 2003 (bajo el título *Riding the Bus*). Su solución es bastante sencilla: una curva de Peano P_n de orden n cabe en un rejilla de tamaño $(3^n - 1) \times (3^n - 1)$, y su longitud es $9^n - 1$. Considerando los valores $\lfloor x/3^{n-1} \rfloor$ e $\lfloor y/3^{n-1} \rfloor$, podemos decidir a cuál de las nueve curvas más pequeñas P_{n-1} pertenece el punto (x, y). Si pertenece a la i-ésima (en el orden de su aparición en P_n), la respuesta es la suma de $i \cdot 9^{n-1}$ más la solución a una subtarea para la curva P_{n-1} y el punto consecuentemente rotado $(x \bmod 3^{n-1}, y \bmod 3^{n-1})$. El algoritmo se ejecuta en tiempo $O(n)$.

El problema inverso para la curva del dragón es la esencia de la tarea *Plóter*, que resultó ser especialmente complicada para los concursantes de Escaramuzas algorítmicas. No es una sorpresa, ya que, a primera vista, parecería que la idea que hemos utilizado con la curva de Peano aquí resulta inútil. Nos falta un elemento fundamental: cómo determinar, para un punto dado en la curva S_n, a cuál de las dos curvas más pequeñas S_{n-1} pertence. Por lo tanto, tendremos que utilizar un método diferente: invoquemos un proceso recursivo para las dos curvas más pequeñas. Esta solución se ejecutará, indudablemente, en $O(2^n)$. Pero podemos observar, sin embargo, que en muchos casos, cuando buscamos un punto en la curva menor incorrecta, después de algunos ciclos recursivos el punto quedará tan lejos de la zona de la curva que estamos examinando, que podemos detectarlo y podar la búsqueda.

Veamos cómo funciona la idea en la práctica. Denominaremos $d(x, y, n)$ a una función que devuelva un conjunto de distancias en las que reside el punto (x, y) desde el origen de la curva S_n (el punto dado no puede estar a más de dos distancias del principio de la curva). La función realizará dos llamadas recursivas. Su valor es la suma de dos conjuntos:

$$d(x, y, n) = d(x, y, n - 1) \cup \{2^n - k : k \in d(y_n - y, x - x_n, n - 1)\}.$$

Para S_1 tenemos

$$d(x, y, 1) = \begin{cases} \{x + y\} & \text{para } 0 \le y \le x \le 1, \\ \varnothing & \text{en caso contrario.} \end{cases}$$

¿Cuándo podemos podar la búsqueda? No es fácil comprobar si un punto *pertenece* a la curva S_n, pero para muchos de ellos podemos afirmar, sin duda, que *no pertenecen*. Consideremos una caja R_n, que representa el rectángulo más pequeño posible, con lados paralelos a los ejes del sistema de coordenadas, que contiene todos los puntos de la curva S_n. Cada vez que llamemos a la función $d(x, y, n)$ con un punto (x, y) que quede fuera de esa caja R_n, podemos devolver $\emptyset$ al instante. Digamos que r_n, t_n, l_n, b_n indican las distancias al punto $(0, 0)$ desde todos los lados del rectángulo R_n (derecho, superior, izquierdo e inferior, respectivamente). Podemos calcularlos de forma recursiva:

$$
\begin{aligned}
r_1 = t_1 &= 1, \quad l_1 = b_1 = 0, \\
r_n &= \text{máx}(r_{n-1}, t_{n-1} + x_n), \\
t_n &= \text{máx}(t_{n-1}, l_{n-1} + y_n), \\
l_n &= \text{máx}(l_{n-1}, b_{n-1} - x_n), \\
b_n &= \text{máx}(b_{n-1}, r_{n-1} - y_n).
\end{aligned}
$$

Todavía nos queda por analizar el impacto que tendrá la anterior optimización en el tiempo de ejecución del algoritmo. Las pruebas empíricas sugieren que será bastante significativo. Por esta razón, algunos concursantes implementaron ideas similares, pero no fueron capaces de demostrar por qué sus soluciones eran tan rápidas. Ahora veremos que la optimización mejora la complejidad de tiempo del algoritmo de exponencial a lineal.

Vamos a dibujar la curva S_n y marcar todas las cajas de las 2^{n-m} curvas S_m que forman S_n. Vamos a estimar cuántas cajas, como mucho, pueden contener el punto (x, y). Este número revelará cuántas veces quedarán sin podar las llamadas recursivas a $d(\cdot, \cdot, m)$. Si el número es constante tendremos como consecuencia un número también constante de llamadas en cada nivel de recursión, por lo que el algoritmo se ejecutará en tiempo $O(n)$.

Se puede demostrar por inducción que x_m e y_m son divisibles por $M = 2^{\lfloor m/2 \rfloor}$, por lo que cada curva S_m comienza en un punto de $Z_M = \{(Mi, Mj) : i, j \in \mathbb{Z}\}$. También se puede demostrar que

$$
r_m + l_m, t_m + b_m < 2^{\lfloor m/2 \rfloor + 1},
$$

por lo que cada caja dibujada está contenida en un cuadrado de lado $2M - 1$. Eso significa que las cajas que contienen el punto (x, y) cubren en total un máximo de 16 puntos del conjunto Z_M. En cada uno de esos puntos pueden comenzar un máximo de cuatro curvas S_m, por lo que (x, y) no puede pertenecer a más de $16 \cdot 4$ cajas. Por lo tanto, nuestro algoritmo se ejecuta, efectivamente, en tiempo lineal.

/ Termitas

Concurso: Escaramuzas algorítmicas 2010
Autor: Tomasz Idziaszek
Memoria: 256 MB
https://oi.edu.pl/en/archive/pa/2010/ter

Dos termitas se están comiendo una vieja valla de madera. Consta de n tablas de posibles alturas diferentes. Las termitas ya se han comido algunas de ellas y pensaron que podrían convertir el banquete en algo más interesante. Han decidido jugar a un juego y comerse las tablas, de una en una, por turnos. En un turno, cada termita solo puede comerse una tabla que esté junto a otra que ya haya sido consumida. Asumiendo que cada termita elige las tablas de esa forma para que, al terminar la partida, la suma de todas las alturas de todas las tablas devoradas por esa termita sea máxima, debes calcular la cantidad de madera que habrá consumido cada una.

Entrada

La primera línea de la entrada consta de un entero n ($1 \leq n \leq 1.000.000$), que especifica el número de tablas de la valla. La segunda línea contiene una secuencia de n enteros l_i ($0 \leq l_i \leq 1.000.000.000$), que describen las alturas de las tablas consecutivas. Si $l_i = 0$, entonces la tabla correspondiente ya ha sido devorada. La tabla número i (para $1 < i < n$) es adyacentes a las tablas $i - 1$ e $i + 1$. La única tabla adyacente a la número 1 es la número 2, y la única adyacente a n es $n - 1$. Al menos un número l_i es igual a cero.

Salida

La salida debe mostrar dos enteros. El primero será la suma de las alturas de las tablas consumidas por la termina que comienza la partida, mientras que el segundo corresponderá a la cantidad de madera comida por la otra termita.

Ejemplo

Para los datos de entrada:

el resultado correcto es:

```
8
1 2 0 3 7 4 0 9
```

```
17 9
```

Explicación del ejemplo: La valla tiene ocho tablas, de las cuales dos ya han sido devoradas. La primera termita, en su primer turno, puede elegir entre tablas de alturas 2, 3, 4 o 9. En una partida óptima, en los turnos consecutivos, las termitas se comeran las tablas con alturas 9, 2, 1, 4, 7 y 3.

"

Si alguien me preguntase cuál de los problemas que he escrito es mi favorito, respondería que *Termitas* sin dudarlo. No siempre tenemos la suerte de idear un problema con un enunciado sencillo pero que cause perplejidad entre los concursantes, al punto de que tengan la seguridad de que el autor ha cometido un error en los límites de la entrada, ya que, en apariencia, el problema no se puede resolver con eficacia.

Aun así, *Termitas* tiene solución: una solución, además, corta y elegante. Mi experiencia con este problema demuestra que, en la vida, nunca se deja de aprender, y que todavía quedan joyas algorítmicas por descubrir.

Entre la concepción original del problema y su presentación, en su forma actual, transcurrió un tiempo considerable. Ocurrió durante la fase de fin de semana de Escaramuzas algorítmicas 2010, pero su historia comenzó en 2005, en la Olimpiada internacional informática, que se celebró en la ciudad de Nowy Sącz, en Polonia. Durante aquel evento, Jakub Radoszewski me comentó un problema que no era capaz de resolver adecuadamente.

Problema 1. Tenemos n pilas de monedas. Cada moneda puede ser un ducado de oro o un céntimo sin ningún valor. Hay dos jugadores en la partida, que eligen monedas alternativamente. En cada turno, el jugador puede tomar una moneda de la parte superior de la pila que desee. Debemos determinar cuál será el resultado de la partida si ambos jugadores realizan movimientos óptimos en un intento de maximizar el número de ducados recogidos.

Como veremos más adelante, algunos de los datos que se proporcionan en el enunciado de *Termitas*, como que las alturas de las tablas son positivas y que hay un máximo de dos lados que podrían ser inaccesibles, tienen poca importancia. Por lo tanto, el problema anterior es una versión simplificada de *Termitas*. Como el planteamiento me resultó interesante, decidí trabajar sobre ello. Por desgracia, durante los años siguientes no logré dar con la clave, salvo por algunas hipótesis que, por sí mismas, no me acercaron a la solución (por ejemplo, que no tiene sentido tomar un céntimo si es posible tomar un ducado), y algunos trucos un tanto toscos que reducían el exponente de una solución, claramente exponencial, basada en la programación dinámica.

Sin embargo, cinco años después, motivado por la siguiente edición de Escaramuzas algorítmicas, me senté frente a esta tarea con la intención de trabajar tanto como fuese necesario para lograr un progreso significativo. Mi perseverancia tuvo su recompensa: en una semana desarrollé un algoritmo polinómico, y pasé el mes siguiente demostrando su validez. Más aún, descubrí que el algoritmo es suficientemente generalista como para funcionar en el caso de que tomásemos monedas de los dos extremos de la pila. Esta observación me resultó sorprendente, ya que había encontrado un problema similar con anterioridad...

Desde el folclore matemático: monedas en fila

Sin duda muchos lectores conocerán este problema. Pido un poco de paciencia: de momento seguiremos presentando enunciados, pero los resolveremos en breve.

Problema 2 (monedas en fila). Tenemos n monedas en fila, cada una de un valor. Hay dos jugadores en la partida, Annie y Bertie que, alternativamente, toman una moneda del extremo izquierdo o derecho de la misma. Annie realiza el primer movimiento. ¿Cuál será el resultado de la partida (en términos de la suma de los valores recogidos) si ambos juegan de forma óptima?

Como vemos, estamos ante otra versión simplificada de *Termitas*, en la que solo tenemos una pieza de la valla, accesible desde ambos extremos. Vamos a resolver esta variante antes de volver al caso general.

En primer lugar, nos aseguraremos de que una estrategia voraz, que consiste en tomar siempre la moneda de mayor valor disponible, no funcionará. De hecho, vamos a considerar la siguiente secuencia de monedas:

$$5 \quad 7 \quad 10 \quad 6$$

Si Annie toma el 6 en su primer turno, la suma de los valores de todas sus monedas, reducida por la suma acumulada por Bertie, será igual a $6 - 10 + 7 - 5 = -2$. Por otro lado, si comienza tomando el 5, Annie tendrá una ventaja sobre Bertie de $5 - 7 + 10 - 6 = 2$. En adelante, utilizaremos el término *valor de la partida* para referirnos a la diferencia entre los valores recogidos por Annie y la suma acumulada por Bertie, cuando ambos juegan de forma óptima. Es fácil ver que el objetivo de Annie está en maximizar el valor de la partida, mientras que el de Bertie es minimizarlo.

Por lo tanto, una estrategia voraz ingenua no funciona. Sin embargo, resulta que, en caso de que el número de monedas sea par, hay una estrategia muy sencilla que puede utilizar el primer jugador para asegurarse de que no pierde (es decir, obtendrá, al menos, el mismo valor que su oponente). Además, la existencia de esta estrategia no depende del valor de las monedas. Para un n par, Annie puede asegurarse de tomar todas las monedas que ocupen las posiciones impares de la fila, o todas las que estén en posiciones pares. Por lo que puede elegir qué variante resulta en una suma mayor. Veamos el ejemplo:

$$\underline{5} \quad 2 \quad \underline{1} \quad 4 \quad \underline{9} \quad 8$$

En ese caso, la suma de los valores de las monedas que ocupan posiciones impares (subrayadas) es $s_1 = 5 + 1 + 9 = 15$, y la suma de las posiciones pares (no subrayadas) será de $s_2 = 2 + 4 + 8 = 14$. Annie podría utilizar la estrategia de tomar las monedas de las posiciones subrayadas, lo que le daría una ventaja de $s_1 - s_2 = 1$. La estrategia existe porque la siguiente certeza se mantiene: antes de cada movimiento de Annie, hay exactamente una moneda subrayada en un extremo de la fila y, antes de cada moviemiento de Bertie, no hay ninguna en ninguno de los dos extremos.

Por lo tanto, podemos ver que, para un n par, Annie nunca perderá. Sin embargo, observamos que esta estrategia no es necesariamente óptima. De hecho, en el ejemplo anterior, Annie podría lograr una ventaja de 3. La estrategia óptima consiste en tomar el 5 en el primer turno y luego jugar de forma voraz. Esto resulta en la partida óptima de $5 - 8 + 9 - 4 + 2 - 1 = 3$. Por lo tanto, el valor de la partida sería de 3 en este caso.

¿Qué hacer, entonces, si queremos calcular el valor de la partida? Podemos utilizar programación dinámica para obtener un tiempo de cálculo de $O(n^2)$. Basta con calcular el valor de la partida para cada subsecuencia continua de monedas. Si denominamos $d[i, j]$ a la ventaja de Annie para una secuencia de monedas en las posiciones $i, i + 1, \ldots, j$ $(1 \leq i \leq j \leq n)$, entonces podemos calcular los valores del *array* d utilizando la siguiente fórmula recursiva:

$$d[i, j] = \begin{cases} a[i] & \text{para } i = j, \\ \text{máx}(a[i] - d[i + 1, j],\, a[j] - d[i, j - 1]) & \text{para } i < j. \end{cases}$$

Encontré este problema al princpio de mi experiencia en concursos de programación. Era un ejemplo clásico para ilustrar la técnica de programación dinámica, y la solución de ejemplo era este algoritmo en $O(n^2)$. Ya en aquel momento me pregunté si habría una solución más rápida, pero nadie a quien pudiese preguntar la conocía. En cualquier caso, tampoco nadie me dijo que no existiese...

Solución óptima para monedas en fila

Finalmente, tras muchos años de incertidumbre, resultó que se podía desarrollar un algoritmo mejor. Ahora veremos cómo resolver este problema con una complejidad óptima de $O(n)$.

Para una fila de monedas G dada, denominamos val(G) al valor de la partida. Asumiremos, por simplicidad, que en la fila G habrá exactamente una moneda de valor máximo M. Como ambos jugadores pretenden maximizar la suma de los valores recogidos, es evidente que ambos querrán hacerse con la moneda M. Vamos a considerar quién tiene la posibilidad de hacerlo.

Resulta que, aunque la estrategia voraz ingenua no funciona en general, es correcta en situaciones de voracidad extrema:

Teorema 1 (principio del movimiento voraz). Digamos que la moneda de valor máximo M se encuentra al final de la fila G. Digamos también que G' es la fila resultante tras tomar esa moneda. Entonces, val(G) = $M -$ val(G').

Por lo tanto, cada vez que podamos tomar el valor mayor, resultará rentable hacerlo, es decir, será un movimiento óptimo. Podemos reforzar más el teorema: será el único movimiento óptimo.

Sin embargo, la mayor parte de la veces no tendremos la suerte de poder utilizar el principio del movimiento voraz directamente. Por ello, necesitamos considerar qué hacer cuando el valor mayor M se encuentre en el medio de la fila. En algún momento, uno de los jugadores (digamos que Bertie) descubrirá el valor M durante su turno. Entonces, gracias al principio del movimiento voraz, Annie debe tomar M inmediatamente. Debemos observar, sin embargo, que en estos dos movimientos Bertie obtiene menos puntos que Annie. El motivo por el que haría un movimiento así tendría que venir provocado por el deseo de hacerse con la moneda que quedase descubierta tras tomar M. Este razonamiento nos lleva al teorema clave, que nos permitirá calcular el valor de la partida:

Teorema 2 (principio de fusión). Digamos que x, M, y son monedas adyacentes (en este orden) de la fila G, que satisfacen la condición $x, y \leq M$. Digamos también que G' es la fila en la que estas tres monedas han sido sustituidas por otra de valor $x - M + y$. En ese caso, val(G) = val(G').

Observemos que el enunciado de este teorema es mucho más contundente que el del anterior. No asumimos que M sea el valor mayor de la fila, sino únicamente que es mayor que los valores de sus monedas adyacentes. La acción de sustituir las monedas x, M, y por otra de valor $x - M + y$ corresponde a la situación en que un jugador toma las monedas exteriores mientras que el otro recoge la central.

El principio de fusión nos lleva al siguiente algoritmo: mientras podamos encontrar en la fila tres monedas adyacentes que satisfagan las premisas del teorema, podemos sustituirlas por una moneda. Esto acortará la secuencia y no modificará el valor de la partida. Veamos un ejemplo en el que se aplica el teorema tres veces:

$$5 \quad 7 \quad 10 \quad \underbrace{\underbrace{6 \quad 9 \quad 9}_{6} \quad 1}_{3} \quad \underbrace{7 \quad 11 \quad 8}_{4}$$

$$\downarrow$$

$$5 \quad 3 \quad 1 \quad 4$$

Si no podemos realizar más fusiones, sabremos que los valores de las monedas forman una secuencia bitónica, es decir, una secuencia decreciente hasta un punto en el que se vuelve creciente. En concreto, tiene la interesante propiedad de que no importa cómo tomamos las monedas de la secuencia, el valor máximo estará, en cada momento, en uno de los extremos. A partir de ahí, podremos utilizar el principio del movimiento voraz, lo que significa que resultará muy sencillo calcular en esta secuencia el valor de la partida: si $a_1, \ldots, a_m$ son los valores en orden creciente de la secuencia bitónica G, el valor de la partida será igual a

$$\mathrm{val}(G) = \sum_{i=1}^{m} (-1)^{i+1} a_i.$$

En el ejemplo anterior, será de $5 - 4 + 3 - 1 = 3$.

El último paso consiste en implementar el algoritmo de forma eficiente. Podemos realizar las fusiones en orden arbitrario. Una técnica consiste en situar los valores subsiguientes en una pila, y comprobar si es posible realizar una fusión en los tres superiores. Esto nos lleva a un algoritmo que se ejecuta en tiempo $O(n)$. Determinar el orden creciente de los valores se reduce a combinar dos secuencias ordenadas que formen una secuencia bitónica, por lo que puede hacerse también en tiempo lineal. El pseudocódigo del algoritmo es:

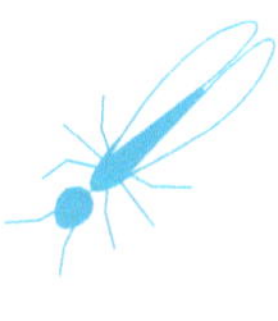

```
Algoritmo MonedasEnFila((a_1, … , a_n))
    m := 0
    n := ∅
    para i := 1 hasta n hacer
        m := m + 1
        s[m] := a_i
        mientras m ≥ 3 y s[m − 2] ≤ s[m − 1] y s[m − 1] ≥ s[m] hacer
            s[m − 2] := s[m − 2] − s[m − 1] + s[m]
            m := m − 2
    valor := 0
    signo := 1
    i := 1; j := m
    mientras i ≤ j hacer
        si s[i] ≥ s[j] entonces
            valor := valor + signo · s[i]
            i := i + 1
        si no
            valor := valor + signo · s[j]
            j := j − 1
        signo := −signo
    devolver valor
```

Solución para un número arbitrario de filas de monedas

Vamos a generalizar el problema 2 y pensar en una solución para el caso de que haya más de una fila de monedas. Utilizando programación dinámica, es fácil hallar un solución que funcione con complejidad de tiempo de $O(kn^k)$, donde k es el doble del número de filas. Evidentemente, esta solución no es admisible.

Resulta, sin embargo, que es fácil modificar nuestro algoritmo óptimo para una fila de monedas, haciendo que pueda procesar un número arbitrario de secuencias de monedas. Esto se debe a que tanto el principio del movimiento voraz como el principio de fusión siguen siendo válidos para el caso general, es decir, sus enunciados son correctos incluso extendiendo la idea de "fila" a "conjunto de filas".

Por lo tanto, ya estamos muy cerca de la solución completa. Solo necesitamos considerar el caso de aquellas filas en las que únicamente podamos tomar monedas de un extremo. Observaremos que, si el valor máximo M se encuentra en el extremo inaccesible de la fila, y es adyacente a algún valor x, será inútil que un jugador tome x, puesto que el adversario podría tomar M (según el principio del movimiento voraz), y la secuencia quedaría vacía. Por lo que se verifica el siguiente teorema:

Teorema 3 (principio del movimiento sin valor). Digamos que M, x son monedas adyacentes en la colección de filas de monedas G, donde el valor M se encuentra en el extremo inaccesible y $x \leq M$. Digamos que n es el número total de monedas en G. Y digamos que G' es el conjunto de filas después de eliminar estas dos monedas. Entonces $\mathrm{val}(G) = \mathrm{val}(G') + (-1)^n(x - M)$.

Nuevamente, este teorema se comprueba como cierto en el caso de que M no sea menor que x. Identificar al jugador que tendrá que hacer el movimiento sin valor depende de la paridad del número de monedas n. Para un n par, será Annie.

Finalmente, el algoritmo es el siguiente. Aplicaremos el principio de fusión todas las veces que podamos, lo que provocará que cada secuencia de monedas sea bitónica. Después, durante todos los movimientos posibles, aplicaremos el principio del movimiento sin valor. Esto significa que podremos aplicar el principio del movimiento voraz hasta el final de la partida.

Este algoritmo se puede implementar con complejidad de tiempo $O(n \log n)$ si utilizamos ordenación para obtener el orden de las monedas en la segunda fase del mismo, o $O(n \log k)$, donde k es el número de extremos accesibles, si hacemos uso de un algoritmo que combine k listas ordenadas.

Práctica y teoría

Llegados a este punto, el lector ya se habrá dado cuenta de que la versión generalista del problema *Monedas en fila*, después de darle un prisma entomológico, es, de hecho, la tarea *Termitas*.

El lector práctico puede implementar el algoritmo mencionado y comprobar por sí mismo que funciona. Sin embargo, para justificar completamente su validez, todavía nos quedan por demostrar tres teoremas. Por desgracia, aunque estas demostraciones no son muy complejas, son largas y técnicas. Por lo tanto, hemos decidido no incluirlas en este libro. Cualquier lector interesado en consultar las demostraciones formales puede encontrarlas en el sitio web del autor*.

---

*http://www.mimuw.edu.pl/~idziaszek/termity

GRZEGORZ JAKACKI

Es graduado por la Facultad de matemáticas, informática y mecánica de la Universidad de Varsovia. A lo largo de los años, ha tomado parte en varios proyectos de programación en Polonia, Estados Unidos y China. En 2001, fue uno de los autores originales del *System Verilog Assertions*, un lenguaje de descripción de protocolos que se convirtió en el estándar de la industria para las herramientas de diseño VLSI. En 2005, mientras trabaja en una campaña de contratación masiva en Beijing, China, inventó un sistema para automatizar la monitorización de desarrolladores de software en base a métodos derivados de los concursos de programación. Su experiencia le llevó a emprender en su propia empresa que, a la postre, adquirió reconocimiento mundial bajo el nombre Codility.com. Obtuvo una medalla de bronce en la Olimpiada internacional de informática de 1993, y ha sido coorganizador de muchos concursos de programación. Ocasionalmente, imparte clases de programación avanzada en la Universidad de Varsovia. Es miembro fundador del *Warsaw Hackerspace*.

/Ventana

Concurso: 5ª Olimpiada informática polaca
Autor: Wojciech Guzicki
Memoria: 32 MB
https://oi.edu.pl/en/archive/oi/5/okn

Tenemos un polígono, en el sistema de coordenadas cartesianas, cuyos lados son paralelos a los ejes de dicho sistema. Dos lados consecutivos son siempre perpendiculares, y las coordenadas de cada vértice se describen con enteros. También tenemos una ventana, que es un rectángulo cuyos lados son paralelos a los ejes del sistema de coordenadas. El interior del polígono (pero no sus límites) está coloreado de azul. ¿Cuál es el número de fragmentos azules distintos del polígono visibles a través de la ventana?

Asumimos que el límite del polígono es una cadena poligonal sencilla, es decir, cada vértice de ese polígono corresponde a, exactamente, dos lados (consecutivos), y cualquier otro punto del límite pertenece a, exactamente, un lado.

Ejemplo

Veamos la siguiente figura:

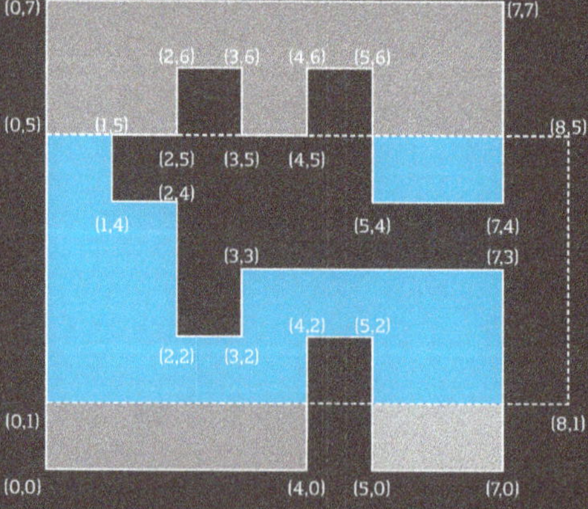

Figura: Hay dos fragmentos separados del polígono que son visibles a través de la ventana.

Tarea

Escribe un programa que:
→ lea de la entrada las descripciones de la ventana y el polígono,
→ calcule el número de fragmentos azules del polígono separados que son visibles a través de la ventana,
→ escriba el resultado en la salida.

Entrada

En la primera línea hay cuatro enteros, x_1, y_1, x_2, y_2 ($1 \leq x_1, y_1, x_2, y_2 \leq 10.000$), separados por espacios sencillos. Los números x_1, y_1 son las coordenadas de la esquina superior izquierda de la ventana. Los números x_2, y_2 son las coordenadas de la esquina inferior derecha.

La siguiente línea de la entrada contiene un entero n ($4 \leq n \leq 5000$), que indica el número de vértices del polígono. En las siguientes n líneas, están las coordenadas de los vértices del polígono, en sentido contrario a las agujas del reloj, es decir, el interior del polígono queda a la izquierda de su límite cuando nos movemos por sus lados según el orden dado. Cada línea contiene dos enteros x, y separados por un espacio sencillo ($0 \leq x \leq 10.000$, $0 \leq y \leq 10.000$). Los números de la línea $(i + 2)$-ésima ($1 \leq i \leq n$) son las coordenadas del vértice i-ésimo del polígono.

Salida

La primera y única línea de la salida debe contener un entero, el número de fragmentos azules del polígono separados que se pueden ver a través de la ventana.

Ejemplo

Para los datos de entrada (divididos en dos columnas):

0	5	8	1	1	4
24				1	5
0	0			2	5
4	0			2	6
4	2			3	6
5	2			3	5
5	0			4	5
7	0			4	6
7	3			5	6
3	3			5	4
3	2			7	4
2	2			7	7
2	4			0	7

el resultado correcto es:

2

/ Solución

Conocí este interesante problema, escrito por Wojciech Guzicki, en 1998, cuando preparaba su solución de referencia y sus casos de prueba para la Olimpiada informática polaca. Este problema de geometría computacional, aparentemente típico, sugiere una solución bastante mundana utilizando una técnica estándar, una línea de barrido. Sin embargo, resulta que existe una solución mucho más sencilla, que evita las complejidades de las estructuras de datos avanzadas que necesitaría la técnica canónica.

Solución

Vamos a imaginar que el polígono existe en el mundo real y que es grande (tan grande como las misteriosas líneas de Nazca), y que la ventana tiene el tamaño de un campo de fútbol. Debido a esas dimensiones enormes, no podemos mantener la imagen completa en nuestro campo de visión (salvo que la mirásemos elevados en el aire), pero todavía seremos capaces de contar los fragmentos siguiendo los límites de los polígonos y de la ventana.

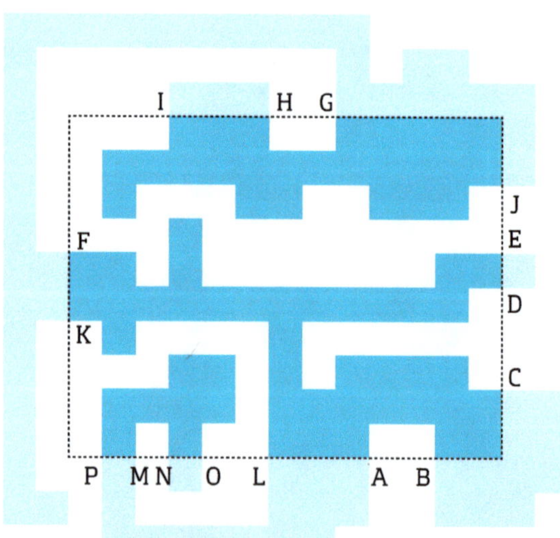

Figura 1: Un polígono y una ventana. Hay tres fragmentos visibles.

Si el límite del polígono se interseca con el de la ventana, podremos contar los fragmentos alternando entre los límites consecutivos de ambos. Cada fragmento del polígono consta de los fragmentos de la ventana y los límites del mismo (ver la Figura 1). Para contar los fragmentos de polígono debemos recorrer cada uno de ellos a lo largo de su borde, en sentido contrario a las agujas del reloj.

Figura 2: *Pasos subsiguientes del recorrido de los fragmentos.*

Comenzamos con un vértice arbitrario del polígono, que sea externo a la ventana, y seguimos el borde del polígono en sentido contrario a las agujas del reloj, hasta la intersección con el límite de la ventana (consideramos punto de intersección aquel en el que el borde del polígono "entra" en la ventana). Aquí comienza el recorrido de uno de los fragmentos visibles. Continuamos moviéndonos a lo largo del límite del polígono, hasta que encontremos el punto en el que nuestro recorrido abandona el interior de la ventana. En este punto de intersección, giramos a la izquierda, cambiamos del límite del polígono al de la ventana, y continuamos por este. El giro a la izquierda es importante porque, de esta forma, mantenemos el recorrido en el límite del fragmento. Seguimos avanzando hasta que volvamos a encontrar una intersección con el límite del polígono. Volvemos a girar a la izquierda, cambiando al límite del polígono y, así, sucesivamente. En algún momento regresaremos al punto de partida.

El recorrido del límite del fragmento descrito se detiene en los puntos que son intersecciones entre el polígono y la ventana. Los llamaremos *puntos de intersección*. La Figura 2 muestra los siguientes estados del recorrido del límite del fragmento, a través de esos puntos de intersección.

Resulta más sencillo pensar en el procedimiento descrito si nos olvidamos de las coordenadas de los puntos de intersección y de la forma del polígono, centrándonos únicamente en la secuencia de puntos de intersección de los límites de la ventana y el polígono. Las flechas discontinuas de la Figura 3 muestran la secuencia de puntos de intersección en el límite del polígono. El recorrido de un fragmento corresponde al recorrido de un ciclo formado por flechas continuas y discontinuas alternas, comenzando con el punto de intersección en el que el límite del polígono "entra" en la ventana (al hacer el recorrido del polígono en sentido contrario a las agujas del reloj).

Una implementación adecuada de este procedimiento comenzaría determinando los puntos de intersección y ordenándolos con respecto al recorrido en contra de las agujas del reloj del límite de la ventana. Esto hace que encontrar el siguiente punto del recorrido sea más sencillo, tanto en el límite del polígono como en el de la ventana. Todas las operaciones, salvo la ordenación, son lineales en relación al número de aristas del polígono.

Para completar la solución, todavía debemos tratar con tres casos especiales, que se presentarán si no existen puntos de intersección. Esta situación puede provocar que:

(a)   la ventana contenga al polígono: solo hay un fragmento, o

(b)   el polígono contenga a la ventana: solo hay un fragmento, o

(c)   la ventana y el polígono sean disjuntos: no hay ningún fragmento.

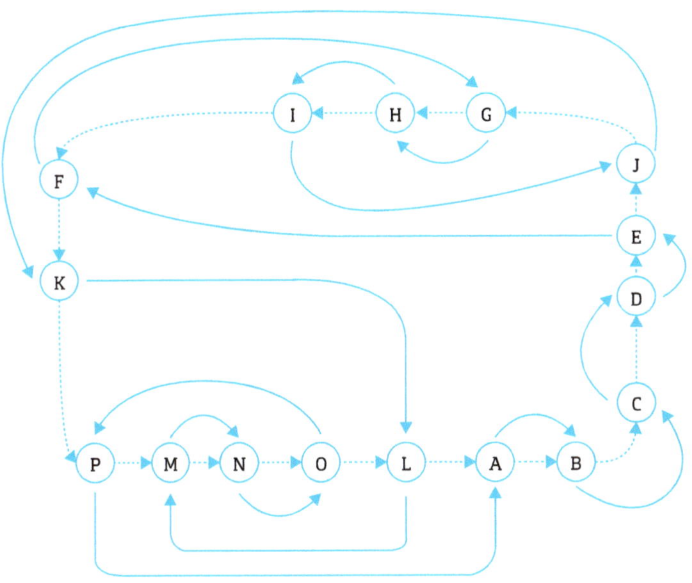

Figura 3: *Secuencia de puntos de intersección en el límite del polígono (líneas continuas) y en el límite de la ventana (líneas discontinuas).*

Si cualquier vértice (por ejemplo, el primero) del polígono se encuentra dentro de la ventana (lo que es fácil de determinar), estaremos en el caso (a). En caso contrario, necesitamos comprobar si algún vértice de la ventana (por ejemplo, la esquina inferior izquierda) está dentro del polígono. Esto es un poco más difícil. Dibujamos un rayo (semilínea) arbitrario, con origen en el vértice de la ventana mencionado (es más cómodo utilizar un rayo vertical u horizontal), y contamos cuántas veces cruza el límite del polígono. Un número impar indica que la ventana está dentro del polígono, por lo que existe un solo fragmento. Sin embargo, los casos en los que un lado completo del polígono coincide con el rayo necesitan más atención. Es mejor evitar la situación estableciendo como origen del rayo cualquier punto de la ventana con coordenadas no enteras.

/ Altares

Concurso: 6ª Olimpiada informática polaca
Autor: Grzegorz Jakacki
Memoria: 32 MB
https://oi.edu.pl/en/archive/oi/6/olt

Según el folclore chino, los espíritus malignos solo pueden desplazarse en línea recta. Este dato es de gran importancia en el diseño de templos, que se construyen en planos rectangulares con sus lados paralelos a las direcciones norte-sur o este-oeste. No hay dos rectángulos que tengan puntos en común. La entrada se ubica en el medio de uno de los cuatro muros, y su ancho es igual a la mitad de la longitud de ese muro. En el centro del templo se sitúa un altar, donde se intersecan las diagonales del rectángulo. Si aparece un espíritu maligno en este punto, el templo habrá sido profanado. Esto solo puede suceder si existe un rayo que vaya desde el altar, a través de la entrada, hasta el infinito y ni toque ni se interseque con los muros de ningún templo (en un plano paralelo al plano de una zona de construcción). Es decir, si es posible dibujar, en una zona de construcción, una línea que comience en el altar y continúe hacia el infinito sin tocar ningún muro.

Tarea

Escribe un programa que:
- → lea de la entrada las descripciones de los templos,
- → verifique qué templos pueden ser profanados,
- → escriba sus números en la salida.

Entrada

La primera línea de la entrada contiene un único entero n, el número de templos ($1 \leq n \leq 1000$).

En cada una de las siguientes n líneas está la descripción de un templo (la línea i-ésima contiene la descripción del templo i-ésimo). La descripción de un templo consta de cuatro enteros no negativos, no mayores que 8000, y una letra: E, W, S o N. Los dos primeros números son las coordenadas de la esquina noroeste del templo, y los otros dos corresponden a la esquina sureste. Para especificar las coordenadas de un punto, primero damos su longitud geográfica, que aumenta de oeste a este y, después, su latitud, que lo hace de sur a norte. El quinto elemento de la descripción indica en qué muro está la entrada (E = este, W = oeste, S = sur, N = norte). Los elementos de la descripción se separan con espacios sencillos.

Salida

El programa debe escribir, en las líneas consecutivas de la salida y en orden ascendente, los números de aquellos templos que pueden ser profanados por un espíritu maligno. Cada número se encuentra en una línea independiente. Si no hubiese ningún templo, se escribirá una palabra: BRAK (*no hay* en polaco).

Ejemplo

Para los datos de entrada:

6
1   7   4   1   E
3   9   11   8   S
6   7   10   4   N
8   3   10   1   N
11   4   13   1   E
14   8   20   7   W

el resultado correcto es:

1
2
5
6

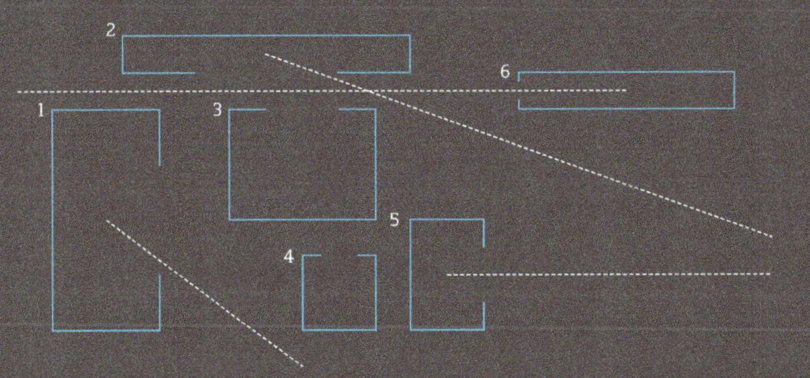

Explicación del ejemplo: La imagen muestra los templos descritos en la entrada de ejemplo. Las líneas discontinuas son las posibles rutas de los espíritus malignos.

/ **Solución**

En el sureste de China, cerca de la frontera con Birmania, Laos y Vietnam, se encuentra la provincia de Yunnan, famosa por sus plantaciones de exquisito té. En el corazón de Yunnan está Kunming, la *Ciudad de la primavera eterna*, nombre que recibe por su abundante vegetación y su clima suave. En las afueras de Kunming se erige el *Templo del bambú púrpura* (Qiongzhu Si), donde se me ocurrió la idea del problema *Altares*.

Los chinos creen que las *influencias* (en particular, las malas influencias) se propagan solo en línea recta. Tradicionalmente, se construyen muros contra espíritus frente a las entradas a los templos, para proteger el interior, al bloquear los accesos en esas líneas rectas. Muchas casas tienen, por la misma razón, pasillos serpenteantes en sus entradas.

No es difícil imaginar, si nos situamos en el altar, es decir, en el centro del rectángulo circunscrito por los muros del templo, que el diseño de este podría permitir su profanación si, desde nuestro campo de visión, hubiese un espacio que permitiese la visión del mundo exterior, y no solo de otros templos circundantes. La solución de referencia se basa en esta analogía.

La primera solución

Imaginemos un rayo (semilínea), con origen en el altar, que haga un barrido del campo de visión, como si se tratase del radar de un aeropuerto. La exploración comienza en una de las jambas de la puerta y termina en la otra. Si contamos los muros con los que se interseca el rayo explorador, notaremos que el contador aumenta en uno cuando encuentra un nuevo muro y se reduce en uno cuando lo abandona. Si hay un fragmento del campo de visión en el que la cuenta es igual a cero, habremos encontrado un espacio abierto al mundo exterior.

El rayo explorador y el conteo de muros se pueden implementar ordenando los vértices de todos los muros, según sus coordenadas angulares en un sistema de coordenadas polar, con origen en el centro del altar del templo en cuestión. Es necesario implementar la ordenación de forma que se conserve la correspondencia entre ambos extremos del muro.

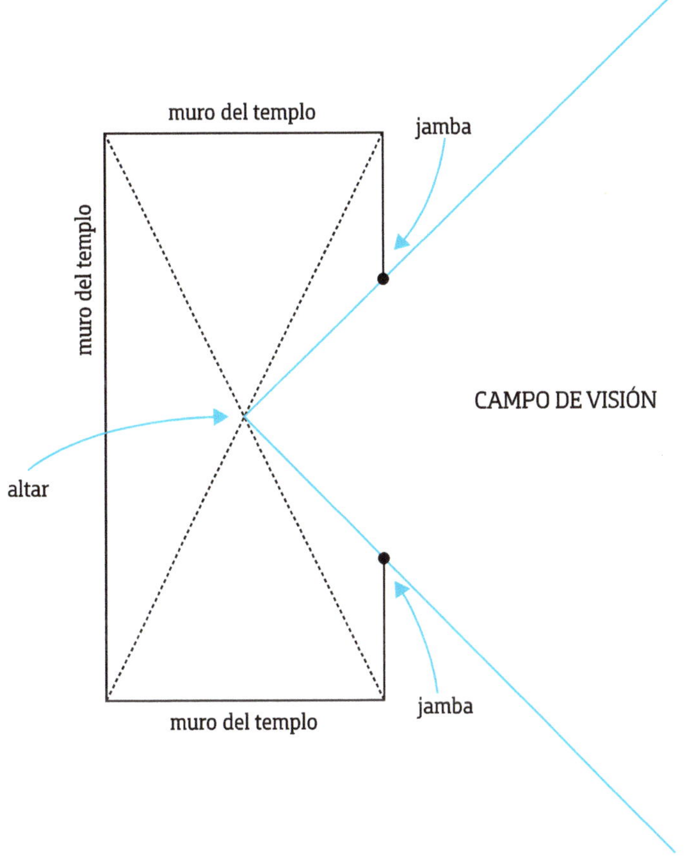

Figura 1: *Diseño de un templo.*

Imaginemos que rotamos el rayo explorador de forma que siempre esté fijado al altar del templo seleccionado, y que se detenga en el extremo de cada muro (con los extremos de los muros ordenados adecuadamente, según viene determinado por la ordenación angular). Cada posición del rayo giratorio divide el plano en dos semiplanos abiertos*: "a favor del viento", es decir, el semiplano que queda atrás como resultado de la rotación, y "en contra del viento", es decir, al que está entrando el rayo giratorio. Al visitar los extremos ordenados de los muros, nos encontramos con uno de estos tres casos:

---

*Un semiplano abierto es un semiplano sin límites.

→ El otro extremo es en contra del viento, lo que significa que el rayo no se interseca con este muro, pero lo hará una vez pasado el extremo. Incrementamos el contador de intersecciones en uno.

→ El otro extremo es a favor del viento, lo que significa que el rayo se intersecaba con el muro, pero dejará de hacerlo una vez que pase el extremo. Reducimos el contador de intersecciones en uno.

→ Ambos extremos quedan en la extensión del rayo explorador, lo que signfica que el muro solo bloquea un punto, y no un segmento, del campo de visión. En el problema original esto solo podría ocurrir si el rayo explorador es horizontal o vertical. Como cada muro es adyacente a otro perpendicular de longitud positiva, podemos ignorar los muros que resulten ser colineales al rayo explorador.

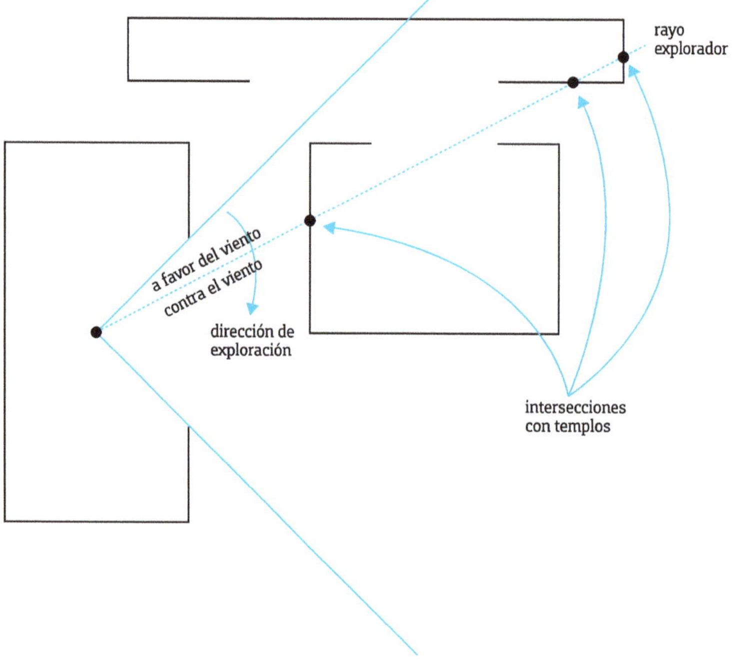

Figura 2: *El rayo explorador y sus intersecciones con los muros de los templos.*

Todavía quedan tres cuestiones. En primer lugar, debemos comenzar adecuadamente. Para hacerlo, podemos establecer que el rayo explorador vaya desde la jamba inicial y recorra todos los muros. Esto nos permite contar cuántos muros se intersecan con el rayo e inicializar el contador de intersecciones. Pero hay una forma más sencilla.

El conjunto inicial de muros (que son segmentos de líneas) se puede transformar mediante la intersección de una sección angular del plano, determinada por el ángulo, con un vértice en el altar y los rayos que pasan por los marcos de las puertas (ver la Figura 3). De esta forma, ignoramos los segmentos irrelevantes que quedan fuera del campo de visión y, también, los fragmentos de segmentos que solo son visibles parcialmente. Esta operación ayuda a reducir el tiempo de ordenación y también garantiza que el rayo explorador lanzado hacia el marco de la puerta no se interseca con ninguno de los muros (transformados). Esto nos permite inicializar el contador de intersecciones a cero.

En segundo lugar, necesitamos fijarnos en cómo se define la relación de ordenación. Por lógica, la secuencia de puntos barridos es cíclica, mientras que el uso de coordenadas angulares (o cualquier otra proyección de puntos en un conjunto ordenado lineal) provoca la necesidad de "envolver", es decir, un punto con coordenada 1° puede suceder al de coordenada 359°, lo que es contradictorio con la ordenación canónica de números. Una solución sencilla es incluir las jambas de las puertas en el conjunto ordenado y darles la función de centinelas de bucles.

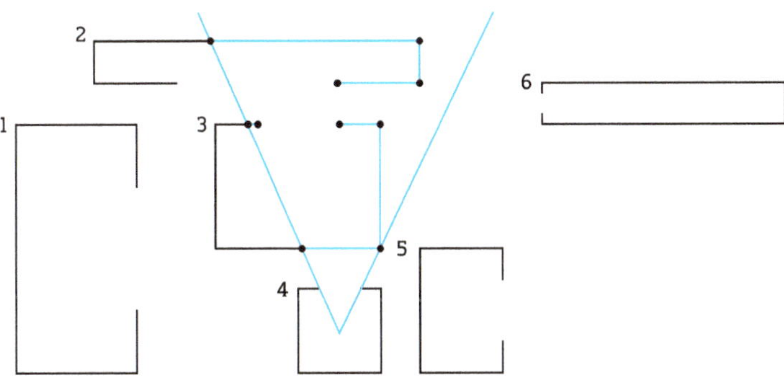

Figura 3: *Conjunto de muros restringido a la intersección con el campo de visión.*

En tercer lugar, tenemos que ocuparnos cuidadosamente de las coordenadas angulares. La traducción de coordenadas cartesianas (como las de los datos de entrada) a coordenadas polares tiene el peligro de los errores de redondeo, debido al uso de aritmética de coma flotante. Por suerte, el cálculo del signo de los productos de vectores necesario puede sustituir completamente a la trigonometría.

El algoritmo mencionado determina si es posible descartar un templo dado. Para establecer esta propiedad para todos los templos, es necesario repetir el proceso n veces. La operación dominante del algoritmo para un templo es la ordenación (tiempo de ejecución $O(n \log n)$), por lo que el tiempo de ejecución global es $O(n^2 \log n)$. Este método puede parecer extravagante, porque es necesaria una cantidad sustancial de cálculo para cada templo, pero sus resultados no se utilizan al procesar los siguientes templos. Podemos ponerle remedio.

Cómo realizar la ordenación angular

La operación principal del algoritmo es la ordenación angular del conjunto de puntos en relación a uno de ellos. Existe un algoritmo que puede realizar este paso en un tiempo total de $O(n^2)$. Es interesante y complejo, pero trataremos de resumirlo.

Pensemos en el conjunto de puntos $p_1, \ldots, p_n$. Vamos a elegir uno de ellos. No importa cuál, así que tomaremos p_1. Trazamos una línea recta que pase por p_1 para que quede conectado con el resto de puntos $p_2, \ldots, p_n$ (ver la Figura 4). Ahora, hay una línea recta por cada uno de los puntos restantes. Si sabemos cómo ordenar estas líneas rectas en relación a sus pendientes (es decir, la a de la ecuación $y = ax + b$, que describe la línea), podremos deducir, en tiempo lineal, el orden angular de los puntos $p_2, \ldots, p_n$ en el sistema de coordenadas polar con origen en p_1. ¿Cómo? Por ejemplo, recorriendo las línes rectas dos veces, imprimiendo inicialmente los puntos que queden a la izquierda de p_1 (es decir, con una coordenada x menor) y, después, los puntos restantes. De esta forma tendremos los puntos en orden polar.

Ahora nos fijaremos en todas las líneas rectas entre todos los pares de puntos del conjunto $p_1, \ldots, p_n$. Habrá un máximo de $\frac{n(n-1)}{2}$ líneas. Un algoritmo capaz de ordenar $n-1$ líneas por cada uno de los n puntos en un tiempo inferior a $\Theta(n^2 \log n)$ será, claramente, una solución mejor. Debido al tamaño de su salida (de orden n^2), un algoritmo así necesita, al menos, tiempo cuadrático. Y, de hecho, existe un algoritmo cuadrático basado en un concepto extremadamente interesante.

 Imaginemos una transformación geométrica T, que asigna un punto p a una línea recta $T(p)$, y una línea recta l a un punto $T(l)$, de la siguiente manera:

$$p = (a, b) \rightarrow T(p) : y = ax - b$$
$$l : y = kx + d \rightarrow T(l) = (k, -d).$$

Por lo tanto, un punto (a, b) es asignado a una línea recta $y = ax - b$. La línea recta $y = kx + d$ es asignada a un punto $(k, -d)$. Tanto el dominio como el codominio de esta transformación son el plano bidimensional $\mathbb{R}^2$. Debemos llamar espacio primario al dominio y espacio dual al codominio. La transformación descrita cuenta con una propiedad interesante. Un punto p reside en la línea recta l si, y solo si, la línea recta $T(p)$ se interseca con el punto $T(l)$.

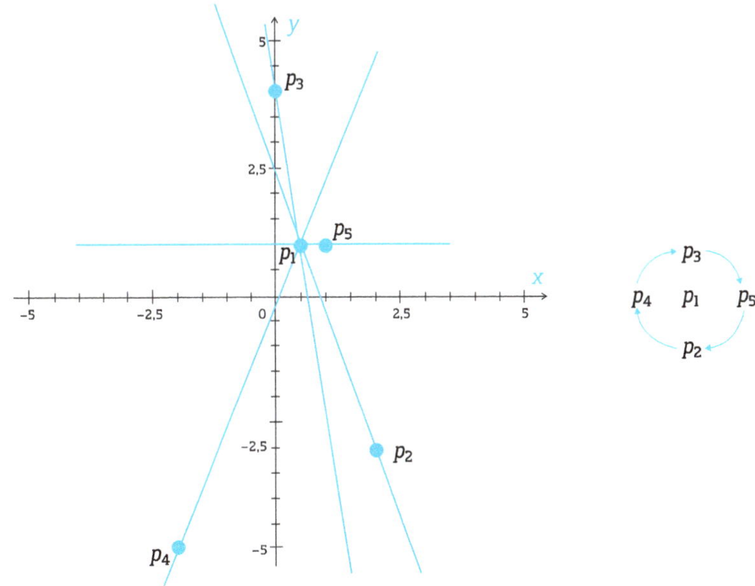

Figura 4: *Líneas rectas desde p_1 y el orden angular de los puntos en relación a p_1.*

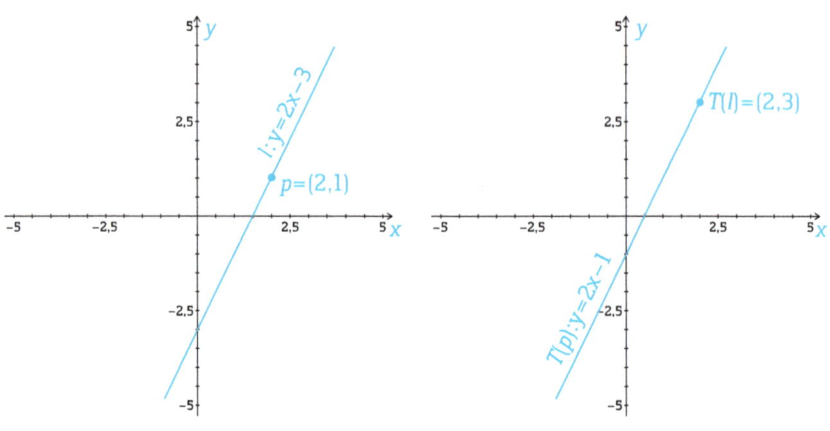

Figura 5: *Espacio primario (izquierda) y su correspondiente espacio dual (derecha).*

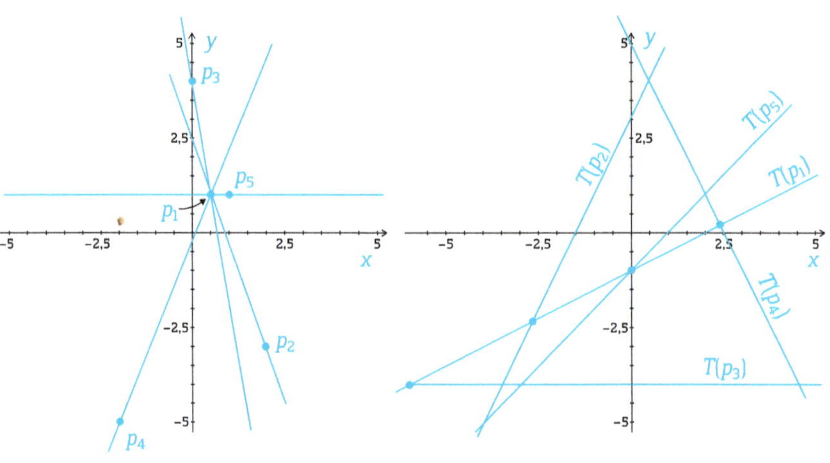

Figura 6: *Todas las líneas de la Figura 4.*

Se puede asignar el conjunto de puntos $p_1, \dots, p_n$ y el conjunto de líneas rectas que pasan por los pares de esos puntos al conjunto de líneas rectas $T(p_1), \dots, T(p_n)$. En el espacio dual, las líneas rectas que conectan p_1 con los otros puntos, corresponden a las intersecciones de la línea recta $T(p_1)$ con las líneas rectas $T(p_2), \dots, T(p_n)$. Sin embargo, hay una pequeña excepción. Si algún punto p_i reside por encima o debajo de p_1 en el espacio dual, la líneas $T(p_1)$ y $T(p_i)$ son paralelas. Ahora nos ocupamos de esto.

Hemos llegado al siguiente problema: tenemos n líneas rectas en el plano. Para cada una de ellas, encontrar el orden de las intersecciones con el resto de líneas rectas. Siguiendo la definición del espacio dual, ninguna de las líneas será vertical. A partir de la ordenación de las intersecciones de la línea $T(p)$ en el espacio dual, podemos recrear la ordenación de las líneas rectas que se intersecan con el punto p en el espacio primario y, además, la ordenación angular del resto de puntos en relación a p. Este mismo procedimiento será válido para cualquier punto $p_1, \ldots, p_n$. Debemos considerar por separado los puntos que estén por encima y por debajo de p_1. Después de ordenar el resto de puntos en orden angular en relación a p_1, necesitamos insertar los puntos que residan por encima o debajo de p_1 en la ordenación. Se puede hacer fácilmente en tiempo lineal. Por el momento, asumiremos que no existe ninguno de esos puntos.

Búsqueda de intersecciones de las líneas. Veamos la Figura 7, que muestra la estructura de datos que representa el conjunto de segmentos conectados por sus extremos. Para ser más precisos, tenemos un conjunto de segmentos cuyas intersecciones se producen solo en los extremos, y en el que cada extremo pertecene a, al menos, dos segmentos. Cada extremo se representa con una lista enlazada cíclica. Cada elemento de la lista corresponde a un extremo de un segmento y, además de punteros al sucesor y al predecesor de la lista, contiene un puntero a un elemento de otra lista, que representa al otro extremo de la misma arista. Más aún, el elemento de la lista que representa a un extremo contiene sus coordenadas. El orden de los elementos de la lista es crucial, y debe corresponderse con el orden de las aristas en el plano (por ejemplo, en forma de recorrido en el sentido de las agujas del reloj).

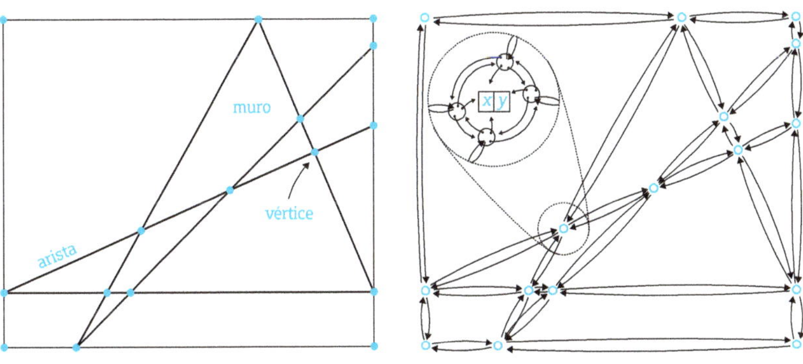

Figura 7: Estructura de datos (d) representativa de un conjunto de segmentos (i). Este conjunto está construido dibujando un marco rectangular alrededor de las líneas de la Figura 6.

Esta estructura es una variante de una *lista de aristas doblemente conexa*. Permite la inserción rápida de aristas nuevas en un conjunto existente. También es relevante que, gracias a los punteros a las aristas adyacentes y a la ordenación adecuada de los elementos de las listas enlazadas cíclicas que corresponden a los extremos, podemos recorrer fácilmente los límites de las caras formadas por las aristas. La Figura 8 muestra varios pasos del proceso de añadir segmentos.

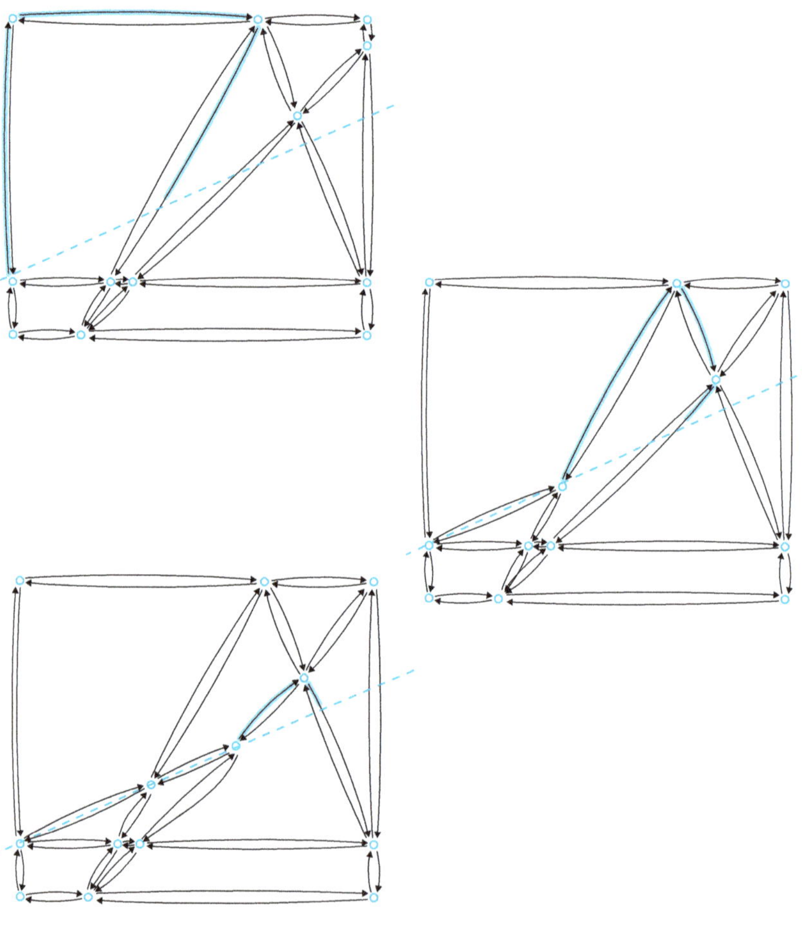

Figura 8: *Añadir una línea nueva a la estructura de datos.*

Las operaciones sobre esta estructura de datos son bastante directas. Nos interesa saber cuántas se pueden realizar (en relación a n), porque resultará fundamental para la complejidad de tiempo de esta fase del algoritmo. Es evidente que cada cara individual nueva puede tener muchas aristas (el orden de n). Resulta, sin embargo, que el número *total* de aristas que hay que visitar para añadir una nueva línea recta a la estructura de datos también es del orden de n. No vamos a incluir la demostración, pero no es excesivamente compleja y está basada en la observación de que se pueda asignar las aristas visibles a los puntos de intersección de la línea recta que estamos añadiendo, de forma que haya un máximo de 10 aristas por cada punto de intersección. Para conocer más detalles, investiga el *teorema de la zona*.

El hallazgo anterior resulta crucial para el análisis de la complejidad de tiempo del algoritmo. Vemos que es posible construir la estructura en tiempo $O(n^2)$. Se puede realizar el recorrido de los segmentos subsiguientes de una línea recta en tiempo $O(n)$. Vemos que, si dualizamos el conjunto de puntos $p_1, \ldots, p_n$ en el conjunto de líneas $T(p_1), \ldots, T(p_n)$ y confinamos esas líneas en un marco*, llegaremos a un conjunto de segmentos similar al de la Figura 7. El algoritmo de construcción de la lista de aristas doblemente conexa, que hemos visto, puede determinar los puntos de intersección de todas las líneas en un tiempo total de $O(n^2)$. Si ahora queremos determinar el orden angular de todos los puntos $p_1, \ldots, p_n$, en relación al punto elegido (por ejemplo, p_1), podemos leer la ordenación de la intersección de la línea recta $T(p_1)$ con el resto de líneas rectas. Los índices del resto de líneas rectas determinarán el orden de los puntos $p_2, \ldots, p_n$ en su ordenación angular con relación a p_1, tema que ya hemos tratado.

La ordenación angular del conjunto de n acelera nuestro algoritmo inicial desde $O(n^2 \log n)$ a $O(n^2)$. Esta mejora de velocidad no tiene mucho impacto en la solución del problema *Altares*, porque su implementación es muy compleja y el beneficio sería escaso, dados los límites a los datos de entrada impuestos por el enunciado. Una mejora de velocidad de este tipo tendría mucha más importancia en aplicaciones más serias, como el procesamiento de gráficos o el diseño de circuitos integrados.

---

*Se puede determinar un marco rectangular que contenga todos los puntos de intersección de n líneas rectas. Ordenamos (en $O(n \log n)$) todas las líneas en relación a sus pendientes y consideramos únicamente los puntos de intersección de las líneas que tienen pendientes adyacentes (incluyendo el par que consta de las primera y última líneas). El resto de intersecciones residen dentro de la envolvente convexa circunscrita alrededor de estas.

TOMASZ KOCIUMAKA

Es estudiante de doble grado de ciencias de la computación y matemáticas en la Facultad de matemáticas, informática y mecánica de la Universidad de Varsovia. Comenzó a competir en concursos de algoritmia en secundaria, durante su décimo año de educación obligatoria. Un año después, ganó la Olimpiada informática polaca y logró una medalla de oro en la Olimpiada internacional de informática. Ya en la universidad, su equipo fue subcampeón del Concurso universitario de programación polaco. También ha cosechado éxitos en competiciones matemáticas: obtuvo una medalla de plata en la Olimpiada internacional matemática y, posteriormente, celebró (en dos ocasiones) la primera plaza de su equivalente para estudiantes universitarios, el Concurso internacional de matemáticas. Más recientemente ha estado involucrado en la investigación de algoritmos sobre textos. Su mayor logro en este área ha sido el diseño de un algoritmo de tiempo lineal para la búsqueda de raíces de una cadena de texto. Este problema se utilizó en Escaramuzas algorítmicas 2009, bajo el título *Quasi-plantilla*.

También forma parte del jurado de la Olimpiada informática polaca, de la Olimpiada informática centroeuropea (en 2011) y del Campus de entrenamiento de la Olimpiada informática polaca. Además, organiza talleres anuales sobre algoritmia para la Fundación de la infancia de Polonia. Cuando era estudiante de secundaria, participó en el programa de la Fundación. Le gusta pasar su tiempo libre paseando por las montañas.

/ **Ejes** *de simetría*

Concurso: 14ª Olimpiada informática polaca
Autor: Piotr Stańczyk
Memoria: 32 MB
https://oi.edu.pl/en/archive/oi/14/osi

El pequeño Johnny, un joven y reputado matemático, tiene una hermana menor, Justina. Johnny quiere mucho a su hermana y le ayuda gustosamente con sus deberes pero, como la mayoría de mentes científicas, prefiere no resolver el mismo problema reiteradamente. Por desgracia, Justina, que es una alumna diligente, le pide a Johnny que revise sus tareas muchas veces, para estar más segura de que son correctas. Un soleado viernes, justo antes del famoso puente de mayo*, el profesor de matemáticas entregó un buen número de ejercicios consistentes en hallar los ejes de simetría de varias figuras geométricas. Todo apunta a que Justina va a pasar largas horas resolviendo las tareas. El pequeño Johnny había planeado un viaje a la costa desde hacía mucho tiempo. Sin embargo, se siente obligado a ayudar a su hermanita. Rápidamente encuentra una solución: sería mejor escribir un programa que facilitase la comprobación de las soluciones de Justina. Como Johnny es más matemático que programador, y tú eres su mejor amigo, te pide ayuda.

Tarea

Escribe un programa que:

→ lea de la entrada las descripciones de los polígonos,
→ determine el número de ejes de simetría de cada uno de ellos,
→ escriba el resultado en la salida.

Entrada

En la primera línea de la entrada hay un entero t $(1 \leq t \leq 10)$, que especifica el número de polígonos para los que hay que determinar el número de ejes de simetría. Le siguen t descripciones de polígonos. La primera línea de cada una de ellas consta de un entero n $(3 \leq n \leq 100.000)$, que especifica el número de vértices del polígono. En cada una de las siguientes n líneas hay dos enteros, x e y

---

*En Polonia se produce una acumulación de festivos públicos y nacionales a principios de mayo. Son: 1 de mayo, Día internacional de los trabajadores; 2 de mayo, Día de la bandera polaca; 3 de mayo, Aniversario de la promulgación de la primera constitución de Polonia (que data de 1795). Aunque la segunda celebración, bastante reciente, no es, en realidad, un día festivo, es costumbre que no sea un día laborable. Si suponemos que el 1 de mayo es lunes, o el 3 de mayo viernes, podemos imaginar lo que sigfinica el puente de mayo.

$(-100.000.000 \le x, y \le 100.000.000)$, que representan las coordenadas de los subsiguientes vértices del polígono. Los polígonos no son convexos, pero no se intersecan consigo mismos. Dos lados cualesquiera tienen, como mucho, un punto en común: su extremo común, si es que lo comparten. Además, no hay dos pares de lados consecutivos que sean paralelos.

Salida

El programa debe escribir, exactamente, t líneas, en las que la línea k-ésima contiene un único entero, el número de ejes de simetría del polígono k.

Ejemplo

Para los datos de entrada:

```
2
12
 1  -1
 2  -1
 2   1
 1   1
 1   2
-1   2
-1   1
-2   1
-2  -1
-1  -1
-1  -2
 1  -2
6
-1   1
-2   0
-1  -1
 1  -1
 2   0
 1   1
```

el resultado correcto es:

```
4
2
```

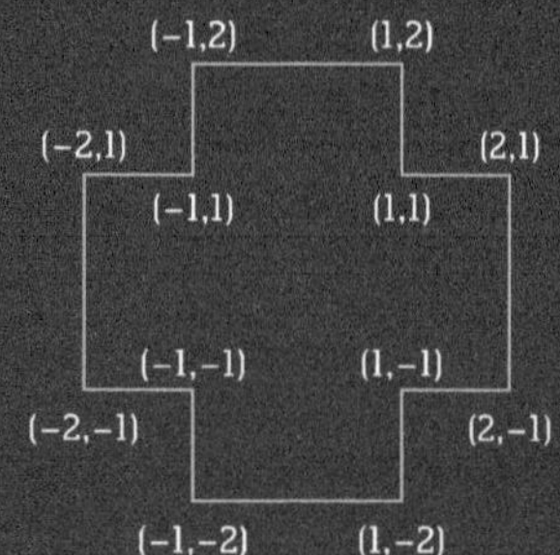

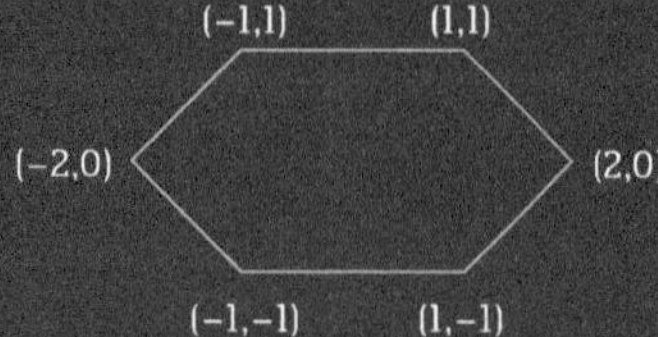

/ Solución

La inmensa mayoría de los problemas de algoritmia se pueden clasificar de acuerdo al área de conocimiento que implican. Así, nos resulta sencillo distinguir entre problemas de grafos, de texto, de geometría, de teoría de números, de teoría de juegos, etc. Normalmente, podemos clasificar un problema rápidamente según tal criterio y, además, probablemente lo haremos durante una primera lectura del enunciado. La solución, casi siempre, utiliza técnicas y algoritmos específicos para la temática del problema, ayudándonos, en ocasiones, de estructuras de datos transversales a todos los algoritmos.

Pero hay unas pocas tareas cuyas soluciones se basan en reducciones a problemas de áreas diferentes. Esas soluciones suelen ser ingeniosas, a la par que fáciles de programar. Como veremos en un momento, con *Ejes de simetría* nos encontramos uno de esos casos, pues estamos ante un problema claramente geométrico, pero cuya solución la encontraremos en el uso de algoritmos de texto.

Análisis del problema — mucha geometría

Vamos a determinar cuándo una línea es el eje de simetría de un polígono. En primer lugar, sabemos que la línea debe cruzar el perímetro del polígono. Aquí nuestra intuición es básica, si la línea no cruza el borde, todo el polígono se encontrará a uno de los lados de la misma*, lo que resulta imposible para un eje de simetría. Por lo tanto, solo consideraremos aquellas líneas que crucen el borde del polígono.

Ahora realizaremos un experimento. Imaginemos que tenemos dos robots, representados por puntos del plano. Asumimos que pueden seguir caminos poligonales a velocidad constante e igual para ambos. Colocamos los robots en un punto de origen único, en el que se crucen la línea y el perímetro del polígono. Ahora, hacemos que avancen en sentidos opuestos hasta que lleguen, nuevamente, al punto de origen. El polígono no se interseca consigo mismo, por lo que sus movimientos están bien definidos. Es más, ambos robots terminan su recorrido exactamente en el mismo momento y solo se cruzan una vez, en la mitad de su camino.

Los robots siguen el perímetro completo, por lo que si sus posiciones permanecen simétricas con respecto a la línea, sabremos que esta es un eje de simetría del perímetro y del polígono completo. Obviamente, la implicación contraria también resulta ser cierta (ver la Figura 1). Vemos que el eje de simetría cruza el perímetro en, exactamente, dos puntos: el de inicio y en el que se cruzan los robots.

---

*No vamos a incluir demostraciones rigurosas de afirmaciones geométricas evidentes, como esta. Para hacerlo, tendríamos con construir un ejemplo formal con sus definiciones y axiomas apropiados. De esta forma, las descripción sería farragosa de leer y se perdería la relevancia de las ideas clave.

¿Cómo podríamos beneficiarnos de estas afirmaciones para verificar si una línea dada es un eje de simetría? Sabemos que es suficiente determinar si las posiciones de los robots permanecen simétricas con respecto a la línea. Para ingeniar un modo de hacerlo, imaginemos que los robots no son capaces de seguir el perímetro por sí mismos, sino que necesitan que les proporcionemos una secuencia de comandos. Asumimos que los robots están orientados, es decir, que tienen una dirección de "avance". Los comandos son de dos tipos:

→ rotar en un ángulo de $180° - \alpha$ (indicado como α),

→ avanzar d unidades (indicado como d).

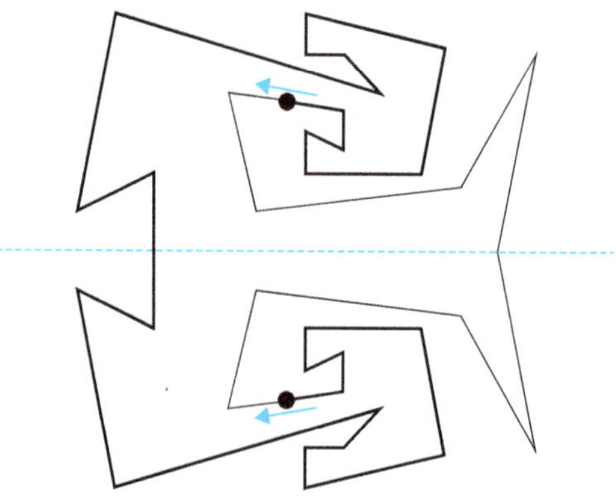

Figura 1: *Si la línea es un eje de simetría, las posiciones de los robots serán siempre simétricas en relación a ella.*

Además, asumimos que el robot que recorre el polígono en el sentido de las agujas del reloj rota en el mismo sentido y, el otro, en sentido contrario. Y más aún, en el punto de origen los robots estarán orientados en sentidos opuestos y perpendiculares a la línea que estamos analizando. Si es necesario, la secuencia de comandos comenzará con la rotación necesaria hacia las direcciones iniciales. Después, el movimiento de avance hasta el siguiente vértice se alternará con la rotación en ese vértice.

Si ambos robots reciben la misma secuencia de comandos, sus posiciones permanecerán simétricas con respecto a la línea. Lo que es más, si nunca les pedimos que avancen 0 unidades o roten 0°, se verifica la implicación opuesta. Los comandos que proporcionamos utilizando la descripción del polígono, para hacer que los robots sigan el perímetro, satisfacen esta condición, porque, como se indica en el enunciado, nunca habrá dos lados paralelos.

Las observaciones hechas hasta el momento nos permiten limitar el conjunto de líneas que podemos considerar candidatas a ser ejes de simetría. Primero, las rotaciones iniciales deben ser idénticas para ambos robots. Por lo tanto, el punto de origen debe ser un vértice, en el que la línea sería la bisectriz del ángulo correspondiente, o un punto de una arista, en el que la línea sería perpendicular a tal arista. En este segundo caso, el punto debe ser el centro de la arista y la línea la bisectriz de la misma, ya que los primeros movimientos de avance deben ser iguales.

De esta forma, hemos limitado el conjunto de candidatas a $2n$ líneas: n por cada caso. El motivo es que los auténticos ejes de simetría (y, posiblemente, otras líneas) se cuentan dos veces: una por cada punto que cruza el perímetro.

Lo único que tenemos que hacer es comparar la secuencia de comandos para cada candidato. Podemos, incluso, omitir los comandos iniciales, que hemos utilizado para verificar que el eje de simetría es la bisectriz de un ángulo o una arista. De esta forma, sencillamente comparamos secuencias que consisten, alternativamente, en longitudes de aristas y valores angulares (ver la Figura 2).

La solución — cambiamos a algoritmos de texto

¿Cómo podemos comparar las secuencias de comandos? Si lo hacemos de una forma ingenua, acabaremos con un algoritmo de tiempo $O(n^2)$. Sin embargo, las secuencias a comparar son muy regulares, lo que posibilita el diseño de un algoritmo mucho más rápido.

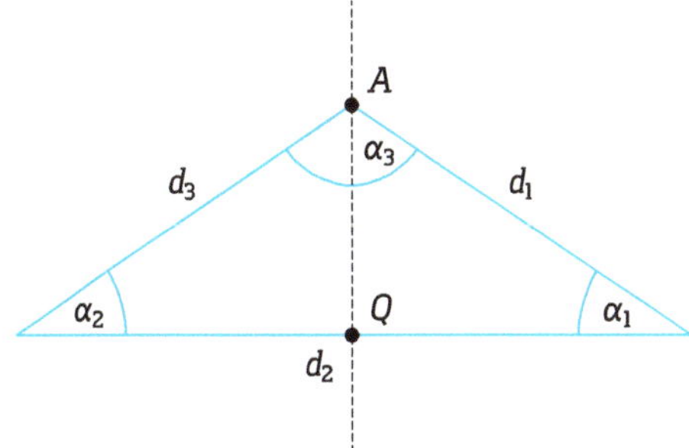

Figura 2: *Cuando A es el punto de origen, resulta necesario comparar* $(d_1, \alpha_1, d_2, \alpha_2, d_3)$ *con* $(d_3, \alpha_2, d_2, \alpha_1, d_1)$. *Si es Q, las secuencias son* $(\alpha_2, d_3, \alpha_3, d_1, \alpha_1)$ *y* $(\alpha_1, d_1, \alpha_3, d_3, \alpha_2)$.

Consideremos una secuencia cíclica de longitudes de aristas consecutivas, alternadas con los valores de los ángulos que hay entre ellas:

$$(d_1, \alpha_1, d_2, \alpha_2, \ldots, d_n, \alpha_n).$$

Podemos describir cada comprobación que hagamos como el inicio desde una posición i en la secuencia y, para cada $j = 1, 2, \ldots, 2n - 1$, comparar los valores de las posiciones $i + j$ e $i - j$. El candidato es un eje de simetría si, y solo si, para la i correspondiente y para cada j, los valores son iguales. Por lo tanto, el resultado final será la mitad del número de esas posiciones en la secuencia cíclica.

En otras palabras, queremos saber para qué i una subsecuencia contigua de longitud $4n - 1$, con su punto medio en i, es un *palíndromo*, es decir, se lee igual hacia adelante y hacia atrás. Podemos resolver el problema para la cadena lineal estándar (es decir, no cíclica), deshaciendo el ciclo tres veces y considerando solo aquellos palíndromos con sus puntos medios entre las $2n$ posiciones centrales. Por ejemplo, para el punto Q de la Figura 2, comprobamos si, en la siguiente secuencia, la primera palabra subrayada leída hacia adelante es igual a la segunda leída hacia atrás:

$$d_1, \alpha_1, d_2, \underline{\alpha_2, d_3, \alpha_3, d_1, \alpha_1}, d_2, \underline{\alpha_2, d_3, \alpha_3, d_1, \alpha_1}, d_2, \alpha_2, d_3, \alpha_3.$$

Nuevamente, la respuesta final será la mitad del número de palíndromos de longitud $4n - 1$ centrados en esas posiciones.

De esta forma, hemos reducido el problema geométrico de encontrar los ejes de simetría a un problema de texto: en una palabra de longitud $6n$, hallar los puntos medios de los palíndromos de longitud $4n - 1$.

Para resolver la tarea, así como la mayoría de problemas relacionados con palíndromos, podemos utilizar el algoritmo de texto clásico de Glenn Manacher. Dada una palabra, este algoritmo encuentra, para cada posición, la longitud máxima del palíndromo centrado en la misma. Por ejemplo, para *abaaaba*, nos devuelve una secuencia $1, 3, 1, 7, 1, 3, 1$. Recordemos que el algoritmo de Manacher trabaja en tiempo lineal.

En nuestro problema, nos basta con identificar las posiciones para las que los valores calculados por el algoritmo de Manacher son, al menos, $4n - 1$, ya que, siempre que una posición es el centro de un palíndromo impar de una longitud dada, también lo será de los palíndromos de todas las longitudes impares menores.

/ **Sucesión** *de Leonardo*

Concurso: Campus de entrenamiento de la Olimpiada informática polaca 2008
Autor: Tomasz Kulczyński
Memoria: 32 MB
https://oi.edu.pl/en/archive/ontak/2008/leo

La famosa Sucesión de Fibonacci no es el único descubrimiento de Leonardo de Pisa (llamado también Fibonacci). Igualmente es conocido por una secuencia similar, llamada Sucesión de Leonardo. Podemos definir la secuencia numérica de la Sucesión de Leonardo (L_i) como $L_0 = L_1 = 1$ y $L_{i+1} = L_i + L_{i-1} + 1$ para $i \geq 1$. Hoy, 800 años después del fallecimiento de Leonardo Fibonacci, queremos hallar el valor de la siguiente expresión:

$$L_0^k + L_1^k + L_2^k + \cdots + L_n^k.$$

Tarea

Escribe un programa que:

→ lea los enteros n y k de la entrada,

→ calcule la expresión,

→ escriba los nueve últimos dígitos del resultado en la salida.

Entrada

La primera y única línea de la entrada consta de dos enteros positivos, n y k ($1 \leq k \leq 13$, n cabe en un entero sin signo de 64 bits).

Salida

La única línea de la salida debe contener los nueve últimos dígitos de la representación decimal del resultado de la expresión.

Ejemplo

Para los datos de entrada:

3 2

el resultado correcto es:

000000036

Explicación del ejemplo: La expresión correspondiente a este ejemplo es $1^2 + 1^2 + 3^2 + 5^2 = 36$.

Este problema se presentó en el Campus de entrenamiento de la Olimpiada informática polaca en 2008. Yo participé en aquel campus pero, en ese momento, solo llevaba un año interesado en la algoritmia, por lo que era demasiado difícil para mí. Cuando conocí la solución, encontré que utilizaba técnicas muy interesantes. Comencé a analizarlas y, al combinarlas con algunas observaciones que había hecho durante el concurso, logré diseñar una solución que no solo era más rápida que la original, sino también más fácil de programar. Además, cuando revisité el problema, tres años más tarde, para escribir este texto, fui capaz de diseñar un algoritmo incluso mejor. La idiosincrasia de los problemas de teoría de números, como este, me llevan a pensar que podría llegar a identificarse un algoritmo todavía más rápido y, posiblemente, no muy complejo.

Comentarios iniciales sobre los restos. Calcularemos únicamente los últimos nueve dígitos del resultado, es decir, su resto módulo $M = 10^9$. La fórmula para la suma de potencias de la Sucesión de Leonardo solo implica la suma, la multiplicación y la exponenciación. Estas operaciones y, con ellas, la determinación de los valores de la Sucesión de Leonardo, pueden realizarse sobre restos módulo M. La suma y multiplicación se implementa con variables enteras de 64 bits.

En lo sucesivo, operaremos normalmente sobre restos módulo M. Por cuestiones de brevedad, utilizaremos notaciones estándar para las operaciones, tanto en los enteros como en los restos. En particular, L_n no indicará, normalmente, el número de Leonardo concreto, sino su resto al dividirlo por M. En términos de álgebra abstracta, realizaremos la mayoría de los cálculos en el anillo $\mathbb{Z}_M$.

Cómo calcular la Sucesión de Leonardo

Para esta tarea, tendremos que tratar con términos de la Sucesión de Leonardo muy avanzados en la secuencia. El único hecho que damos por asumido sobre n, es que cabe en un entero sin signo de 64 bits, es decir $n < 2^{64}$. Esto hace que, incluso determinar el valor de L_n, no sea una cuestión trivial. El algoritmo sencillo, que utiliza la fórmula recursiva y almacena los resultados para no calcularlos varias veces, tiene una complejidad de tiempo de $\Theta(n)$. Queda muy lejos de lo admisible. Para ir calentando, vamos a mejorar sustancialmente este tiempo de ejecución.

Sucesión de Fibonacci. Comenzaremos resolviendo el mismo problema utilizando a la hermana famosa de la Sucesión de Leonardo, la Sucesión de Fibonacci, que se define recursivamente como:

$$F_0 = 0, \quad F_1 = 1, \quad F_{n+1} = F_n + F_{n-1}.$$

La Sucesión de Fibonacci es muy conocida y está muy bien estudiada. En particular, en muchos libros y otras fuentes podemos encontrar la fórmula cerrada para el término n-ésimo:

$$F_n = \frac{\varphi^n - \psi^n}{\sqrt{5}},$$

donde $\varphi = \frac{1+\sqrt{5}}{2}$ y $\psi = \frac{1-\sqrt{5}}{2}$. Por desgracia, φ y ψ no son enteros (ni siquiera números racionales). Aunque esto no resulta un problema si estamos buscando los valores aproximados de los términos (o sus primeros dígitos, utilizando variables de coma flotante), la cuestión hace que la fórmula sea inútil si pretendemos encontrar los restos de los términos de la sucesión (en particular, sus dígitos finales).

La fórmula que resulta más útil para nuestros propósitos es la siguiente. Utiliza nociones básicas de álgebra lineal, es decir, matrices y vectores:

$$\begin{bmatrix} F_1 \\ F_0 \end{bmatrix} = \begin{bmatrix} 1 \\ 0 \end{bmatrix} \qquad \begin{bmatrix} F_{n+1} \\ F_n \end{bmatrix} = \begin{bmatrix} 1 & 1 \\ 1 & 0 \end{bmatrix} \begin{bmatrix} F_n \\ F_{n-1} \end{bmatrix}$$

Esto nos da, claramente, otra expresión cerrada de la Sucesión de Fibonacci:

$$\begin{bmatrix} F_{n+1} \\ F_n \end{bmatrix} = \begin{bmatrix} 1 & 1 \\ 1 & 0 \end{bmatrix}^n \begin{bmatrix} 1 \\ 0 \end{bmatrix}$$

Para calcular F_n, basta con utilizar la fórmula que hemos obtenido, esto es, calcular la n-ésima potencia de la matriz 2×2 adecuada y multiplicarla por un vector. La parte clave es la exponenciación, que implica a n, lo que puede hacerla muy grande. Para realizar esta operación rápidamente, podemos utilizar el método llamado *exponenciación binaria*, que permite encontrar la n-ésima potencia de una matriz realizando $O(\log n)$ multiplicaciones de matrices (esta técnica es mucho más general: se suele utilizar para calcular potencias en el anillo $\mathbb{Z}_M$ y en muchas otras circunstancias). Este método se basa en la sencilla observación de que:

$$A^{2n} = (A^2)^n,$$
$$A^{2n+1} = A \cdot (A^2)^n.$$

La aplicación directa de estas igualdades lleva a un algoritmo recursivo. Para mejorar su rendimiento en la práctica (reducir el factor constante en el coste de tiempo) y su consumo de memoria (hacerlo constante), el algoritmo se suele implementar en su forma iterativa:

> **Algoritmo** Potencia(A, n)
> $P := I$ {matriz de identidad}
>   **mientras** $n > 0$ **hacer**
>   **si** n **mód** $2 = 1$ **entonces**
> $P := P \cdot A$
> $A := A \cdot A$
> $n := n$ **div** 2
>   **devolver** P

Este algoritmo requiere tiempo $O(\log n)$ y espacio constante para calcular F_n en $\mathbb{Z}_M$.

Sucesión de Leonardo. La fórmula recursiva de la Sucesión de Leonardo es

$$L_0 = L_1 = 1, \quad L_{n+1} = L_n + L_{n-1} + 1, \tag{1}$$

que es un poco más complicada. En concreto, esta fórmula no se puede expresar como una matriz 2×2, como hemos hecho antes. En términos de álgebra lineal, L_{n+1} no es una combinación lineal de L_n y L_{n-1}*.

Esto significa que necesitamos utilizar la técnica de exponenciación de matriz de una forma más sutil. La observación clave es que L_{n+1} es una función lineal de L_n, L_{n-1} y 1 (una secuencia constante). Por lo tanto, podemos utilizar una matriz más grande (pero todavía de tamaño constante). Lo cual nos lleva a la siguiente fórmula recursiva:

$$\begin{bmatrix} L_1 \\ L_0 \\ 1 \end{bmatrix} = \begin{bmatrix} 1 \\ 1 \\ 1 \end{bmatrix} \qquad \begin{bmatrix} L_{n+1} \\ L_n \\ 1 \end{bmatrix} = \begin{bmatrix} 1 & 1 & 1 \\ 1 & 0 & 0 \\ 0 & 0 & 1 \end{bmatrix} \begin{bmatrix} L_n \\ L_{n-1} \\ 1 \end{bmatrix}$$

Nuevamente, tenemos una solución de tiempo $O(\log n)$ y espacio constante.

La solución original del autor del problema

Hemos aprendido a encontrar L_n en tiempo $O(\log n)$. Sin embargo, nuestra tarea es más complicada: tenemos que calcular la suma $\sum_{i=0}^{n} L_i^k$. Vamos a empezar resolviéndolo para $k = 1$ y $k = 2$, lo que nos dará alguna pista sobre el caso general.

---

*Al hablar de combinaciones lineales, estamos abusando de la notación, así, por ejemplo, con L_{n+1} nos referimos a una secuencia cuyo término n-ésimo es L_{n+1}. Si estuviésemos formulando esta afirmación sin la noción del álgebra lineal sobre las secuencias, tendríamos que decir que L_{n+1} no puede escribirse como una combinación lineal de L_n y L_{n-1} con coeficientes independientes de n.

 La tarea actual consiste en hallar el término n-ésimo de la secuencia $S_{1,n} = \sum_{i=0}^{n} L_i$. De la definición obtenemos directamente

$$S_{1,0} = L_0 = 1, \quad S_{1,n} = S_{1,n-1} + L_n.$$

Escribir las fórmulas recursivas en forma de matrices nos está llevando a algoritmos eficientes, así que vamos nuevamente con ello. Obviamente, $S_{1,n}$ puede expresarse como la combinación lineal del término $S_{1,n-1}$ y L_n. Por esta razón, extendemos la matriz anterior:

$$\begin{bmatrix} S_{1,0} \\ L_1 \\ L_0 \\ 1 \end{bmatrix} = \begin{bmatrix} 1 \\ 1 \\ 1 \\ 1 \end{bmatrix} \qquad \begin{bmatrix} S_{1,n} \\ L_{n+1} \\ L_n \\ 1 \end{bmatrix} = \begin{bmatrix} 1 & 1 & 0 & 0 \\ 0 & 1 & 1 & 1 \\ 0 & 1 & 0 & 0 \\ 0 & 0 & 0 & 1 \end{bmatrix} \begin{bmatrix} S_{1,n-1} \\ L_n \\ L_{n-1} \\ 1 \end{bmatrix}$$

Esta matriz nos permite hallar simultáneamente los términos de la Sucesión de Leonardo y sus sumas. Observemos que es la primera vez en esta solución en que dos coordenadas de los vectores del lado izquierdo no son, simplemente, las coordenadas reescritas del vector del lado derecho. Lo único que debemos asumir para utilizar la técnica de exponenciación de matrices es que un vector $[S_{1,n}, L_{n+1}, L_n, 1]$ se puede expresar como una función lineal de $[S_{1,n-1}, L_n, L_{n-1}, 1]$ (con la función lineal independiente de n).

Por lo tanto, hemos llegado a un algoritmo que realiza $O(\log n)$ multiplicaciones de matrices 4×4, lo que nos da una complejidad de tiempo de $O(\log n)$ y espacio constante. Podemos dar el siguiente paso.

 Ahora tenemos que determinar los valores $S_{2,n} = \sum_{i=0}^{n} L_i^2$. La fórmula recursiva es

$$S_{2,0} = L_0^2 = 1, \quad S_{2,n} = S_{2,n-1} + L_n^2.$$

Esta vez el problema no es tan fácil, L_n^2 debe ser un elemento del vector, pero es para L_n para quien tenemos una fórmula recursiva lineal. Sin embargo, la nueva fórmula es un poco más complicada, pero sigue siendo una fórmula recursiva lineal para L_{n+1}^2:

$$L_{n+1}^2 = (L_n + L_{n-1} + 1)^2 = L_n^2 + L_{n-1}^2 + 2L_n L_{n-1} + 2L_n + 2L_{n-1} + 1.$$

El "nuevo" término es $L_n L_{n-1}$, por lo que necesitamos una fórmula más:

$$L_{n+1} L_n = (L_n + L_{n-1} + 1)L_n = L_n^2 + L_n L_{n-1} + L_n.$$

Resumiendo, la fórmula recursiva en forma de matriz es la siguiente:

$$
\begin{bmatrix} S_{2,0} \\ L_1^2 \\ L_1 L_0 \\ L_0^2 \\ L_1 \\ L_0 \\ 1 \end{bmatrix}
=
\begin{bmatrix} 1 \\ 1 \\ 1 \\ 1 \\ 1 \\ 1 \\ 1 \end{bmatrix}
\qquad
\begin{bmatrix} S_{2,n} \\ L_{n+1}^2 \\ L_{n+1} L_n \\ L_n^2 \\ L_{n+1} \\ L_n \\ 1 \end{bmatrix}
=
\begin{bmatrix}
1 & 1 & 0 & 0 & 0 & 0 & 0 \\
0 & 1 & 2 & 1 & 2 & 2 & 1 \\
0 & 1 & 1 & 0 & 1 & 0 & 0 \\
0 & 1 & 0 & 0 & 0 & 0 & 0 \\
0 & 0 & 0 & 0 & 1 & 1 & 1 \\
0 & 0 & 0 & 0 & 1 & 0 & 0 \\
0 & 0 & 0 & 0 & 0 & 0 & 1
\end{bmatrix}
\begin{bmatrix} S_{2,n-1} \\ L_n^2 \\ L_n L_{n-1} \\ L_{n-1}^2 \\ L_n \\ L_{n-1} \\ 1 \end{bmatrix}
$$

Nuevamente hemos logrado una solución con complejidad de tiempo $O(\log n)$ pero, esta vez, la constante oculta en la notación O es bastante grande.

El caso general. Una vez que ya tenemos experiencia analizando los casos especiales para $k = 1$ y $k = 2$, estamos listos para abordar el problema en su forma general. Claramente vamos a resolverlo por exponenciación de matrices. Los elementos de la matriz, incluso su tamaño, dependerán de k. Esta vez, por lo tanto, nuestro programa tendrá que calcular la matriz antes de exponenciarla.

Tenemos una fórmula trivial para la secuencia $S_{k,n} = \sum_{i=0}^{n} L_i^k$:

$$S_{k,0} = L_0^k = 1, \qquad S_{k,n} = S_{k,n-1} + L_n^k.$$

La fórmula recursiva lineal que nos permite hallar $L_{n+1}^k = (L_n + L_{n-1} + 1)^k$ es consecuencia de la fórmula del trinomio de Newton, que es bastante compleja:

$$L_{n+1}^k = (L_n + L_{n-1} + 1)^k = \sum_{r=0}^{k} \sum_{s=0}^{k-r} \binom{k}{r, s, k-r-s} L_n^r L_{n-1}^s 1^{k-r-s}.$$

Los coeficientes que obtenemos son los trinomiales, definidos como

$$\binom{p}{r, s, t} = \frac{p!}{r!\,s!\,t!} \quad \text{para } r, s, t \geq 0 \text{ y } p = r + s + t. \tag{2}$$

Aunque complicada, esta fórmula nos permite expresar L_{n+1}^k como la función lineal de $L_n^r L_{n-1}^s 1^{k-r-s} = L_n^r L_{n-1}^s$, donde r, s y $k - r - s$ son enteros no negativos. Por suerte (como vamos a ver ahora), para cualquier r, s también podemos expresar el término $L_{n+1}^r L_n^s$ como la función lineal de los mismos términos.

Esto significa que el vector que vamos a calcular es

$$[S_{k,n}, L_{n+1}^k, L_{n+1}^{k-1} L_n^1, \ldots, L_{n+1}^1 L_n^{k-1}, L_n^k, L_{n+1}^{k-1}, \ldots, L_n^{k-1}, \ldots, L_{n+1}^1, L_n^1, 1].$$

Su longitud es $1 + \binom{k+2}{2} = \Theta(k^2)$. Este es también el tamaño de la matriz cuadrada cuya n-ésima potencia debemos calcular. La complejidad de tiempo para multiplicar dos matrices cuadradas de este tamaño se puede limitar, en la práctica, a $O(k^6)$. Podríamos usar un límite mejor, $O(k^{2\omega})$, para expresar este coste*.

Para terminar, nos resta ejecutar la primera fase del algoritmo, calcular los elementos de la matriz. Lo hemos hecho manualmente para $k \leq 2$ pero, ahora, necesitamos un algoritmo. De la fórmula del trinomio de Newton, tenemos:

$$L_{n+1}^{p} L_n^{q} = (L_n + L_{n-1} + 1)^p L_n^q = \sum_{r=0}^{p} \sum_{s=0}^{p-r} \binom{p}{r,\,s,\,p-r-s} L_n^{q+r} L_{n-1}^{s}.$$

Esto significa que la primera fila de la matriz es $1, 1, 0, \ldots, 0$, donde, según la fórmula anterior, los términos de todas las otras filas son ceros o coeficientes trinomiales. Si conocemos los valores de los coeficientes trinomiales, podemos calcular la matriz en tiempo $O(k^4)$, lo que resulta adecuado ya que el número de entradas de la matriz tambien es $O(k^4)$ (dejamos, como ejercicio, los detalles de este problema puramente técnico).

La definición de los coeficientes trinomiales indicada en (2) no es, por desgracia, válida para el cálculo en el anillo $\mathbb{Z}_M$. Esto es debido a que implica la división, que no está muy bien definida en este anillo. Por lo tanto, necesitamos una definición mejor. Para simplificar las fórmulas, vamos a ampliar la definición y asumir que $\binom{p}{r,s,t} = 0$ si $p \neq r + s + t$ o si hay un número negativo entre r, s, t. Es fácil verificarlo para $p \geq 1$ utilizando esta notación:

$$\binom{p}{r,s,t} = \binom{p-1}{r-1,s,t} + \binom{p-1}{r,s-1,t} + \binom{p-1}{r,s,t-1}$$

Evidentemente, el caso límite es $\binom{0}{0,0,0} = 1$.

Por lo tanto, podemos encontrar todos los coeficientes trinomiales que necesitamos (aquellos con $p \leq k$) en tiempo $O(k^3)$, por lo que hallaremos la matriz completa en $O(k^4)$. Lamentablemente, todo el proceso es complejo técnicamente.

Esto concluye la descripción del algoritmo. Su complejidad de tiempo total es $O(k^{2\omega} \log n) = O(k^6 \log n)$ y consume $O(k^4)$ memoria. Para $k \leq 13$ y $\log n \leq 64$ y con una constante pequeña oculta en la notación O (las matrices son de tamaño $\frac{k^2}{2} + O(k)$), esta solución es lo bastante rápida para lograr una puntuación perfecta.

---

*El algoritmo ingenuo que multiplica dos matrices cuadradas de tamaño $m \times m$ funciona en $\Theta(m^3)$. El número ω se define como el número real más pequeño tal que las dos matrices se puedan multiplicar en $O(m^\omega)$. Los algoritmos usados en la práctica llegan a $O(m^{\log_2 7}) = O(m^{2,808})$. Coppersmith y Winograd desarrollaron un algoritmo muy complejo en 1990, que logra $O(m^{2,3755})$. A finales de 2011 se logró batir esta antigua marca: Virgina Vassilevska Williams publicó un algoritmo que necesita un tiempo de $O(m^{2,3727})$. En nuestro caso, la complejidad de tiempo será de $O(k^{4,7452})$.

Una solución más rápida y sencilla

Al analizar la solución anterior, muchos lectores no habrán quedado contentos con las sumas enormes que presenta, debido a la fórmula del trinomio. Si fuese un binomio, es decir, si calculásemos la potencia de la suma de dos términos, las fórmulas serían mucho más sencillas.

Y ese sería el caso si, de alguna forma, pudiésemos librarnos del término constante en la fórmula recursiva (1) de la Sucesión de Leonardo. Veamos cómo podemos hacerlo.

Comencemos con el siguiente lema (que enunciamos de forma generalista, para ofrecer una visión mejor de la técnica utilizada). Su demostración es muy sencilla y la dejamos como ejercicio para el lector.

Lema 1. Digamos que x_n es la secuencia definida por la siguiente fórmula recursiva:

$$x_n = a_1 x_{n-1} + a_2 x_{n-2} + \cdots + a_l x_{n-l} + b,$$

donde $a_1 + a_2 + \cdots + a_l \neq 1$. En este caso, la secuencia

$$y_n = x_n + \frac{b}{a_1 + \cdots + a_l - 1}$$

satisface la fórmula

$$y_n = a_1 y_{n-1} + a_2 y_{n-2} + \cdots + a_l y_{n-1}.$$

En nuestro caso, x_n es L_n, por lo que de (1) obtenemos $l = 2$, $a_1 = a_2 = b = 1$. Lo que nos proporciona la secuencia $K_n = L_n + 1$, que puede definirse por

$$K_0 = 2, \quad K_1 = 2, \quad K_{n+1} = K_n + K_{n-1}.$$

El lector atento ya habrá notado que

$$K_n = 2F_{n+1}, \tag{3}$$

pero esto no tiene importancia para nosotros, el hecho crucial es que tenemos una fórmula recursiva que no incluye el término constante.

Lamentablemente, nuestra situación no es tan buena como podría parecer. Para hallar $S_{k,n} = \sum_{i=0}^{n} L_i^k$ necesitamos utilizar la fórmula

$$S_{k,n} = \sum_{i=0}^{n} L_i^k = \sum_{i=0}^{n} (K_i - 1)^k = \sum_{i=0}^{n} \sum_{j=0}^{k} \binom{k}{j} K_i^j (-1)^{k-j} =$$

$$= \sum_{j=0}^{k} \left(\binom{k}{j} (-1)^{k-j} \left(\sum_{i=0}^{n} K_i^j \right) \right).$$

En consecuencia, vamos a definir $T_{j,n} = \sum_{i=0}^{n} K_i^j$. Para calcular $S_{k,n}$ nos basta determinar $T_{j,n}$ para todos los $0 \leq j \leq k$ y consumir un tiempo $O(k^2)$ para calcular los coeficientes binomales (por ejemplo, generando la sección adecuada del triángulo de Pascal).

Cálculo de $T_{k,n}$. Comenzaremos de la misma forma en que lo hicimos para $S_{k,n}$. Volvemos a tener una recursión trivial:

$$T_{k,0} = K_0^k = 2^k, \quad T_{k,n} = T_{k,n-1} + K_n^k.$$

Además,

$$K_{n+1}^k = (K_n + K_{n-1})^k = \sum_{r=0}^{k} \binom{k}{r} K_n^r K_{n-1}^{k-r},$$

En esta ocasión, tendremos una función lineal con solo $k + 1$ términos. Es más,

$$K_{n+1}^p K_n^{k-p} = (K_n + K_{n-1})^p K_n^{k-p} = \sum_{r=0}^{p} \binom{p}{r} K_n^{k-p+r} K_{n-1}^{p-r},$$

por lo que el vector

$$v_{n+1} = [T_{k,n}, K_{n+1}^k, K_{n+1}^{k-1} K_n, \ldots, K_{n+1} K_n^{k-1}, K_n^k]$$

se puede expresar como una función lineal del vector similar v_n.

Esta vez, la matriz de la fórmula recursiva es lo suficientemente sencilla como para incluirla. Su tamaño es de $(k + 2) \times (k + 2)$ y su parte principal es el triángulo de Pascal.

$$
\begin{bmatrix}
T_{k,0} \\
K_1^k \\
K_1^{k-1} K_0 \\
\vdots \\
K_1 K_0^{k-1} \\
K_0^k
\end{bmatrix}
=
\begin{bmatrix}
2^k \\
2^k \\
2^k \\
\vdots \\
2^k \\
2^k
\end{bmatrix}
\quad
\begin{bmatrix}
T_{k,n} \\
K_{n+1}^k \\
K_{n+1}^{k-1} K_n \\
\vdots \\
K_{n+1} K_n^{k-1} \\
K_n^k
\end{bmatrix}
=
\begin{bmatrix}
1 & 1 & 0 & \cdots & 0 & 0 \\
0 & 1 & k & \cdots & k & 1 \\
0 & 1 & k-1 & \cdots & 1 & 0 \\
\vdots & \vdots & \vdots & \ddots & \vdots & \vdots \\
0 & 1 & 1 & \cdots & 0 & 0 \\
0 & 1 & 0 & \cdots & 0 & 0
\end{bmatrix}
\begin{bmatrix}
T_{k,n-1} \\
K_n^k \\
K_n^{k-1} K_{n-1} \\
\vdots \\
K_n K_{n-1}^{k-1} \\
K_{n-1}^k
\end{bmatrix}
$$

Obviamente, esta matriz se puede calcular en $O(k^2)$, que es el número de sus elementos. Por lo tanto, podemos hallar los valores $T_{k,n}$ en tiempo $O(k^\omega \log n) = O(k^3 \log n)$ utilizando espacio $O(k^2)$. De esta forma, tenemos un nuevo algoritmo para nuestro problema principal. Su complejidad de tiempo es de $O(k^{\omega+1} \log n) = O(k^4 \log n)$ y utiliza espacio $O(k^2)$. Así, hemos creado una solución que es, a la vez, más sencilla, más rápida y con menor consumo de recursos que la anterior.

Un algoritmo todavía más rápido

Resulta que el algoritmo que acabamos de ver no es el mejor que podríamos conseguir. Este es un caso paradigmático en los problemas de cálculo de teoría de números. La complejidad de tiempo tiene una gran dependencia de las fórmulas utilizadas para construir el algoritmo. Es habitual que podamos lograr soluciones más rápidas, no triviales y, en ocasiones, más sencillas, por caminos inesperados. De algún modo, es lo mismo que ocurrió en la sección anterior. Para mejorar el resultado, tendremos que utilizar más trucos matemáticos complejos.

Nuestro objetivo está claro: lograr una nueva y mejor fórmula recursiva para las potencias k-ésimas de los términos de la Sucesión de Leonardo.

 Hemos visto en (3) que $K_n^k = 2^k F_{n+1}^k$. De hecho, hemos visto la fórmula cerrada para la Sucesión de Fibonacci

$$F_n = \frac{\varphi^n - \psi^n}{\sqrt{5}}, \tag{4}$$

donde $\varphi = \frac{1+\sqrt{5}}{2}$ y $\psi = \frac{1-\sqrt{5}}{2}$. Debemos tener en cuenta que φ y ψ son las raíces del polinomio $x^2 - x - 1$. Esto significa que $\varphi\psi = -1$ y $\psi^2 = \varphi^{-2}$. Por tanto

$$5^{\frac{k}{2}} F_n^k = (\varphi^n - \psi^n)^k = \sum_{i=0}^{k} \binom{k}{i} (-1)^{k-i} (\varphi^i \psi^{k-i})^n.$$

Así, observamos que la secuencia F_n^k resulta ser una combinación lineal de las secuencias $\{(\varphi^i \psi^{k-i})^n : 0 \le i \le k\}$. Igualmente, si usamos (3) llegaremos a la conclusión de que K_n^k es la misma combinación. Como

$$L_n^k = (K_n - 1)^k = \sum_{i=0}^{k} \binom{k}{i} (-1)^{k-i} K_n^i,$$

la secuencia L_n^k es la combinación lineal de K_n^i para $0 \le i \le k$. Si unimos estos dos hechos, encontramos que L_n^k es la combinación lineal de las secuencias

$$\{(\varphi^i \psi^{j-i})^n : 0 \le i \le j \le k\}.$$

El truco central. La igualdad $\varphi\psi = -1$ resulta tener implicaciones ciertamente útiles y profundas.

Lema 2. Todos los elementos del conjunto $\{\varphi^i\psi^{j-i} : 0 \le i \le j \le k\}$ son raíces del polinomio

$$P(x) = \prod_{t=-k}^{k} (x^2 - \varphi^{2t}). \tag{5}$$

Demostración. Consideremos un elemento fijo $x_{ij} = \varphi^i\psi^{j-i}$ del conjunto. Tenemos

$$x_{ij}^2 = (\varphi^i\psi^{j-i})^2 = \varphi^{2i}\psi^{2(j-i)} = \varphi^{2i-2j+2i} = \varphi^{2(2i-j)}.$$

Más aún, $-k \le 2i - j \le k$, por lo que, para $t = 2i - j$ en el producto, obtenemos $x_{ij}^2 - \varphi^{2t} = \varphi^{2(2i-j)} - \varphi^{2(2i-j)} = 0.$ $\qquad\square$

Vamos a escribir la $P(x)$ polinómica en forma de potencias:

$$P(x) = x^{4k+2} + p_{2k}x^{4k} + p_{2k-1}x^{4k-2} + \cdots + p_1x^2 + p_0.$$

Claramente, si $P(x) = 0$ entonces también $P(x)x^{n-4k-2} = 0$, lo que significa que

$$x^n = -p_{2k}x^{n-2} - p_{2k-1}x^{n-4} + \cdots - p_1x^{n-4k} - p_0x^{n-4k-2}.$$

Todos los valores $x_{ij} = \varphi^i\psi^{j-i}$ son raíces de P, lo que, según el razonamiento anterior, significa que las todas progresiones geométricas $a_n = (\varphi^i\psi^{j-i})^n$ satisfacen la siguiente fórmula recursiva:

$$a_n = -p_{2k}a_{n-2} - p_{2k-1}a_{n-4} + \cdots - p_1a_{n-4k} - p_0a_{n-4k-2}. \tag{6}$$

Al ser una combinación lineal de esas progresiones geométricas, L_n^k también debe satisfacer esta fórmula.

Todo esto son buenas noticias para nosotros, porque podremos resolver el problema calculando de forma ingenua los primeros elementos de L_n^k y, después, utilizar la siguiente fórmula recursiva:

$$
\begin{bmatrix} S_{k,4k+1} \\ L_{4k+2}^k \\ L_{4k+1}^k \\ L_{4k}^k \\ \vdots \\ L_1^k \end{bmatrix} = \cdots
\begin{bmatrix} S_{k,n+4k+1} \\ L_{n+4k+2}^k \\ L_{n+4k+1}^k \\ L_{n+4k}^k \\ \vdots \\ L_{n+1}^k \end{bmatrix} =
\begin{bmatrix} 1 & 1 & 0 & \cdots & 0 & 0 \\ 0 & 0 & -p_{2k} & \cdots & 0 & -p_0 \\ 0 & 1 & 0 & \cdots & 0 & 0 \\ 0 & 0 & 1 & \cdots & 0 & 0 \\ \vdots & \vdots & \vdots & \ddots & \vdots & \vdots \\ 0 & 0 & 0 & \cdots & 1 & 0 \end{bmatrix}
\begin{bmatrix} S_{k,n+4k} \\ L_{n+4k+1}^k \\ L_{n+4k}^k \\ L_{n+4k-1}^k \\ \vdots \\ L_n^k \end{bmatrix}
$$

Para poder calcular a_n, utilizando la fórmula (6), necesitamos conocer los valores anteriores hasta a_{n-4k-2}, por lo que el tamaño de la matriz será $(4k+3) \times (4k+3)$.

Ya solo nos queda encontrar los valores p_i. Además, estos números deben ser enteros, para que podamos hacer los cálculos en $\mathbb{Z}_M$. De (4) obtenemos

$$5F_t^2 = (\varphi^t - \psi^t)^2 = \varphi^{2t} - 2\varphi^t\psi^t + \psi^{2t} = \varphi^{2t} - 2(-1)^t + \varphi^{-2t},$$

por lo que $\varphi^{2t} + \varphi^{-2t} = 5F_t^2 + 2(-1)^t$.

Vamos a unir, en (5), los factores para t del mismo valor absoluto:

$$(x^2 - \varphi^{2t})(x^2 - \varphi^{-2t}) = x^4 - (\varphi^{2t} + \varphi^{-2t})x^2 + 1 = x^4 - (5F_t^2 + 2(-1)^t)x^2 + 1.$$

Finalmente, tenemos

$$P(x) = (x^2 - 1) \prod_{t=1}^{k} \left(x^4 - \left(5F_t^2 + 2(-1)^t \right) x^2 + 1 \right).$$

Esto significa que los coeficientes de este polinomio son enteros y que podemos hallarlos (mejor dicho, sus restos módulo M) en tiempo $O(k^2)$.

La matriz que exponenciamos es de tamaño $\Theta(k)$, por lo que podemos concluir que habremos inventado una solución que funciona en tiempo $O(k^\omega \log n) = O(k^3 \log n)$, utilizando espacio $O(k^2)$.

ERYK KOPCZYŃSKI

Aprendió a programar en BASIC a la edad de seis años, en la época de los ordenadores Amstrad CPC. En 1994 fue finalista de la primera Olimpiada informática polaca. También obtuvo medallas de oro en la Olimpiada internacional de matemática y en la Olimpiada internacional de informática. Ha representado a la Universidad de Varsovia en la final mundial del ACM-ICPC en dos ocasiones, en 2000 y en 2002. Más adelante, completó su doctorado y, en la actualidad, trabaja en la Facultad de matemáticas, informática y mecánica de la Universidad de Varsovia, investigando en teoría de las ciencias de la computación.

Sigue participando activamente en concursos internacionales de programación en línea, como TopCoder (ganó el TopCoder Open de 2005 y, en la actualidad, ocupa el puesto 18) y Google Code Jam. También es autor de problemas de programación y entrenador en concursos de programación. Disfruta del ciclismo, el montañismo, la música y toda clase de juegos.

/ Ritual

Concurso: Campus de entrenamiento de la Olimpada informática polaca 2007
Autor: Eryk Kopczyński
Memoria: 32 MB
https://oi.edu.pl/en/archive/ontak/2007/ryt

La OBA (Oficina byteana de algoritmia) es una agencia privada, que cuenta con un equipo de informáticos y que ayuda a la gente rica a resolver sus problemas confidenciales con la ayuda de potentes ordenadores. Hace poco, invitaron a la OBA a conocer al Gran Maestre de la Orden Bytoo. De camino al Templo Bytoo, el equipo de la OBA obtuvo alguna información sobre la Orden.

La Orden Bytoo nació cuando el Profeta recibió la gran tabla de silicio, con dos números inscritos en ella: el Gran Número Sagrado y el Pequeño Número Sagrado. [...] Como parte del ritual, cada mañana, los sacerdotes escriben el Gran Número Sagrado en el interior del muro del Templo. Después, a lo largo del día, los sacerdotes borran algunos de sus dígitos, siguiendo una regla secreta, y dejan el resto de números durante la noche. A la mañana siguiente, vuelven a escribir el Gran Número Sagrado, y el ritual continúa.

El Gran Maestre de la Orden Bytoo le planteó a la OBA una prueba preliminar: debían descubrir la regla secreta del borrado de los dígitos. En la primera noche, la OBA detectó que los números restantes formaban un palíndromo: el primer número es igual al último, el segundo al penúltimo, etc. Sin embargo, esto solo era una parte de la regla secreta. Después de unos días, la OBA utilizó el algoritmo de Euclides para descubrir la segunda parte de la regla: el número que queda después de borrar algunos dígitos debe ser divisible por el número de días de la semana Bytoo, que es igual al Pequeño Número Sagrado, 666. El número que permanece puede incluir ceros al principio o al final, pero debe tener, al menos, un dígito (los sacerdotes no pueden borrar el número completo).

El Gran Maestre felicitó a la OBA por superar la prueba y, entonces, reveló la auténtica misión. Cada día, los sacerdotes deben borrar una configuración de dígitos diferente. El primer día en el que los sacerdotes no logren encontrar una nueva configuración, llegará el fin del mundo. Al Gran Maestre le gustaría saber qué día de la semana será el último (los sacerdotes borraron la primera configuración de dígitos el primer día de la semana Bytoo). Le pidió a la OBA que escribiese un programa para calcular la información.

Tarea

Escribe un programa que:

→ lea de la entrada el Gran Número Sagrado,

→ calcule después de qué día de la semana llegará el fin del mundo (asumiendo que los sacerdotes sean totalmente precisos),

→ escriba el resultado en la salida.

Entrada

La primera línea de la entrada contiene un entero G ($1 \leq G < 666^{36}$), el Gran Número Sagrado.

Salida

La única línea de la salida debe contener un número del conjunto $\{1, 2, \ldots, 666\}$, que indique el día de la semana tras el que se acabará el mundo.

Ejemplo

Para los datos de entrada:

6666666

el resultado correcto es:

42

Explicación del ejemplo: Hay 35 maneras distintas de borrar cuatro dígitos del Gran Número Sagrado, de forma que el número 666 permanezca en el muro, y siete maneras de borrar un dígito dejando 666666. Evidentemente, 666 y 666666 satisfacen los dos requisitos del ritual.

Este problema se presentó en el Campus de entrenamiento de la Olimpiada informática polaca de 2007. Mi idea era utilizarlo para preparar a los participantes en algoritmos de programación dinámica, mediante la combinación de sus dos aplicaciones más habituales.

Sin embargo, tal combinación resultó no ser tan sencilla y evidente como podía parecer. Nos encontramos con una buena dosis de sutilezas. El problema utiliza dos números de culto: 666 y 42, lo que sugiere que el autor ha puesto cuidado en el estilo y quería utilizar números interesantes, en vez potencias mundanas de 10 y de 2. Sin embargo, esta no es la única razón: el número 666 no se utiliza de forma arbitraria, era necesario aprovechar una de sus propiedades especiales. En caso contrario, la solución tendría complejidades de tiempo y espacio significativamente peores, por lo que no cumpliría con los límites establecidos.

Si no recuerdo mal, tales sutilezas provocaron que ninguno de los participantes fuese capaz de resolver el problema durante el concurso en el campus de entrenamiento. Todavía peor, llegué tarde al campus, cuando el problema ya se había utilizado, para descubrir que la solución presentada por los preparadores no era la óptima (no aprovecharon las propiedades del 666). Creo que la idea de utilizar una propiedad especial de un número, aparentemente inocente, es original y creativa. Pero lamento profundamente que este problema se utilizase en el campus de entrenamiento. Su destino debería haber sido, probablemente, un concurso formal.

Solución

Consideremos, en primer lugar, el problema en el caso de que no nos preocupe la divisibilidad, y solo tengamos que calcular el número de formas distintas de eliminar dígitos, de forma que el número resultante sea un palíndromo. Los programadores más experimentados descubrirán rápidamente que se puede lograr mediante programación dinámica.

Digamos que $l_1 l_2 \ldots l_N$ son los dígitos del Gran Número Sagrado. Para empezar, tengamos en cuenta que cada subpalíndromo de longitud mayor que 2, con l_a y l_b como primer y último dígitos, consta de esos dos dígitos, dos secuencias de dígitos borrados $l_{a+1} \ldots l_{c-1}$ y $l_{d+1} \ldots l_{b-1}$, y un *núcleo* (situado entre las dos secuencias borradas), que es un subpalíndromo, con l_c y l_d como sus dígitos primero y último.

Por cada par (a, b), donde $a \leq b$, digamos que $P_{a,b}$ indica el número de palíndromos obtenidos al borrar algunos dígitos de la secuencia $l_a l_{a+1} \ldots l_b$, excepto para l_a y l_b, que deben permanecer. A partir de la propiedad descrita, encontramos que $P_{a,b}$ se puede calcular desde los valores $P_{c,d}$ para (c, d) tal que $a < c \le d < b$:

$$P_{a,b} = \begin{cases} 1 & \text{para } a = b, \\ 0 & \text{para } l_a \ne l_b, \\ 1 + \displaystyle\sum_{c,d\,:\,a<c\le d<b} P_{c,d} & \text{para } a \ne b \text{ y } l_a = l_b. \end{cases}$$

La fórmula anterior nos lleva a un algoritmo de complejidad $O(N^4)$. Tenemos que verificar, para cada par (a, b), todas las posiciones del núcleo (c, d), por lo que tendremos cuatro bucles anidados. Comenzamos con los pares en los que $a = b$ y, después, seguimos hacia valores cada vez más grandes de $b - a$.

¿Cómo podemos mejorar el tiempo de ejecución de este algoritmo? ¿Quizá deberíamos redefinir $P_{a,b}$ y no obligar a permanecer a l_a y l_b? En este caso, obtendríamos la fórmula: $P_{a,b} = P_{a+1,b} + P_{a,b-1} + c_{a,b}$, donde $c_{a,b}$ es igual a 0 para $l_a \ne l_b$ y $1 + P_{a+1,b-1}$ para $l_a = l_b$. La complejidad se reduce a solo $O(N^2)$.

Por desgracia, la solución no es correcta. Tomemos como ejemplo 161. El palíndromo ~~161~~ se cuenta dos veces: ambas al extender ~~16~~ y ~~61~~. Esto es debido a que, al borrar los dígitos que rodean el núcleo de nuestro palíndromo, la fórmula nos permite elegir de forma arbitraria si nos extendemos a la izquierda o a la derecha. Por lo tanto, si consideramos 61111611116, su subpalíndromo 666 se cuenta $\binom{8}{4} = 70$ veces, ya que hay 70 formas de ordenar cuatro borrados de unos a la izquierda, y cuatro borrados de unos a la derecha.

¿Cómo podemos arreglarlo? Basta con obligar a que los dígitos a la izquierda del núcleo se borren antes que los dígitos a la derecha. Digamos que $P_{a,b}$ es el número de subpalíndromos de $l_a \ldots l_b$ que no tienen que incluir a l_a y l_b, y digamos que $Q_{a,b}$ es el número de subpalíndromos que incluyen l_a. Extenderemos el palíndromo de la siguiente manera. Supongamos que tenemos un subpalíndromo con los dígitos l_a, l_c, l_d y l_b (que no han sido borrados), y se han borrado todos los dígitos entre l_{a+1} y l_{c-1} y entre l_{d+1} y l_{b-1}. Entonces:

→ El núcleo $l_c \ldots l_d$ se cuenta en $Q_{c,d}$.

→ Lo extendemos a la derecha, por lo que contamos $l_c \ldots l_d\cancel{l_{d+1} \ldots l_{b-1}}$ en $Q_{c,b-1}$.

→ Se contará el mismo subpalíndromo en $P_{c,b-1}$.

→ Lo extendemos a la izquierda, y $\cancel{l_{a+1} \ldots l_{c-1}}l_c \ldots l_d\cancel{l_{d+1} \ldots l_{b-1}}$ será contado en $P_{a+1,b-1}$.

→ Lo extendemos por l_a y l_b, y contamos el palíndromo resultante en $Q_{a,b}$.

Las siguientes fórmulas describen este proceso:

$$Q_{a,b} = \begin{cases} 1 & \text{para } a = b, \\ Q_{a,b-1} + P_{a+1,b-1} + 1 & \text{para } a \neq b \text{ y } l_a = l_b, \\ Q_{a,b-1} & \text{para } a \neq b \text{ y } l_a \neq l_b, \end{cases}$$

$$P_{a,b} = Q_{a,b} + P_{a+1,b}.$$

Estas fórmulas obligan a añadir los dígitos borrados en primer lugar a la derecha del núcleo y, después, a la izquierda. Una vez calculados los valores, el número total de palíndromos se almacena en $P_{1,N}$.

Pero, ¿cómo tenemos en cuenta la divisibilidad? Vamos a asumir, nuevamente, que solo queremos saber cuántos subnúmeros del Gran Número Sagrado son divisibles por M. Podemos hacerlo mediante programación dinámica. Digamos que $V_{a,d}$ es el número de subnúmeros $l_1 \ldots l_a$ que son congruentes con d módulo M. Podemos expresar $V_{a,d}$ mediante una fórmula recursiva:

$$V_{a,d} = V_{a-1,d} + \sum_{c\,:\,10c+l_a \equiv d} V_{a-1,c}.$$

El primer componente describe los subnúmeros en los que se borra l_a, y el segundo aquellos en los que permanece. En un principio, establecemos $V_{0,0} = 1$ y $V_{0,d} = 0$ para $d > 0$. Según la fórmula, $V_{N,0}$ es igual al número de todos los subnúmeros del Gran Número Sagrado que son divisibles por M (incluyendo en el que hemos borrado todos los dígitos). Evidentemente, no calculamos la suma correspondiente a esta fórmula probando todos los valores posibles de c para cada d (lo que nos llevaría a una complejidad de tiempo de $O(NM)^2$). En vez de eso, probamos cada valor de c para cada valor de a, y sumamos $V_{a-1,c}$ al $V_{a,d}$ respectivo (dicho de otro modo, para $d = (10c + l_a)$ mód M).

Ahora tenemos que combinar ambas soluciones. La clave de la segunda solución radicaba en clasificar los subnúmeros de $l_1 \ldots l_a$ en relación a sus restos módulo M. ¿Cómo podemos aplicarlo con sencillez a nuestro algoritmo contador de palíndromos? Digamos que $P_{a,b,d}$ es el número de subpalíndromos de $l_a \ldots l_b$ congruentes con d, y $Q_{a,b,d}$ el número de ellos que incluye l_a.

Sin embargo, no será suficiente. Vamos a considerar nuevamente el subpalíndromo que comienza con l_a y termina con l_b, cuyo núcleo va de $l_{a'}$ hasta $l_{b'}$. Asumiremos que el núcleo dividido entre M deja un resto de c. ¿Con qué es congruente el palíndromo grande? No tenemos suficiente información, ya que la respuesta es $(l_a(10^{i+1} + 1) + 10c)$ mód M, donde i es la longitud del núcleo, que desconocemos.

Por tanto, tenemos que clasificar los palíndromos nuevamente, con relación a sus longitudes: digamos que $P_{a,b,d,i}$ es el número de subpalíndromos de $l_a \ldots l_b$ de longitud i y congruente con d. Clasificamos los palíndromos de tipo Q de una forma similar. Esto resulta en un algoritmo de complejidad $O(N^3 M)$. Por desgracia, sigue siendo una complejidad muy alta…

¿Cómo arreglarlo? Tenemos que utilizar el hecho de que M es igual a 666. ¿Cuáles son los restos de dividir $10^{i+1} + 1$ por 666? Para $i = 0, 1, 2$ serán 11, 101 y 335, respectivamente. Sin embargo, para $i = 3$ volvemos a obtener 11, para $i = 4$ es 101, etc. Por lo tanto, esto es suficiente para considerar una clasificación más amplia: digamos que $P_{a,b,d,i}$ es, para $i = 0, 1, 2$, el número de subpalíndromos de $l_a \ldots l_b$ congruente con d, cuya longitud es congruente con i módulo 3.

Ahora estamos en una complejidad de tiempo de $O(N^2 M)$, y el resultado se obtiene sumando $P_{1,N,0,i}$ para los tres valores de i. Cuidado, porque el problema incluye una trampa pequeña pero desagradable: si el número total de palíndromos es divisible por 666, debemos responder 666 en vez de 0.

También deberíamos tener cuidado con el uso de espacio. No podemos almacenar todos los valores de $P_{a,b,d,i}$. Sin embargo, para calcular $P_{a,b,d,i}$, donde $b - a = L$, solo necesitamos conocer los valores para los que $b - a \in \{L - 2, L - 1, L\}$. Por lo tanto, es suficiente con almacenar tres *arrays* $P_{a,d,i}$ correspondientes a tres valores consecutivos de $b - a$ e, igualmente, otros tres *arrays* $Q_{a,d,i}$. Animamos al lector a que desentrañe los detalles técnicos.

/ **Preguntas**

Concurso: Escaramuzas algorítmicas 2008
Autor: Eryk Kopczyński
Memoria: 32 MB
https://oi.edu.pl/en/archive/pa/2008/pyt

En una ocasión, el rey Bytón inventó un juego para sus hijos. Le describió el juego a su consejero, el hechicero Bytelano, de la siguiente manera:

Ordené a mis tres hijos (numerados con los enteros 1, 2, 3) que se pusiesen en fila y coloqué una corona de oro o plata sobre cada una de sus cabezas. El hijo número 1 podía ver las coronas de los hijos 2 y 3, y el hijo número 2 podía ver la corona del tercer hijo. Cada uno de los hijos sabía que había un máximo de dos coronas de oro. Después, le pregunté al hijo 1 si sabía de qué color era su corona. Respondió que no lo sabía. Entonces, le pregunté al hijo 2 si sabía de qué color era la suya. También respondió que no.

En ese momento, Bytelano interrumpió a Bytón y le dijo que él ya sabía qué corona lucía el príncipe 3. Bytón le preguntó que cómo podía saberlo. Él respondió lo siguiente:

Si el príncipe 1 pudo ver dos coronas de oro, sabría que la suya era de plata (porque hay un máximo de dos coronas de oro). Como respondió NO, parece que este no era el caso. Si el príncipe 2 vió una corona de oro en la cabeza del tercer príncipe, habría sabido que la suya era de plata pues, en caso contrario, el príncipe 1 habría respondido SÍ. Pero tampoco lo sabía. Por lo tanto, es evidente que el príncipe 3 tenía una corona de plata.

La tarea consiste en implementar un simulador (más o menos) general para estas situaciones. Los hechos sobre los que el rey puede preguntar a los príncipes o al hechicero (en la situación anterior era el tipo de corona) se codifican como una secuencia de variables. Algunas de ellas puede estar relacionadas con las variables anteriores. Para el resto, solo son conocidos los rangos de sus valores. La sección *Entrada* contiene una descripción en detalle del problema a resolver.

Tarea

Escribe un programa que:

→ lea de la entrada la descripción de una situación,
→ calcule las respuestas que debería dar el hechicero,
→ escriba el resultado en la salida.

Entrada

La primera línea de la entrada contiene tres enteros, P, V y A, separados por espacios sencillos. P indica el número de príncipes (desde 1 hasta P), V indica el número de variables (desde 1 hasta V) y A indica el número de acciones. Podemos asumir las siguiente desigualdades: $1 \leq P \leq 10$, $1 \leq V \leq 600$, $1 \leq A \leq 600$.

Las siguientes V líneas describen las variables v_1, v_2, ..., v_V. Cada una de estas líneas tiene la forma "$Z_i\ A_i\ B_i$" (esta notación contiene espacios sencillos), donde Z_i es uno de los caracteres =, +, $-$, $*$, $/$, %, > y A_i y B_i son enteros. Dependiendo del valor de Z_i especificado en la descripción de v_i, se indican diferentes tipos de hechos sobre las variables. El significado de los posibles caracteres Z_i es el siguiente:

$=\ A_i\ B_i \qquad v_i$ es un entero entre A_i y B_i

$\qquad\qquad\qquad (-1.000.000 \leq A_i \leq B_i \leq 1.000.000)$

$+\ A_i\ B_i \qquad v_i = v_{A_i} + v_{B_i}$ (en este y todos los casos siguientes, $1 \leq A_i, B_i < i$)

$-\ A_i\ B_i \qquad v_i = v_{A_i} - v_{B_i}$

$*\ A_i\ B_i \qquad v_i = v_{A_i} \cdot v_{B_i}$

$/\ A_i\ B_i \qquad v_i = v_{A_i}/v_{B_i}$ (parte entera de la división)

$\%\ A_i\ B_i \qquad v_i = v_{A_i}$ mód v_{B_i} (el resto)

$>\ A_i\ B_i \qquad v_i = 1$ si $v_{A_i} > v_{B_i}$; $v_i = 0$ en caso contrario

Todos los príncipes y el hechicero reciben esta información al inicio del juego. Las siguientes A líneas describen las acciones. Pueden producirse las siguientes (las descripciones de las acciones contienen espacios sencillos):

→ **S** $g\ n$

El valor de v_n se le revela al hijo número g. El hecho de esta revelación es conocido por todos los príncipes y por el hechicero (lo que no implica que se les descubra el valor).

→ **T** $g\ n$

El rey le pregunta al hijo número g si conoce el valor de v_n. Se le responde SÍ, y transmite la respuesta al hechicero. (Los otros hijos escucharán la respuesta solo cuando se realice la acción **A**, en consecuencia, algunos puede responder a preguntas "simultáneamente" y las respuestas de algunos no serán utilizadas por los otros).

→ **N** $g\ n$

Igual que la acción anterior, pero aquí el rey recibe la respuesta NO.

→ **X** $g\ n$

Igual que la acción anterior, pero aquí el rey no le transmite la respuesta al hechicero, sino que le pide que la adivine. El hechiero responde SÍ, NO o NO LO SÉ (la respuesta NO LO SÉ significa que el hechicero no está seguro de si el hijo conocía la respuesta a la pregunta del rey). Durante esta acción, el rey *no informa* al hechicero de la respuesta del príncipe g. El rey *tampoco transmite* la respuesta del hechicero a los príncipes.

→ **A** 0 0

Todos los hijos reciben las respuestas dadas por el resto de hijos a todas las preguntas anteriores del rey (las respuestas dadas durante las acciones **T**, **N** y **X**). Durante esta acción, el rey *tampoco informa* al hechicero de las respuestas que ha recibido durante las acciones de tipo **X**.

→ **M** w n

El rey le dice al hechicero que la variable v_n tiene valor w.

→ **Q** 0 n

El rey le pregunta al hechicero qué valores posibles puede tener v_n, según su conocimiento en ese momento. El rey *no informa* de la respuesta del hechicero a los príncipes.

Debemos asumir que, tanto los príncipes como el hechicero, realizan razonamientos perfectos, lo que significa que, en cada momento, son capaces de deducir todos los hechos implicados por los límites revelados por el rey al principio del juego y por las acciones que se han realizado. Además, todos saben que el resto realizan razonamientos perfectos.

Límites

Se establecen los siguientes límites: $1 \leq P \leq 10$, $1 \leq V \leq 600$, $1 \leq A \leq 600$. Además, el número de todas las posibilidades (es decir, el producto de los valores $B_i - A_i + 1$ con todas las variables de tipo "=") no supera 600. En cada evaluación teórica posible de las variables, el valor absoluto de cada una de ellas no será mayor de 1.000.000 y, en el caso de las operaciones "/" y " %", v_{A_i} no será negativo y v_{B_i} será positivo. La variable v_X puede aparecer en la definición de v_Y solo si $X < Y$.

Salida

Por cada acción de tipo **Q** se debe escribir exactamente una línea, que contenga todos los valores posibles de v_n, de menor a mayor, separados por espacios sencillos. Por cada acción de tipo **X**, se debe escribir una línea que contenga TAK (*sí* en polaco), NIE (*no* en polaco) o NIE WIEM (*no lo sé* en polaco). Las respuestas se escribirán en el orden de aparición de las acciones (en la entrada) a las que pertenecen. El orden es independiente del tipo de las acciones.

Ejemplo

Para los datos de entrada:

3	7	16	3 príncipes, 7 variables, 16 acciones.
=	0	1	v_1: color de la corona del hijo 1 (0 = plata, 1 = oro).
=	0	1	v_2: color de la corona del hijo 2.
=	0	1	v_3: color de la corona del hijo 3.
+	1	2	$v_4 = v_1 + v_2$.
+	3	4	$v_5 = v_3 + v_4 = v_1 + v_2 + v_3$, lo que, dicho en otras palabras, equivale al total de coronas de oro.
=	3	3	$v_6 = 3$.
>	6	5	v_7 determina si el número de coronas de oro es menor que 3.
S	1	7	Todos los hijos saben que hay menos de 3 coronas de oro.
S	2	7	
S	3	7	
M	1	7	El hechicero también lo sabe.
S	1	3	El príncipe 1 puede ver la corona del príncipe 3.
S	2	3	El príncipe 2 puede ver la corona del príncipe 3.
S	1	2	El príncipe 1 puede ver la corona del príncipe 2.
X	3	3	¿Conoce el hijo 3 (según el hechicero) el color de su corona? (no).
X	1	1	¿Conoce el hijo 1 (según el hechicero) el color de su corona? (el hechicero no lo sabe).
N	1	1	El hijo 1 no conoce el color de su corona.
A	0	0	Todos los hijos están informados de que 1 y 3 no conocen el color de sus coronas.
N	2	2	El hijo 2 responde que todavía no conoce el color de su corona.
X	3	3	El hechicero sabe que el hijo 3 aún no conoce el color de su corona (no ha escuchado la respuesta de 2).
A	0	0	
X	3	3	Ahora el hijo 3 lo sabe.
Q	0	3	El hechicero también sabe que la corona del hijo 3 es de tipo 0.

el resultado correcto es:

NIE

NIE WIEM

NIE

TAK

0

Existen varios rompecabezas de lógica similares al que el rey le presenta al hechicero, llamados *rompecabezas de inducción*. Uno de los más interesantes y mejor conocidos es aquel en el que el rey coloca coronas de oro y plata sobre las cabezas de sus n hijos (todos saben que alguien tiene una corona de oro y todos los hijos ven las cabezas de los demás) y, cada día, les pregunta a cada uno si saben cuál es el color de la corona sobre su propia cabeza. Pasados unos días, resulta que cada hijo sabe cuál es su color. Existen muchas variantes de este juego. Una de ellas trata sobre esposas que matan a sus maridos tras deducir que les son infieles (inicialmente, cada esposa sabe si cada hombre que no es su marido es infiel y que hay un marido infiel en la ciudad). Esta versión recibe el nombre de *problema de Josephine*. Otra alternativa versa sobre la población de una isla que no conoce el color de sus ojos (apareció en la colección en línea de historietas gráficas *xkcd*). Existen otros rompecabezas similares, como:

→ Dos lógicos reciben un entero no negativo, y saben que sus números se diferencian en 1. Les preguntamos, alternativamente, si conocen sus números. Después de una serie de preguntas, ambos lo saben.

→ "Mi vecino decía tener tres hijas. Cuando le pregunté sus edades, me dijo que el producto de estas era 36. Como no era información suficiente, añadió que la suma de las mismas era igual al número de su edificio. Aunque conocía ese número, seguía sin poder calcular las edades. Finalmente, me informó de que ayer fue el cumpleaños de su hija mayor. Con este dato, pude resolver el rompecabezas". El lector también puede resolverlo, aunque desconozca la suma.

→ Los hijos de cuatro familias juegan en un patio. El número de hijos de cada familia es diferente. El doctor Watson le dice a Sherlock Holmes que el número total de niños es inferior a 18, y le revela el producto del número de hijos de cada familia. No es suficiente para que Sherlock pueda deducir cuántos hijos corresponden a cada familia. Tiene que preguntarle a Watson el número de hijos de la familia menos numerosa y, con este dato, ya tiene información suficiente. El lector también podrá deducir la respuesta.

Solución

El juego se puede resumir de la siguiente manera: se produce una de varias situaciones posibles, y no sabemos cuál de ellas es. En esta solución, llamaremos *mundos* a las posibles situaciones. Sabemos, por el enunciado, que hay $M \leq 600$ mundos.

Etiquetamos los mundos posibles con enteros de 1 a M y calculamos los valores de todas las variables para cada mundo. Digamos que *val*[v][n] es el valor de la variable n en el mundo v. Hasta aquí es todo bastante rutinario.

Ahora nos encontramos con la principal dificultad del problema: ¿cómo representamos los datos de que disponen los hijos y el hechicero? Creo que este es el principal reto porque, si lo resolvemos correctamente, la implementación será bastante sencilla.

Imaginemos a un espectador del juego. Sabe qué mundos son posibles y el valor de cada variable en cada mundo. Además, puede observar que se ha revelado a los hijos alguna variable o la respuesta a alguna pregunta, aunque no tenga acceso al valor de la respuesta. Aunque el espectador desconoce la información que reciben los hijos, puede simular lo que ocurriría en cada mundo posible. También puede decir lo que haría cada hijo en cada mundo en particular.

El hechicero es independiente de los hijos. La información que recibe no influye en estos en modo alguno, ni beneficia al espectador. En concreto, el espectador puede ignorar las acciones **M** (un valor revelado al hechicero) y **Q** (el rey pregunta al hechicero). Además, las acciones **N**, **T** y **X** (un hijo hace una pregunta) solo se diferencian en la información que recibe el hechicero, lo que significa que son idénticas desde el punto de vista del espectador. Este detalle nos permite, en lo sucesivo, prescindir del hechicero y centrarnos en el modelado del mundo desde el punto de vista del espectador.

Un hijo puede recibir información de dos tipos: el valor de una variable (acción **S**) y la respuesta de otro hijo (acciones **T**, **N** o **X**, seguidas de un anuncio **A**). No hay que olvidar que, desde el punto de vista del espectador, ninguna de estas acciones restringen el conjunto de mundos posibles: el hijo que estemos valorando recibirá información fiable, posiblemente distinta en cada mundo. El espectador sabe, sin embargo, lo que ocurrirá en cada mundo en particular. Si asumimos que estamos en el mundo w y que un hijo conoce v_n, solo tendremos que evaluar, más adelante, aquellos mundos en los que v_n sea el mismo que en w. Ocurre algo similar cuando uno de los hijos recibe la respuesta de otro príncipe a una pregunta.

Podemos modelarlo con una relación $\sim_g$, que capture la "indiscernibilidad" para el hijo g. Decimos que los dos mundos v y w son indiscernibles ($v \sim_g w$) si, en el mundo número v, el hijo g cree que w es potencialmente posible. Hay que indicar que $\sim_g$ es una relación de equivalencia.

Incialmente, $\sim_g$ es una relación completa: solo tiene una clase de equivalencia que contiene a todos los mundos, ya que el hijo g no sabe nada y cree que todos ellos son posibles, independientemente de cuál sea el real. Sin embargo, las acciones de tipo **S** y **A** parten las clases de equivalencia en otras más pequeñas.

Vamos a considerar el razonamiento de los hijos, lo que nos llevará a actualizar la relación $\sim_g$. Por ejemplo, pensemos que tenemos n hijos, cada uno de los cuales tiene una corona de oro o plata, y conoce el tipo de corona que tienen los demás. La relación $\sim_g$ es la siguiente: para cada hijo, hay 2^{n-1} clases de equivalencia, constando cada una de dos mundos que se diferencia en el tipo de corona que está en la cabeza del hijo g.

Cada hijo sabe si algún otro tiene una corona de oro. Como resultado, la clase de equivalencia *todos los otros hijos tienen una corona de plata* se divide en dos, porque ahora el hijo g puede deducir el tipo de corona que hay en su propia cabeza.

Entonces, se le pregunta a cada hijo si sabe qué clase de corona hay en su cabeza. El hijo responderá *sí* únicamente si solo puede ver coronas de plata.

Después de **A** cada hijo conocerá las respuestas de los demás. Imaginemos que somos el príncipe g y que solo vemos una corona de oro. Desde nuestro punto de vista, y antes de descubrir las respuestas, son posibles los mundos v y w. Sin embargo, las respuestas nos permitirán deducir nuestro tipo de corona: si es de plata, quien tiene la de oro dirá *sí* y, en caso contrario, su respuesa será *no*. En otras palabras, la respuesta dada por el príncipe que porta la corona de oro nos permite diferenciar entre los mundos v y w. Por lo tanto, el nuevo dato parte las clases de equivalencia *vemos una corona de oro* en dos, $v \nsim_g w$. Las clases de equivalencia con más coronas de oro quedan intactas.

Nuevamente, preguntamos a cada hijo por el color de su corona. En esta ocasión, la respuesta será *sí* cuando vean, al menos, una corona de oro. Después de la acción **A**, al igual que antes, se dividirán las clases de equivalencia en las que haya dos coronas de oro a la vista. Y así sucesivamente: tras cada iteración de pregunta y comunicación, se irán rompiendo más y más clases de equivalencia.

Ahora vamos a generalizarlo. Cuando un hijo g descubre, digamos, la respuesta a la pregunta de otro de los hijos, iteramos por todas las clases de equivalencia de $\sim_g$. Para una clase que conste de los mundos $w_1, \ldots, w_k$, comprobamos qué repuesta recibiría el hijo en cada uno de ellos. Después, partimos la clase de equivalencia en dos más pequeñas, incluyendo en la primera los mundos donde la respuesta sea *sí* y en la segunda aquellos en los que sea *no*.

Pero, ¿cómo lo implementamos? Podemos hacerlo de la siguiente manera. Utilizamos un *array* de valores booleanos *válido*$[g][v][w]$. Establecemos *válido*$[g][v][w]$ como verdadero si $v \sim_g w$. Este método resulta en un tiempo de ejecución de $O(MV + APM^2)$.

También podemos ser más eficientes: en vez de un *array*, enumeramos las clases de equivalencia en *clase*$[g][v]$. Por lo tanto, $v \sim_g w$ si, y solo si, *clase*$[g][v] =$ *clase*$[g][w]$. La forma más sencilla es asumir qué *clase*$[g][v]$ es representante de la clase dada, es decir, *clase*$[g]$[*clase*$[g][v]$] es siempre igual a *clase*$[g][v]$.

¿Cómo implementaríamos las preguntas (**X** g n)? En primer lugar, digamos que R es el conjunto de los representantes de las clases, es decir, todos los valores de v tal que *clase*$[g][v]$ sea igual a v. Examinamos el valor de *val*$[v][n]$ para cada representante $v \in R$. Ahora, queremos encontrar aquellas clases de equivalencia en las que el valor de la variable n no sea ambiguo. En estos mundos el hijo g conoce el valor de n. Vamos a llamar W a este conjunto. Hablando formalmente, es el conjunto de representantes $v \in R$, de forma que, para cada w que satisfaga $v \sim_g w$, tenemos *val*$[v][n] =$ *val*$[w][n]$. Es posible calcular fácilmente el conjunto W en $O(M)$. Basta con examinar todos los mundos w y comprobar si *val*$[w][n]$ es igual a *val*$[$*clase*$[g][w]][n]$. En el mundo v el hijo responde *sí* cuando *clase*$[g][v] \in W$ y, en caso contrario, responde *no*. Almacenamos las respuestas en *respuesta*$[v][a]$, donde v es el índice del mundo y a el índice de la acción.

Las acciones **S** g n se gestionan de forma similar. Definimos un par (*clase*$[g][v]$, *val*$[v][n]$) para cada mundo v, y ordenamos todos los pares lexicográficamente en $O(M \log M)$. Después, podremos partir las clases en otras más pequeñas de forma que, en cada clase resultante, los valores *val*$[v][n]$ sean iguales. Las acciones **A** se ejecutan igual, salvo que utilizaremos *respuesta*$[v][a]$, en vez de *val*$[v][n]$, para todos los valores de a que correspondan con las nuevas respuestas.

Ahora ya sabemos simular el conocimiento de los hijos. El tratamiento del hechicero es bastante simple: basta con considerar S, el conjunto de *todos* los mundos que son coherentes con el conocimiento del hechicero. Inicialmente, $S = \{1, \ldots, M\}$, pero el conjunto puede ir perdiendo elementos después de cada acción de los tipos **M**, **T** o **N**. Las consultas del rey también se implementan con facilidad: basta con comprobar la respuesta para cada elemento de S y escribir todas las posibles. Por lo tanto, tendremos una solución que se ejecutará en tiempo $O(MV + APM \log M)$.

Epílogo

Creo que hay dos razones por las que el problema resulta interesante. En primer lugar, está basado en rompecabezas bien conocidos. Aunque los juegos de inducción son muy atractivos, aparecen raramente en concursos de programación. En segundo lugar, hemos tenido que implementar un lenguaje de programación básico, lo que tampoco es muy habitual. El lenguaje es muy sencillo pero, aun así, todos los rompecabezas que hemos mencionado en la introducción se pueden implementar utilizándolo, como caso especial de nuestro problema (obviamente, tendríamos que limitar los números del primero de ellos). Y, de hecho, todos esos rompecabezas han aparecido como casos de prueba utilizados para calificar a los concursantes.

MARCIN KUBICA

Es profesor ayudante en el Instituto de informática de la Universidad de Varsovia. Sus áreas de investigación se centran en la combinatoria y en los algoritmos de texto. Es secretario científico de la Olimpiada informática polaca. En el pasado, ha estado involucrado en la organización de numerosos concursos internacionales de programación, como la Olimpiada internacional de informática (2005), la Olimpiada informática centroeuropea (2004, 2011) y la Olimpiada informática báltica (2001, 2008). Ha sido miembro del Comité científico internacional de la Olimpiada internacional de informática, en los periodos 2003-2006 y 2007-2010.

/ **Chocolate**

Concurso: 10ª Olimpiada informática polaca
Autor: Marcin Kubica
Memoria: 32 MB
https://oi.edu.pl/en/archive/oi/10/cze

Tenemos una tableta de chocolate formada por $m \times n$ porciones cuadradas. Debemos dividirla en cuadrados individuales. La tableta se puede partir a lo largo de líneas verticales y horizontales, como indican las líneas discontinuas de la imagen. Un solo corte de una porción, a lo largo de una de las líneas verticales u horizontales, divide la misma en dos porciones más pequeñas. Cada división de una porción de chocolate implica un coste, expresado por un entero positivo. Este coste no depende del tamaño de la porción dividida, sino de la línea por la que lo partimos. Denominaremos los costes de corte de las líneas verticales consecutivas como $x_1, x_2, \ldots, x_{m-1}$ y los de las horizontales como $y_1, y_2, \ldots, y_{n-1}$. El coste de dividir la tableta completa en cuadrados individuales es la suma de todos los cortes sucesivos. El objetivo es calcular el coste mínimo de dividir toda la tableta en cuadrados individuales.

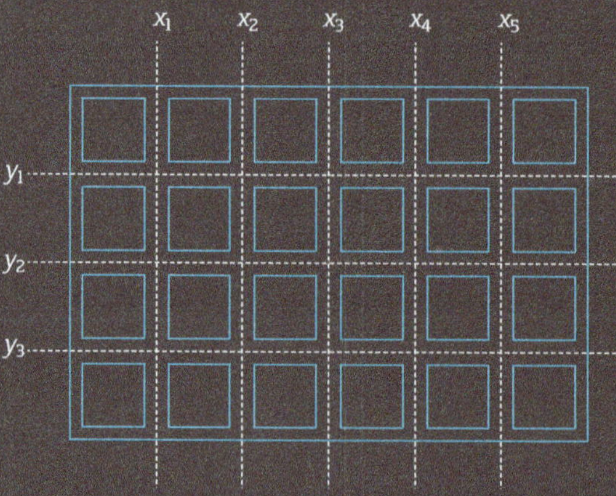

Por ejemplo, si partimos la tableta mostrada en la imagen comenzando por las líneas horizontales y, después, cada uno de los trozos resultantes por las líneas verticales, el coste de toda la operación será $y_1 + y_2 + y_3 + 4 \cdot (x_1 + x_2 + x_3 + x_4 + x_5)$.

Escribe un programa que:

→ lea los números $x_1, x_2, \ldots, x_{m-1}$ e $y_1, y_2, \ldots, y_{n-1}$,

→ calcule el coste mínimo de dividir toda la tableta en cuadrados individuales,

→ escriba el resultado en la salida.

Entrada

En la primera línea de la entrada hay dos enteros positivos, m y n ($2 \leq m, n \leq 1000$), separados por un espacio sencillo. En las $m - 1$ líneas sucesivas, encontramos los números $x_1, x_2, \ldots, x_{m-1}$, uno por línea ($1 \leq x_i \leq 1000$). En las $n - 1$ líneas sucesivas, están los números $y_1, y_2, \ldots, y_{n-1}$, uno por línea ($1 \leq y_i \leq 1000$).

Salida

La primera y única línea de la salida debe contener un único entero: el coste mínimo de dividir toda la tableta de chocolate en cuadrados individuales.

Ejemplo

Para los datos de entrada:

```
6  4
2
1
3
1
4
4
1
2
```

el resultado correcto es:

```
42
```

Los exámenes orales son agotadores, especialmente para quienes examinan. La mayoría de los estudiantes que decide realizar exámenes orales (para mejorar el resultado de un examen escrito anterior) pertenece a uno de dos grupos. El primero incluye a aquellos que suspenderán si no lo realizan. El otro está formado por estudiantes muy ambiciosos: los que están empeñados en lograr la mejor nota posible. Aunque las preguntas dirigidas a uno y otro grupo son diferentes, lo más normal es que el examinador se quede pronto sin ideas sobre preguntas originales.

Así ocurrió, en una ocasión, durante un examen oral para la asignatura *Introducción a la programación*. El plazo del examen estaba llegando a su fin, cuando se presentó un nuevo alumno. No estaba satisfecho con su notable y aspiraba al sobresaliente. Decidí proponerle una tarea sobre programación dinámica, en la que tendría que calcular algo para cada fragmento rectangular de un rectángulo dado. Un buen ejemplo de algo que es rectangular, a la par que delicioso, es una tableta de chocolate. ¿Pero qué podemos hacer con una tableta de chocolate? Obviamente, comerla, después de dividirla en trozos individuales. La pregunta de cuántas veces hay que partir una tableta para convertirla en trozos individuales es demasiado fácil pues, con cada división, el número de porciones aumenta en uno y el número final de estas es conocido (salvo que alguien se la esté comiendo mientras tanto). Debía aumentar, de alguna manera, la complejidad del problema. Dividir una tableta de chocolate en porciones más pequeñas se puede asociar a algún coste, dependiendo de la ubicación de la división. Un posible objetivo sería minimizar el coste total. Así es como surgió el problema *Chocolate*.

Solución

Cuando el estudiante comenzó a plantear una estrategia voraz para resolver el problema, comencé a escuchar con impaciencia. ¿Quizá, después de todo, no merecía el sobresaliente? El alumno debía demostrar que el algoritmo voraz era correcto. No era fácil, pues los casos y subcasos se multiplican constantemente. Finalmente, ambos llegamos a la misma conclusión: es posible demostrar que el algoritmo es correcto. Esta es la demostración.

La observación básica radica en que es mejor comenzar dividiendo la tableta por la líneas de mayor coste, para minimizar el número de divisiones por ellas. Para empezar, hay que darse cuenta de que el número total de cortes no depende del orden en que los realicemos, siempre es $n \cdot m - 1$. Este es un hecho bien conocido por todos los estudiosos del chocolate.

Si el número de cortes no depende de su orden, debemos realizarlos de forma que los cortes con costes altos sean los mínimos posibles. De forma intuitiva, se llega a la conclusión de que hay que comenzar realizando cortes en orden de coste decreciente. El siguiente lema demuestra esta intuición.

Lema 1. Existe una solución óptima en la que el coste de los cortes consecutivos no es creciente.

Demostración. Vamos a asumir que el lema es falso, y que

$$(p_1, p_2, \ldots, p_{n \cdot m - 1})$$

es una secuencia óptima de cortes con el número máximo de inversiones* de los costes de los cortes. Existen dos cortes consecutivos, p_i y p_{i+1}, tal que el coste de p_{i+1} es mayor que el coste de p_i. Si tienemos varios índices i, elegiremos el mayor. Los costes de los cortes $p_{i+1}, p_{i+2}, \ldots, p_{n \cdot m - 1}$ forman una secuencia no creciente. Hay varios casos posibles:

1. El corte p_{i+1} queda fuera de la porción de chocolate del corte p_i. En este caso, podemos intercambiar los cortes p_i y p_{i+1}, conservando la solución óptima. Sin embargo, la secuencia de costes de los cortes

$$(p_1, \ldots, p_{i-1}, p_{i+1}, p_i, p_{i+2}, \ldots, p_{n \cdot m - 1})$$

tiene más inversiones que la solución original. Esto no es posible, porque es un caso que no se podría dar.

2. El corte p_{i+1} está dentro de la porción de chocolate del corte p_i y ambos son paralelos. Igualmente, podemos intercambiar los cortes p_i y p_{i+1}, obteniendo una secuencia de cortes óptima, pero con más inversiones, lo que es una contradicción. Este caso tampoco es posible.

3. El corte p_{i+1} está dentro de la porción de chocolate del corte p_i y ambos son ortogonales entre ellos. Esta situación aparece en la figura de la siguiente página. Entre los cortes que sigan, debe haber uno, o más, a lo largo de la línea discontinua. El número de esos cortes depende del número de cortes $q_1, \ldots, q_k$ que cruzan esa línea discontinua.

---

*El número de inversiones de una secuencia $(x_1, x_2, \ldots, x_k)$ es el número de pares (i, j) tal que $i < j$ y $x_i > x_j$.

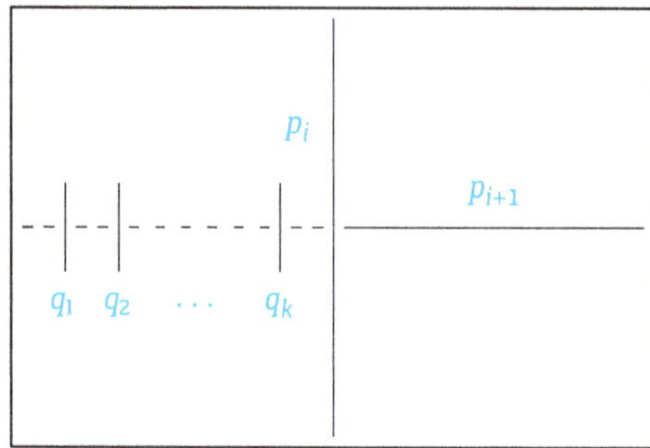

Vamos a considerar una forma ligeramente distinta de dividir el chocolate. Sustituimos los cortes p_i, p_{i+1} y aquellos a lo largo de la línea discontinua por los cortes r_1, r_2 y r_3, como muestra la siguiente figura. Además, sustituimos los cortes $q_1, \ldots, q_k$ por $q_1', q_1'', \ldots, q_k', q_k''$.

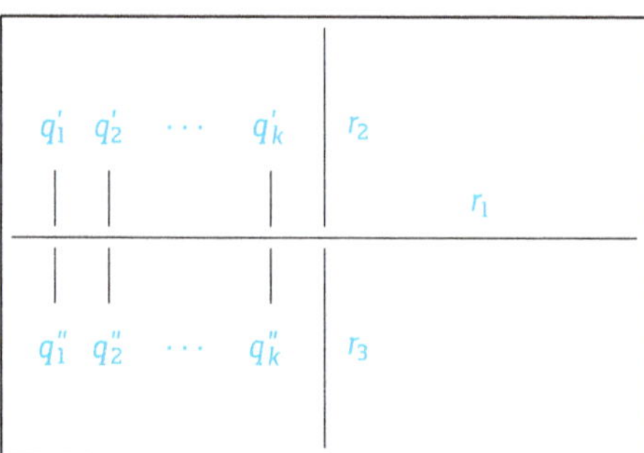

¿En cuánto varía el coste total de los cortes? Cada uno de los cortes $p_i, q_1, \ldots, q_k$ es sustituido por otros dos del mismo coste, y hay $k + 2$ cortes con el mismo coste que p_{i+1} que son sustituidos por uno de ellos. Sabemos que los costes de los cortes $q_1, \ldots, q_k$ no son mayores que el de p_{i+1}. Como el coste de p_{i+1} es mayor que el de p_i, obtendríamos una solución mejor que la óptima. Como esto no es posible, este caso es inviable.

La asunción de que el lema es falso nos lleva a una contradicción. Por lo tanto, el lema es cierto. $\qquad\square$

Hemos mostrado que existe una solución óptima en la que los costes de los cortes consecutivos forman una secuencia no creciente. Pero, ¿es esto suficiente para ordenar los costes de forma que obtengamos la solución óptima? El siguiente lema afirma que es así.

Lema 2. Todas las formas de dividir la tableta de chocolate, en las que los costes de los cortes consecutivos formen una secuencia no creciente, tienen el mismo coste total.

Demostración. La demostración se realiza por inducción sobre el tamaño de la tableta de chocolate. Si la tableta de chocolate consta de un solo trozo independiente, solo existe una forma (vacía) de dividirla, por lo que el lema se verifica.

Vamos a asumir que la tableta es más grande. Tomemos en consideración todas las líneas de corte de coste máximo. Comenzamos dividiendo las porciones según estas líneas. Vamos a asumir, también, que hay k líneas verticales y l horizontales de este tipo. Dividen la tableta de chocolate en $(k+1) \cdot (l+1)$ tabletas de chocolate rectangulares más pequeñas.

De momento, vamos a tratar estas tabletas más pequeñas como porciones independientes. Esto se corresponde con una tableta de $(k+1) \times (l+1)$ con igual coste en todas las líneas de corte. Por lo tanto, cualquier forma de dividir una tableta así tiene el mismo coste total y necesita $(k+1) \cdot (l+1) - 1$ divisiones.

Observamos ahora que cada forma de trocear la tableta de chocolate, con costes de cortes consecutivos no crecientes, consiste en cortes de costes máximos aumentados con las formas de dividir el resto de tabletas más pequeñas. Como asunción inductiva, para cada una de las tabletas más pequeñas, cada forma de división con cortes consecutivos de costes no crecientes tiene el mismo coste total. En conclusión, cada forma de dividir la tableta completa, con cortes consecutivos de costes no crecientes, tiene el mismo coste total. $\square$

El siguiente teorema es consecuencia directa de los lemas 1 y 2:

Teorema. Dividir el chocolate mediante cortes a la tableta completa y a lo largo de líneas de costes no crecientes resulta en una forma óptima de división.

Según este teorema, la tarea se puede resolver mediante una técnica voraz. En primer lugar, ordenamos las líneas de corte de acuerdo a sus costes, recordando cuáles son verticales y cuáles son horizontales. Después troceamos la tableta según las líneas con costes no crecientes. No es necesario recordar el estado exacto de la tableta. Nos basta con saber el número de líneas verticales y horizontales que ya hemos utilizado. El coste de cortar toda la tableta es igual al coste de cortar a lo largo de la línea dada multiplicado por el número de cortes ortogonales (más uno) realizados hasta el momento. Este es el pseudocódigo de la solución:

```
Algoritmo Chocolate((x_1, ..., x_{m-1}), (y_1, ..., y_{n-1}))
    líneas := ((x_1, verdadero), ..., (x_{m-1}, verdadero),
                (y_1, falso), ..., (y_{n-1}, falso))
    ordenar líneas en orden no creciente, según el primer elemento de los pares
    coste := 0
    vertical := 1; horizontal := 1
    para (w, d) en líneas hacer
        si d entonces
            coste := coste + horizontal · w
            vertical := vertical + 1
        si no
            coste := coste + vertical · w
            horizontal := horizontal + 1
    devolver coste
```

La complejidad de tiempo del algoritmo está dominada por el coste de ordenación. En la tarea presentada en la Olimpiada, los costes de corte eran enteros entre 1 y 1000. Esto nos permite utilizar la ordenación por cuentas y lograr una complejidad de tiempo de $\Theta(n + m)$. Sin esa restricción, la complejidad de la solución es de $\Theta((n + m)\log(n + m))$.

La solución presentada es mucho más sencilla que la demostración de su validez. Además, la estrategia voraz es intuitiva y directa. Por ello, no es ninguna sorpresa que muchos concursantes la utilizasen sin verificar su demostración. La tarea resultó ser relativamente sencilla, con un 71% de concursantes que recibieron la puntuación máxima, y demostraron ser más inteligentes que el autor durante el examen oral del que hemos hablado antes. En cuanto al estudiante mencionado, que debía justificar la validez de la estrategia voraz, podemos decir que, efectivamente, merecía una calificación final de sobresaliente.

/**Sumas** *de Fibonacci*

Concurso: 12ª Olimpiada informática polaca
Autor: Marcin Kubica
Memoria: 32 MB
https://oi.edu.pl/en/archive/oi/12/sum

La Sucesión de Fibonacci está formada por una secuencia de enteros que se define como: $Fib_0 = 1$, $Fib_1 = 1$, $Fib_i = Fib_{i-2} + Fib_{i-1}$ (para $i \geq 2$). Sus primeros términos son: 1, 1, 2, 3, 5, 8, …

El gran informático Byteasar está construyendo un ordenador poco común, en el que los números se representan según un *sistema de Fibonacci*: es decir, una cadena de bits $(b_1, b_2, \ldots, b_n)$ indica el número $b_1 \cdot Fib_1 + b_2 \cdot Fib_2 + \cdots + b_n \cdot Fib_n$. Hay que indicar que no hemos utilizado Fib_0. Por desgracia, una representación así resulta ambigua o, dicho de otra forma, el mismo número puede tener diferentes representaciones. Como ejemplo, el número 42 se puede escribir como: (0, 0, 0, 0, 1, 0, 0, 1), (0, 0, 0, 0, 1, 1, 1, 0) o (1, 1, 0, 1, 0, 1, 1). Por esta razón, Byteasar se ha impuesto la restricción de utilizar únicamente representaciones que cumplan con las siguientes características:

→ si $n > 1$ entonces $b_n = 1$, es decir, la representación de un número no contiene ceros al principio,

→ si $b_i = 1$ entonces $b_{i+1} = 0$ (para $i = 1, \ldots, n-1$), es decir, la representación de un número no contiene dos (o más) unos consecutivos.

La construcción del ordenador está resultando más complicada de lo que había imaginado Byteasar. Tiene problemas para implementar la suma y necesita ayuda.

Tarea

Escribe un programa que:

→ lea de la entrada las representaciones de dos enteros positivos,

→ calcule y escriba en la salida la representación de su suma.

Entrada

La entrada contiene las representaciones de Fibonacci (que cumplen las condiciones anteriores) de dos enteros positivos x e y, el primero en una línea y el segundo en otra. Cada una de estas representaciones tiene la forma de una secuencia de enteros no negativos, separados por espacios sencillos. El primer número de la línea indica la longitud n de la representación ($1 \leq n \leq 1.000.000$). Está seguido por n ceros y/o unos.

Salida

En la primera y única línea de la salida, el programa debe escribir la representación de Fibonacci (que satisfaga las condiciones ya mencionadas) de la suma $x + y$. La representación debe tener la forma de una secuencia de enteros no negativos, separados por espacios sencillos, igual que se describe en la sección *Entrada*. El primer número de la línea indica la longitud n de la representación. Estará seguido de n ceros y/o unos.

Ejemplo

Para los datos de entrada:

```
4 0 1 0 1
5 0 1 0 0 1
```

el resultado correcto es:

```
6 1 0 1 0 0 1
```

/ Solución

Cuando trabajas hasta bien entrada la noche y se te ocurre alguna idea, lo normal es que no te parezca igual de interesante por la mañana. Esto es lo que ocurrió una noche antes de un examen escrito sobre *Introducción a la programación*. En mi lucha contra el sueño, había decidido preparar una tarea sencilla. Lo que se me ocurrió fue la suma de enteros representados en el sistema de Zeckendorf.

Resulta que me esperaban varias sorpresas con esta tarea. La primera fue que ningún estudiante logró terminar el examen en el tiempo establecido. La segunda fue que, incluso los mejores estudiantes (entre los que había campeones de ediciones pasadas de la Olimpiada internacional de informática), se quejaron de su dificultad. Pero la mayor sorpresa de todas se produjo cuando los alumnos me preguntaron sobre la solución en tiempo lineal del problema, y me di cuenta en ese momento de que no era tan fácil como me había parecido la noche anterior. Después de un par de semanas, pensé que podría resolverla. Por desgracia, los estudiantes más curiosos me desengañaron. Pasados dos meses, Jacek Chrząszcz, con quien impartía un tutorial sobre *Introducción a la programación*, me ayudó a hallar una solución en tiempo lineal para la cuestión. Había llegado el momento de convertir el fracaso inicial en un éxito, y la tarea pasó a utilizarse en la segunda fase de la 12ª Olimpiada informática polaca.

Pero las sorpresas no habían terminado. Durante la preparación del presente texto, Tomasz Idziaszek se dio cuenta de que era posible simplificar mi solución. Los resultados fueron un algoritmo más sencillo y una demostración más elegante de su validez que los incluidos en el *Libro azul*, que contiene análisis de las tareas de la Olimpiada*.

Sistema de Zeckendorf

Antes de ver la solución en tiempo lineal de la tarea, vamos a fijarnos en el sistema de Zeckendorf. Aparecía en el enunciado del problema bajo el nombre de *sistema de Fibonacci*. Este sistema es un divertimento matemático sin aplicación práctica, pues su implementación de operaciones aritméticas es más complejo y menos eficiente que el del sistema binario clásico.

---

*Lamentablemente, el *Libro azul* solo está disponible en polaco.

Para empezar, vamos a asegurarnos de que este sistema es correcto posicionalmente y no tiene ambiguedades, es decir, que cada entero tiene, exactamente, una representación en el mismo. Denominaremos $(b_k b_{k-1} \ldots b_1)_{Fib}$ a la suma $\sum_{i=1}^{k} b_i \cdot Fib_i$. Ahora digamos que x es cualquier entero no negativo. Podemos transformarlo en el sistema de Zeckendorf de la siguiente manera:

1. Si $x \leq 1$, entonces la representación consta de un solo dígito: $x_{Fib} = x$.
2. Si $x > 1$, entonces Fib_k será el término de la Sucesión de Fibonacci más grande que no sea mayor que x. La representación de x consta de k dígitos donde el más significativo es $b_k = \lfloor x/Fib_k \rfloor$. El resto de dígitos $b_{k-1}, \ldots, b_1$ forma una representación de $x - b_k \cdot Fib_k$, completada con algunos ceros al principio, si es necesario.

Vamos a comprobar que este algoritmo es correcto: eso significa que, para cada entero positivo, produce un resultado que satisface las condiciones que acabamos de establecer.

Lema 1. Para cualquier entero positivo x, el algoritmo anterior genera una secuencia de k dígitos 0 y 1, tal que:

(a) $(b_k b_{b-1} \ldots b_1)_{Fib} = x$,

(b) $b_k = 1$,

(c)   si $b_i = 1$, entonces $b_{i+1} = 0$ (para $i = 1, \ldots, k - 1$).

Demostración. Es evidente que la representación generada por el algoritmo satisface la condición (a). La demostración de las otras dos condiciones la hallaramos por inducción sobre x. Para $x \leq 2$ es fácil verificar que el lema sigue siendo correcto.

Asumimos que $x > 2$ y que el lema es válido para valores menores que x. El término de la Sucesión de Fibonacci más grande que no supera a x es Fib_k, por lo que:

$$Fib_k \leq x < Fib_{k+1} = Fib_{k-1} + Fib_k,$$

y:

$$x - Fib_k < Fib_{k-1}.$$

Por lo tanto, $b_k \leq 1$ (ya que $Fib_{k-1} < Fib_k$). Por la construcción del algoritmo, sabemos que $b_k \geq 1$. Con ello hemos obtenido la condición (b). Estas desigualdades también implican que $b_{k-1} = 0$ y la representación de $x - Fib_k$ consta de un máximo de $k-2$ dígitos. Por la asunción de la inducción hallamos que la secuencia de dígitos $b_k, \ldots, b_1$ satisface la condición (c). Más aún, todos los dígitos generados son ceros y unos. $\qquad\square$

Llamamos *correctas* a aquellas representaciones que satisfacen las condiciones del Lema 1. Ahora veremos que las representaciones en el sistema de Zeckendorf no son ambiguas.

Lema 2 (Zeckendorf). Para cada entero positivo x, existe exactamente una representación correcta de x en el sistema de Zeckendorf.

Demostración. Digamos que x es cualquier entero positivo tal que $x < Fib_{k+1}$. Su representación puede tener un máximo de k dígitos (es decir, $b_i = 0$ para $i > k$). Vamos a contar el número de representaciones correctas de longitud máxima k, denominadas f_k. Como 1_{Fib} es la única representación correcta de un dígito, tenemos que $f_0 = 0$ y $f_1 = 1$.

Para contar las representaciones correctas de longitud máxima k (para $k \geq 2$), debemos sumar el número de representaciones correctas de longitud k al número de las que tienen una longitud máxima de $k - 1$. Si una representación $b_k, \dots, b_1$ comienza con $b_k = 1$, entonces, por la condición (c), $b_{k-1} = 0$ y $b_{k-2}, \dots, b_1$ puede ser cualquier representación correcta de longitud máxima $k - 2$ extendida con el número necesario de ceros al principio, o una secuencia de ceros. Así, obtenemos:

$$f_k = f_{k-1} + f_{k-2} + 1.$$

Se puede demostrar, por inducción simple, que:

$$f_k = Fib_{k+1} - 1.$$

De hecho, la verificación es sencilla para $k \leq 1$. Si la ecuación anterior es cierta para todos los índices menores que k, entonces:

$$f_k = f_{k-1} + f_{k-2} + 1 = Fib_k - 1 + Fib_{k-1} - 1 + 1 = Fib_k + Fib_{k-1} - 1 = Fib_{k+1} - 1.$$

Como cada entero positivo menor que Fib_{k+1} (y hay $Fib_{k+1} - 1$ de esos enteros) tiene una representación correcta de longitud máxima k (y también hay $Fib_{k+1} - 1$ de esas representaciones), cada uno de los enteros tiene una representación no ambigua.

Algoritmo de sumas sencillo

La forma más sencilla de sumar números en el sistema de Zeckendorf, es sumar los términos de la Sucesión de Fibonacci que correponden a unos en la representación de uno de los números a la representación del otro número. Para sumar Fib_i a la representación de x, comenzamos incrementando el i-ésimo dígito en 1. Como resultado, obtenemos:

→ una representación correcta,

→ una representación que contiene dos o tres unos consecutivos,

→ una representación que contiene a 2 rodeado de ceros.

Si la representación obtenida no es válida, usamos las siguientes transformaciones.

Eliminación de un 2. Si el resultado contiene un dígito 2, lo eliminamos aplicando las siguientes identidades, comenzando desde los dígitos más significativos:

$$x0200y_{Fib} = x1001y_{Fib} \tag{1}$$

$$x0201y_{Fib} = x1002y_{Fib} \tag{2}$$

$$x020_{Fib} = x101_{Fib} \tag{3}$$

$$x02_{Fib} = x10_{Fib} \tag{4}$$

Vemos que el dígito 2 no desaparece en la identidad (2), sino que es desplazado a la derecha. Sin embargo, al aplicar las identidades mencionadas desde los dígitos más a menos significativos, es eliminado en uno de los pasos siguientes. Merece la pena indicar que un 2 recién creado también está rodeado de ceros (o es el último dígito de la representación), ya que el 1 en esta posición, antes de la transformación, también estaba rodeados de ceros (o era el último dígito). El proceso completo consume tiempo lineal. Por último, obtenemos una representación que no contiene ningún 2, pero puede incluir algunos unos consecutivos.

Eliminación de unos consecutivos. Podemos eliminar los unos consecutivos aplicando las siguientes identidades, comenzando en el dígito menos significativo:

$$x0\underbrace{11\ldots11}_{2l\ \text{dígitos}}y_{Fib} = x\underbrace{10\ldots10}_{2l\ \text{dígitos}}0y_{Fib}$$

$$x0\underbrace{11\ldots11}_{2l+1\ \text{dígitos}}y_{Fib} = x\underbrace{10\ldots10}_{2l\ \text{dígitos}}01y_{Fib}$$

La transformación completa utiliza tiempo lineal.

Por lo tanto, el coste-tiempo de sumar Fib_i y un número representado en el sistema de Zeckendorf también es lineal. Así, la suma de dos enteros tiene una complejidad de tiempo total cuadrática.

Algoritmo de suma eficiente

Un algoritmo de suma eficiente en el sistema de Zeckendorf es más complejo. Comenzamos con la suma de los dígitos correspondientes de los dos sumandos. Como resultado, obtenemos una representación que:

→ puede contener ceros, unos y doses,

→ permite que haya unos consecutivos,

→ limita que los doses estén rodeados solo de ceros.

Nuevamente, una representación así se puede transformar en otra correcta en dos pasos. En el primero, eliminamos los doses en tiempo lineal. En el segundo, podemos eliminar los unos consecutivos como hemos visto en la sección anterior.

Eliminación de doses. En primer lugar, vamos a transformar la representación de forma que satisfaga la siguiente condición:

$$a \text{ la izquierda de cada 2 hay un 0,}$$
$$a \text{ la derecha de cada 2 hay un 1 o una secuencia } 02y_{Fib}. \qquad (*)$$

Resulta que podemos lograr este resultado si aplicamos las identidades (1)–(4) y:

$$x012y_{Fib} = x101y_{Fib} \qquad (5)$$

comenzando por los dígitos más significativos.

Para demostrar la validez de esta tranformación, debemos fijarnos en que, inicialmente, cada 2 está rodeado por ceros, por lo que se satisface la primera parte de $(*)$. La única indentidad que podría incumplir es (1), pero eso significaría que y comienza con un 2 y será eliminada en el siguiente paso por (5).

Vamos a centrarnos en el 2 más significativo, que no satisface la segunda parte de la condición $(*)$. Está seguido por $00y_{Fib}$, $01y_{Fib}$, 0_{Fib} o es uno de los dígitos menos significativos de la representación. Cada uno de estos se corresponde con una de las identidades (1)–(4). Recordemos que las identidades (1), (3) y (4) eliminan doses, mientras que la (2) los desplaza a la derecha. En este último caso, el dígito 2 será transformado en el siguiente paso, o y comienza por 1 y el 2 no incumplirá la condición $(*)$.

Además, ninguna de las identidades aplicadas incumple la segunda parte de la condición $(*)$, porque si x termina en 2, puede ir seguido por secuencias de las formas $02y'_{Fib}$ o $1y'_{Fib}$. El único caso que nos quedao por considerar es aquel en el que aplicamos (1) e y comienza por 2. Pero, de ser así, este 2 será eliminado en el siguiente paso, al aplicar la identidad (5).

Ya estamos listos para eliminar los doses restantes. Aplicamos la siguiente identidad, explorando la representación desde el dígito menos significativo:

$$x021y_{Fib} = x110y_{Fib} \qquad (6)$$

La condición ($*$) garantiza que podemos aplicar la identidad (6) al 2 menos significativo de la representación. Además, esta identidad conserva la condición ($*$), la justificación en el caso de que x termine en 2 es la misma que ya hemos visto antes.

Así, finalmente, se han eliminado todos los doses. Ya solo resta, para obtener una representación correcta, aplicar la eliminación de los unos consecutivos, que hemos descrito antes. Por lo tanto, el algoritmo de suma de dos enteros en el sistema de Zeckendorf se ejecuta en tiempo lineal.

TOMASZ KULCZYŃSKI

En la actualidad cursa un máster en informática en la
Facultad de matemáticas, informática y mecánica de la
Universidad de Varsovia, y participa en todo tipo de
concursos de programación. Ganó la Olimpiada
internacional de informática de 2007 y la Olimpiada
informática báltica en 2006. Ha sido merecedor de más de
diez medallas en olimpiadas polacas e internacionales para
estudiandes de secundaria, tanto en el ámbito de la
informática como de las matemáticas. Ha logrado
excelentes clasificaciones en concursos de TopCoder
(donde ha sido cinco veces finalista), así como en Google
Code Jam 2006 y Facebook Hacker Cup en 2011 y 2012.
Junto a su equipo, ha ganado el Concurso universitario de
programación polaco en tres ocasiones y el Concurso
regional centroeuropeo del ACM-ICPC en dos. También ha
representado a la Universidad de Varsovia en las finales
mundiales del ACM-ICPC en 2011 y 2012 (formando equipo
con Jakub Pachocki y Wojciech Śmietanka).
Además, es un apasionado del billar, de resolver
rompecabezas y de disfrutar corriendo y jugando al fútbol.

/ La búsqueda

Concurso: 16ª Olimpiada informática polaca
Autor: Tomasz Kulczyński
Memoria: 32 MB
https://oi.edu.pl/en/archive/oi/16/pos

Los jóvenes Bytie y Byteen están en serios problemas. El malvado hechicero Bitter, sabiendo que están profundamente enamorados, ha secuestrado a Byteen para pedir un rescate. Lo que Bitter no sabe es que, aunque Bytie está decidido a recuperar a Byteen, no tiene dinero para afrontar el pago del rescate. Casi sin opciones, Bytie ha desafiado a Bitter para lograr la vuelta de Byteen. Bitter rechaza la violencia, pero su ambición le ha hecho proponer la siguiente solución. Si el chico es capaz de adivinar en qué planta está prisionera la chica, el hechicero la dejará en libertad.

La torre del hechicero tiene muchas plantas, numeradas de 1 a n. Bytie solo puede obtener información haciendo preguntas a Bitter de la siguiente manera: "¿está Byteen por encima/debajo de la planta número x?" Evidentemente, Bytie puede elegir el número x arbitrariamente, así como las palabras "encima" o "debajo". Bitter ha prometido responder a esas preguntas con la verdad, pero pide una recompensa. El hechicero cobra a dólares byteanos por cada pregunta respondida con un SÍ y b dólares byteanos sí la respuesta es NO. Además, se niega a responder a cualquier otro tipo de pregunta.

Bytie medita sobre qué preguntas debe realizar. Evidentemente, le gustaría gastar la menor cantidad de dinero posible. Para ser más exactos: si, en algún punto de la conversación, es posible deducir que, a partir de ese momento y con independencia de las respuestas de Bitter, Bytie puede adivinar la ubicación de Byteen sin gastar más de K dólares byteanos, Bytie no estará dispuesto a aportar más dinero durante el resto de la conversación. Ayuda a Bytie a hallar la solución correcta.

Comunicación

Debes implementar un programa que resuelva el problema de Bytie utilizando una biblioteca que simula al malvado hechicero Bitter. La biblioteca cuenta con tres funciones:

→ void inicjuj(int $*n$, int $*a$, int $*b$) (*inicializar* en polaco)—devuelve el número de plantas n y los costes a y b. Debe ser invocada una vez, al princpio de la ejecución del programa.

→ int pytaj(char *c*, int *x*) (*pregunta* en polaco)—el carácter *c* indica el tipo de pregunta (W para "encima" o N para "debajo"), mientras que *x* es el número de planta. Devuelve la respuesta booleana a la pregunta (0 = falso, 1 = verdadero). El programa puede llamar a esta función un número arbitrario de veces.

→ void odpowiedz(int *w*) (*respuesta* en polaco)—con esta función indicaremos en qué planta se encuentra Byteen. Debe ser invocada una sola vez. La llamada terminará la ejecución de programa.

El programa no puede abrir archivos ni puede utilizar la entrada o la salida.

Límites

Puedes asumir que $1 \leq n \leq 10^9$ y $1 \leq a, b \leq 10.000$.

Ejecución de ejemplo de un programa

LLAMADA A FUNCIÓN	VALORES DEVUELTOS Y EXPLICACIÓN
inicjuj(&*n*,&*a*,&*b*);	En adelante, $n = 5, a = 1, b = 2$.
pytaj('W',3);	La respuesta es 0. Has preguntado si Byteen está por encima de la tercera planta. La respuesta recibida es NO, por la que pagas 2 dólares byteanos.
pytaj('N',2);	La respuesta es 0. Has preguntado si Byteen está por debajo de la segunda planta. La respuesta recibida es NO, por la que pagas 2 dólares byteanos más.
pytaj('W',2);	La respuesta es 1. Has preguntado si Byteen está por encima de la segunda planta. La respuesta recibida es SÍ, por la que pagas 1 dólar byteano.
odpowiedz(3);	Has afirmado que Byteen está en la tercera planta y es correcto. Has gastado 5 dólares byteanos en total.

La interacción anterior es correcta, pero no es óptima. Por lo tanto, el programa no recibirá ningún punto por esta prueba. En particular, para $n = 5, a = 1, b = 2$, un programa bien escrito puede hacer las preguntas de forma que nunca tenga que pagar más de 4 dólares byteanos.

/ Solución

Decidí escribir sobre esta tarea, de la que soy autor, debido a un audaz truco presente en la solución de referencia. La idea consiste en invertir la pregunta del enunciado del problema. La tarea fue creada durante la Olimpiada internacional de informática de 2008, mientras entrenaba, junto a Jakub Radoszewski, al equipo polaco. Nuestras largas conversaciones durante las calurosas noches egipcias se sustanciaron en varios problemas, uno de los cuales es *La búsqueda*.

Parecido a la búsqueda binaria

El enunciado de esta tarea nos recuerda a la búsqueda binaria. La asociación resulta natural, ya que la búsqueda binaria sería la técnica óptima de resolverla si el coste de cada pregunta fuese igual a 1. También es óptima si $a = b$, con un coste en la búsqueda de Byteen igual a $a \cdot \lceil \log n \rceil$. En el caso general, el coste de la búsqueda binaria es bastante más pesimista, siendo de $\max(a, b) \cdot \lceil \log n \rceil$. Podemos ver claramente que, para $a \neq b$ y valores grandes de n, no es un método óptimo. Las preguntas se deben realizar sobre un punto que depende de a y b, más que del centro del intervalo, para compensar la diferencia en el coste de las dos preguntas. No es fácil determinar el punto, motivo por el que utilizaremos programación dinámica.

La primera solución

La primera solución trata de resolver directamente el problema mediante el cálculo, para cada entero positivo k, del coste del peor caso mínimo de buscar a Byteen en un intervalo consistente en k plantas. Evidentemente, este coste no depende de dónde se encuentren las plantas dentro de la torre completa, sino solo de su número k. En lo sucesivo, denominaremos $t[k]$ a este coste.

Calcularemos los valores $t[k]$ en orden de k creciente utilizando programación dinámica. Evidentemente, $t[1] = 0$. Si $k > 1$, necesitaremos al menos una pregunta para encontrar a Byteen. Asumimos que la primera pregunta es si Byteen se encuentra por debajo de la planta $p + 1$ de las existentes ($1 \leq p < k$). Si la respuesta de Bitter es positiva, Bytie gastará a y continuará su búsqueda en un intervalo consistente en las p primeras plantas. En caso contrario, Bytie gastará b y la longitud del nuevo intervalo será de $k - p$. En ambos casos, habremos utilizado toda la información obtenida de una sola respuesta de Bitter para llegar a una conclusión sobre la ubicación de Byteen.

Asumiremos que, durante el resto de la conversación, Bytie realizará preguntas en una forma que minimizará el coste total. Así, en caso de una respuesta positiva a la primera pregunta, Bytie gastará un total de $a + t[p]$. En caso contrario, el coste será de $b + t[k - p]$. El coste más pesimista es el máximo de los dos valores.

Debemos darnos cuenta de que las preguntas:

→ "¿Se encuentra Byteen por encima de la planta p?"

→ "¿Se encuentra Byteen por debajo de la planta $k - p + 1$?"

no se diferencian entre sí, teniendo en cuenta las longitudes de los intervalos que hemos obtenido tras la respuesta de Bitter (igual a $k - p$ y p) y los costes de la primera pregunta (a y b, respectivamente). Por eso resulta suficiente emplear uno de los tipos de pregunta. Para calcular $t[k]$ solo debemos elegir un valor para p tal que el coste de hallar a Byteen con la primera pregunta, como hemos visto antes, sea mínimo. Tenemos:

$$t[k] = \min_{1 \le p < k} \{\, \max(a + t[p], b + t[k - p])\}.$$

También almacenaremos el valor de p que minimice el coste y lo llamaremos $p[k]$, de forma que:

$$t[k] = \max(a + t[p[k]], b + t[k - p[k]]).$$

De esta forma podemos hallar todos los valores de $t[k]$ y $p[k]$ para $k = 1, 2, \ldots, n$ en tiempo $O(n^2)$, con un uso de espacio de $O(n)$. Después de este cálculo previo, el proceso de las preguntas es fácil de implementar: en cada paso, si tenemos un intervalo que conste de k plantas (con $k > 1$), la siguiente pregunta debe ser: "¿Se encuentra Byteen por debajo de la planta $p[k] + 1$ en este intervalo?" El tiempo total de la fase de conversación es $O(n)$.

Solución de referencia

Vamos a invertir el problema. En vez de hallar los costes óptimos de ubicar a Byteen en un intervalo de plantas, vamos a hallar el número máximo de plantas, para cada coste c, en un intervalo en el que se pueda encontrar a Byteen por un coste máximo de c. Denominaremos este número de plantas como $Q[c]$.

En primer lugar, observamos que $Q[0] = 1$. Por simplicidad, asumimos que, para $c < 0$, tenemos $Q[c] = -\infty$. En adelante, consideraremos que $c > 0$. Asumimos que ya hemos limitado la búsqueda a un intervalo de $Q[c]$ plantas y queremos realizar la siguiente pregunta. La respuesta que recibamos divide el intervalo en dos más cortos. Ahora debemos hallar a Byteen en uno de ellos, con costes máximos de $c - a$ o $c - b$, respectivamente. La longitud máxima de los intervalos deberá ser de $Q[c - a]$ y $Q[c - b]$, también respectivamente. Esto nos lleva a la fórmula

$$Q[c] = \text{máx}(Q[c - a] + Q[c - b], 1)$$

con la que podemos calcular $Q[c]$ mediante programación dinámica.

Para realizar la pregunta adecuada, tenemos que hallar el coste mínimo w, tal que $Q[w - 1] < n \leq Q[w]$. Este será el gasto que realizaremos en el peor caso. Vamos a establecer que $n_0 = n$, $w_0 = w$. La intención de cada pregunta será la de dividir el intervalo de longitud

$$n_i \leq Q[w_i] = Q[w_i - a] + Q[w_i - b]$$

en dos intervalos de longitud $Q[w_i - a]$ (que consideraremos si la respuesta es positiva) y $n_i - Q[w_i - a] \leq Q[w_i - b]$ (en el caso contrario). Entonces, o gastamos a y buscamos en un intervalo de longitud $n_{i+1} = Q[w_i - a]$, o gastamos b y buscamos en otro invervalo de longitud $n_{i+1} \leq Q[w_i - b]$. En ambos casos, el coste máximo total será de w_i.

Sin embargo, debemos recordar que, en caso de una respuesta negativa, $w' = w_i - b$ no es, necesariamente, la w' más pequeña tal que $Q[w'] \geq n_{i+1}$. Es posible que w_{i+1} sea todavía más pequeña:

$$w_{i+1} = \text{mín}\{j : j \leq w' \wedge Q[j] \geq n_{i+1}\}.$$

La necesidad de memorizar este dato viene del hecho de que buscamos ahorrar lo máximo posible en cada paso.

Esta solución tiene una complejidad de tiempo de $Q(w)$. En primer lugar, por cada $i \leq w$, tenemos que calcular $Q[i]$, en orden creciente de i, para hallar la propia w. Después, tenemos que recorrer los valores una vez más, mientras realizamos preguntas en orden decreciente de i.

Algoritmo Búsqueda

inicjuj(*n*, *a*, *b*) {inicializar}

$Q[0] := 1$

$w := 0$

mientras $Q[w] < n$ **hacer**

    $w := w + 1$

    si $w < $ máx(a, b) **entonces**

        $Q[w] := 1$

    si no

        $Q[w] := Q[w - a] + Q[w - b]$

debajo $:= 1$; *encima* $:= n$

mientras *debajo* $<$ *encima* **hacer**

    mientras $Q[w - 1] \geq$ *encima* $-$ *debajo* $+ 1$ **hacer**

        $w := w - 1$

    si *pytaj*($'$N$'$, *debajo* $+ Q[w - a]$) **entonces** {pregunta}

        encima $:= $ *debajo* $+ Q[w - a] - 1$

        $w := w - a$

    si no

        debajo $:= $ *debajo* $+ Q[w - a]$

        $w := w - b$

odpowiedz(*debajo*) {respuesta}

Para calcular adecuadamente la complejidad de esta solución, debemos saber lo grande que puede llegar a ser w. Sabemos que w es el coste de la estrategia óptima, por lo que no será mayor que una estrategia arbitraria y, en particular, que el coste de una búsqueda binaria. Ya hemos establecido que este coste no supera máx$(a, b) \cdot \lceil \log n \rceil$. La estimación no tiene mal aspecto porque, para $a = b$, tenemos exactamente que $w = $ máx$(a, b) \cdot \lceil \log n \rceil$. Por lo tanto, la complejidad de tiempo y espacio es de $O(\log n \cdot$ máx$(a, b))$.

Resultados

Las siguientes tablas muestran los valores de t, p y Q de ambas soluciones, para $n = 10$ y varios pares diferentes de a, b.

→ $a = 1, b = 2$:

$i =$	0	1	2	3	4	5	6	7	8	9	10
$t[i] =$	0	0	2	3	4	4	5	5	5	6	6
$p[i] =$	-	-	1	2	2	3	3	4	5	4	5

$i =$	0	1	2	3	4	5	6
$Q[i] =$	1	1	2	3	5	8	13

→ $a = 3, b = 10$:

$i =$	0	1	2	3	4	5	6	7	8	9	10
$t[i] =$	0	0	10	13	16	19	20	22	23	23	25
$p[i] =$	-	-	1	2	3	4	4	5	5	6	7

$i =$	0	1	2	3	4	5	6	7	8	9	10	11	12
$Q[i] =$	1	1	1	1	1	1	1	1	1	1	2	2	2
$i =$	13	14	15	16	17	18	19	20	21	22	23	24	25
$Q[i] =$	3	3	3	4	4	4	5	6	6	7	9	9	10

→ $a = 5, b = 7$:

$i =$	0	1	2	3	4	5	6	7	8	9	10
$t[i] =$	0	0	7	12	14	17	19	19	21	22	24
$p[i] =$	-	-	1	2	2	3	3	4	4	5	5

$i =$	0	1	2	3	4	5	6	7	8	9	10	11	12
$Q[i] =$	1	1	1	1	1	1	1	2	2	2	2	2	3
$i =$	13	14	15	16	17	18	19	20	21	22	23	24	
$Q[i] =$	3	4	4	4	5	5	7	7	8	9	9	12	

→ $a = 6, b = 6$:

$i =$	0	1	2	3	4	5	6	7	8	9	10
$t[i] =$	0	0	6	12	12	18	18	18	18	24	24
$p[i] =$	-	-	1	1	2	1	2	3	4	1	2

$i =$	0	1	2	3	4	5	6	7	8	9	10	11	12
$Q[i] =$	1	1	1	1	1	1	2	2	2	2	2	2	4
$i =$	13	14	15	16	17	18	19	20	21	22	23	24	
$Q[i] =$	4	4	4	4	4	8	8	8	8	8	8	16	

/ **Hashing**

Concurso: Campus de entrenamiento de la Olimpiada informática polaca 2008
Autor: Jakub Pawlewicz
Memoria: 32 MB
https://oi.edu.pl/en/archive/ontak/2008/has

Los participantes en el Campus de entrenamiento de la Olimpiada informática polaca han puesto a Byteasar en una posición complicada. En vez de entregar sus soluciones basadas en una aplicación natural y atractiva del algoritmo de Karp-Miller-Rosenberg, las han enviado basadas en *hashing*. En principio, la técnica basada en *hashes* no es válida, debido a la posibilidad de que se produzcan colisiones en la función de *hash*. Byteasar ha decidido construir casos de prueba que invaliden esas soluciones. Para lograrlo, debe encontrar un par de palabras que tengan el mismo valor de *hash*.

Una palabra se define como una cadena no vacía de un máximo de 20 letras minúsculas del alfabeto inglés. El valor de una palabra en la función h de *hash* es un número del conjunto $\{0, 1, \dots, n - 1\}$. En una buena aproximación, la probabilidad de que dos palabras diferentes x e y compartan el mismo valor de *hash* es de $\frac{1}{n}$. Tu tarea es la siguiente: dada una función de *hash* con las propiedades mencionadas, demostrar que dos palabras diferentes x e y tienen el mismo valor de *hash*.

Función de *hash*

La función de *hash* utilizada en este problema está disponible mediante una biblioteca de `C/C++` y recibe dos argumentos: n, que indica el rango de los valores devueltos por hash(n, x), y x, que indica la palabra de entrada (no vacía, con un máximo de 20 caracteres).

Esta función tiene el siguiente prototipo:

unsigned long long hash(unsigned long long n, const char $*x$);

Tarea

Escribe un programa que:
→ lea n de la entrada,
→ encuentre dos palabras x e y tal que hash(n, x) = hash(n, y),
→ escriba la respuesta.

Entrada

La entrada describe un caso de prueba y consta de una línea, que contiene un entero positivo n.

Salida

La salida consta de dos líneas, de las que cada una es exactamente una cadena de un máximo de 20 letras del alfabeto inglés, de forma que hash devuelva el mismo valor para ambas.

Ejemplo

Para los datos de entrada:
10000
el resultado correcto es:
bgvhfqbfenb
xeonduwaxi

Casos de prueba

Los casos de prueba que se utilizarán para verificar los envíos estarán disponibles por adelantado. De hecho, la solución podría consistir en un programa con respuestas ya resueltas que se envían a la salida una vez leído e identificado el valor de n.

Comentarios e indicaciones

La tarea *no consiste* en hallar la función de *hash* o sus valores. Además, los valores de hash no están especificados para aquellos n que no estén disponibles en los archivos de prueba proporcionados, ni para las cadenas que no satisfagan las especificaciones.

/ Solución

La tarea *Hashing* se presentó en el Campus de entrenamiento de la Olimpiada informática polaca de 2008. Tuve el placer de ser uno de los miembros del jurado de aquel campus, y este problema me llamó la atención al instante. La premisa del problema resulta bastante sencilla: es un hecho conocido que los algoritmos que utilizan *hashes* son poco fiables, así que, ¿por qué no tratar de buscar casos de prueba que los hagan fallar?

Los participantes en el campus presentaron un buen número de ideas diferentes sobre cómo resolver el problema. Algunos trataron de descompilar los archivos binarios de la biblioteca que contenía el método *hash* y utilizar los detalles de su implementación para resolver las entradas una a una. Evidentemente, esto no es lo que se pretendía.

Intentaremos resolver la tarea sin información adicional de cómo está implementada la función de *hash*. Está claro que basta con comprobar $n + 1$ cadenas diferentes cualesquiera, porque terminará por haber dos con el mismo valor de *hash* (por el principio del palomar). Esto nos lleva a una solución sencilla de complejidad $O(n)$, lo que no resulta satisfactorio, aunque en la práctica la expectativa de ejecución es mucho más rápida, es decir, resulta muy probable que hallemos el par buscado mucho antes de haber comprobado las $n + 1$ cadenas. La única información que tenemos sobre la función *hash* es un hecho probabilístico, lo que nos lleva a pensar en buscar cadenas aleatoriamente hasta que encontremos una colisión. El siguiente pseudocódigo es una implementación de esta técnica sencilla.

```
S := ∅
mientras verdadero hacer
    a := palabra_aleatoria()
    x := hash(n, a)
    si (x, b) ∈ S para algún b ≠ a entonces
        devolver (a, b)
    S := S ∪ {(x, a)}
```

Indicamos con w el número de cadenas diferentes que debemos examinar antes de hallar el resultado definitivo. Este algoritmo realiza $O(w \log w)$ operaciones y utiliza $O(w)$ memoria. Tenemos que pensar lo grande que puede llegar a ser w.

"

Lema. La probabilidad de una colisión entre $k = \lceil \sqrt{n} \rceil + 1$ cadenas aleatorias es mayor de $\frac{1}{3}$.

Demostración. Intentaremos determinar una estimación del límite superior de la probabilidad de ausencia de colisiones. Ciertamente, la primera cadena que procesamos no genera ninguna colisión. La probabilidad de que la segunda tenga un *hash* diferente es de $\frac{n-1}{n}$. Igualmente, la i-ésima cadena no producirá una colisión con ninguna de las cadenas anteriores con una probabilidad de $\frac{n+1-i}{n}$. La probabilidad de que no haya absolutamente ninguna colisión es de:

$$P = \frac{n}{n} \cdot \frac{n-1}{n} \cdots \frac{n-k+1}{n}.$$

Utilizando la conocida desigualdad $1 + x \leq e^x$ podemos estimar el valor como:

$$P = \left(1 - \frac{1}{n}\right) \left(1 - \frac{2}{n}\right) \cdots \left(1 - \frac{k-1}{n}\right) \leq$$

$$\leq e^{-\frac{1}{n}} e^{-\frac{2}{n}} \cdots e^{-\frac{k-1}{n}} = e^{-\frac{k(k-1)}{2n}} \leq e^{-\frac{1}{2}} < \frac{2}{3}.$$

Existe, según el lema, una alta probabilidad de que w sea del orden de $O(\sqrt{n})$. Por ejemplo, $w > 12 \cdot (\lceil \sqrt{n} \rceil + 1)$ con una probabilidad inferior a $\left(\frac{2}{3}\right)^{12} < 0{,}01$. Por lo tanto, cabe esperar que la solución anterior realice $O(\sqrt{n} \log n)$ operaciones, con un uso de memoria de $O(\sqrt{n})$.

La expectativa de tiempo de ejecución parece satisfactoria, pero la complejidad de espacio de $O(\sqrt{n})$ para un n hasta 10^{18} podría darnos problemas. Intentaremos reducir esta complejidad de espacio. Para ello, debemos evitar almacenar cadenas que ya hayamos procesado. Comenzaremos seleccionando una nueva función $g(x)$, que relaciona enteros de $H = \{0, 1, \ldots, n-1\}$ con cadenas diferentes. Podemos escoger esta función arbitrariamente. Es importante, sin embargo, que podamos calcular sus valores con rapidez. Digamos que f es la composición de g y *hash*: $f(x) = hash(n, g(x))$. Sabemos que f relaciona H con H y tiene la siguiente propiedad: $f(x) = f(y)$ con $x \neq y$ si, y solo si, $g(x)$ y $g(y)$ son cadenas diferentes con el mismo valor de *hash*. Ahora la tarea se reduce a la búsqueda de dos enteros diferentes x e y tal que $f(x) = f(y)$. Podemos asumir que, por cada x, $f(x)$ es un valor uniformemente aleatorio del conjunto H, porque *hash* tiene esa propiedad y g ha sido elegida independientemente de la función *hash*. Debido a ello, para cada cadena s_0 y $x_0 = hash(n, s_0)$, la secuencia

$$x_0, \quad x_1 = f(x_0), \quad x_2 = f(f(x_0)), \ldots, x_i = f^{(i)}(x_0), \ldots \tag{1}$$

se comporta como una secuencia aleatoria de valores de H. Al igual que antes, esperamos que se produzca una colisión entre los primeros $O(\sqrt{n})$ elementos de la secuencia. Dependiendo del valor de x_0, la secuencia tendrá una de las formas descritas en la Figura 1.

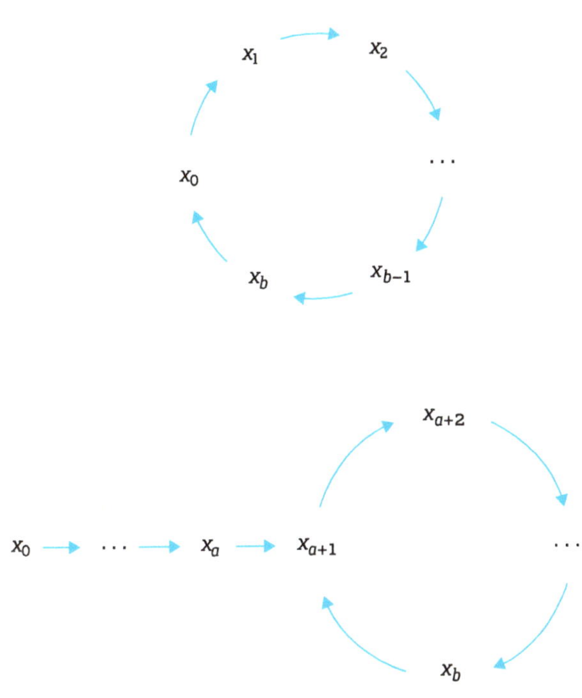

Figura 1: *Formas posibles de la secuencia (1).*

En el primer caso, deberemos escribir s_0 y $g(x_b)$ en la salida, en el segundo será $g(x_a)$ y $g(x_b)$. Para evitar tener que evaluar ambos casos, podemos introducir $x_{-1} \notin H$, tal que $g(x_{-1}) = s_0$ y $f(x_{-1}) = x_0$. En las dos situaciones la respuesta es $g(x_a), g(x_b)$ (con $a = -1$ en el primero). En adelante, solo tendremos que hallar los índices a y b. ¿Cómo podemos hacerlo sin almacenar la secuencia (a_i)?

Digamos que d es la longitud del ciclo, $d = b - a$. Comenzamos utilizando dos punteros, p y q, y hacemos que ambos nos refieran a x_0. Entonces damos pasos sucesivos y, en cada uno de ellos, p avanza un elemento y q avanza dos (lo que equivale a las asignaciones $p := f(p)$ y $q := f(f(q))$). Seguimos repitiendo los pasos hasta que p y q sean iguales. Esto ocurrirá en algún momento, ya que, cuando ambos punteros están en un ciclo, la distancia entre ellos crece en uno (módulo d) con cada paso. Digamos que k es el número total de pasos. Sabemos que q ha realizado un ciclo completo varias veces más que p.

Para la segunda ejecución, utilizamos los nuevos punteros r y s, que apuntan inicialmente a x_{-1}. En primer lugar, aplicamos la asignación $s := f(s)$ en k ocasiones. Después, avanzamos ambos punteros un paso ($r := f(r), s := f(s)$) hasta que llegue el momento en que $f(r) = f(s)$. En ese momento tendremos, exactamente, $r = x_a$ y $s = x_b$, ya que s ha dado k más pasos que r.

```
p, q := x₀
r, s := x₋₁
mientras p ≠ q hacer
    p := f(p)
    q := f(f(q))
    s := f(s)
mientras f(r) ≠ f(s) hacer
    r := f(r)
    s := f(s)
devolver (g(r), g(s))
```

La complejidad de tiempo de esta solución es lineal con el número de elementos de (x_i) que inspeccionemos antes de hallar la primera colisión, esto es, $O(\sqrt{n})$ para el caso esperado, con uso de espacio constante.

Hemos asumido, durante todo el análisis, que el cálculo de los valores de *hash*, g y f, se realiza en tiempo constante. Esta afirmación tiene sentido, ya que las cadenas sobre las que se aplican estas funciones son relativamente cortas.

JAKUB ŁĄCKI

Es estudiante de doctorado en el Instituto de informática de la Universidad de Varsovia. Su área de investigación se centra en algoritmos de grafos dinámicos y de grafos planares. Ha ganado el Concurso universitario de programación polaco en dos ocasiones, y ha sido subcampeón en el Concurso regional centroeuropeo del ACM-ICPC, también en dos ocasiones. Desde 2006 ha coorganizado un Campus de entrenamiento anual para la Olimpiada informática polaca y, desde 2009, también ha sido responsable de la selección de tareas de Escaramuzas algorítmicas. Ha participado en la organización de la Olimpiada informática báltica en 2008 y de la Olimpiada informática centroeuropea en 2011. Es un viajero apasionado. En su tiempo libre toca la guitarra o juega al fútbol.

Concurso: Concurso universitario de programación polaco 2011
Autor: Tomasz Idziaszek
Memoria: 32 MB
https://oi.edu.pl/en/archive/amppz/2011/her

Durante una visita a las Islas Bytánicas, Byteasar ha disfrutado de la bebida nacional de los Bytánicos: el té con leche. Es una bebida que siempre se ha preparado siguiendo un procedimiento estricto, que pasamos a describir. En primer lugar, la taza se llena de una mezcla de mitad té y mitad leche. Entonces, se elige una *palabra ceremonial* de longitud n, que consta de las letras **H** y **M**. Después, para $i = 1, 2, \ldots, n$, se realiza el siguiente paso: si la letra i-ésima de la palabra ceremonial es **H**, hay que beber la mitad de la taza, añadir té hasta que vuelve a estar llena y remover. Por otro lado, si la letra i-ésima de la palabra es **M**, se debe realizar una acción similar, pero añadiendo leche en lugar de té. Después de realizada cualquiera de las dos acciones para cada letra de la palabra ceremonial, se desecha el líquido restante.

Cada vez que Byteasar celebra la ceremonia, se pregunta qué elemento habrá consumido más: té o leche. Ayuda a Byteasar a responder a la cuestión.

Entrada

La primera línea de la entrada consta de un entero n ($1 \leq n \leq 100.000$). En la segunda línea hay una palabra de n letras **H** y **M**, que es la palabra ceremonial utilizada por Byteasar.

Salida

El programa debe escribir una sola letra **H** si Byteasar ha bebido más té que leche, una letra **M** si ha bebido más leche que té y **HM** si la cantidad de ambos ha sido la misma.

Ejemplo

Para los datos de entrada: el resultado correcto es:

```
5
HMHHM
```

```
H
```

Explicación del ejemplo: Byteasar ha bebido $1\frac{37}{64}$ tazas de té y $\frac{59}{64}$ tazas de leche en total.

/ Solución

Unas semanas antes del Concurso universitario de programación polaco, Tomasz Idziaszek me habló de la idea de este problema. No me resultó novedosa. Cuando cursaba educación primaria, durante una clase de matemáticas, me encontré con un problema similar, en el que un niño bebía una mezcla de dos bebidas y rellenaba el vaso. Esa versión era mucho más sencilla, sin embargo el niño rellenaba el vaso solamente tres veces y, al final, lo bebía completamente. Resulta embarazoso confesar que me dediqué a sumar trabajosamente una serie de fracciones que se iban haciendo cada vez más complicadas, y calculé cuánto había bebido el niño al final. No me di cuenta de que era suficiente con mantener un registro de la bebida que va añadiendo al vaso…

Tampoco lo hice mucho mejor con la tarea de Byteasar. Esta vez era consciente de que ir evaluando lo que ocurre a cada paso no es, probablemente, la mejor idea. Además, es obvio que simular el proceso utilizando los tipos de datos de coma flotante (como *double*) que están incluidos en la mayoría de lenguajes de programación no es apropiado: su precisión está demasiado limitada como para manipular las fracciones requeridas por esta tarea.

Así, debemos preguntarnos cuál será la mejor técnica para resolver el problema. Lo veremos más claro si cambiamos un poco la perspectiva. En vez de calcular la cantidad de té y leche que se han vertido en el vaso, consideremos la cantidad que Byteasar no bebe. En otras palabras, nos centraremos en calcular los restos que quedan en la taza después de la ceremonia. Como sabemos la cantidad de cada bebida que se ha añadido a la taza durante la ceremonia, esta información será suficiente para responder a la pregunta. Además, para evitar trabajar con fracciones, asumiremos que la capacidad de la taza es de 2^{n+1} mililitros y que, inicialmente, contiene 2^n mililitros de leche y la misma cantidad de té.

Vamos a centrarnos en el caso en que, en el primer turno, Byteasar añade 2^n mililitros de té. ¿Cuánto de este té quedará en la taza al final de la ceremonia? En el segundo turno, Byteasar beberá la mitad de este té, por lo que quedarán 2^{n-1} mililitros. Después del tercer turno, serán 2^{n-2} y, así, sucesivamente. Después de n turnos, es decir, $n-1$ mezclas, la taza contendrá 2 de los mililitros de té que se añadieron en el primer turno.

El líquido añadido en el segundo turno se diluye $n-2$ veces, lo que determina un total de 4 mililitros en el contenido final. En general, para la i-ésima porción, quedan 2^i mililitros sin consumir. Aparte de eso, también hay 1 mililitro del té y 1 mililitro de la leche, que se añadieron al principio de la ceremonia.

Con la palabra ceremonial de ejemplo **HMHHM**, al final habrá en la taza $1 + 2^1 + 2^3 + 2^4$ mililitros de té y $1 + 2^2 + 2^5$ mililitros de leche.

Esto nos permite expresar el contenido final de la taza como una suma de potencias de 2. Entonces deberemos sumar todos estos números que, en algunos lenguajes de programación, nos obligará a implementar aritmética para enteros grandes. Igualmente, podemos contar la cantidad de té y leche que Byteasar añade a la taza. Al final, bastará con realizar dos restas para descubrir la cantidad de cada bebida que ha sido consumida.

Con esto ya podemos llegar a una solución. Sin embargo, resulta que no es necesario realizar cálculos complicados. Recordemos que solo debemos determinar cuál de las dos bebidas ha consumido Byteasar en mayor cantidad, por lo que no son necesarios números exactos.

Una solución mejor

Según el enunciado, Byteasar no rellena la taza tras beber por última vez, por lo que esta queda llena solo hasta la mitad después de la ceremonia. Esto no cambia nada, pues Byteasar no bebe lo que añade al final.

Vamos a denominar con t_p y t_c la cantidad de té añadida a la taza y la cantidad restante al final. Igualmente, con m_p y m_c indicaremos los valores equivalentes de leche. Sabemos que Byteasar ha bebido $t_p - t_c$ mililitros de té y $m_p - m_c$ mililitros de leche. Al final, la taza está llena hasta la mitad, por lo que $t_c + m_c = 2^n$.

Nos centraremos, inicialmente, en el caso en el que hay más letras en la palabra ceremonial de un tipo que del otro. Resulta que, en esa situación, Bytesar consume más la bebida que ha sido añadida más veces a la taza. Asumimos que ha vertido más té, por lo que t_p es mayor que m_p al menos en la mitad de la taza (2^n mililitros), por lo que $t_p \geq m_p + 2^n$. Para calcular la cantidad consumida por Byteasar, debemos restar el contenido final de la taza: esto es, t_c y m_c. La taza, sin embargo, está llena hasta la mitad, y sabemos que contiene, al menos, 1 mililitro de cada bebida (que viene del primer rellenado). En concreto, hay un máximo de $2^n - 1$ mililitros de té en los restos de la taza ($t_c \leq 2^n - 1$). Por lo tanto, la cantidad de té que ha bebido Byteasar se puede delimitar de la siguiente manera:

$$t_p - t_c \geq t_p - 2^n + 1 \geq m_p + 2^n - 2^n + 1 = m_p + 1$$

Esto significa que la cantidad de té que ha bebido Byteasar es mayor que la cantidad total de leche que ha añadido a la taza. En consecuencia, cuando la palabra ceremonial contiene más **H**s que **M**s, Byteasar bebe más té. De forma análoga, si la palabra contiene más **M**s, Byteasar beberá más leche.

Queda por considerar el caso en el que el número de **H**s y **M**s sea el mismo, de forma que la taza se haya rellenado con la misma cantidad de cada una de las bebidas. En concreto, esto ocurre cuando $n = 1$. Este es un caso especial, en el que Byteasar únicamente bebe la mitad de la taza que contiene, a su vez, una mitad de té y otra de leche. Por lo tanto, bebe la misma cantidad de cada producto.

Vamos a asumir ahora que $n > 1$. Si las cantidades de leche y té añadidas a la taza son iguales, Byteasar habrá bebido más de aquella cuyo resto en la taza sea *menor*. Sabemos que la mitad del resto final de la taza viene del penúltimo rellenado (el último que no ignoramos). Asumamos que Byteasar ha vertido leche. Además, en la taza queda 1 mililitro de la leche añadida inicialmente. Podemos inferir que tiene que haber más leche que té en la taza, por lo que Byteasar ha bebido más té.

Por lo tanto, el algoritmo entero se reduce a tres casos sencillos. Si $n = 1$, Byteasar bebe la misma cantidad de cada líquido. Si una letra es más común que la otra en la palabra ceremonial (sin considerar la última), entonces Byteasar ha bebido más del producto representado por esa letra. Si las dos letras aparecen el mismo número de veces, sabemos que Byteasar ha bebido menos del líquido añadido en el penúltimo turno.

/ Canguros

Concurso: Escaramuzas algorítmicas 2011
Autores: Jakub Łącki, Jakub Radoszewski
Memoria: 32 MB
https://oi.edu.pl/en/archive/pa/2011/kan

Byteasar, al que le interesa la fotografía de naturaleza, está planeando un viaje a Australia. Ha comenzado a preparar su equipo fotográfico para tomar imágenes de canguros y debe decidir qué material llevar. Su equipo incluye un extenso conjunto de objetivos fotográficos con diferentes características de ángulos de visión y capacidad de enfoque. La fotografías de mejor calidad de animales, como los canguros, se obtienen cuando la distancia entre la cámara y el animal se encuentra dentro del rango óptimo de la lente.

El viaje de Byteasar atraviesa una secuencia de puntos de acceso para la observación y fotografía de la fauna. Los guías australianos le han proporcionado a Byteasar una descripción detallada de esos puntos de observación y, en particular, del rango de distancias en los que cabe esperar a los canguros.

Evidentemente, Byteasar no puede llevar en su equipaje toda su colección de objetivos, así que debe tomar algunas decisiones. Como desea minimizar el número de cambios de lente, quiere encontrar, para cada una de las lentes, la secuencia contigua más larga de puntos de observación en los que pueda utilizar una misma de ellas. Una lente es válida para un punto de observación si existe una distancia del rango de distancias esperadas que se encuentre dentro de su rango óptimo.

Entrada

La primera línea de la entrada consta de dos enteros, n y m ($1 \leq n \leq 50.000$, $1 \leq m \leq 200.000$), donde n es el número de puntos de observación que hay en el viaje y m es el número de objetivos fotográficos de la colección de Byteasar.

Las siguientes n líneas describen los puntos de acceso para observación y fotografía de la fauna en el viaje de Byteasar. Cada una de estas líneas contiene dos enteros, a_i y b_i ($1 \leq a_i \leq b_i \leq 10^9$), que indican que en el i-ésimo punto de observación pueden aparecer canguros a una distancia de entre a_i y b_i pies byteanos, ambos inclusive.

Las siguientes m líneas describen los objetivos fotográficos. Cada una de ellas contiene dos enteros, c_j y d_j ($1 \leq c_j \leq d_j \leq 10^9$), que indican que la lente j-ésima es más apropiada para los canguros que se encuentren a una distancia de entre c_j y d_j pies byteanos de la cámara, ambos inclusive.

Salida

La salida consta de m líneas que contienen, exactamente, un entero cada una. La línea j-ésima de la salida indica el número de puntos de observación en el segmento *contiguo* más largo del viaje, en los que Byteasar puede utilizar la lente j-ésima. Las lentes están numeradas según su orden en el archivo de entrada.

Ejemplo

Para los datos de entrada:

```
3   3
2   5
1   3
6   6
3   5
1   10
7   9
```

el resultado correcto es:

```
2
3
0
```

/ Solución

"Tienes dos secuencias de intervalos. Encuentra la subsecuencia más larga de intervalos consecutivos en la primera secuencia, que...", vaya, parece que nos ha caído otra tarea de intervalos. Tendremos que ordenar algo y, quizá, utilizar una estructura de datos apropiada, después iterar por los intervalos en el orden correcto, y listo. Siempre he creído que un enunciado sencillo implica una solución sencilla, y este problema parecía ajustarse perfectamente a tal regla. Estaba previsto utilizarlo en la fase final de Escaramuzas algorítmicas 2010. Sin embargo, no fue así. Y la razón parecía bastante contundente: no logramos resolverlo.

No fue hasta el año siguiente, mientras preparábamos el correspondiente concurso, en que fui capaz de encontrar un algoritmo mejor que el de un abordaje ingenuo. Adam Karczmarz preparó la tarea para el concurso, y encontró la solución que mejor conocemos. Nuestras técnicas son significativamente diferentes, y creo que ambas merecen ser descritas en este texto. La primera es bastante generalista, y utiliza un método que puede resultar útil en otras situaciones. La segunda, sin embargo, produce un algoritmo más rápido y, aunque es bastante compleja, está construida a partir de bloques muy sencillos.

La primera idea

Tenemos dos secuencias de intervalos cerrados:

$$[a_1, b_1], [a_2, b_2], \ldots, [a_n, b_n] \text{ y } [c_1, d_1], [c_2, d_2], \ldots, [c_m, d_m].$$

Como hace el enunciado de la tarea, diremos que la primera es la secuencia de puntos de observación y, la segunda, la secuencia de lentes. Por razones de simplicidad, tratamos cada lente y cada punto de observación como un intervalo. Debido a ello, utilizaremos terminología un poco rara (pero oportuna), como "la intesercción de una lente con un punto de observación". A lo que nos referimos en este caso es, evidentemente, a la intersección de los intervalos correspondientes a la lente y al punto de observación. El problema al completo puede resumirse con una sola frase. Para cada lente, hallar la subsecuencia más larga de puntos de observación consecutivos que se intersecan con la lente.

La técnica más natural se ejecuta en tiempo $O(mn)$. Mediante su uso, para cada una de las m lentes $[c_i, d_i]$ encontramos la subsecuencia más larga de puntos de observación consecutivos que se intersecan con la lente. Evidentemente, esto se puede hacer en tiempo $O(n)$.

Ahora presentaremos una solución que es todavía más lenta pero, después, veremos cómo acelerarla significativamente. Utilizamos una estructura de datos que representa un subconjunto de enteros desde 1 hasta n. La estructura de datos nos facilita añadir y eliminar elementos. Además, puede informar de la secuencia más larga de enteros consecutivos que contiene. Por ejemplo, si la estructura contiene los números 3, 4, 7, 11, 12, 13, 25, 26, entonces las secuencias de enteros consecutivos son (3, 4), (7), (11, 12, 13), (25, 26), y la más larga de ellas tiene longitud 3. No es difícil adivinar que insertaremos los índices de los puntos de observación en esta estructura.

Encontrar secuencias de enteros consecutivos. ¿Cómo implementar esta estructura de datos? Hay muchas posibilidades. Una de ellas es utilizar un árbol de segmentos correctamente adaptado. Otra es utilizar cualquier estructura de datos que represente a un conjunto ordenado de objetos e implemente las operaciones básicas de conjuntos. Elegimos la segunda opción, pues es un poco más fácil de describir*.

Digamos que A es el subconjunto de enteros de 1 a n, que será almacenado en la estructura de datos. Representamos A como una colección de secuencias de enteros consecutivos. Por ejemplo, el conjunto $\{1, 3, 4, 5, 6, 7, 8, 12\}$ está representado por [1, 1], [3, 5], [7, 8], [12, 12]. Estos intervalos se almacenarán ordenados en una estructura de datos F_A. Podemos ordenarlos por sus extremos izquierdo o derecho, no hay ninguna diferencia, debido a que los intervalos son disjuntos. Además, tenemos una segunda estructura de datos D_A que almacena el conjunto (o, mejor dicho, el conjunto múltiple, ya que podemos tener muchas copias del mismo elemento) de las longitudes de los intervalos que describen al conjunto A. En nuestro ejemplo, esas longitudes son 1, 3, 2 y 1.

Consultar la subsecuencia más larga de enteros consecutivos en A se reduce a encontrar el valor máximo en D_A.

Cuando añadimos un entero k a A, añadimos el intervalo $[k, k]$ a F_A y encontramos los intervalos que están justo antes y después, según el orden utilizado. Si encontramos un intervalo $[r, k - 1]$ o $[k + 1, s]$, entonces habrá que combinar los intervalos correspondientes (es mejor eliminarlos e insertar uno nuevo formado por esa combinación).

Cuando un elemento dado, digamos k, se elimina de A, hacemos algo similar: encontramos un intervalo $[r, s]$ en F_A que contenga a k y lo eliminamos y, entonces, insertamos los intervalos $[r, k - 1]$ y $[k + 1, s]$ en F_A, asumiendo que no estén vacíos.

Vemos que, en todas estas operaciones, hay un máximo de tres intervalos, lo que nos permite actualizar D_A con facilidad. Cada vez que insertamos o eliminamos un intervalo en F_A, debemos añadir o eliminar su longitud en D_A. Si utilizamos

---

una implementación eficiente de diccionarios ordenados, es posible realizar cada operación en ambas estructuras, F_A y D_A, en tiempo $O(\log n)$.

 Volvamos a la tarea. Denominaremos P_i a la estructura de datos recién descrita y que contiene los índices de los puntos de observación que se intersecan con la lente $[c_i, d_i]$. Para construirla, son necesarias $O(n)$ operaciones sobre la misma, lo que resulta en un tiempo de $O(n \log n)$. Llegar a la solución de la tarea completa, requiere que conozcamos todos los P_i para todos los i, desde 1 hasta m, lo que, con un abordaje directo, consume un tiempo de $O(nm \log n)$. No parece muy brillante, sobre todo si tenemos en cuenta que la solución ingenua es más rápida. Sin embargo, vamos a mostrar cómo se puede acelerar considerablemente esta nueva técnica.

La idea principal es la siguiente. Asumimos que, después de obtener P_j, queremos calcular P_i. Además, asumimos que el conjunto representado por P_i solo es un poco diferente del representado por P_j. Por lo tanto, P_i es fácil de calcular, si tomamos P_j y le realizamos un pequeño número de inserciones o eliminaciones.

Esto funcionaría muy bien bajo la premisa de que P_i y P_j son similares entre ellos. Pero, ¿qué garantía tenemos? Las estructuras P_i se pueden calcular en cualquier orden, siempre que iteremos por la totalidad de su contenido. Como veremos en un momento, en *algún* orden de construcción de las estructuras de datos, el número total de diferencias entre estructuras consecutivas no es demasiado grande.

Pero antes de mostrar la propiedad mencionada, pensemos en cómo saber qué puntos de observación se deben añadir o eliminar de P_j para obtener P_i. Denominamos con $[c, d]$ a la lente representada por P_j, es decir, asumimos que P_j contiene los índices de los puntos de observación que se intersecan con $[c, d]$. En base a ello, ahora buscamos calcular el P_i que representa a la lente $[c', d']$. A efectos de presentación, asumiremos que $c < c'$ y $d < d'$.

Supongamos que $c' \leq d$, por lo que los intervalos se intersecan. Comenzamos construyendo una estructura de datos que represente a $[c, d']$. Movemos el extremo derecho de nuestro intervalo hasta d' y hallamos todos los puntos de observación que encontremos por el camino, esto es, aquellos que debemos añadir a nuestra estructura de datos. Debería estar claro que se trata exactamente de aquellos puntos de observación cuyo extremo izquierdo a satisface $d < a \leq d'$. A continuación, movemos el extremo izquierdo c a c'. Ahora debemos librarnos de todos los puntos de observación que no se intersecan con nuestra lente, en concreto aquellos cuyo extremo derecho b satisface $c \leq b < c'$. Se puede aplicar un razonamiento análogo a $d < c'$, es decir, cuando los intervalos son disjuntos. En este caso, añadiremos inicialmente a la estructura de datos los intervalos contenidos completamente en (d, c'), para eliminarlos en un momento.

Todas estas operaciones se pueden generalizar fácilmente para otros casos de relaciones mutuas entre c y c', y entre d y d'. En suma, es suficiente iterar por todos aquellos intervalos cuyo extremo derecho esté contenido entre c y c', y cuyo extremo izquierdo lo esté entre d y d'.

 ¿Cuántos intervalos cuentan con la propiedad mencionada? Es difícil decirlo, ya que depende de los datos de entrada. Pero también podemos ocuparnos de esto. Los datos de entrada se pueden modificar libremente, siempre que se conserven las relaciones mayor que/menor que, entre los números. Transformamos los datos de entrada de forma que sea más sencillo limitar el número de diferencias entre las estructuras de datos P_i. El resultado será que, para obtener una estructura de datos que represente $[c', d']$ a partir de otra que represente $[c, d]$, será necesario un máximo de $|c - c'| + |d - d'|$ inserciones o eliminaciones. Comenzamos restando $\frac{1}{2}$ de cada c_i, y sumando $\frac{1}{2}$ a cada d_i. Esto significa que ampliaremos un poco los intervalos. Es fácil ver que la operación no influye en las intersecciones de los intervalos. En segundo lugar, "comprimimos" todas las coordenadas: es decir, renumeramos todos los a_i y b_i, manteniendo sus relaciones mutuas, de forma que se transformen en enteros distintos de 1 a $2n$. Por ejemplo, el conjunto de intervalos $[1, 5]$, $[1, 7]$, $[3, 10]$ se puede transformar en $[1, 4]$, $[2, 5]$, $[3, 6]$. Para lograrlo, es necesarios ordenar (juntos) todos los a_i y b_i y, después, el número de la posición i-ésima es sustituido por i.

Como hemos cambiado los extremos de los intervalos $[a_i, b_i]$, también debemos mover c_i y d_i, para recuperar sus relaciones originales con a_i y b_i. Mantendremos los valores fraccionales de c_i y d_i, que son iguales a $\frac{1}{2}$.

Todas estas transformaciones se pueden implementar en un tiempo total de $O((n + m) \log n)$. Dejamos el resto de detalles para el lector.

Después de realizar todas las transformaciones anteriores, habrá exactamente un intervalo $[a_i, b_i]$, cuyo extremo es k, para cada entero desde 1 hasta $2n$. Por lo tanto, si hemos construido una estructura de datos que representa $[c, d]$ y ahora vamos a calcular la estructura de datos para $[c', d']$ (c, c', d, d' indican ahora los valores transformados), el número de intervalos $[a, b]$ que satisfacen $d < a \le d'$ será $d' - d$ como máximo. Igualmente, habrá un máximo de $c' - c$ intervalos que satisfagan $c \le b < c'$. Podemos generalizarlo para otros casos de relaciones mutuas entre c y c' y entre d y d'. El resultado, al final, es que la construcción de una estructura de datos para el intervalo $[c', d']$, dada una estructura de datos para el intervalo $[c, d]$, requiere un máximo de $|c - c'| + |d - d'|$ operaciones de inserción o eliminación.

 La observación realizada en el párrafo anterior nos proporciona una sencilla interpretación geométrica del problema. Dibujamos sobre el plano un punto (c_i, d_i) para cada intervalo $[c_i, d_i]$. La idea es dibujar una línea segmentada que visite todos estos puntos y sea lo más corta posible. Además, como medimos la distancia según la *distancia Manhattan*, es decir, la distancia entre (x, y) y (x', y') es igual a $|x - x'| + |y - y'|$, la línea segmentada solo tendrá segmentos horizontales y verticales. Si hallamos una línea segmentada de longitud l, los puntos consecutivos que visite corresponderán al orden en el que debemos construir las estructuras de datos P_i. Sabemos que, en este caso, necesitaremos un máximo de n operaciones para la construcción de la estructura de datos inicial y, después, un máximo de l operaciones para el resto de estructuras, basadas cada una en las anteriores. De esta forma, podemos calcular todas las estructuras en $O((n+l) \log n)$. Nos queda por mostrar que siempre podremos encontrar una línea segmentada los suficientemente corta.

Vamos a resolver un problema un poco más generalista. Asumimos que tenemos m puntos en un cuadrado de tamaño $n \times n$. Los puntos están en un cuadrado un poco más grande de $2n \times 2n$, pero esto no importa desde el punto de vista de la notación asintótica. Tampoco utilizaremos otras propiedades de los puntos, aunque sabemos que, por ejemplo, $c_i \le d_i$.

La idea inicial consiste en hallar la línea segmentada más corta posible. Esto, sin embargo, no parece que pueda hacerse en tiempo polinómico, ya que este problema es NP-completo. Pero tampoco es un incoveniente muy serio, ya que nuestro problema cuenta con la interesante propiedad de que, si la longitud óptima de la línea segmentada es l_{opt}, y encontramos un algoritmo que siempre encuentre líneas segmentadas de longitud, digamos, $10l_{opt}$ como máximo, la complejidad de tiempo total será la misma. Después de todo, como el tiempo de ejecución es de $O((n + l) \log n)$, aumentar l por un factor de diez no hace aumentar la complejidad asintótica.

Resulta que, de hecho, podemos hallar la línea segmentada que cuenta con esta propiedad. Lo describiremos resumidamente, ya que el método que terminaremos utilizando es diferente. Basta conectar los m puntos a un árbol de expansión mínimo (lo que se puede realizar en $O(m \log m)$ en el plano con distancia Manhattan), establecemos la raiz del árbol arbitrariamente y construimos la línea segmentada mediante la conexión de los nodos consecutivos visitados durante un recorrido del árbol anterior a la ordenación. Se puede demostrar que la línea segmentada construida de esta manera es, como mucho, el doble de larga que la óptima.

Esto nos lleva a un algoritmo poco corriente. Comenzamos resolviendo un problema de optimización y, después, cuanto mejor sea la solución que encontremos, más rápida será la segunda fase. Solo hemos visto una descripción superficial del algoritmo, porque hay un método más sencillo para encontrar una buena línea segmentada. Aunque, en ocasiones, los resultados pueden ser mucho peores, ambos métodos funcionan de forma similar en el peor caso.

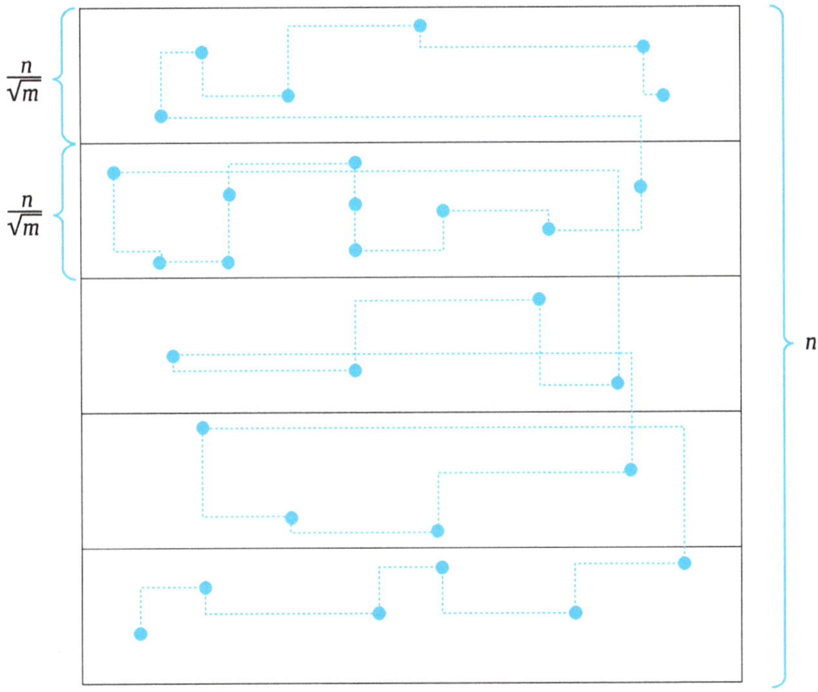

Figura 1: *Búsqueda de una línea segmentada de longitud $O(n\sqrt{m})$.*

Dividiremos nuestro cuadrado de $n \times n$ en $\sqrt{m}$ rectángulos de tamaño $\frac{n}{\sqrt{m}} \times n$, como se muestra en la Figura 1. La línea segmentada se construye de la siguiente manera. Visita todos los puntos del rectángulo inferior en orden creciente de la coordenada x. Después continúa por el punto con coordenada x más pequeña de su rectángulo superior, y recorre todos los puntos del mismo de forma similar y, así, sucesivamente. Nos detenemos tras visitar todos los puntos.

Dentro de cada rectángulo, la línea segmentada solo va hacia la derecha, hacia arriba o hacia abajo. La longitud total de los segmentos que van hacia la derecha dentro de un rectángulo es de un máximo de n, lo que, después de sumar el resto de rectángulos, resulta en $O(n\sqrt{m})$. Sin embargo, mientras nos movemos dentro de un rectángulo, también podemos subir o bajar. Para alcanzar cualquiera de los m puntos, nos desplazamos verticalmente un máximo de $\frac{n}{\sqrt{m}}$, por lo que también utilizamos $O(n\sqrt{m})$. Todavía nos resta por medir los fragmentos que se utilizan para conectar los rectángulos adyacentes. Tenemos $\sqrt{m} - 1$ y, cada uno de ellos, está contenido en dos rectángulos consecutivos, por lo que tienen una longitud máxima de $2\frac{n}{\sqrt{m}} + n$, lo que, nuevamente, da un total de $O(n\sqrt{m})$. Por lo tanto, hemos demostrado que la línea segmentada que utilizaremos tiene una longitud de $O(n\sqrt{m})$.

Aunque el método de construcción que hemos visto puede llegar a dar, en algunos casos, mejores resultados (por ejemplo, cuando los puntos se encuentran dispuestos en una rejilla uniforme), la línea segmentada debe tener una longitud de un orden de, al menos, $n\sqrt{m}$.

Juntamos las piezas. Nos resta combinar este resultados con los anteriores. Al tener una línea segmentada de longitud l, podemos construir todas las estructuras de datos P_i en tiempo $O((n + l)\log n)$. Lo hemos logrado para $l = O(n\sqrt{m})$, por lo que el tiempo total de ejecución es de $O(n\sqrt{m}\log n)$. Además, para cada una de las estructuras m, realizamos una consulta en tiempo $O(\log n)$ y, al principio, también tenemos que transformar los datos de entrada en tiempo $O((n + m)\log n)$. Finalmente, obtenemos un algoritmo cuyo tiempo de ejecución total es

$$O(n\sqrt{m}\log n + m\log n + (n + m)\log n) = O(m\log n + n\log n\sqrt{m}).$$

La técnica que hemos utilizado es bastante general, y se puede aplicar a otros problemas, concretamente si debemos responder consultas sobre intervalos. Un ejemplo es la tarea *Powerful Array*, del concurso Codeforces de 2011.

Nuestro método supera a la solución en $O(nm)$ por, aproximadamente, $O(\frac{\sqrt{m}}{\log n})$. Aunque la mejora es importante desde un punto de vista teórico, en el caso de los tamaños de datos de entrada que solemos manejar, el numeros es solo unas pocas veces más grande que el denominador, por lo que el beneficio es moderado. Sin embargo, el problema se puede resolver de forma incluso más eficiente utilizando una técnica completamente diferente.

La segunda solución, más eficiente

En esta ocasión, vamos a aplicar un enfoque diferente. Dividimos el problema en dos subproblemas que resolveremos de forma independiente.

Asumimos que ya hemos transformado los datos de la entrada, como se describía en la solución anterior.

Colorearemos de azul cada punto de observación t-ésimo: es decir, marcamos los puntos $[a_t, b_t]$, $[a_{2t}, b_{2t}]$,.... Hay $\lfloor \frac{n}{t} \rfloor$ de ellos en total. A continuación, para cada lente, comenzamos encontrando la subsecuencia más larga de puntos de observación consecutivos que incluya algún punto azul (primer subproblema) y, después, la subsecuencia más larga sin ningún punto azul (segundo subproblema). Como podremos ver, el primer subproblema se puede resolver con mayor eficiencia para valores altos de t, mientras que, en el caso del segundo subproblema, la mejora de eficiencia se encuentra en valores bajos del mismo. Para elegir un t adecuado, obtendremos soluciones para ambos problemas que se puedan combinar en un algoritmo que resulte más eficiente que el ya visto.

El primer subproblema. Usaremos un método muy natural para este caso. Encontramos la subsecuencia más larga de puntos de observación consecutivos, para cada lente $[c_i, d_i]$ y cada punto azul j, que contenga el punto j-ésimo y cuyos intervalos se intersequen con $[c_i, d_i]$. Diremos que la solución está *anclada* al punto j.

Primero calculamos el número de intervalos consecutivos a la izquierda de j (comenzando en j) que se intersecan con $[c_i, d_i]$. Después, hacemos lo mismo para los intervalos a la derecha de j. Estos dos pasos son análogos, así que nos centraremos en el segundo. Para un j dado, tenemos que encontrar el primer índice $j' > j$, tal que el intervalo $[a_{j'}, b_{j'}]$ no se interseque con $[c_i, d_i]$. Para hacerlo, es suficiente con hallar el primer intervalo $[a_p, b_p]$ que se encuentre a la derecha de $[c_i, d_i]$ (esto es, $a_p > d_i$) y el primero, $[a_q, b_q]$, a la izquierda de $[c_i, d_i]$ ($b_q < c_i$). Ese será el caso en el que j' es el mínimo de p y q.

Al final, para un punto azul fijo al que esté anclada una solución, resolvemos el siguiente problema.

Problema 1. Tenemos un *array* de enteros $a_1, \dots, a_n$, donde $1 \le a_i \le 2n$, y una secuencia de enteros $c_1, \dots, c_m$. Para cada c_i, encuentra el primer índice j, tal que $a_j > c_i$.

Podemos abordarlo con facilidad. Comenzamos calculando un *array* p, donde $p[i]$ es la primera posición del número i en el *array* a (o ∞ si i no está en el *array* a). Esto nos permite calcular el *array* r, en el que $r[i]$ es el primer índice en el *array* a, de forma que $a[r[i]]$ es mayor que i. Basta con establecer $r[i]$ a mín($p[i+1], p[i+2], \dots, p[2n]$). Esto, evidentemente, se puede hacer en tiempo lineal, ya que $r[i]$ se puede calcular utilizando $r[i+1]$, en concreto $r[i] = $ mín($r[i+1], p[i+1]$). Una vez tengamos el array r, podemos encontrar inmediatamente la respuesta para cada c_i. Por lo tanto, la solución a este problema requiere un tiempo de $O(n+m)$.

Lo utilizamos cuatro veces por cada punto azul, para encontrar los números mayor/menor a la izquierda/derecha del punto azul dado. El tiempo de ejecución total para un único punto azul se puede limitar a $O(n + m)$, por lo que el primer subproblema se puede resolver en un tiempo de $O(\frac{n}{t}(n + m))$.

El segundo subproblema. Nos queda por resolver el segundo subproblema. En esta ocasión, estamos buscando, por cada lente, una solución que no esté anclada a ningún punto azul. Si el valor de t es pequeño, no habrá muchos intervalos candidato que tener en consideración. Los puntos azules dividen la secuencia de puntos de observación en $\lfloor \frac{n}{t} \rfloor + 1$ intervalos de longitud menor que t. En un intervalo de longitud t podemos elegir un subintervalo de $O(t^2)$ formas distintas, por lo que, en este subproblema, la solución para cada lente se encuentra entre $O(\frac{n}{t} \cdot t^2) = O(nt)$ candidatos.

En este caso, asumiremos que nt es bastante pequeño. Todos los candidatos tienen longitudes de 1 a $t - 1$. Vamos a dividirlos en grupos basados en sus longitudes. Procesaremos estos grupos en orden de las longitudes decrecientes de los intervalos. Si encontramos un intervalo válido para alguna lente, significa que tendremos la respuesta inmediata para esa lente, de forma que podremos dejar de tenerla en consideración. Esto es debido a que comprobamos primero lo intervalos más largos.

Veamos algunos detalles. De nuevo, utilizaremos la...

Interpretación geométrica. Consideremos una secuencia de puntos de observación $[a_r, b_r]$, $[a_{r+1}, b_{r+1}]$, ..., $[a_s, b_s]$. Esta será una secuencia adecuada para la lente $[c, d]$, si cada punto de observación se interseca con la lente, así, para cada $r \le i \le s$, tenemos $b_i \ge c$ y $a_i \le d$. Podemos escribirlo de forma equivalente como

$$\min_{r \le i \le s} b_i \ge c \quad \text{y} \quad \max_{r \le i \le s} a_i \le d.$$

Esto nos permite dibujar el problema en el plano. Asignamos a la mencionada secuencia de puntos de observación el punto

$$\left(\min_{r \le i \le s} b_i, \ \max_{r \le i \le s} a_i \right).$$

Por otro lado, por cada lente $[c_i, d_i]$ dibujamos un punto (c_i, d_i). Ahora podemos ver que la secuencia de puntos de observación representada por un punto (B, A) es válida para la lente (c, d) si $B \ge c$ y $A \le d$, por lo que (B, A) queda a la derecha y por debajo de (c, d). Gracias a ello, resolver esta parte se reduce al siguiente problema.

Problema 2. En el plano, hay g puntos verdes (b_j, a_j) y m puntos rojos (c_i, d_i). Todos los puntos tienen coordenadas enteras desde 1 hasta $2n$. El objetivo es encontrar todos los puntos rojos (c_i, d_i) de forma que algún punto verde (b_j, a_j) quede a la derecha y por debajo de (c_i, d_i), es decir, $b_j \geq c_i$ y $a_j \leq d_i$.

Comenzamos librándonos de todos los puntos verdes inútiles. Si, para algún punto verde, existe otro que quede a su derecha y por debajo, podemos descartar el primero. Un algoritmo simple lo logra. En primer lugar, dentro de cada grupo de puntos con coordenada x igual, dejamos solo el punto con coordenada y menor, pues es evidente que el resto de los puntos no son útiles. Después, ordenamos todos los puntos verdes de forma *decreciente* con respecto a la coordenada x y los recorremos de uno en uno. Eliminamos todos los puntos cuya coordenada y no sea menor que la coordenada y más pequeña de los puntos que ya hemos visitado. Este proceso elimina todos los puntos inútiles. Como el máximo número de coordenadas es de $2n$, este paso se puede implementar en tiempo $O(n + g)$. Después de ello, quedarán un máximo de $2n$ puntos, ya que cada uno de ellos debe tener una coordenada x diferente. Animamos al lector a demostrar la validez de este algoritmo.

Aunque librarnos de los puntos inútiles pueda resultar redundante, nos permitirá resolver el Problema 2 con más eficacia. Insertamos todos los puntos rojos en $2n$ pilas $S_1, \ldots, S_{2n}$. En la pila S_i tenemos los puntos cuya coordenada x sea igual a i. Dentro de cada pila, ordenamos los puntos de forma creciente: esto es, en la parte superior colocamos el punto con coordenada y mayor. Es fácil ver por qué elegimos esta ordenación en particular: si algún punto verde es válido para algún punto de la pila, también lo será para todos los puntos más altos de la misma pila. Esto significa que podemos procesar los puntos de cada pila comenzando por el superior.

La parte restante es sencilla. Digamos que (b_1, a_1), (b_2, a_2), $\ldots$ indican el conjunto de puntos verdes ordenados de forma decreciente en relación a su coordenada x. Como todos son útiles, también sabemos que están ordenados de forma decreciente por su coordenada y. Ahora encontramos todos los puntos rojos de las pilas $S_{b_2+1}, \ldots, S_{b_1}$, para los que el punto (b_1, a_1) es válido. Eliminamos estos puntos de las pilas. Después, consideramos el punto (b_2, a_2) y las pilas $S_{b_3+1}, \ldots, S_{b_2}$ y, así, sucesivamente. Cada vez que comprobamos un punto de una pila, o lo eliminamos o lo movemos a la siguiente pila. Por lo tanto, si el número de puntos rojos hallados es igual a r, esta fase del algoritmo se ejecuta en tiempo $O(r + n)$.

Esto nos proporciona una solución al Problema 2. Esta solución se debe ejecutar por cada grupo de intervalos de igual longitud. Observamos que es suficiente con ordenar todos los puntos rojos e insertarlos en una de las pilas una sola vez, al principio.

Los ingredientes de la solución de este subproblema son:

→ Generar $O(nt)$ intervalos candidatos.

→ Convertir los candidatos a puntos del plano en tiempo $O(n \log n + nt)$.

→ Insertar m lentes en pilas y ordenarlas dentro de cada pila, con un tiempo total de $O(n + m \log m)$.

→ Eliminar los puntos inútiles en tiempo $O(nt)$.

→ Ejecutar el algoritmo que resuelve el Problema 2 $t - 1$ veces. En cada iteración, utilizamos tiempo $O(r + n)$, donde r es el número de lentes para las que queremos una respuesta. Por lo tanto, la suma de estos números sobre las $t - 1$ ejecuciones del algoritmo será de un máximo de m, con un tiempo total de $O(m + nt)$.

Esto nos da un tiempo de ejecución total de $O(n \log n + m \log m + nt)$.

Mezcla de los subproblemas. Casi hemos terminado. Nuestro algoritmo comienza modificando la entrada en tiempo $O((n + m) \log n)$, después resuelve el primer subproblema en $O(\frac{n}{t}(n + m))$ y el segundo subproblema en $O(n \log n + m \log m + nt)$. Queda por hallar el valor óptimo de t.

Nos gustaría minimizar $\frac{n}{t}(n + m) + nt$, lo que es equivalente a minimizar $\frac{n+m}{t} + t$. Es fácil ver que el valor mínimo se obtiene con $t = \sqrt{n + m}$. El algoritmo funciona dentro de los siguientes límites de tiempo:

$$O((n + m) \log n + n\sqrt{n + m} + n \log n + m \log m + n\sqrt{n + m}) =$$
$$= O(n\sqrt{n + m} + m(\log m + \log n)).$$

Lleva algún tiempo darse cuenta, pero esta complejidad es, de hecho, mejor que la de la solución anterior. En concreto, si asumimos que, como ocurre en el caso del mayor tamaño de datos de entrada, $m > n$, el tiempo de ejecución se puede reescribir como $O(n\sqrt{m} + m \log m)$.

Algunos de los concursantes obtuvieron soluciones ligeramente inferiores para uno de los subproblemas. Por ejemplo, si resolvemos el primer subproblema utilizando ordenación o alguna estructura de datos en $O(\frac{n}{t}(n+m)\log n)$, entonces habría que elegir t para minimizar $\frac{n}{t}(n+m)\log n + nt$ o, lo que es equivalente, $t + \frac{(n+m)\log n}{t}$. La mejor opción para t será, por tanto, $\sqrt{(n+m)\log n}$ y el algoritmo será más lento por un factor de $\sqrt{\log n}$, con tiempo

$$O(n\sqrt{(n+m)\log n} + m(\log m + \log n)).$$

Supongo que cada informático se preguntará, de cuando en cuando, por qué un algoritmo tiene un tiempo de ejecución extraño, como el algoritmo más rápido conocido para contar inversiones en una permutación, que se ejecuta en tiempo $O(n\sqrt{\log n})$. La razón es, normalmente, similar a la mostrada hace unos instantes. El algoritmo consta de dos componentes con diferentes tiempos de ejecución, y decidimos cómo dividir el trabajo que realizará cada uno de ellos. Encontramos la división óptima del trabajo y resulta que los tiempos de ejecución se encuentran en un lugar ciertamente inesperado.

KRZYSZTOF ONAK

Es investigador de postdoctorado en la Universidad Carnegie Mellon. Obtuvo su doctorado en ciencias de la computación en el Instituto Tecnológico de Massachusetts en 2010, después de un máster en la Universidad de Varsovia en 2005. Fue miembro del equipo de la Universidad de Varsovia que ganó la final mundial del ACM-ICPC de 2003.
Su área de investigación está centrada en algoritmos sublineales. En su tiempo libre, disfruta intentando convencer a otros de que domina el sable mejor que ellos.

/ Sumas

Concurso: 10ª Olimpiada informática polaca
Autor: Krzysztof Onak
Memoria: 32 MB
https://oi.edu.pl/en/archive/oi/10/sum

Tenemos un conjunto de enteros positivos A. Consideramos un conjunto de enteros no negativos A', de forma que un número x pertenezca a A' si, y solo si, x es la suma de algunos elementos de A (los elementos se pueden repetir). Por ejemplo, si $A = \{2, 5, 7\}$, entonces los números que pertenecen al conjunto A' son: 0 (la suma de 0 elementos), 2, 4 $(2+2)$ y 12 $(5+7$ o $7+5$ o $2+2+2+2+2+2)$. Los siguientes no pertenecen a A': 1 y 3.

Tarea

Escribe un programa que:

→ lea de la entrada la descripción del conjunto A y la secuencia de números b_i,

→ para cada número b_i, determina si pertenece al conjunto A',

→ escriba el resultado en la salida.

Entrada

En la primera línea hay un entero n: el número de elementos del conjunto A $(1 \leq n \leq 5000)$. La siguientes n líneas contienen los elementos del conjunto A, uno por línea. En la línea $(i + 1)$-ésima está el entero positivo a_i $(1 \leq a_i \leq 50.000)$. $A = \{a_1, a_2, \ldots, a_n\}$, $a_1 < a_2 < \cdots < a_n$.

En la línea $(n + 2)$-ésima hay un entero k $(1 \leq k \leq 10.000)$. Cada una de las siguientes k líneas contiene un entero del rango 0 a 1.000.000.000: son los números $b_1, b_2, \ldots, b_k$, respectivamente.

Salida

La salida consta de k líneas. La línea i-ésima contiene la palabra TAK (*sí* en polaco) si b_i pertenece a A', o la palabra NIE (*no* en polaco) en caso contrario.

Ejemplo

Para los datos de entrada:

3

2

5

7

6

0

1

4

12

3

2

el resultado correcto es:

TAK

NIE

TAK

TAK

NIE

TAK

/ Solución

El enunciado del problema podría sugerir que la solución deberá estar basada en teoría de números. Sin embargo, reduciremos el problema a uno de los más fundamentales de grafos: la búsqueda de distancias en un grafo ponderado. Creo que, debido a esto, mucha gente disfrutó el problema y es, también, el motivo por el que pedí incluirlo en este libro. En cualquier caso, si conoces una solución basada en teoría de números o cualquier otra que sea más eficiente que la descrita aquí, me encantaría saberlo.

Reducción a un problema de grafos

Partiremos una observación sencilla. Establecemos un número arbitrario $a \in A$. Si un entero y pertenece a A', entonces también lo harán $y + a, y + 2a, y + 3a$, etc. Nuestro objetivo consiste en responder preguntas de la forma "¿Pertenece b a A'?". Si conociésemos el número más pequeño $t \in A'$ tal que $b \equiv t$ (mód a), entonces podríamos determinar si b pertenece a A' solo con compararlo con t. Se mantiene el hecho de que $b \in A'$ si, y solo si, $b \geq t$. Si el número t no existe, podemos asumir que $t = \infty$ y comprobar si b pertenece a A' de la misma manera.

Por lo tanto, para responder a todas las consultas, basta con que, para cada $i \in \{0, 1, \ldots, a - 1\}$, calculemos el número menor $t_i \in A'$, tal que $t_i \equiv i$ (mód a). Si no existe un t_i específico, establecemos $t_i = \infty$. No olvidemos que $t_0 = 0$.

Ahora construimos un grafo dirigido ponderado G sobre a vértices v_i ($0 \leq i \leq a - 1$). Cada vértice corresponde a un resto diferente módulo a. Añadimos una arista ponderada, desde v_i hasta $v_{(i+x) \bmod a}$, de longitud x, para cada vértice v_i y cada $x \in A$. La arista expresa el hecho de que, si sumamos x a un número con i como resto módulo a, obtendremos un número con el resto $(i + x)$ mód a. En la Figura 1 podemos ver un ejemplo de uno de esos grafos G. Demostraremos que los números t_i se pueden determinar utilizando distancias específicas en G. La siguiente afirmación responde a una equivalencia entre los caminos que tienen origen en v_0 y las secuencias de números en A.

Afirmación. Digamos que d_i ($0 \leq i \leq a - 1$) es la distancia entre v_0 y v_i en G (o ∞, si no hay un camino entre v_0 y v_i). Para cada $i \in \{0, 1, \ldots, a - 1\}$, $d_i = t_i$.

Demostración. Consideremos un camino arbitrario que comience en v_0. Digamos que $a'_1, \ldots, a'_k$ son las longitudes de aristas consecutivas en el camino y que $l = a'_1 + \cdots + a'_k$ es la longitud total del camino. Es fácil concluir, por inducción, que el vértice j-ésimo del camino ($1 \leq j \leq k + 1$) es v_{r_j}, donde $r_j = \left(\sum_{q=1}^{j-1} a'_q \right)$ mód a. Así, el último vértice del camino es $v_{l \bmod a}$. Utilizaremos este hecho.

Establecemos un $i \in \{0, \ldots, a-1\}$. Por definición, podemos expresar cada $t_i < \infty$ como una suma $a'_1 + \cdots + a'_k$, donde cada a'_j $(1 \le j \le k)$ pertenece a A. Consideremos ahora un camino con origen en v_0 que tome k aristas, donde la arista j-ésima del camino $(1 \le j \le k)$ tiene longitud a'_j. Según la definición de G, este camino existe. El vértice final del camino es v_i. Esto demuestra que $d_i \le t_i$, porque la longitud de este camino es t_i.

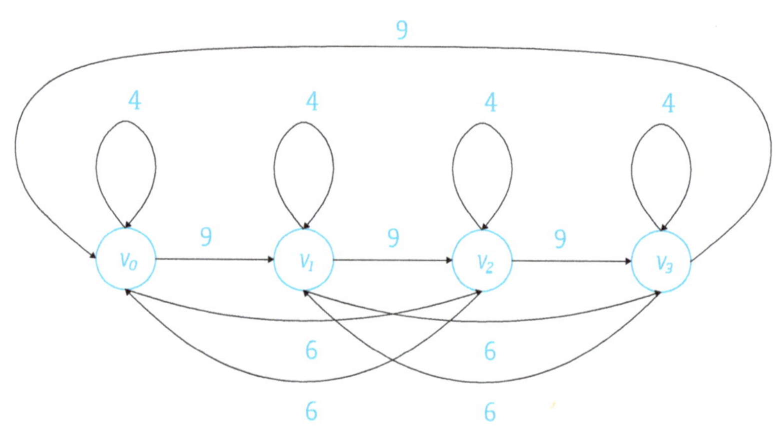

Figura 1: *Un grafo de ejemplo para $A = \{4, 6, 9\}$ y $a = 4$.*

Por otro lado, consideremos el camino más corto de v_0 hasta v_i, asumiendo que existe. Recordemos que d_i es la longitud de este camino. Digamos que $a'_1, \ldots, a'_k$ son las longitudes de las aristas consecutivas utilizadas por el camino. Por la forma en que se construye G, todos los valores de a'_j pertenecen a A, por lo que $d_i \in A'$. Además, como v_i es el vértice final, $d_i \equiv i$ (mód a), por lo que $d_i \ge t_i$.

Si cualquiera de d_i y t_i es finito, el razonamiento anterior demuestra que el otro número también será finito e igual. En caso contrario, $d_i = t_i = \infty$, es decir, la igualdad también se mantiene. $\square$

Caminos más cortos y complejidad de tiempo

Ahora sabemos que nos basta con calcular las distancias desde v_0 a todos los vértices v_i, para poder responder eficientemente a todas las consultas b_i. Podemos hacerlo utilizando el algoritmo de Dijkstra. Este algoritmo está descrito en la práctica totalidad de libros de texto sobre algoritmia. Dependiendo de la elección de las estructuras de datos en su implementación, el algoritmo de Dijkstra nos proporcionará diferentes tiempos de ejecución. La implementación más ingenua tiene un tiempo de ejecución de $O(a_1^2 + a_1 \cdot |A|)$, donde a_1 es el número más pequeño de A. Si $|A|$ es mucho más pequeño que a_1, entonces puede tener sentido utilizar un montículo binario como cola de prioridad en el algoritmo de Dijkstra, lo que supondrá que el tiempo de ejecución sea de $O(a_1 \cdot |A| \cdot \log a_1)$. No es necesario construir G explícitamente, lo que consumiría un espacio de $\Omega(a_1 \cdot |A|)$. En su lugar, será suficiente almacenar A, pues todas las aristas incidentes en un vértice específico vienen determinadas por A. Por lo tanto, el cálculo de todas las distancias d_i mediante el algoritmo de Dijkstra requiere un espacio de solamente $O(a_1 + |A|)$.

Por último, recordemos que una vez que hemos calculado todos los valores $t_i = d_i$, podemos responder cada consulta b en tiempo constante. En concreto, b pertenece a A' si, y solo si, $b \geq t_{b \bmod a}$.

/ Súpercaballo

Concurso: 9ª Olimpiada informática polaca
Autor: Krzysztof Onak
Memoria: 32 MB
https://oi.edu.pl/en/archive/oi/9/sup

En un tablero de ajedrez infinito, hay un súpercaballo capaz de realizar diferentes movimientos. Cada uno de esos movimientos está descrito por dos enteros: el primero indica cuántas columnas (a la derecha, si el número es positivo, o hacia la izquierda, si es negativo) y el segundo cuántas filas (hacia adelante, si el número es positivo, o hacia atrás, si es negativo) recorre el caballo al realizarlo.

Tarea

Escribe un programa que:
- → lea de la entrada conjuntos de datos que describan a diferentes súpercaballos,
- → determine, para cada súpercaballo, si será capaz de pasar por cualquier casilla del tablero mediante los movimientos permitidos,
- → escriba el resultado en la salida.

Entrada

En la primera línea de la entrada hay un entero k que especifica el número de conjuntos de datos $(1 \leq k \leq 100)$. Está seguido por k conjuntos de datos. En la primera línea de cada conjunto hay un entero n que representa el número de tipos de movimientos que puede realizar el súpercaballo $(1 \leq n \leq 100)$. Cada una de las siguientes n líneas del conjunto consta de dos enteros, p y q $(-100 \leq p, q \leq 100)$, separados por un espacio sencillo, números que describen un tipo de movimiento.

Salida

La salida debe constar de k líneas. La línea i-ésima contendrá la palabra TAK (*sí* en polaco) si el súpercaballo descrito por el conjunto de datos i-ésimo puede pasar por cualquier casilla del tablero, o la palabra NIE (*no* en polaco), en caso contrario.

Para los datos de entrada:

2

3

1   0

0   1

−2   −1

5

3   4

−3   −6

2   −2

5   6

−1   4

el resultado correcto es:

TAK

NIE

/ Solución

Escribí este problema cuando era un novato en la Universidad de Varsovia. En aquel momento no sabía que existe una ingente cantidad de material relacionado con bases de vectores de coordenadas enteras. Cualquier lector interesado en el tema debería buscar en línea, por ejemplo, el famoso algoritmo de Lenstra–Lenstra–Lovász.

¿Cómo se le ocurre a uno un problema así? Recuerdo que la idea surgió mientras estaba viendo salto de esquí en televisión, al tiempo que resolvía algunas tareas de álgebra lineal. En polaco, para referirse a un saltador de esquí y al caballo de ajedrez, se utiliza la misma palabra, "skoczek", que significa, literalmente, "saltador".

Adam Małysz, uno de los mejores saltadores de esquí de la historia, ganó aquel campeonato. Dos años después, antes de asistir a la final mundial del ACM-ICPC junto a Tomek Czajka y Andrzej Gąsienica-Samek, fui espectador del Campeonato mundial de esquí nórdico, en el que Adam Małysz obtuvo medallas de oro tanto en competiciones individuales como por equipos. Observando la gracia y la facilidad con las que se hizo con el triunfo, me pregunté si seríamos capaces de imitarle en las finales del ICPC. Y así lo hicimos.

Introducción

Tratamos los movimientos permitidos como vectores bidimensionales (v_x, v_y). Digamos que S es su conjunto. Decimos que S es *completo* si cada par de enteros (x, y) se puede expresar como la suma de una secuencia finita $v_1, \ldots, v_k$ de vectores de S, donde cada uno de esos vectores puede aparecer varias veces en la secuencia. El objetivo del problema es determinar si S es completo.

Nuestro algoritmo consta de dos fases. En la primera, determinamos si el conjunto de movimientos es suficiente como para alcanzar los semiejes positivo y negativo del sistema de coordenadas cartesiano. Para ser más precisos, decimos que S es *completo en ejes* si existen los enteros positivos a, b, c y d de forma que los vectores $(a, 0)$, $(-b, 0)$, $(0, c)$ y $(0, -d)$ se puedan obtener sumando vectores de S. Evidentemente, si S no es completo en ejes, tampoco será completo.

En general, si un súpercaballo puede realizar un movimiento $v = (v_x, v_y)$, no implica que exista una secuencia de movimientos que resulte en un movimiento del súpercaballo mediante el vector $-v = (-v_x, -v_y)$. El ejemplo más sencillo es $S = \{(0, 1)\}$, donde no es posible mover el súpercaballo por $(0, -1)$. Formalmente, decimos que S es *reversible* si, para cada vector $v \in S$, $-v$ se puede expresar como la suma de una secuencia finita de vectores de S. Después demostraremos que si S es completo en ejes, también será reversible.

Para cualquier conjunto S de vectores, escribimos S^* para indicar el conjunto de todos los vectores que se pueden obtener sumando o restando vectores de S. En términos más formales, para un $S = \{v_1, \ldots, v_n\}$ finito, tenemos

$$S^* = \left\{ \sum_{i=1}^{n} a_i v_i : a_1, \ldots, a_n \in \mathbb{Z} \right\},$$

donde $\mathbb{Z}$ es el conjunto de todos los enteros. Es importante saber que si S es reversible, entonces S^* es, exactamente, el conjunto de vectores que se pueden obtener sumando los vectores de S, porque se puede simular cada resto mediante una secuencia de movimientos invirtiendo un movimiento específico. Por lo tanto, un S reversible es completo si, y solo si, $S^* = \mathbb{Z}^2$.

En la segunda fase, nuestro algoritmo comprueba si $S^* = \mathbb{Z}^2$. Según nuestro razonamiento, esto resulta suficiente para verificar si los conjuntos completos en ejes S son completos, es decir, que han superado la primera fase. Demostraremos que, para cualquier conjunto S, es posible calcular dos vectores v_1 y v_2 tal que $\{v_1, v_2\}^* = S^*$. En concreto, utilizamos un procedimiento que toma tres vectores v_1, v_2 y w y devuelve dos vectores v_1' y v_2' tal que $\{v_1, v_2, w\}^* = \{v_1', v_2'\}^*$. Además, los vectores finales v_1 y v_2 tienen una forma que permite comprobar con facilidad si $\{v_1, v_2\}^* = \mathbb{Z}^2$.

Con esto terminamos de resumir nuestro algoritmo. Encontraremos todos los detalles omitidos en las siguientes tres secciones.

Algoritmo EsCompleto(S)
    si S no es completo en ejes **entonces**
        devolver falso
    si no si $S^* = \mathbb{Z}^2$ **entonces**
        devolver verdadero
    si no
        devolver falso

Comprobación de completo en ejes

En esta sección presentamos un algoritmo que determina si un conjunto de vectores S es completo en ejes. Sin perder la generalidad, solo veremos cómo determinar si es posible obtener un vector $(a, 0)$ como la suma de una secuencia de vectores de S para algún $a > 0$. Los otros tres casos se pueden reducir a este mediante la rotación del conjunto de vectores.

Asignamos cada vector de S a uno de los tres conjuntos siguientes, en base al signo de la segunda coordenada del vector:

$$S_0 = S \cap \mathbb{Z} \times \{0\},$$
$$S_+ = S \cap \mathbb{Z} \times \{y : y > 0\},$$
$$S_- = S \cap \mathbb{Z} \times \{y : y < 0\}.$$

En otras palabras, $v = (v_x, v_y) \in S$ pertenece a S_0, S_+, S_- si v_y es cero, positivo o negativo, respectivamente.

Si S_0 contiene un vector $(a, 0)$ para algún $a > 0$, hemos terminado. En caso contrario, vemos que, si un vector $(a, 0)$ para algún $a > 0$ se puede obtener como la suma de vectores en S, entonces también podemos obtener un vector de esta forma como la suma de vectores que se encuentren únicamente en $S_- \cup S_+$. En este caso, si al menos uno de S_- y S_+ está vacío, también habremos terminado, ya que al sumar un número distinto de cero de vectores en S_- o S_+, solo podremos obtener un vector con una segunda coordenada distinta de cero. Esto significa, en resumen, que durante el resto de esta sección podemos centrarnos en mostrar un algoritmo para determinar si es posible obtener un vector con forma $(a, 0)$ para un $a > 0$ como una suma de vectores de $S_- \cup S_+$, donde ambos S_- y S_+ no estén vacíos.

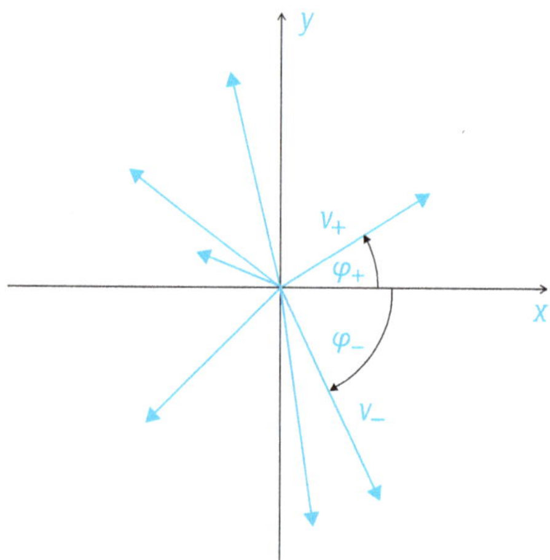

Figura 1: *Ángulos φ_+ y φ_-.*

Digamos que φ_- es el ángulo mínimo que hace un vector de S_- con la mitad positiva del eje x. Digamos que $v_- = (x_-, y_-)$ es cualquiera de los vectores de S_- con esta propiedad. Definimos φ_+ y $v_+ = (x_+, y_+)$ de forma análoga para S_+. Hay un ejemplo en la Figura 1. Demostraremos un lema que relaciona la pregunta que queremos responder con la suma de φ_- y φ_+.

Lema 1. Las tres siguientes condiciones son equivalentes:

→ $\varphi_- + \varphi_+ < 180°$,

→ existe un entero positivo a tal que el vector $(a, 0)$ se puede obtener como una suma de vectores de $S_- \cup S_+$,

→ $-x_+ \cdot y_- + x_- \cdot y_+ > 0$.

Demostración. Decimos que un vector v es una *combinación no negativa* de vectores $v_1, \ldots, v_k$ si $v = \sum_{i=1}^{k} a_i v_i$, para algunos números reales no negativos a_i. Digamos que

$$w = (-y_-) \cdot v_+ + y_+ \cdot v_- = (-x_+ \cdot y_- + x_- \cdot y_+, 0).$$

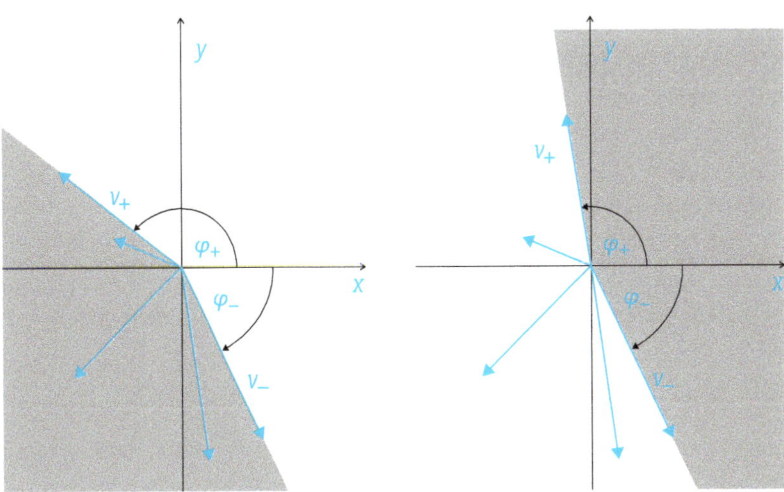

Figura 2: A la izquierda: el caso en el que $\varphi_- + \varphi_+ \geq 180°$, la zona gris describe combinaciones no negativas de vectores de S. A la derecha: el caso en el que $\varphi_- + \varphi_+ < 180°$, la zona gris describe combinaciones no negativas de vectores $\{v_-, v_+\}$.

Consideremos el caso en que $\varphi_- + \varphi_+ \geq 180°$ (ver la Figura 2). En este caso, no hay ningún punto de la mitad positiva del eje x que sea una combinación no negativa de vectores de $S_- \cup S_+$. Todas las combinaciones no negativas residen dentro del cono limitado por v_- y v_+, expandiéndose en el sentido de las agujas del reloj desde v_- hasta v_+. Por lo tanto, no es posible alcanzar la mitad positiva del eje x sumando vectores de $S_- \cup S_+$. Además, como w es una combinación no negativa de v_- y v_+, es obligado el caso en el que $-x_+ \cdot y_- + x_- \cdot y_+ \leq 0$.

Ahora, consideremos el caso en el que $\varphi_- + \varphi_+ < 180°$. Sabemos que w es una combinación no negativa de v_- y v_+ con coeficientes enteros positivos, lo que significa que w se puede expresar como la suma de una secuencia finita que consta de v_- y v_+. Como el ángulo entre v_- y v_+ no es de $180°$, los vectores no son co-lineales, y $w \neq (0, 0)$. Por otro lado, todas las combinaciones no negativas de v_- y v_+ quedan dentro del cono limitado por v_- y v_+, expandiéndose en el sentido de las agujas del reloj desde v_+ hasta v_-. Esto significa que no hay ningún punto en la mitad negativa del eje x que sea una combinación no negativa de v_- y v_+. Esto demuestra que $-x_+ \cdot y_- + x_- \cdot y_+$, la primera coordenada de w, es positiva. $\quad\square$

Es posible determinar fácilmente tanto v_+ como v_- en tiempo lineal. Sin perder la generalidad, como los casos son simétricos, nos centraremos en determinar v_+. Consideremos dos vectores $u = (x_u, y_u)$ y $w = (x_w, y_w)$ de S_+. El ángulo entre u y la mitad positiva del eje x es menor que el ángulo entre w y la mitad positiva del eje x si, y solo si, $x_u/y_u > x_w/y_w$. Esto viene provocado por las propiedades de la función cotangente y basta para comparar cada par de vectores de S_+. Por último, como afirma el Lema 1, es suficiente evaluar el signo de la expresión $-x_+ \cdot y_- + x_- \cdot y_+$ para determinar la respuesta a la pregunta en consideración.

Completitud en ejes y reversibilidad

Ahora demostraremos que, si S es completo en ejes, cada movimiento del súper-caballo es reversible. Esta propiedad resulta útil en la segunda fase del algoritmo, en la que comprobamos la completitud de conjuntos completos en ejes.

Lema 2. Si un conjunto S es completo en ejes, entonces es reversible.

Demostración. Por la definición de la completitud en ejes, existen vectores $(a, 0)$, $(-b, 0)$, $(0, c)$ y $(0, -d)$ tales que $a, b, c, d > 0$ y cada uno de ellos se puede expresar como una suma de una secuencia finita de vectores de S. Consideremos el vector arbitrario $v = (v_x, v_y)$ de S. Es suficiente demostrar que $-v$ se puede expresar como la suma de un número finito de vectores de S. Si $v = (0, 0)$, resulta trivial demostrar que la afirmación es cierta. Por lo tanto, durante el resto de la demostración, asumiremos que $v \neq (0, 0)$.

Consideremos un vector $(w_x, 0)$, donde w_x sea igual a a si $v_x < 0$ y $-b$ en caso contrario. De igual forma, consideremos $(0, w_y)$, donde w_y es igual a c si $v_y < 0$ y $-d$ en caso contrario. Tengamos en cuenta que $(w_x, 0)$ y $(0, w_y)$ son dos de los cuatro vectores que hemos obtenido de la definición de completitud en ejes. Veamos que

$$|w_x \cdot w_y| \cdot v + |w_y \cdot v_x| \cdot (w_x, 0) + |w_x \cdot v_y| \cdot (0, w_y) =$$
$$= \left(|w_x \cdot w_y| \cdot v_x + |w_y \cdot v_x| \cdot w_x, |w_x \cdot w_y| \cdot v_y + |w_x \cdot v_y| \cdot w_y\right) = (0, 0),$$

donde la segunda igualdad viene del hecho de que v_x y w_x no comparten signo, ni lo hacen v_y y w_y. Como tanto w_x como w_y son distintos de cero, $|w_x \cdot w_y| \geq 1$ y, por lo tanto

$$\left(|w_x \cdot w_y| - 1\right) \cdot v + |w_y \cdot v_x| \cdot (w_x, 0) + |w_x \cdot v_y| \cdot (0, w_y) = -v$$

se puede obtener sumando un número finito de vectores v, $(w_x, 0)$ y $(0, w_y)$. □

Determinación de si $S^* = \mathbb{Z}^2$

Escribimos $\text{GCD}(x, y)$ para denominar al máximo común divisor de dos enteros x e y. Si al menos un de ellos es distinto de cero, entonces el $\text{GCD}(x, y)$ corresponde con el entero positivo más grande que sea divisor tanto de x como de y. Asumimos que $\text{GCD}(0, 0) = 0$. En esta sección, utilizaremos el conocido algoritmo de Euclides para el cálculo del máximo común divisor. El tiempo de ejecución del algoritmo es de $O(\log M)$ si $|x|$ e $|y|$ están limitados por M. Además, es posible modificar el algoritmo para calcular los enteros t_x y t_y tal que $\text{GCD}(x, y) = t_x \cdot x + t_y \cdot y$, donde $|t_x|$ y $|t_y|$ están limitados por M (esta modificación es conocida como el *algoritmo extendido de Euclides*).

Ahora demostraremos que es posible hallar un máximo de dos vectores v_1 y v_2 tal que $\{v_1, v_2\}^* = S^*$. Nuestros vectores tienen la forma $v_1 = (x_1, 0)$ y $v_2 = (x_2, y_2)$, donde x_1 e y_2 no son negativos. Además, si $y_2 = 0$ entonces también $x_2 = 0$. Este requisito asegura que, si todos los vectores son colineales, uno de ellos será $(0, 0)$. De forma intuitiva, v_1 representa el desplazamiento horizontal mínimo, la segunda coordenada de v_2 describe el desplazamiento vertical mínimo y la primera coordenada de v_2 determina una desviación horizontal adicional, que puede ser imposible de eliminar completamente utilizando v_1.

También demostraremos como, para dos vectores de esta forma y un vector cualquiera $w = (x_3, y_3)$, calculamos dos vectores $v_1' = (x_1', 0)$ y $v_2' = (x_2', y_2')$ tal que $\{v_1, v_2, w\}^* = \{v_1', v_2'\}^*$. Además, v_1' y v_2' tienen la misma forma que v_1 y v_2, y se puede pensar en ellos como actualizaciones de v_1 y v_2. Sin perder la generalidad, asumimos que $y_3 \geq 0$. Si $y_3 < 0$ entonces w puede ser sustituido por $-w$.

Establecemos x_1' de la siguiente manera:

$$
x_1' = \begin{cases}
\mathrm{GCD}(x_1, x_3) & \text{si } y_3 = 0, \\
x_1 & \text{si } y_2 = 0 \text{ e } y_3 \neq 0, \\
\mathrm{GCD}\left(x_1, \frac{y_3}{\mathrm{GCD}(y_2,y_3)} \cdot x_2 - \frac{y_2}{\mathrm{GCD}(y_2,y_3)} \cdot x_3\right) & \text{si } y_2 \cdot y_3 \neq 0.
\end{cases}
$$

Tengamos en cuenta que $v_1' \in \{v_1, v_2, w\}^*$. Demostraremos la siguiente afirmación, que indica que v_1' representa, de hecho, el desplazamiento mínimo horizontal.

Lema 3. Se verifica que $\{v_1'\}^* = \{v_1, v_2, w\}^* \cap \mathbb{Z} \times \{0\}$.

Demostración. Si $y_3 = 0$, entonces cualquier vector de la forma $(a, 0) \in \{v_1, v_2, w\}^*$ se puede expresar como $\alpha \cdot v_1 + \beta \cdot w$, donde $\alpha, \beta \in \mathbb{Z}$, porque v_2 es bien $(0, 0)$, bien el único vector con una segunda coordenada distinta de cero. Por lo tanto, $\{v_1, v_2, w\}^* \cap \mathbb{Z} \times \{0\}$ es el conjunto de vectores de la forma $\alpha \cdot (\mathrm{GCD}(x_1, x_3), 0) = \alpha \cdot v_1'$, para $\alpha \in \mathbb{Z}$.

Consideremos ahora el caso en que $y_3 \neq 0$ e $y_2 = 0$. También será el caso en que $v_2 = (0, 0)$. Por lo tanto, todos los vectores de la forma $(a, 0) \in \{v_1, v_2, w\}^*$ se pueden expresar como $\alpha \cdot v_1$, donde $\alpha \in \mathbb{Z}$.

El caso restante es $y_2 \cdot y_3 \neq 0$. Debido a las asunciones anteriores, de hecho se verifica que $y_2, y_3 > 0$. Un vector $\alpha \cdot v_1 + \beta \cdot v_2 + \gamma \cdot w$ tiene forma $(a, 0)$ si, y solo si, $\beta \cdot y_2 + \gamma \cdot y_3 = 0$. Para un entero β dado, existe un entero γ correspondiente si, y solo si, y_3 es divisor de $\beta \cdot y_2$. Esto es equivalente a decir que $\beta \cdot y_2$ es múltiplo del mínimo común múltiplo de y_2 e y_3. La conclusión es que los vectores de la forma $(a, 0)$ de $\{v_1, v_2, w\}^*$ son, exactamente, el conjunto de vectores de la forma

$$
\alpha \cdot v_1 + \beta \cdot \left(\frac{y_3}{\mathrm{GCD}(y_2,y_3)} \cdot v_2 - \frac{y_2}{\mathrm{GCD}(y_2,y_3)} \cdot v_3\right) \quad \text{para } \alpha, \beta \in \mathbb{Z},
$$

porque el mínimo común múltiplo de y_2 e y_3 es igual a $\frac{y_2 \cdot y_3}{\mathrm{GCD}(y_2,y_3)}$. De forma equivalente, estos vectores se pueden expresar como

$$
\alpha \cdot (x_1, 0) + \beta \cdot \left(\frac{y_3}{\mathrm{GCD}(y_2,y_3)} \cdot x_2 - \frac{y_2}{\mathrm{GCD}(y_2,y_3)} \cdot x_3, 0\right) \quad \text{para } \alpha, \beta \in \mathbb{Z},
$$

lo que demuestra que son de la forma

$$
\alpha \cdot \left(\mathrm{GCD}\left(x_1, \frac{y_3}{\mathrm{GCD}(y_2,y_3)} \cdot x_2 - \frac{y_2}{\mathrm{GCD}(y_2,y_3)} \cdot x_3\right), 0\right) \quad \text{para } \alpha \in \mathbb{Z}.
$$

Con esto finaliza la demostración del lema. $\square$

Ahora establecemos $v'_2 = (x'_2, y'_2)$. Digamos que t_2 y t_3 son enteros calculados mediante el algoritmo extendido de Euclides, tal que $t_2 \cdot y_2 + t_3 \cdot y_3 = \text{GCD}(y_2, y_3)$. Digamos que $v''_2 = t_2 \cdot v_2 + t_3 \cdot w$. Y que x''_2 e y''_2 son la primera y segunda coordenadas de v''_2, respectivamente. Establecemos $y'_2 = y''_2$, además de

$$
x'_2 = \begin{cases} x''_2 & \text{si } x'_1 = 0, \\ \min\{x''_2 + \alpha \cdot x'_1 : \alpha \in \mathbb{Z} \text{ y } x''_2 + \alpha \cdot x'_1 \geq 0\} & \text{en caso contrario.} \end{cases}
$$

El cálculo del mínimo de la definición anterior se implementa en tiempo constante, utilizando el operador módulo. También $v'_2 = v''_2 + \alpha \cdot v'_1$ para algunos $\alpha \in \mathbb{Z}$, lo que implica que $v'_2 \in \{v_1, v_2, w\}^*$. Se verifica que v'_1 y v'_2 tienen la forma deseada.

Lema 4. Se verifica que $\{v'_1, v'_2\}^* = \{v_1, v_2, w\}^*$.

Demostración. Se verifica que $\{v'_1, v'_2\}^* \subseteq \{v_1, v_2, w\}^*$, porque v'_1 y v'_2 han sido construidos de tal manera que es evidente que pertenecen a $\{v_1, v_2, w\}^*$. Queda por demostrar la otra inclusión. Consideremos cualquier vector $u = (x_u, y_u)$ en $\{v_1, v_2, w\}^*$. Evidentemente, y_u tiene que ser múltiplo del máximo común divisor de las segundas coordenadas de v_1, v_2 y w. Para ser más precisos, debe ser múltiplo de $y'_2 = \text{GCD}(y_2, y_3)$. Digamos que $\alpha \in \mathbb{Z}$ sea tal que $y_u = \alpha \cdot y'_2$. Para algún entero q se verifica que $u = (q, 0) + \alpha \cdot v'_2$. Como tanto u como $\alpha \cdot v'_2$ pertenecen a $\{v_1, v_2, w\}^*$, también lo hará $(q, 0)$. Sigue, por tanto, la afirmación del Lema 3 de que $(q, 0) \in \{v'_1\}^* \subseteq \{v'_1, v'_2\}^*$. Por último, ya que tanto $(q, 0)$ como $\alpha \cdot v'_2$ pertencen a $\{v'_1, v'_2\}^*$, también lo hace u. $\square$

Comenzamos el algoritmo que determina si $S^* = \mathbb{Z}^2$, inicializando dos variables v_1 y v_2 a $(0, 0)$. Después, para cada vector $w \in S$, actualizamos los vectores v_1 y v_2 como se ha descrito antes. Sabemos que $\{v_1, v_2\}^*$ para los v_1 y v_2 actualizados es igual a $\{v_1, v_2, w\}^*$ para los antiguos v_1 y v_2. Los vectores v_1 y v_2 finales son tales que $\{v_1, v_2\}^* = S^*$, lo que obtenemos por inducción. Debido a la forma en que actualizamos los vectores, $\{v_1, v_2\}^* = \mathbb{Z}^2$ si, y solo si, $v_1 = (1, 0)$ y $v_2 = (0, 1)$.

Complejidad de tiempo

La primera parte del algoritmo, determinar si el conjunto es completo en ejes, se ejecuta en un tiempo de $O(n)$. Digamos que M es el límite superior del valor absoluto de todas las coordenadas de S. Es fácil demostrar por inducción que, en la segunda parte del algoritmo, tanto $|x_1|$ como $|x_2|$ están limitados por M^2, y que $|y_2|$ está limitado por M. Por lo tanto, procesar cada vector de la entrada consume un tiempo de $O(\log M)$, puesto que ejecutamos el algoritmo de Euclides un máximo de un número constante de veces y utilizamos solo un número constante de operaciones aritméticas adicionales. Por ello, el tiempo global del algoritmo es de $O(n \log M)$.

JAKUB PACHOCKI

Es estudiante de la Facultad de matemáticas, informática y mecánica de la Universidad de Varsovia. Cuando estaba en secundaria, logró una medalla de plata en la Olimpiada internacional de informática y fue campeón de la Olimpiada informática báltica. Ya como estudiante universitario, ganó tanto el Concurso universitario de programación polaco como el Concurso regional centroeuropeo del ACM-ICPC en dos ocasiones, y representó a la Universidad de Varsovia en las finales mundiales del ACM-ICPC en 2011 y 2012. En 2011 obtuvo el tercer puesto en la final mundial de Google Code Jam y cuarto en la Facebook Hacker Cup. Ese mismo año, se erigió campeón de dos concursos de programación polacos: Escaramuzas algorítmicas y Wielka Przesmycka (concurso de programación de la Universidad de Breslavia).

Una de sus aficiones es escribir problemas de algoritmia, junto a la lectura de libros interesantes (fantasía, ficción, ciencia y divulgación), la escritura y la natación.

/ **Patines** *sobre hielo*

Concurso: 16ª Olimpiada informática polaca
Autor: Jakub Radoszewski
Memoria: 32 MB
https://oi.edu.pl/en/archive/oi/16/lyz

Byteasar dirige un club de patinaje. Sus miembros se reunen de forma habitual y entrenan juntos, utilizando siempre los patines sobre hielo del club. Las tallas de los patines están numeradas (por convención) desde 1 hasta n. Lógicamente, cada miembro del club tiene un tamaño de pie concreto, pero aún hay más. Los patinadores tienen un factor de tolerancia d de la talla de los patines: un patinador con un tamaño de pie r puede utilizar patines con una talla que vaya desde r hasta $r + d$. Hay que indicar, sin embargo, que *ningún patinador utiliza nunca patines de diferentes tamaños simultáneamente*.

Para equipar al club, Byteasar ha comprado k pares de patines sobre hielo de cada talla, es decir, desde 1 hasta n. Según va pasando el tiempo, se unen nuevos miembros al club, a la vez que otros lo abandonan. A Byteasar le preocupa tener suficientes patines de cada talla para que todos los miembros puedan participar en las sesiones de entrenamiento.

Asumiremos que, inicialmente, el club no tiene ningún miembro. Byteasar te proporcionará una secuencia de m eventos con el siguiente formato: x miembros con tamaño de pie r se unen o abandonan el club. Después de cada evento, Byteasar quiere saber si tiene suficientes patines de las tallas adecuadas a disposición de todos los miembros del club. Escribe un programa que le ayude a comprobarlo.

Entrada

La primera línea de la entrada contiene cuatro enteros, n, m, k y d ($1 \leq n \leq 200.000$, $1 \leq m \leq 500.000$, $1 \leq k \leq 10^9$, $0 \leq d \leq n$), separados por espacios sencillos, que especifican, respectivamente: la talla máxima de los patines, el número de eventos, el número de pares de patines de cada talla que Byteasar compró inicialmente y el factor de tolerancia de los patines. Las siguientes m líneas contienen la secuencia de m eventos, uno por línea. La línea $(i + 1)$-ésima (para $1 \leq i \leq m$) consta de dos enteros: r_i y x_i ($1 \leq r_i \leq n - d$, $-10^9 \leq x_i \leq 10^9$), separados por un espacio sencillo. Si $x_i \geq 0$, significa que x_i miembros nuevos, cada uno con un tamaño de pie r_i, se han unido al club. Y, si $x_i < 0$, significa que x_i miembros, cada uno con un tamaño de pie r_i, han dejado el club. Puedes asumir que la secuencia es realista y que nadie puede abandonar el club si no pertenecía a él.

Salida

El programa debe escribir m líneas en la salida. La línea i-ésima (para $1 \leq i \leq m$) debe contener la palabra TAK (*sí* en polaco) o la palabra NIE (*no* en polaco), dependiendo de si Byteasar tiene suficientes patines de los tamaños adecuados para cada miembro del club después del evento i-ésimo.

Ejemplo

Para los datos de entrada:

```
4   4   2   1
1   3
2   3
3   3
2   −1
```

el resultado correcto es:

```
TAK
TAK
NIE
TAK
```

Explicación del ejemplo: Después de producidos todos los eventos de la secuencia de entrada, hay tres miembros del club que puede utilizar patines de tallas 1 o 2, dos miembros que pueden utilizar tallas 2 o 3 y tres miembros que pueden utilizar tallas 3 o 4. Con esa lista de miembros, basta con dos pares de cada una de las tallas 1, 2, 3 y 4:

→ dos miembros utilizan patines de talla 1,

→ se entregan los patines de talla 2 a uno de los miembros que pueden utilizar las tallas 1 o 2 y a otro que puede utilizar la 2 o 3,

→ se entregan los patines de talla 3 a uno de los miembros que pueden utilizar las tallas 2 o 3 y a otro que puede utilizar la 3 o 4,

→ los dos miembros restantes reciben patines de talla 4.

/ Solución

Tuve el placer de pelearme con el problema del patinaje sobre hielo durante la segunda fase de la 16ª Olimpiada informática polaca. El duelo no fue largo, ya que logré resolverlo, gracias a las vibraciones positivas, en menos de cuarenta minutos desde el inicio de la competición. En cualquier caso, *Patines sobre hielo* se quedó grabado en mi memoria como una fusión excepcionalmente elegante de dos problemas de algoritmia, en apariencia, completamente independientes.

Mi primer (y existoso) intento fue muy directo. En concreto, consideremos en qué situacion es posible asignar patines sobre hielo a todos los miembros del club. Este problema se puede interpretar, de forma natural, como uno de grafos: podemos construir un grafo bipartito, con los miembros del club a su lado izquierdo y los patines al derecho, y dibujar aristas entre cada patinador y los patines sobre hielo que puede utilizar. De momento, trataremos de *no pensar* en la diversas propiedades especiales del grafo (que se originan en las sencillas reglas que describen la tolerancia de los patinadores). En el problema, nos preguntamos si, en este grafo bipartito, existe un emparejamiento de una cara perfecto. Es normal sospechar que podemos estar ante un problema ya conocido. De hecho, el criterio que determina la existancia de tal emparejamiento es famoso bajo el nombre de teorema de Hall.

Teorema de Hall. Tenemos un grafo bipartito, cuyas aristas conectan los vértices de un conjunto U, al lado izquierdo, con un conjunto V, al derecho. Existe una forma de asignar a cada vértice U un vértice V diferente si, y solo si, para cada $X \subseteq U$ los vértices del conjunto X están conectados a, al menos, $|X|$ vértices de V.

Si denominamos con $L(X)$ el conjunto de vértices de V conectados con cualquier vértice de X, el teorema dicta que, para cada X, se debe verificar la desigualdad $|X| \leq |L(X)|$. En otras palabras, podemos asignar patines sobre hielo a todos los miembros del club de Byteasar si, y solo si, no existe un subconjunto de patinadores tal que haya menos patines que se ajuste a *cualquiera* de esos patinadores que la cardinalidad del conjunto. Esto nos proporciona una primera solución a la tarea: cada vez que queramos responder a alguna de las consultas, podemos recorrer todos los subconjuntos de patinadores y comprobar si alguno de ellos no cumple con la condición del teorema de Hall. La complejidad de la solución es, sin embargo, mucho peor de la que podríamos considerar satisfactoria, ya que el tiempo necesario para responder a una sola consulta depende exponencialmente de n.

¿Realmente es necesario recorrer todos los subconjuntos de patinadores? Asumimos que, en algún punto, el conjunto $X \subseteq U$ no cumplirá con la condición del teorema de Hall. Si pudiésemos representar X como la suma de dos conjuntos disjuntos no vacíos X_1, X_2, de forma que $L(X_1) \cap L(X_2) = \varnothing$, entonces resulta fácil verificar si alguno de los conjuntos X_1, X_2 incumpliría la condición del teorema de Hall. Por lo tanto, solo debemos considerar aquellos conjuntos X que no puedan ser divididos así (y a los que nos referiremos, en adelante, como conjuntos *indivisibles*). Supongamos, a cambio, que uno de estos conjuntos X indivisibles está contenido por completo en un conjunto $Y \subseteq U$, tal que $L(X) = L(Y)$. En ese caso, Y también será indivisible y, naturalmente, $L(Y) = L(X) < |X| < |Y|$, por lo que Y también incumplirá la condición del teorema de Hall.

Ahora ha llegado el momento de utilizar las propiedades especiales de nuestro grafo. Digamos que U es el conjunto de miembros del club y V el conjunto de patines sobre hielo. Según las anteriores observaciones, si existe un subconjunto de patinadores que cumple con la condición del teorema de Hall, también existirán los números l, r ($1 \leq l \leq r \leq n - d$) para los que el conjunto de *todos* los patinadores con tamaños de pie en el intervalo $[l, r]$ es indivisible y tampoco cumple con la condición. Además, podemos asumir que hay patinadores con tamaños de pie l y r (en caso contrario, bastaría con elegir un intervalo más pequeño).

Determinar si se verifica la condición de Hall para conjuntos definidos con tanta sencillez, resulta ser mucho más fácil que en el caso general. Observamos que el número total de patines sobre hielo que son válidos para los patinadores cuyos tamaños de pie queda dentro del intervalo $[l, r]$, tal como lo hemos elegido, es igual a $k(r - 1 + 1 + d)$ (aquí aprovechamos el hecho de que el conjunto de estos patinadores es indivisible). Si denominamos a_i al número de patinadores con tamaño de pie i, el número total de miembros del club con tamaño de pie dentro del intervalo dado, será de $a_l + a_{l+1} + \cdots + a_r$. Por lo tanto, la condición de Hall no se cumple si $(a_l - k) + (a_{l+1} - k) + \cdots + (a_r - k) > kd$. Si denominamos $b_i := a_i - k$, entonces existe un subconjunto de miembros del club que no cumple con la condición de Hall si, y solo si, la máxima suma posible de una subsecuencia contigua de la secuencia $b_1, \ldots, b_{n-d}$ supera a kd. Por lo tanto, si podemos hallar una estructura de datos que pueda almacenar la secuencia b, que permita la modificación rápida de un elemento de la secuencia y responda a la consulta sobre la suma máxima de una subsecuencia contigua, tendremos la solución completa al problema original.

Resulta que esta estructura es el árbol de segmentos, todo un clásico en la Olimpiada informática polaca. La idea es bastante sencilla: para construir un árbol que opere sobre una secuencia de números, creamos una raíz que agregue información sobre la secuencia completa y, en sus hijos, creamos árboles análogos que corresponden a las mitades izquierda y derecha de nuestra secuencia. Una estructura así contiene solo un número de vértices logarítmico, que agrega información relativa a un elemento concreto de la secuencia, por lo tanto, si podemos calcular la información para un nodo determinado del árbol en tiempo constante (asumiendo que ya se ha calculado la información para sus hijos), obtendremos una estructura que se actualiza a sí misma, en tiempo logarítmico, después de la modificación de cualquiera de sus elementos.

¿Es la información sobre la suma máxima de una subsecuencia contigua de la secuencia correspondiente al nodo dado algo que podamos calcular en tiempo constante, en base a la información de los hijos de ese nodo? Por desgracia... no por sí misma. Resulta, sin embargo, que basta con mantener, además de la función $s(u)$ (la suma máxima de una subsecuencia contigua para un nodo u de nuestro árbol), tres funciones auxiliares:

→ $pref(u)$, que indica la suma máxima de un prefijo de la secuencia correspondiente al nodo u,

→ $suf(u)$, que indica la suma máxima de un sufijo de la secuencia correspondiente al nodo u,

→ $sum(u)$, que indica la suma de todos los elementos de la secuencia correspondiente al nodo u.

Entonces, obtendremos un conjunto que está "cerrado" con respecto a la posibilidad de su cálculo rápido en base a la información almacenada en los hijos. De hecho, si t es un nodo del árbol, y u y v son sus hijos, se verifica que:

$$s(t) = \text{máx}\left(s(u), s(v), suf(u) + pref(v)\right),$$
$$pref(t) = \text{máx}\left(pref(u), sum(u) + pref(v)\right),$$
$$suf(t) = \text{máx}\left(suf(v), suf(u) + sum(v)\right),$$
$$sum(t) = sum(u) + sum(v).$$

Por lo tanto, nuestra solución, con cada cambio del conjunto de miembros del club, actualizará los valores calculados de las funciones s, $pref$, suf, sum en $O(\log n)$ vértices del árbol y escribirá TAK ("sí") si, y solo si, el valor de s en la raiz del árbol no es mayor que kd. Es interesante comprobar que el algoritmo descrito tenga una implementación tan sorprendentemente concisa.

Si el lector ha encontrado algún placer en la búsqueda de un método para calcular rápidamente la información relativa a emparejamientos en un grafo específico, le recomiendo la lectura de las siguientes tareas: *Globos*, de la fase final de Escaramuzas algorítmicas 2008; *Hotel*, de la 18º Olimpiada informática centroeuropea; y *Permutación*, de Escaramuzas algorítmicas 2009. Los enunciados de todos estos problemas se encuentran disponibles en la página web de MAIN.

Concurso: Escaramuzas algorítmicas 2010
Autor: Jakub Pachocki
Memoria: 128 MB
https://oi.edu.pl/en/archive/pa/2010/ted

¿Recuerdas las dos simpáticas termitas comedoras de tablas que nunca se cansaban del ejercicio mental (ver el problema *Termitas* en la página 127)? Después de haberse comido casi todas las vallas de Bytelandia, ahora les ha entrado el apetitito por los árboles.

Un *árbol* es un grafo conexo y no dirigido, con n vértices y $n - 1$ aristas. Nuestras dos termitas se han aburrido rápidamente con la monotonía de comerse los vértices y, para hacer su menú más interesante, han inventado otro juego. Están de acuerdo en ordenar las aristas $(e_1, e_2, \ldots, e_{n-1})$ de los árboles que se van a comer. El juego tendrá una duración máxima de $n - 1$ rondas, en las que una sola termita realizará, exactamente, un único movimiento. Los jugadores realizan movimientos alternativos (el que comienza juega la ronda 1, el segundo la ronda 2, el primero la 3, etc.). En la ronda k-ésima la termita que está jugando debe elegir un extremo no comido de la arista e_k y comerlo. Si ambos extremos de e_k han sido comidos antes de que la termita haga su movimiento, la partida termina y el jugador pierde. Si la partida no ha finalizado en $n - 1$ rondas, se considera empatada.

Asumimos que las termitas (que, al fin y al cabo, son expertas en este juego) no cometen jamás un error, y que la termita con la estrategia ganadora quiere ser campeona en la ronda más temprana posible, mientras que su oponente trata de demorar su propia derrota todo lo que pueda. La tarea consiste en determinar, para un árbol dado y un orden de aristas establecido por las terminas, la ronda en la que terminará la partida.

Entrada

En la primera línea de la entrada hay un entero n ($2 \leq n \leq 500.000$), que especifica el número de vértices del árbol. Las siguientes $n - 1$ líneas contienen las aristas del árbol en el orden determinado por las termitas. La i-ésima línea contiene dos enteros, u_i y v_i ($1 \leq u_i, v_i \leq n$), que especifican los índices de los extremos de la arista e_i.

Salida

La primera y única línea de la salida debe contener, exactamente, un entero: el número de la ronda en la que termina la partida, o -1 si el resultado es un empate.

Ejemplo

Para los datos de entrada:

5

2   3

1   2

4   5

3   4

el resultado correcto es:

4

Explicación del ejemplo: Si, en la primera ronda, la termita que comienza se come el vértice 3 y, en la tercera ronda, se come el vértice 4, su oponente no podrá realizar movimientos válidos en la cuarta ronda, independientemente de lo que haya hecho en la segunda.

/ Solución

De entre todos los problemas que he escrito, *Termitas 2* es uno de mis favoritos y, al mismo tiempo, de los más difíciles. Se diferencia de mis otras tareas en que su origen *no es* fruto de la inspiración fugaz, sino el resultado de horas de esforzada creación de un problema interesante.

Al leer la brillante tarea *Termitas*, de Tomasz Idziaszek, se despertó en mí el deseo de convertirme en autor para el magnífico concurso Escaramuzas algorítmicas. Paladeé la idea hasta que, finalmente, en una soleada mañana de mayo, me levanté al alba en busca de buenos temas.

Mi idea inicial parecía ser bastante interesante. El problema era el siguiente: tenemos un tablero con m filas y n columnas (¡cuántos grandes problemas de algoritmia suceden en un tablero!) y, en cada una de las casillas, está escrito un número real. El objetivo consiste en colocar torres en el tablero, de forma que no haya dos que se ataquen entre ellas, al tiempo que se maximiza la suma de los valores de las casillas en las que se encuentran. Mi intuición me sugería que la tarea debía tener una solución interesante y no trivial. Por ello, cuando poco después descubrí que la solución, que ya existía, se conoce comunmente como el algoritmo húngaro, la decepción fue mayúscula.

¿Y qué podía hacer? Decidí aferrarme a la idea de colocar torres en un tablero. Sin embargo, para dificultar un poco la tarea y alejarme del tipo de problema que suelen resolver los algoritmos clásicos, decidí añadir un elemento al juego. ¿Qué ocurriría si hubiese dos jugadores que colocasen las torres alternativamente, con ambos tratando de maximizar la suma de los valores de las casillas en las que las colocaban, con un total que se redujese por la suma de los valores de las casillas en las que estaban las torres de su oponente? El aspecto era absolutamente magnífico. Sin embargo, como suele ocurrir con muchos problemas de apariencia interesante, me encontré con un muro de otro tipo, y es que no era capaz de resolver el problema. Intenté hacerlo más sencillo ignorando el elemento de optimización (olvidando los valores escritos en las casillas), haciendo que algunas casillas estuviesen bloqueadas y otras no y forzando a que los jugadores simplemente tuviesen que colocar torres en casillas vacías de forma alternativa, hasta que uno de ellos no pudiese realizar un movimiento válido (no pudiese colocar una torre a salvo del ataque de otra). Por desgracia, a pesar del atractivo del problema, no fui capaz de dar ni un solo paso hacia su solución.

Todo parecía indicar que el elemento de dificultad estaba presente a través del hecho de que se trataba de un juego. Traté de incorporar una nueva simplificación que, creo, fue la idea más importante de mi trabajo en este problema, ya que el camino desde aquel planteamiento hasta *Termitas 2* era bastante directo. La idea es la siguiente: hagamos que el conjunto de movimientos que los jugadores pueden realizar dependa de la ronda actual. Así, en la ronda i-ésima solo se podrá colocar una torre en la fila i-ésima. Esto nos lleva a una serie de consecuencias interesantes:

→ El primer jugador solo colocará torres en las filas impares y el segundo en las pares.

→ Ya no es necesario preocuparse sobre si las torres pueden atacar a izquierda o derecha (ya que sabemos que no habrá dos en la misma fila).

→ De cara al estado del juego en cualquier momento dado, la ubicación exacta de las torres en el tablero es irrelevante, lo único que importa es el número de ronda y el conjunto de columnas que ya están ocupadas. Esto nos lleva fácilmente a una solución basada en programación dinámica, con un tiempo de ejecución de $O(2^n mn)$. No es particularmente interesante, pero un signo de progreso visible: finalmente hemos logrado una tarea cuya solución necesita de un algoritmo no trivial.

Por desgracia, no tenemos un algoritmo polinómico a la vista que pueda resolver el problema. Por tanto, me centré en la solución mencionada que trabaja en tiempo exponencial en base al número de columnas. Me pregunté qué ocurriría si limitábamos el número de casillas libres en cada fila (digamos que no puede haber más de r). Le dediqué mucho tiempo a esta idea, pero tampoco pude encontrar una solución. A pesar de ello, decidí seguir mi instinto y limitar el valor de r.

Los valores de r como 4 o 5 no se comportaban bien. Pero la cosa parecía ponerse interesante con $r = 3$. Si había un máximo de tres casillas libres en cada fila, el jugador tendría, aparentemente, muy pocas opciones en cada movimiento pues, si había más de una casilla ya tomada, tendría, como máximo, un movimiento a su disposición. A pesar de mis profundas deliberaciones, seguía sin encontrar una solución interesante.

Así, me quedé con el último valor posible de $r = 2$ (si $r = 1$ los jugadores nunca tienen opciones, por lo que la partida tendría menos interés que una del juego de cartas *Guerra*). En el problema presentado, la diferencia entre $r = 3$ y $r = 2$ es diametral, en el mismo sentido que lo es entre los problemas 3-SAT y 2-SAT. Vamos a asumir que, en cada fila hay, precisamente, dos casillas libres (las filas en las que haya menos no aportan ningún interés al juego). En ese caso, podremos modelar el tablero como un grafo no dirigido, en el que las columnas son vértices y las filas las aristas entre ellos.

Por ejemplo, el tablero:

corresponde a un grafo de cinco vértices y cuatro aristas, de las que la primera arista conecta los vértices 2 y 3, la segunda el 1 con el 2, la tercera el 4 con el 5 y la cuarta el 3 con el 4. Los jugadores van tomando la siguiente arista por turnos y eliminan uno de sus extremos todavía no borrados. El primer jugador que no pueda realizar un movimiento válido, pierde.

Como podemos ver, establecer $r = 2$ prácticamente me ha llevado a la formulación final de la tarea. En este punto, la única diferencia importante radicaba en que, en los grafos sobre los que se desarrollaba el juego, se permitía la presencia de ciclos. Con el interés puesto en el modelo de grafos del tablero y sin una solución obvia, me lancé a la búsqueda de un algoritmo polinómico que pudiese resolver el problema. Comencé realizando una observación bastante obvia: si, después de añadir las primera k aristas, aparece un componente conexo en el grafo en el que haya más aristas que vértices, la partida finalizará durante los primeros k movimientos, con un jugador ganador (lo que se deduce del hecho de que debemos eliminar, al menos, un vértice por cada arista del componente seleccionado). Por lo tanto, podemos considerar solo aquellos grafos en los que, en cada componente conexo haya, al menos, tantas aristas como vértices.

Veamos los posibles estados de la partida después de k movimientos. Las aristas consideradas hasta el momento determinan un número de componentes conexos del grafo. Parece claro que los movimientos realizados en componentes conexos separados son independientes. Nos centraremos, por tanto, en el posible estado de un único componente conexo. Si contiene n vértices, debe contener, al menos, $n - 1$ aristas (o no sería conexo). Como hay que eliminar un vértice por cada arista, en el componente conexo quedará, como mucho, un vértice sin eliminar. Por lo tanto, hay un máximo de n estados posibles.

Pensemos en los desenlaces posibles del juego. Podemos separarlos en dos tipos:

1. Un jugador realiza un movimiento en una arista que conecta los vértices u y v, que pertenecen a dos componentes conexos que estaban separados. El oponente, sin embargo, ha forzado anteriormente la eliminación tanto del vértice u del primero los componentes, como del v en el segundo.

2. Un jugador realiza un movimiento en una arista que conecta los vértices u y v, que pertenecen al mismo componente conexo (que debe ser un árbol del grafo formado por aristas ya tenidas en consideración). El oponente, sin embargo, ha forzado anteriormente la eliminación de los vértices u y v de ese componente.

Para determinar si un jugador X puede evitar perder en una ronda dada, tenemos que ser capaces de responder con eficiencia a las siguientes cuestiones:

1. ¿Puede el jugador X asegurarse de que el vértice u no está eliminado? ¿Puede el jugador X asegurarse de que el vértice v no está eliminado? (Veamos que estas preguntas son completamente independientes entre sí, si u y v estaban hasta el momento en componentes conexos distintos).

2. ¿Puede el jugador X asegurarse de que. al menos uno de los vértices u, v, no ha sido eliminado (sin indicar cuál en concreto)?

Por lo tanto, para cada componente conexo, podemos almacenar toda la información de la forma "el jugador X puede asegurar que el único vértice no eliminado es v" y "el jugador X puede asegurar que el único vértice no eliminado es uno de u, v, sin embargo, puede que sea el oponente quien elija uno de ellos específicamente". En base a esto, logré una solución polinómica al problema. Sin embargo, me hice la siguiente pregunta: ¿añade realmente valor a la tarea la presencia de ciclos en el grafo, al introducir el segundo caso, conceptualmente más complejo, en las consideraciones anteriores? Decidí que no era así, me parecía que era un ejemplo más de una tarea en la que la solución para un grafo con un único ciclo (un grafo conexo con mismo número de aristas y vértices) no es más que una versión más complicada de la solución para un árbol. Por lo tanto establecí la versión definitiva del problema, donde resultaba bastante natural añadir la historieta de las termitas, teniendo en cuenta cuál había sido mi inspiración incial.

Vamos a asegurarnos de que, efectivamente, podemos almacenar información del tipo "el jugador X puede asegurar que el único vértice no eliminado, en un componente dado, es v", mientras consideramos las aristas subsiguientes. Denominaremos $A(S)$ al conjunto del vértices que el jugador 1 puede asegurar que quedarán sin eliminar en el componente S, y $B(S)$ los correspondientes del jugador 2. Supongamos que sabemos que el jugador 1 realizará el siguiente movimiento en la arista (u, v), en la que u pertenecía al componente T_1 en el grado formado por las aristas consideradas previamente, mientras que v pertenecía a T_2 ($T_1 \neq T_2$). Denominaremos T al componente formado después de añadir la arista (u, v) (por lo que

$T = T_1 \cup T_2$). Después de unos instantes de razonamiento, no es difícil llegar a la conclusión de que:

$$
\begin{cases}
A(T) = A(T_1) \cup A(T_2), B(T) = \varnothing, & \text{si } u \in A(T_1) \text{ y } v \in A(T_2), \\
A(T) = A(T_2), B(T) = B(T_2) \setminus \{v\}, & \text{si } u \in A(T_1) \text{ y } v \notin A(T_2), \\
A(T) = A(T_1), B(T) = B(T_1) \setminus \{u\}, & \text{si } u \notin A(T_1) \text{ y } v \in A(T_2).
\end{cases}
$$

Evidentemente, si $u \notin A(T_1)$ y $v \notin A(T_2)$, el jugador 2 puede forzar la derrota del jugador 1 en el movimiento actual.

Una implementación sencilla de estas observaciones, almacenando los conjuntos A y B en árboles de búsqueda binaria equilibrados, nos permite llegar a una solución que funciona en tiempo $O(n \log^2 n)$ (donde n es el número de vértices del árbol). Después de un análisis más cuidadoso de la naturaleza de estos conjuntos, es posible obtener soluciones que trabajan con complejidades $O(n \log n)$, $O(n \log^* n)$ y, por último, una solución muy sencilla y elegante en tiempo $O(n)$, cuya búsqueda recomiendo encarecidamente al lector.

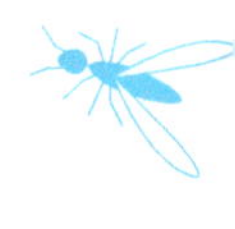

PAWEŁ PARYS

Es ayudante de investigación en el Instituto de informática de la Universidad de Varsovia, donde ha obtenido su doctorado recientemente. Tiene intereses científicos variados, relacionados con la teoría de autómatas, incluyendo muchos algoritmos de búsqueda dentro de documentos XML y autómatas con pila de orden superior.

Comenzó a participar en concursos de informática mientras estaba en secundaria. Ha ganado dos veces la Olimpiada informática polaca y ha sido subcampeón de la Olimpiada internacional de informática. Durante sus años de universidad, disfrutó, junto a su equipo, de tres victorias en el Concurso universitario de programación polaco y de dos victorias en el Concurso regional centroeuropeo del ACM-ICPC. En la final mundial del ACM-ICPC, su equipo obtuvo las clasificaciones de décimo en 2004 y décimoséptimo en 2006. Como concursante individual, ha sido varias veces finalista de Google Code Jam, TopCoder Open y TopCoder Collegiate Challenge. También ha participado con éxito en competiciones matemáticas. Disfruta viajando, sobre todo cuando va acompañado de ciclismo y montañismo.

/ Cueva

Concurso: 11ª Olimpiada informática polaca
Autor: Paweł Parys
Memoria: 16 MB
https://oi.edu.pl/en/archive/oi/11/jas

En Bytelandia hay una cueva. Está formada por n cámaras y los pasillos que las unen. Los pasillos están dispuestos de forma que existe un único camino que conecta cada par de cámaras. Hansel ha escondido un tesoro en una de las cámaras, pero no quiere decir en cuál. Gretel quiere saber dónde está el tesoro, por lo que le pregunta a Hansel sobre varias cámaras. Cuando su suposición es correcta, Hansel se lo dice y, cuando es incorrecta, le dice por qué camino se llega al tesoro.

Tarea

Escribe un programa que:
- lea de la entrada la descripción de la cueva,
- encuentre el número mínimo de preguntas que debe hacer Gretel, en el peor caso, para descubrir en qué cámara se halla oculto el tesoro,
- escriba el resultado en la salida.

Entrada

En la primera línea de la entrada hay un entero positivo n ($1 \leq n \leq 50.000$), que especifica el número de cámaras que hay en la cueva. Las cámaras están numeradas del 1 hasta el n. En las siguientes $n-1$ líneas, se describen los pasillos que conectan las cámaras, uno por línea. Cada una de las líneas contiene un par de enteros positivos distintos, a y b ($1 \leq a, b \leq n$), separados por un espacio sencillo, que indican que hay un pasillo entre las cámaras a y b.

Salida

El programa debe escribir un entero en la salida, indicando el número mínimo de preguntas que debe realizar Gretel en el peor de los casos (es decir, asumimos que Gretel hace las preguntas de la mejor forma posible, pero el tesoro está oculto en la cámara que requiere el mayor número de preguntas).

Ejemplo

Para los datos de entrada:

5
1   2
2   3
4   3
5   3

el resultado correcto es:

2

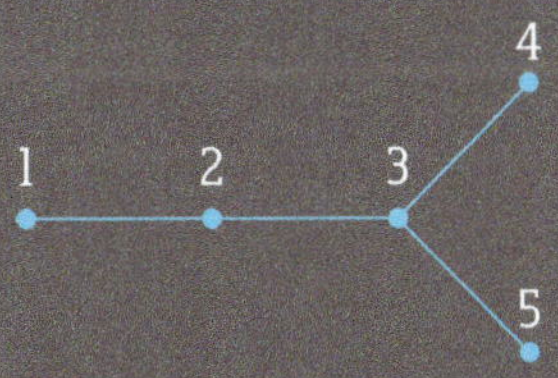

/ Solución

Este problema resultó ser uno de los más difíciles de la historia de la Olimpiada informática polaca. La mejor solución de los estudiantes obtuvo una puntuación de solo 52 (sobre 100), y muy pocos concursantes lograron más de 10 puntos. Como autor del problema, me llevé una enorme sorpresa. Tenía la sensación de que se trataba de un problema bastante normal. La línea de razonamiento que veremos a continuación me resultaba completamente natural (de hecho, la única posible) y cada uno de sus pasos no es muy complejo. Pero los concursantes, en el tiempo limitado que ofrece el concurso, no fueron capaces de hacerse con el problema.

Después del concurso, escribí, junto a Krzysztof Onak, un artículo basado en este problema. El planteamiento es muy natural: una generalización en árboles de la búsqueda binaria. Le hemos añadido otra variante, donde las preguntas se realizan en términos de aristas en vez de nodos, con algunas otras extensiones menores. Nuestro artículo fue aceptado por un congreso de los Estados Unidos: IEEE Symposium on Foundations of Computer Science (FOCS).

Funciones de estrategia

Entonces, ¿cómo resolvemos el problema? Evidentemente, el plano de la cueva es un árbol. Pero, ¿cómo podemos describir la estrategia de realización de preguntas? Solo tenemos que determinar el número mínimo de preguntas necesarias pero, sin una estrategia sobre las preguntas, probablemente no lograremos hacerlo. Así que vamos a pensar en cómo podríamos realizar esas preguntas. Al plantear una cuestión sobre algún nodo de la cueva, estamos dividiendo la misma en un número de secciones (componentes conexos), que aflorarán cuando se elimine el nodo mencionado. Obtenemos una de esas secciones como respuesta y, en ella, debemos buscar el tesoro. No tiene ningún sentido preguntar nada ajeno a esta sección, porque la respuesta no nos aportará información nueva. Por lo tanto, las preguntas irán dirigidas a nodos presentes en esta sección. En cualquier caso, debemos considerar todas las secciones, porque cualquier respuesta es posible. Así que podemos pensarlo de la siguiente manera. En el árbol, eliminamos un nodo seleccionado. En el siguiente paso, volvemos a elegir un nodo en cada una de las secciones resultantes (componentes conexos), y los eliminamos. Repetimos el proceso hasta que las secciones estén formadas por solo un nodo cada una. Según el problema, el objetivo está en minimizar el número de estos pasos.

En base a esta observación, describiremos una estrategia que utiliza una función f, que asigna un entero no negativo a cada nodo del árbol. Este número nos dirá en qué paso, contando desde el final, se eliminará el nodo. Tal función debe satisfacer la siguiente condición:

por cada dos nodos u, v tal que $f(u) = f(v)$,
en el camino entre u y v hay un nodo w tal que $f(w) > f(u)$. $(*)$

Esta condición corresponde al requisito de que, si eliminamos dos nodos en el mismo paso, algunos de los nodos entre ellos deberían haber sido eliminados antes. Denominaremos a esta función como *función de estrategia*. Vemos que cada estrategia razonable de realización de preguntas (es decir, no haremos preguntas que no nos proporcionen información nueva) se puede describir utilizando una función de estrategia, donde el número de preguntas realizadas (para la peor secuencia de respuestas) sea igual al valor máximo de la función. Por ejemplo, en la Figura 1 presentamos una función de estrategia óptima para el árbol del enunciado del problema y su correspondiente árbol de decisión. Pero, evidentemente, esta correspondencia también puede ir en sentido contrario: si tenemos una función de estrategia f, es fácil llegar a una estrategia que no requiera más de máx$_v$ $f(v)$ preguntas. Basta con informarnos del nodo v en el que $f(v)$ sea máxima. Como respuesta, obtendremos alguna sección del árbol. Volvemos a preguntar por el nodo v en el que $f(v)$ sea máxima en esta sección el árbol y, así, sucesivamente. En la sección actual del árbol, siempre habrá exactamente un nodo con $f(v)$ máxima, según podemos deducir de la condición $(*)$ mencionada. O encontramos el nodo que contiene el tesoro o, al final, obtendremos un árbol que consta de un nodo y sabremos que el tesoro está ahí. En conclusión, basta con hallar una función de estrategia f para la que máx$_v$ $f(v)$ sea lo menor posible.

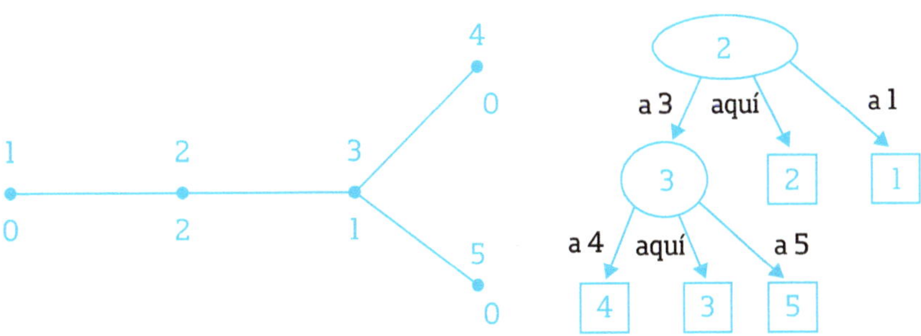

Figura 1: *Izquierda: función de estrategia óptima para el árbol del enunciado del problema. Los números de los nodos aparecen encima de estos, debajo se indican los valores de la función de estrategia. Derecha: el árbol de decisión correspondiente. Dentro de los nodos aparecen las preguntas de Gretel y en las aristas las respuestas de Hansel.*

Idea para la solución

¿Cómo hallar la mejor función de estrategia? Un método ingenuo consiste en comenzar colocando el valor máximo de la función (la primera cuestión) y, después, valores consecutivos cada vez más pequeños. Vemos que el valor más alto quedará asignado aproximadamente en el centro de la cueva. Pero no está claro en qué sentido nos referimos al centro. También vemos que es mejor elegir un nodo que tenga más vecinos, pues así dividiremos el árbol en una cantidad de secciones mayor. Podemos comenzar en un nodo desde el que la distancia al resto sea mínima, o de tal forma que las nuevas secciones tengan el menor número de nodos posible. Pero es fácil darse cuenta de que un método tan sencillo no funcionará. El problema estará en que nuestro concepto de "tamaño" del árbol no debería significar número de nodos o diámetro, sino el número necesario de preguntas. La primera pregunta se debe realizar de forma que los "tamaños" de las secciones resultantes, definidas de esta forma, sean mínimos. Podríamos comenzar con las secciones más pequeñas del árbol y, en base a los resultados, analizar las más grandes, pero el número total de secciones podría ser enorme, lo que nos impediría procesarlas todas en un tiempo razonable.

Encontramos otra opción procesando el árbol desde las hojas hacia el centro. Para simplificar esta argumentación, podemos elegir cualquier nodo del árbol como raíz. Hacemos esto, simplemente, para establecer el orden en el que recorreremos los nodos del árbol, mientras calculamos la solución: consideraremos el árbol comenzando desde la hojas y yendo hacia la raíz. Evidentemente, la elección de la raíz no tendrá ningún impacto en el resultado. Resulta que la estrategia óptima se puede obtener mediante un método voraz: para cada nodo, yendo desde las hojas a la raíz, asignamos el valor de la función de estrategia más pequeño posible, que no entre en conflicto con los valores ya asignados de los descendientes del nodo.

Nos queda por justificar que esta técnica proporciona resultados correctos: que el valor máximo de la función de estrategia creada de esta manera es la menor posible. Queremos decir: si, en los subárboles dependientes de un nodo dado v, están las mejores funciones de estrategia posibles, y le asignamos al nodo v el valor no conflictivo más pequeño posible, obtendremos la mejor función de estrategia posible para el subárbol completo con raíz en v.

Secuencias de visibilidad

Es fácil ver que, con este método, la mejor función de estrategia posible no es solo aquella cuyo valor máximo es el menor posible. Una situación en la que el valor máximo se encuentra en la raíz de un subárbol es mucho mejor que otra en la que este valor sea más profundo. En el primer caso, podemos asignar, por encima del subárbol, valores arbitrarios diferentes a este máximo, lo que no es aplicable en el segundo caso. Tenemos la certeza de que todos los valores "visibles" desde la raiz de un subárbol son importantes. El valor $f(v)$ de un nodo dado v se denomina *visible* para un subárbol dado, si todos los nodos w del camino desde v hasta la raiz (excluyendo a v, pero incluyendo la raiz) satisfacen $f(w) < f(v)$. En otras palabras, cualquier valor mayor no cubre el valor $f(v)$ cuando estamos mirando desde la raiz del subárbol. La *secuencia de visibilidad* de un subárbol dado es la secuencia de todos los valores visibles en el mismo, en orden decreciente. Cada valor visible en un subárbol solo puede ser visible en un nodo (en caso contrario, la condición $(*)$ no quedaría satisfecha para los dos nodos en los que este valor es visible). También vemos que la disposición de los otros valores no es importante: mientras la secuencia de visibilidad no varíe, los valores del subárbol se pueden reordenar de forma arbitraria, y no causará ningún problema desde el punto de vista del resto del árbol.

Queremos demostrar que, cuando asignamos de forma voraz los valores más pequeños posibles de la función de estrategia, en orden desde las hojas a la raiz, obtendremos en cada subárbol la mejor secuencia de visibilidad posible. Entonces, ¿cuál es la mejor secuencia de visibilidad posible (es decir, que permita las mayores capacidades en el resto del árbol)? En primer lugar, el primer valor (el más alto) de la secuencia es importante, ya que es el máximo de la función de estrategia del subárbol. Pero, como ya hemos dicho, el resto de valores también tiene importancia. Resulta que las secuencias de visibilidad deben ser comparadas lexicográficamente: una secuencia lexicográficamente menor es mejor. De hecho, consideremos un árbol T con su raiz en v, y su subárbol T_w con raiz en w (donde w es hijo de v). Asumimos que, para alguna función de estrategia f, la secuencia de visibilidad en T_w es F_w y en T es F_v. Digamos que en el subárbol T_w alguien ha logrado definir una función de estrategia g que genera una secuencia de visibilidad G_w, menor lexicográficamente que F_w. ¿Cómo podríamos extender g al árbol completo, para obtener una función cuya secuencia de visibilidad sea menor lexicográficamente que F_v o igual a F_v? Es muy sencillo. Digamos que a es el número más grande que aparece en F_w y no aparece en G_w (los números más grandes aparecen en ambos o en ninguno). Si $f(v) > a$, podemos dejar los valores de f en el resto del árbol. Todos los valores de g visibles en el subárbol, también era visibles cuando eran valores de f (valores mayores que a), o estarán cubiertos por $f(v)$ (valores menores que a), por lo que la función definida de esta manera será una función de estrategia. Su secuencia de visibilidad en T es F_v, igual que en f. Por otro lado, si $f(v) < a$, asignamos el valor a a la raiz, y dejamos los valores de f en el resto del árbol. Es fácil comprobar que la función definida de esta manera será una función de estrategia. Su secuencia de visibilidad en T comienza de la misma manera que F_v, pero dejan de ser visibles los números menores que a. Por lo que, en este caso, también obtenemos una secuencia de visibilidad que es menor lexicográficamente que F_v, o igual a F_v, mientras que el caso $f(v) = a$ es imposible, ya que la condición ($*$) no quedaría satisfecha para v y el nodo de T_w en el que a es visible.

Como consecuencia de lo anterior, si queremos obtener la secuencia de visibilidad lexicográficamente menor del árbol completo, basta con elegir, para cada subárbol (entre los subárboles con raiz en los hijos de la raiz), una función de estrategia que proporcione la secuencia de visibilidad lexicográficamente menor para este subárbol y, entonces, elegimos algún valor para la raiz. No es difícil ver que el valor más pequeño se le asignará a la raiz, y la lexicográficamente menor será la secuencia de visibilidad del árbol completo. Esto demuestra que nuestra estrategia voraz es correcta.

Algoritmo

Todavía no hemos explicado cómo escribir un procedimiento que asigne a un nodo v el menor valor posible de la función de estrategia y que no entre en conflicto con los valores ya asignados a sus descendientes. Nos vuelven a resultar útiles las secuencias de visibilidad. Como ya hemos dicho, para el árbol completo con raiz en un hijo de v, nos basta conocer su secuencia de visibilidad. Digamos que $F_1, F_2, \ldots, F_k$ son las secuencias de visibilidad de los subárboles con raiz en los hijos de v. La condición ($*$) para los pares que contienen nodos de un subárbol queda satisfecha por asunción. Debemos asegurarnos de que la condición ($*$) también se satisface para pares de nodos de subárboles diferentes. Si un número a aparece en dos secuencias F_i, F_j, debemos poner en v algo mayor que a. Además, debemos asegurar la condición ($*$) para los pares que constan de v y de un nodo de uno de los subárboles. Por lo tanto, no podemos colocar en v un valor que ya esté presente en una secuencia F_i. En otras palabras: estamos buscando el número a máximo que aparezca en dos secuencias F_i, F_j (asumiendo que $a = -1$ si tal número no existe). Al nodo v le asignamos el número menor mayor que a que no aparezca en ningún F_i. Además, para realizar la misma operación en el padre de v, debemos calcular la secuencia de visibilidad del subárbol completo con raiz en v: contiene $f(v)$ y los valores de cada F_i mayores que $f(v)$.

El siguiente pseudocódigo describe el algoritmo completo.

Función Calcular(v : nodo)
    {sean $w_1, w_2, \ldots, w_k$ hijos de v}
    para $i := 1$ **hasta** k **hacer**
        $F_i := $ Calcular(w_i)
    $a :=$ (el número mayor que aparezca en dos F_i o -1 si no existe)
    $b :=$ (el número menor que a que no aparezca en ningún F_i)
    devolver $\{b\} \cup \{c \in F_i : c > b, 1 \le i \le k\}$

Algoritmo CuántasPreguntas()
        elegir un nodo v arbitrario como raiz
        escribir el elemento mayor de Calcular(v)

Veamos que, en cada árbol de tamaño n, basta con realizar $\lfloor \log n \rfloor$ preguntas. Es así porque, en cada árbol de tamaño n, existe un nodo que lo divide en secciones de las que cada una tiene un máximo de $\frac{n}{2}$ nodos. Es en ese nodo en el que realizamos la primera pregunta, y seguimos de la misma manera. Por lo tanto, las secuencias de visibilidad procesadas por el algoritmo tendrán una longitud máxima de $\lfloor \log n \rfloor$. Es fácil implementar el algoritmo anterior de forma que se ejecute en tiempo $O(n \log n)$. Como curiosidad, podemos añadir que la solución también se puede implementar en tiempo lineal, representando las secuencias de visibilidad como enteros.

/ **Mezcla** *de naipes*

Concurso: 10ª Olimpiada informática polaca
Autor: Paweł Parys
Memoria: 32 MB
https://oi.edu.pl/en/archive/oi/10/tas

Byteasar disfruta mezclando un mazo de n naipes. Las posiciones de los naipes aparecen numeradas de 1 a n. Byteasar tiene tal habilidad mezclando, que puede lograr la misma disposición cada vez, es decir, el naipe de la k-ésima posición ($1 \leq k \leq n$) siempre termina en la misma posición a_k-ésima. Indicamos con b_k la posición del naipe k-ésimo después de que Byteasar haya repetido la mezcla l veces.

Tarea

Escribe un programa que:

→ lea de la entrada los números n y l y la secuencia de números (b_k),

→ determine la secuencia de números (a_k),

→ escriba esa secuencia en la salida.

Entrada

En la primera línea de la entrada hay dos enteros positivos, n y l ($1 \leq n, l \leq$ 1.000.000). En las siguientes n líneas hay elementos sucesivos de la secuencia (b_k), uno por línea. En la línea $(k+1)$-ésima hay un entero positivo b_k ($1 \leq b_k \leq n$), que especifica la posición final del naipe de la k-ésima posición.

Salida

El programa debe escribir n enteros en la salida: los elementos sucesivos de la secuencia (a_k), uno por línea. En la línea k-ésima debe haber un número a_k: la posición del naipe de la k-ésima posición después de una sola mezcla. Puedes asumir que, en los casos de prueba, la secuencia deseada (a_k) siempre existe. Si hubiese varias secuencias válidas, el programa deberá escribir cualquiera de ellas.

Ejemplo

Para los datos de entrada:	el resultado correcto es:	o:
5 2	1	2
1	2	1
2	4	4
5	5	5
3	3	3
4		

/ Solución

A primera vista el problema parece sencillo: transformaciones de permutaciones y listo. Sin embargo, la verdad es que hay que analizar la situación cuidadosamente. Durante el concurso, solo dos personas (de hecho, los dos primeros clasificados) lograron resolverlo por completo. Ninguno de los demás concursantes logró más de 30 puntos sobre 100. Por lo tanto, el problema resultó ser bastante difícil.

¿Cómo lo resolvemos? Antes de llegar a eso, debemos presentar algunos conceptos que resultarán útiles para entender la situación. En vez de mezclas, hablaremos de permutaciones. Una permutación es una función desde el conjunto $\{1, 2, \ldots, n\}$ a sí mismo, en la que cada valor es procesado una sola vez. Una permutación puede ser compuesta, lo que se correspondería con la repetición de la mezcla. En vez de componer l veces, podemos referirnos a elevar a la l-ésima potencia. En el problema, buscamos una permutación cuya l-ésima potencia resulte en la permutación de la entrada. Elevar permutaciones es muy similar a elevar números: en concreto, f^{a+b} es igual a f^a compuesta con f^b, y f^{ab} es igual a $(f^a)^b$.

Potencias de una permutación

Un ciclo de una permutación es una secuencia de elementos $a_1, a_2, \ldots, a_k$ tal que

$$f(a_1) = a_2, f(a_2) = a_3, \ldots, f(a_{k-1}) = f(a_k), f(a_k) = a_1.$$

Como podemos deducir fácilmente, para resolver este problema es esencial tener en consideración los ciclos de nuestras permutaciones. No es difícil notar que un ciclo de la permutación inicial se transforma, al elevarla a l-ésima potencia, a un solo ciclo, o a unos pocos de la misma longitud. Para ser más exactos, un ciclo de longitud k se transforma, en la l-ésima potencia, en $\mathrm{GCD}(k, l)$ ciclos de longitud $\frac{k}{\mathrm{GCD}(k,l)}$ (donde GCD es el máximo común divisor).

Para hacernos una idea de lo que puede ocurrir, veamos un ejemplo. Establecemos $l = 6$. Un ciclo de longitud 4 se desintegra, en la l-ésima potencia, en dos ciclos de longitud 2. También un ciclo de longitud 12 se desintegra en ciclos de longitud 2, aunque lo hará en seis. Pero un ciclo de longitud 2 se desintegra en dos de longitud 1. Por lo tanto, primero: puede ocurrir que se pueda obtener un ciclo de longitud k' en la l-ésima potencia (para un l fijo) a partir de ciclos de mayor longitud, y no de ciclos de longitud k'. Segundo: se puede conseguir el mismo efecto final como potencia de diferentes permutaciones.

Queremos invertir la operación de potenciación. Por lo tanto, nos interesa deducir, dados k' y l, los valores posibles de k para los que los ciclos de longitud k

puedan resultar en ciclos de longitud k' en la l-ésima potencia. En otras palabras: para qué k queda satisfecha la ecuación $k' = \frac{k}{\mathrm{GCD}(k,l)}$. Vamos a descomponer k' y l en sus factores primos:

$$k' = p_1^{\alpha_1} \cdots p_a^{\alpha_a} r_1^{\gamma_1} \cdots r_c^{\gamma_c}, \qquad l = q_1^{\beta_1} \cdots q_b^{\beta_b} r_1^{\delta_1} \cdots r_c^{\delta_c},$$

donde todos los $\alpha_i, \beta_i, \gamma_i, \delta_i$ son positivos, y todos los p_i, q_i, r_i son distintos. No puede haber ningún número primo p_i en $\mathrm{GCD}(k, l)$, por lo que tendrá que aparecer en k con la misma potencia que en k'. Por otro lado, cada q_i y r_i aparecen en $\mathrm{GCD}(k, l)$ siempre que estén presentes en k, su exponente en $\mathrm{GCD}(k, l)$ será menor que sus exponentes en k y l. Por lo tanto, q_i puede aparecer en k un número cualquiera de veces entre 0 y β_i, y r_i tiene que aparecer, exactamente, $\gamma_i + \delta_i$ veces. En conclusión,

$$k = p_1^{\alpha_1} \cdots p_a^{\alpha_a} q_1^{\varepsilon_1} \cdots q_b^{\varepsilon_b} r_1^{\gamma_1+\delta_1} \cdots r_c^{\gamma_c+\delta_c}, \qquad \text{donde } 0 \le \varepsilon_i \le \beta_i \text{ para } 1 \le i \le b.$$

Podemos ver que todos los números k son multiplicaciones de:

$$k_{\mathrm{mín}}(k') = p_1^{\alpha_1} \cdots p_a^{\alpha_a} r_1^{\gamma_1+\delta_1} \cdots r_c^{\gamma_c+\delta_c}.$$

En consecuencia, existe una permutación cuya potencia l-ésima da como resultado la permutación de la entrada y también existe una permutación tal que todos los ciclos de longitud k' de la permutación de la entrada provengan de ciclos de longitud $k_{\mathrm{mín}}(k')$ de la misma (en vez de un ciclo de longitud mayor k, podemos tomar varios ciclos de longitud $k_{\mathrm{mín}}(k')$).

Algoritmo

Hechas estas observaciones, llegamos a la pregunta de cómo hallar la permutación original. Nos concentraremos primero en un caso especial en el que la longitud k' de un ciclo (en la permutación de la entrada) es coprimo con l. En ese caso $k_{\mathrm{mín}}(k') = k'$, por lo que cada ciclo de esta longitud tendrá su origen en un ciclo de la permutación original. A partir de elementos básicos de la teoría de números sabemos que, en tal situación, existe un número natural p tal que $p \cdot l \equiv 1 \pmod{k'}$ (se denomina a ese número el *inverso*). Es fácil ver que para $a \equiv b \pmod{k'}$, las potencias a-ésima y b-ésima de un ciclo de longitud k' son iguales. Por lo tanto, al elevar nuestro ciclo a la potencia p-ésima, tendremos lo que queremos: un ciclo cuya l-ésima potencia sea el ciclo de la entrada.

Ahora consideremos el caso general. Tomamos $\frac{k_{\mathrm{mín}}(k')}{k'}$ ciclos de longitud k'. Buscamos un ciclo de longitud $k_{\mathrm{mín}}(k')$ cuya l-ésima potencia se desintegre en estos ciclos. Vemos que la $\frac{k_{\mathrm{mín}}(k')}{k'}$-ésima potencia ya genera ciclos de longitud k' (obtenidos de tal manera que leemos cada elemento $\frac{k_{\mathrm{mín}}(k')}{k'}$-ésimo del ciclo original).

Entonces, para $m = \frac{l \cdot k'}{k_{\text{mín}}(k')}$, se toma la m-ésima potencia de estos ciclos. Pero sabemos que k' y m son coprimos (lo que se puede comprobar fácilmente en la descomposición en factores primos). Por ello, comenzaremos con la búsquead de ciclos cuya m-ésima potencia nos devuelva nuestros ciclos de longitud k' de la entrada. Después, "entrelazamos" los ciclos obtenidos de esta forma. Esto significa que tomamos el primer elemento de cada ciclo, luego el segundo, etc.

En conclusión, el proceso es el siguiente:

1. Hallamos todos los ciclos de la permutación, y calculamos cuántos tenemos de cada longitud.

2. Hasta que hayamos procesado todos los ciclos, hacemos lo siguiente:

    (a) Tomamos cualquier grupo de $\frac{k_{\text{mín}}(k')}{k'}$ ciclos no procesados de longitud k'.

    (b) Calculamos p de forma que $m \cdot p \equiv l \pmod{k'}$, donde $m = \frac{l \cdot k'}{k_{\text{mín}}(k')}$.

    (c) Tomamos la p-ésima potencia de cada uno de estos ciclos.

    (d) Entrelazamos los ciclos resultantes.

Quedan algunos detalles por aclarar. El cálculo del inverso de m módulo k' se puede implementar eficazmente utilizando el algoritmo de Euclides (y así es como debe hacerse en otras situaciones). Pero aquí nos resultará suficiente comprobar todos los números entre 1 y $k' - 1$, pues la complejidad global no se ve afectada. ¿Y cómo calculamos $k_{\text{mín}}(k')$? Dividiremos repetidamente l por $\text{GCD}(k', l)$ (en un bucle) mientras $\text{GCD}(k', l) > 1$. Cuando lleguemos a $\text{GCD}(k', l) = 1$, en l tendremos $q_1^{\beta_1} \cdots q_b^{\beta_b}$ (para la descomposición de l y k', como hemos visto antes). Llegados a este punto, es fácil deducir el valor de $k_{\text{mín}}(k')$. El cálculo de la longitud de un ciclo, la elevación de un ciclo a una potencia y el "entrelazado" de ciclos, se pueden implementar de forma que el programa completo se ejecute en un tiempo lineal de n.

JAKUB PAWLEWICZ

Trabaja en la Facultad de matemáticas, informática y mecánica de la Universidad de Varsovia, donde, en 2009, obtuvo su doctorado en método algorítmicos para la resolución de juegos. Es autor de un programa óptimo para jugar al Yahtzee. Su investigación científica se centra en métodos de inteligencia artifial orientada a juegos (su principal área de interés) y teoría de números para algoritmos. Entre 1994 y 1996 obtuvo tres medallas en la Olimpiada internacional de informática: bronce, plata y oro. En 1998, junto a su equipo, se clasificó noveno en la final mundial del ACM-ICPC de Atlanta. Fue la primera vez en la historia que un equipo representando a la Universidad de Varsovia se clasificó entre los diez mejores del mundo.

/ **Juego** *de fichas*

Concurso: Campus de entrenamiento de Olimpiada informática polaca 2010
Autor: Jakub Pawlewicz
Memoria: 32 MB
https://oi.edu.pl/en/archive/ontak/2010/zet

El *juego de fichas* es un juego para dos jugadores en el que se utilizan n fichas, etiquetadas con enteros desde 0 hasta $n - 1$, en un tablero de $n \times n$ casillas numeradas. Ambos jugadores puede ver tanto las fichas como el tablero.

Los jugadores toman, por turnos, fichas del tablero, una por vez, hasta que se han recogido todas. Entonces, se calcula la puntuación de cada jugador como la suma del número indicado en las casillas capturadas por el mismo, donde la casilla de la fila i-ésima y columna j-ésima se considera capturada si, y solo si, el jugador ha recogido las fichas etiquetadas como i y j (o, si $i = j$, la ficha i). El objetivo del juego es maximizar la ventaja de puntos sobre el otro jugador (y, si eso no es posible, minimizar la propia desventaja). La tarea consiste en diseñar e implementar un programa que juegue al *juego de fichas*.

Interfaz de programación

La solución debe implementar las siguientes funciones:

→ void startgame(int n)—se llamará exactamente una vez a esta función, antes del primer movimiento de cualquiera de los jugadores. El argumento n indica el número de fichas y el tamaño del tablero ($1 \leq n \leq 40$).

→ void opponentmove(int *ficha*)—se llama a esta función cuando el oponente toma una ficha, y debe actualizar tu idea del estado de la partida; el argumento *ficha* es la etiqueta de la ficha ($0 \leq ficha \leq n - 1$) que ha elegido el oponente.

→ int play()—esta función debe devolver tu movimiento, es decir, la etiqueta de la ficha que tu implementación decida tomar en el turno actual.

Las funciones play y opponentmove son invocadas por turnos, donde la primera llamada indica quién realiza el primer movimiento. En tu implementación puedes asumir que los movimientos del oponente son correctos y, en concreto, que ninguna ficha se tomará más de una vez.

Se proporcionará una función valueat, que permite descubrir el estado de cualquier casilla y puede ser invocada en cualquier punto del programa, tantas veces como resulte necesario.

→ int valueat(int *fila*, int *col*)—esta función devuelve el número indicado en la fila *fila* y en la columna *col* del tablero ($0 \le fila, col \le n-1$). Los números del tablero son enteros no negativos no mayores de 10^6.

La solución (las funciones) no debe generar ninguna salida ni finalizar la ejecución del programa. Este terminará automáticamente después del último movimiento.

Puntuación

El envío obtendrá un punto por cada partida jugada de forma óptima: esto es, maximizando el valor de tu puntuación menos la puntuación del oponente. Esto significa que se pueden obtener puntos incluso aunque se pierda la partida, siempre que tu programa realice movimientos óptimos contra el oponente y, en consecuencia, minimice las pérdidas.

Ejemplo

Para $n = 3$ y la rejilla

```
2   8   1
3   5   5
3   2   7
```

una secuencia posible de llamadas al ejecutar una partida al *juego de fichas* es:

```
-> startgame(3)
    <- valueat(0, 0) = 2
    <- valueat(0, 1) = 8
    <- valueat(0, 2) = 1
    <- valueat(1, 0) = 3
    <- valueat(1, 1) = 5
    <- valueat(1, 2) = 5
    <- valueat(2, 0) = 3
    <- valueat(2, 1) = 2
    <- valueat(2, 2) = 7
-> opponentmove(1)
-> play() = 2
-> opponentmove(0)
```

Explicación del ejemplo: Como se solicita, se comienza llamando a startgame. En esta implementación de ejemplo, se llama a valueat por cada casilla para obtener su valor. El oponente realiza el primer movimiento, en el que toma la ficha 1 (llamada a opponentmove(1)). El jugador responde tomando la ficha 2. En el último movimiento, el oponente toma la ficha 0 (la última que queda) y la partida termina. Ambos jugadores realizan movimientos óptimos, y la partida finaliza con el oponente obteniendo 11 puntos más que el jugador.

/ Solución

El límite de la tarea ($n \leq 40$) sugiere que se podría intentar algún método de fuerza bruta, como una búsqueda árbol-juego o alguna variante de la técnica encuentro en el medio. Sin embargo, resulta que el juego de fichas se puede reducir a otro juego mucho más sencillo con una estrategia evidente. Para lograr esa reducción, debemos analizar atentamente el resultado de la partida.

Debemos incluir algunas notaciones. Representaremos un tablero rectangular numerado mediante una matriz:

$$A = \begin{bmatrix} a_{0,0} & a_{0,1} & \cdots & a_{0,n-1} \\ a_{1,0} & a_{1,1} & \cdots & a_{1,n-1} \\ \vdots & \vdots & \ddots & \vdots \\ a_{n-1,0} & a_{n-1,1} & \cdots & a_{n-1,n-1} \end{bmatrix}$$

Digamos que $T = \{0, 1, \ldots, n - 1\}$ es el conjunto de todas las fichas. Digamos que T_i, para $i = 1, 2$, representa la fichas recogidas por el jugador i-ésimo. El par de conjuntos T_1 y T_2 es una partición del conjunto $T : T_1 \cup T_2 = T$ y $T_1 \cap T_2 = \varnothing$. La ventaja del primer jugador sobre el segundo viene determinada por la fórmula

$$Res = \sum_{i,j \in T_1} a_{i,j} - \sum_{i,j \in T_2} a_{i,j}.$$

Intentaremos expresar el valor de Res (el resultado de la partida) por otros medios. Vamos a investigar la influencia de un jugador que toma la ficha i. En primer lugar, el oponente no obtendrá ninguna puntuación por los números de las fila y columna i-ésimas. Además, el beneficio de la casilla $a_{i,i}$ se duplica, a la vez que niega al oponente los puntos de la casilla, el jugador puede anotárselos.

Denominaremos r_i a la suma de los números de la fila i-ésima de la matriz A, y c_i a la suma de los números de la columna i-ésima:

$$r_i = \sum_{j \in T} a_{i,j}, \quad c_i = \sum_{j \in T} a_{j,i}.$$

Podemos intentar utilizar estos símbolos para expresar el resultado de la partida. Contaremos los puntos siguiendo el razonamiento anterior. Asumimos que, al tomar la ficha i-ésima, el jugador obtiene $r_i + c_i$ puntos, porque esta acción impide al oponente la posibilidad de obtener puntos de las fila y columna i-ésimas y, al mismo tiempo, se hace con los puntos de la casilla $a_{i,i}$, lo que se cuenta dos veces en la suma $r_i + c_i$. Este método de conteo indica la ventaja total del primer jugador.

$$Res' = \sum_{i \in T_1} (r_i + c_i) - \sum_{i \in T_2} (r_i + c_i).$$

¿Cómo funciona este método en relación con el anterior? Consideremos el elemento $a_{i,j}$. Si ambas fichas, i y j, pertenecen al primer jugador, entonces $a_{i,j}$ se cuenta dos veces en la primera suma. Pero si ambas fichas pertenecen al oponente, entonces $a_{i,j}$ se resta dos veces, porque está en la segunda suma. En el tercer caso, si las fichas i y j está repartidas entre los jugadores, $a_{i,j}$ se añade en la primera suma y se resta de la segunda.

Por lo tanto, vemos que la ventaja contada según este nuevo método es del doble en comparación con la obtenida mediante las reglas normales. Por lo tanto, si asignamos a la ficha i el valor

$$v_i = r_i + c_i,$$

el resultado doblado de la partida será

$$2Res = \sum_{i \in T_1} v_i - \sum_{i \in T_2} v_i.$$

De esta forma, el juego de fichas se reduce a un juego en el que cada ficha tiene un valor fijo v_i y el número total de puntos obtenidos por un jugador es la suma de las fichas recogidas. En un juego así, la estrategia voraz es óptima: tomar siempre la ficha de mayor valor.

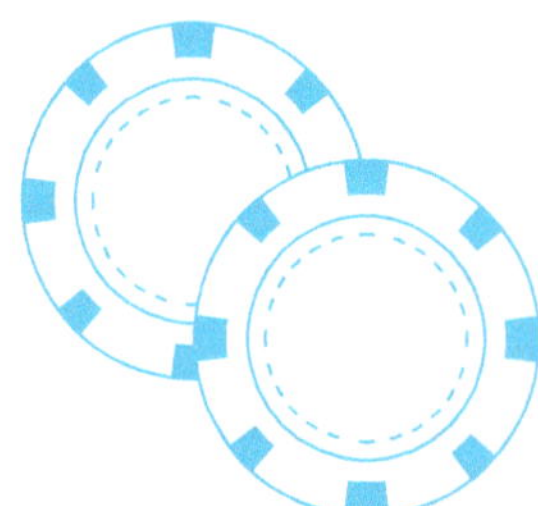

/ **Líneas** *rectas*

Concurso: Escaramuzas algorítmicas 2006
Autor: Jakub Pawlewicz
Memoria: 32 MB
https://oi.edu.pl/en/archive/pa/2006/pro

Tenemos seis enteros, $A_1, B_1, C_1, A_2, B_2, C_2$, tal que $A_1 B_2 \neq A_2 B_1$. Estos números son coeficientes en las ecuaciones de dos líneas que se intersecan:

$$l_1 : A_1 x + B_1 y + C_1 = 0,$$
$$l_2 : A_2 x + B_2 y + C_2 = 0.$$

Las líneas dividen el plano en cuatro partes. Representamos cada una de ellas mediante un punto cualquiera con coordenadas enteras que pertenezca a la misma (pero que no pertenezca a las líneas l_1, l_2). Recibes un punto (a, b) con coordenadas enteras, que representan a una de las partes. Encuentra un punto con coordenadas enteras (c, d) que represente a la misma parte, tal que su distancia desde el punto de intersección de las líneas l_1 y l_2 sea mínima.

Tarea

Escribe un programa que:

→ lea las ecuaciones de las líneas l_1 y l_2 y un punto que represente a una de las partes del plano,

→ encuentre el punto con coordenadas enteras que represente a la parte dada, que sea lo más cercano posible a la intersección de las líneas l_1 y l_2,

→ escriba la respuesta en la salida.

Entrada

La primera línea de la entrada consta de tres números, A_1, B_1, C_1, que indican los coeficientes de la ecuación de l_1. La segunda línea contiene tres números, A_2, B_2, C_2, que indican los coeficientes de la ecuación de l_2. Está garantizado que $A_1 B_2 \neq A_2 B_1$. La tercera y última línea contiene dos enteros, a, b, que especifican las coordenadas de un punto que representa a una parte del plano. El punto (a, b) no pertenece a las líneas l_1, l_2. Todos los números x de la entrada se encuentran en el rango $-2.100.000.000 < x < 2.100.000.000$.

El programa debe escribir dos números en la salida, c, d, separados por un espacio sencillo: las coordenadas de un punto (c, d) que representan a la parte dada y su distancia al punto de intersección de las líneas l_1 y l_2 sea mínima. Si existen varios puntos candidatos, el programa debe escribir uno de ellos.

Ejemplo

Para los datos de entrada:

```
1   −1   1
2   −3   1
5   4
```

el resultado correcto es:

```
2   2
```

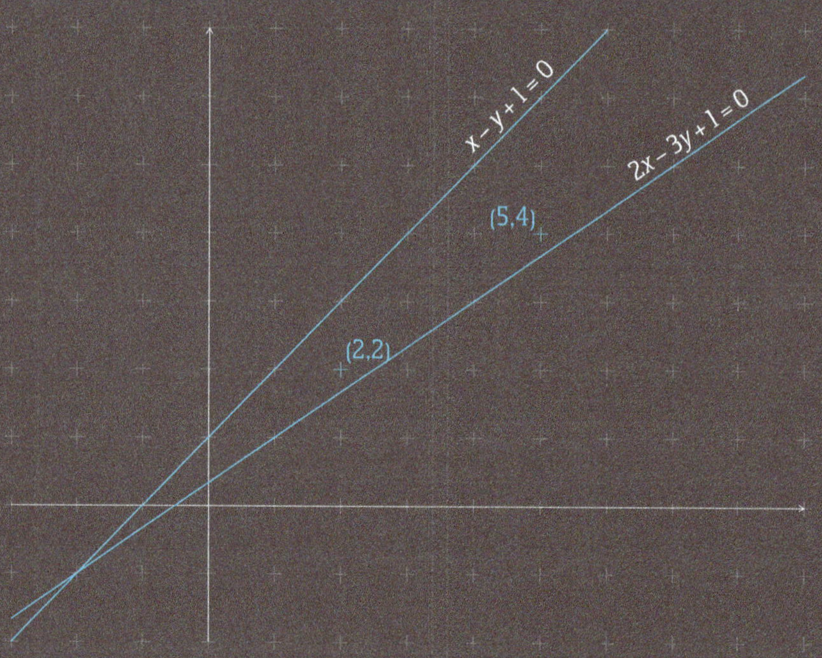

Para simplificar el análisis de la tarea, introduciremos algunas notaciones sencillas. Digamos que $Q = (x_Q, y_Q)$ es la intersección de las líneas l_1 y l_2. Estas líneas dividen el plano en cuatro partes. Llamaremos a cada una de las partes *cuadrante* y nos referiremos a la parte indicada en la tarea como *cuadrante examinado*. Decimos que un punto con coordenadas enteras es un *punto de rejilla*.

¿Dónde está el problema?

A primera vista la tarea parece bastante sencilla. Es suficiente con explorar los puntos de rejilla dentro del cuadrante examinado y escribir las coordenadas del más cercano a Q. ¿Cómo deberíamos explorar estos puntos? El método más sencillo consiste en centrarse únicamente en los puntos que rodean a Q, con la esperanza de que haya uno que pertenezca al cuadrante examinado. Podemos valorar solo aquellos puntos en los que la diferencia de cada coordenada con la coordenada correspondiente de Q esté limitada por una constante. Por ejemplo, podemos establecer esta constante a 5 y, así, solo tendremos que examinar un 100 puntos de rejilla. Describiremos este método como de *fuerza bruta*.

Por desgracia, hay ocasiones en las que el punto de rejilla más próximo a Q, que pertenece al cuadrante examinado, está muy, muy lejos. En cualquier caso, un método de fuerza bruta reduce nuestra a tarea a un caso en el que el cuadrante examinado es muy "estrecho". Con respecto a una rotación de 90°, hay dos casos posibles (ver la Figura 1).

En el primer caso (Figura 1a), podemos encontrar una solución: es $(x_0, \lfloor y_Q \rfloor)$ o $(x_1, \lfloor y_Q \rfloor + 1)$, donde x_0 y x_1 son los enteros más pequeños en los que los puntos dados pertenecen al cuadrante examinado. El segundo caso (Figura 1b) sigue siendo problemático, y necesitamos herramientas más sofisticadas para resolverlo.

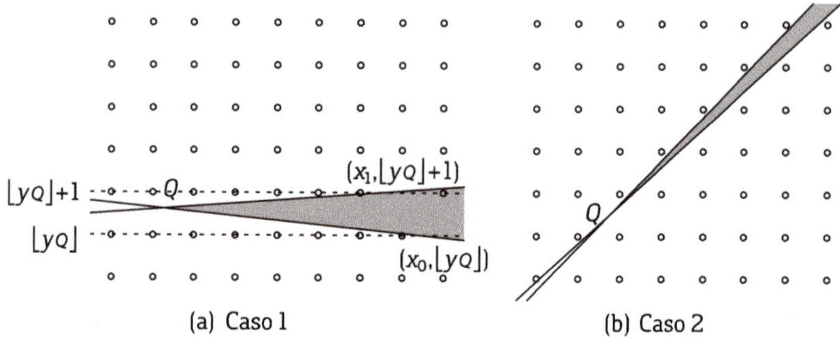

(a) Caso 1   (b) Caso 2

Figura 1: *Cuadrantes estrechos inmunes a un método de fuerza bruta.*

Acotación del espacio de búsqueda de puntos de rejilla

Presentamos un método que nos permite iterar eficientemente sobre puntos de rejilla que están dentro de muchos objetos geométricos típicos, como nuestro cuadrante. Comenzamos presentando algunas notaciones y definiciones.

Digamos que $\mathbb{R}$ representa al conjunto de números reales y $\mathbb{Z}$ al conjunto de enteros. Para un conjunto $A \subseteq \mathbb{R}$, denominamos A_+ al conjunto $\{a \in A \mid a > 0\}$. Ya hemos mencionado una definición informal de un cuadrante, ahora presentaremos otra más formal.

Definición 1. Para un punto $O \in \mathbb{R}^2$ y unos vectores $\vec{u}, \vec{v} \in \mathbb{R}^2$, tal que $\vec{u}$ no es paralelo a $\vec{v}$, definimos un *cuadrante* $Q[O, \vec{u}, \vec{v}]$ como conjunto de los puntos $\{O + \alpha\vec{u} + \beta\vec{v} \mid \alpha, \beta \in \mathbb{R}_+\}$ (ver Figura 2).

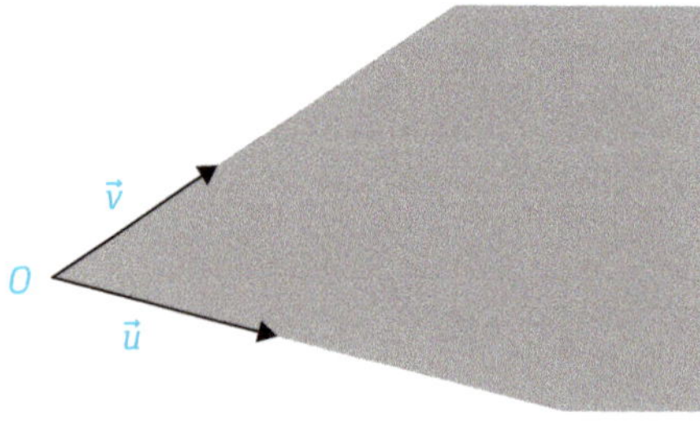

Figura 2: *Cuadrante $Q[O, \vec{u}, \vec{v}]$.*

Como lo que nos interesan son los puntos de rejilla, necesitaremos cuadrantes de rejilla.

Definición 2. Para un punto $O \in \mathbb{Z}^2$ y los vectors $\vec{u}, \vec{v} \in \mathbb{Z}^2$, tal que $\vec{u}$ no es paralelo a $\vec{v}$, definimos un *cuadrante de rejilla* $\mathcal{L}[O, \vec{u}, \vec{v}]$ como el conjunto de puntos $\{O + \alpha\vec{u} + \beta\vec{v} \mid \alpha, \beta \in \mathbb{Z}_+\}$ (ver la Figura 3).

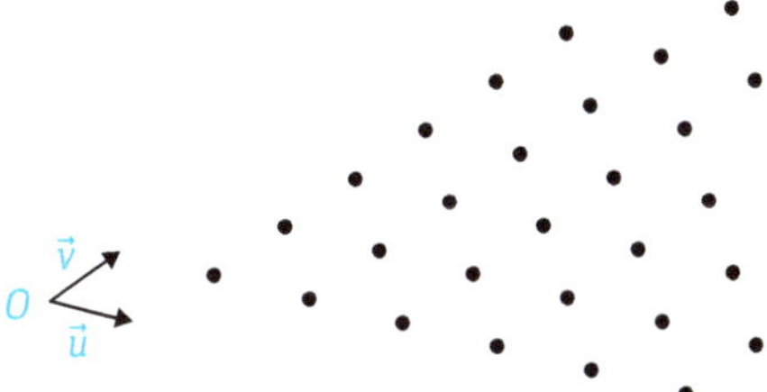

Figura 3: *Cuadrante de rejilla* $\mathcal{L}[O, \vec{u}, \vec{v}]$.

El cuadrante de rejilla $\mathcal{L}[O, \vec{u}, \vec{v}]$ representa a un conjunto de puntos de rejilla dentro del cuadrante $Q[O, \vec{u}, \vec{v}]$, tal que:

$$\mathcal{L}[O, \vec{u}, \vec{v}] \subseteq Q[O, \vec{u}, \vec{v}] \cap \mathbb{Z}^2.$$

Si quisiésemos iterar sobre todos los puntos de rejilla dentro de un cuadrante, la relación anterior debería tener un signo de ecuación.

Definición 3. Decimos que un cuadrante de rejilla está *lleno* si se verifica la siguiente ecuación:

$$\mathcal{L}[O, \vec{u}, \vec{v}] = Q[O, \vec{u}, \vec{v}] \cap \mathbb{Z}^2.$$

Un cuadrante de rejilla lleno es una forma muy cómodo de representar todos los puntos de rejilla dentro de un cuadrante. La capacidad de construir rejillas de cuadrante llenas es clave para hallar una solución.

Construcción de cuadrantes de rejilla llenos. Asumimos que O es un punto de rejilla fijo. El cuadrante de rejilla lleno más básico es $\mathcal{L}[O, (1, 0), (0, 1)]$. Para crear otros cuadrantes de rejilla llenos basta con el siguiente hecho:

Hecho 4. Si el cuadrante de rejilla $\mathcal{L}[O, \vec{u}, \vec{v}]$ está lleno, entonces los cuadrantes de rejilla $\mathcal{L}[O, \vec{u}, \vec{u} + \vec{v}]$ y $\mathcal{L}[O, \vec{u} + \vec{v}, \vec{v}]$ también lo están.

Demostración. Cualquier punto de rejilla $P = O + \alpha\vec{u} + \beta\vec{v}$, $\alpha, \beta \in \mathbb{Z}_+$, que pertenezca al cuadrante $Q[O, \vec{u}, \vec{v}]$, pertenece a uno de los conjuntos (ver la Figura 4):

(i) $Q[O, \vec{u}, \vec{u} + \vec{v}]$ si $\alpha > \beta$,

(ii) $Q[O, \vec{u} + \vec{v}, \vec{v}]$ si $\alpha < \beta$,

(iii) un rayo con origen en O y dirección $\vec{u} + \vec{v}$ si $\alpha = \beta$.

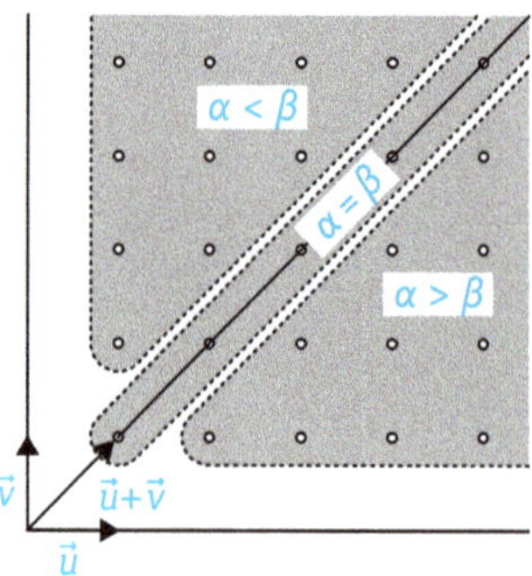

Figura 4: *Tres partes de un cuadrante de rejilla.*

En el caso (i), el punto P pertence al cuadrante de rejilla $\mathcal{L}[O, \vec{u}, \vec{u} + \vec{v}]$, ya que $P = O + (\alpha - \beta)\vec{u} + \beta(\vec{u} + \vec{v})$, mientras que en el caso (ii), el punto P pertenece al cuadrante de rejilla $\mathcal{L}[O, \vec{u} + \vec{v}, \vec{v}]$ ya que $P = O + \alpha(\vec{u} + \vec{v}) + (\beta - \alpha)\vec{v}$. $\square$

Mediante a la aplicación reiterada del Hecho 4, llegamos a esta conclusión:

Corolario 5. Si el cuadrante de rejilla $\mathcal{L}[O, \vec{u}, \vec{v}]$ está lleno, entonces los cuadrantes de rejilla $\mathcal{L}[O, \vec{u}, k\vec{u}+\vec{v}]$ y $\mathcal{L}[O, \vec{u}+k\vec{v}, \vec{v}]$ también lo están para todos los $k \in \mathbb{Z}_+$.

Objetivo. Nuestro objetivo es construir un cuadrante de rejilla tal que haya una forma clara de obtener un conjunto pequeño de candidatos a la solución. Construimos más y más cuadrantes de rejilla estrechos según el Corolario 5. El cuadrante de rejilla $\mathcal{L}[O, \vec{u}, \vec{v}]$ representa un nuevo sistema de coordenadas con origen en O y ejes establecidos por $\vec{u}$ y $\vec{v}$. Esto significa que todo punto (x, y) está representado por un punto (α, β) tal que $(x, y) = O + \alpha\vec{u} + \beta\vec{v}$. Como vamos construyendo cuadrantes de rejilla cada vez más estrechos, el cuadrante examinado se va ensanchando desde el punto de vista del nuevo sistema de coordenadas (ver la Figura 5).

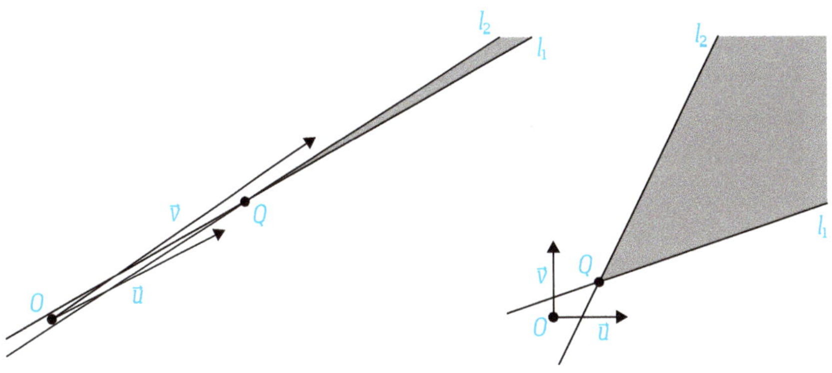

Figura 5: *Un cuadrante de rejilla estrecho $\mathcal{L}[O, \vec{u}, \vec{v}]$ que incluye al cuadrante examinado (a la izquierda) y una vista del cuadrante examinado desde el punto de vista de $\mathcal{L}[O, \vec{u}, \vec{v}]$ (a la derecha).*

Es posible hallar un cuadrante de rejilla $\mathcal{L}[O, \vec{u}, \vec{v}]$ tal que, desde el punto de vista del mismo, se verifiquen las siguientes condiciones:

(i)   El cuadrante examinado completo entre las líneas l_1 y l_2 está dentro del cuadrante $Q[O, \vec{u}, \vec{v}]$.

(ii)   Las coordenadas (α_Q, β_Q) del punto Q están cerca del origen. Esto significa que $0 \le \alpha_Q, \beta_Q < 1$.

(iii) El ángulo entre el eje X y la línea l_1 es menor de $45°$.

(iv)   El ángulo entre el eje Y y la línea l_2 es menor de $45°$.

En esta situación, gracias a la siguiente observación, es fácil hallar candidatos para el punto requerido.

Observación 6. Digamos que $\alpha_1, \beta_1, \alpha_2, \beta_2 \in \mathbb{Z}_+$ son tales que $\alpha_1 \le \alpha_2$ y $\beta_1 \le \beta_2$. Entonces, la distancia al punto $P_1 = O + \alpha_1\vec{u} + \beta_1\vec{v}$ desde el punto Q no es mayor que la distancia al punto $P_2 = O + \alpha_2\vec{u} + \beta_2\vec{v}$ desde el punto Q.

Demostración. En los vectores $\vec{u}$ y $\vec{v}$ las coordenadas no son negativas, por lo que cada coordenada del vector $\overrightarrow{QP_1}$ no es mayor que la coordenada correspondiente del vector $\overrightarrow{QP_2}$, por lo tanto, se cumple con la desigualdad requeridad entre distancias euclidianas. □

Examinamos los candidatos desde el punto de vista del sistema de coordenadas del cuadrante de rejilla $\mathcal{L}[O, \vec{u}, \vec{v}]$. Si el punto $(1, 1)$ pertenece al cuadrante examinado entonces, según la Observación 6, es el único candidato, por lo que es el punto buscado. En caso contrario, hay dos situaciones posibles:

1. El punto $(1, 1)$ está en la línea l_1 o debajo (ver la Figura 6). En este caso, basta con considerar dos candidatos: (k_1, k_1) y $(k_2, k_2 + 1)$, donde $k_1, k_2 \in \mathbb{Z}_+$ son los números más pequeños tales que los puntos dados pertenecen al cuadrante examinado. Por la Observación 6, se puede descartar cualquier otro punto de rejilla (α, β) perteneciente al cuadrante, ya que si $\alpha \geq \beta$, entonces el candidato (k_1, k_1) está más cerca a Q y, si $\alpha < \beta$, el candidato $(k_2, k_2 + 1)$ es mejor.

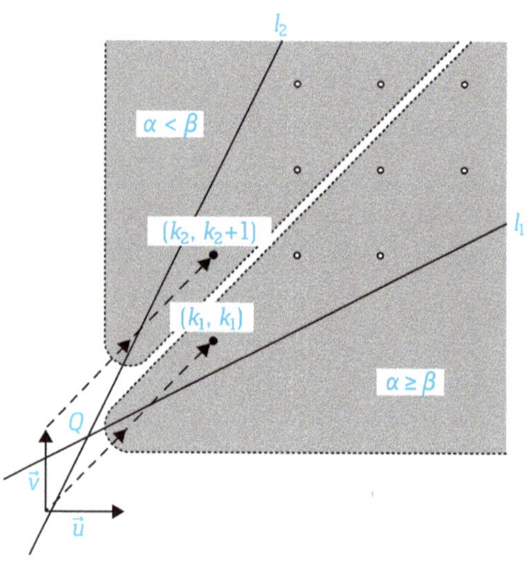

Figura 6: *El punto* $(1, 1)$ *está por debajo de la línea* l_1.

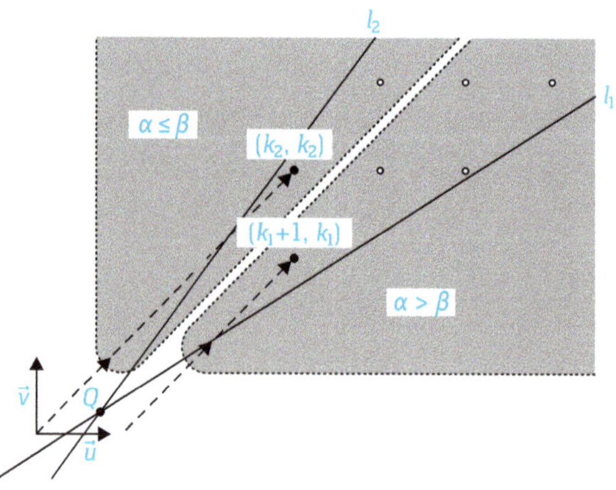

Figura 7: *El punto* $(1, 1)$ *está por encima de la línea* l_2.

2. El punto $(1, 1)$ está en la línea l_2 o encima (ver la Figura 7). En este caso, es suficiente con valorar solo dos candidatos: $(k_1 + 1, k_1)$ y (k_2, k_2), donde $k_1, k_2 \in \mathbb{Z}_+$ son los números más pequeños tales que los puntos dados pertenezcan al cuadrante examinado. Se puede rechazar, por la Observación 6, cualquier otro punto de rejilla (α, β) que pertenezca al cuadrante, ya que, si $\alpha > \beta$, el candidato $(k_1 + 1, k_1)$ está más cerca de Q y, si $\alpha \leq \beta$, entonces el candidato (k_2, k_2) es mejor.

En ambos casos tendremos dos candidatos, y basta con verificar cuál está más cerca de Q.

Alcanzar el objetivo. Vamos a utilizar una ecuación más cómoda, $bx - ay = c$, para representar líneas rectas. El vector $\overrightarrow{(a, b)}$ es paralelo a esa línea, y lo llamaremos *vector de dirección*. Evidentemente, es fácil expresar las líneas de la tarea utilizando la representación que acabamos de plantear:

$$l_1: b_1 x - a_1 y = c_1,$$
$$l_2: b_2 x - a_2 y = c_2.$$

Además, como estamos resolviendo el caso de la Figura 1b, podemos asumir que los coeficientes $a_1, b_1, a_2, b - 2$ no son negativos.

Para comprobar si el ángulo entre una línea $bx - ay = c$ y los ejes X o Y es menor de $45°$, basta con comprobar el vector de dirección $\overrightarrow{(a, b)}$. Por lo que podemos reformular las condiciones (iii) y (iv) de la sección *Objetivo*:

(iii) $a_1 > b_1$,

(iv) $a_2 < b_2$.

Veamos cómo cambia la ecuación de una línea después de alterar el sistema de coordenadas. Asumimos que una línea l se puede expresar con la ecuación $bx - ay = c$ en el sistema de coordenadas del cuadrante de rejilla $\mathcal{L}[O, \vec{u}, \vec{v}]$. ¿Qué aspecto tendrá la línea en el sistema de coordenadas del cuadrante de rejilla $\mathcal{L}[O, \vec{u}, \vec{u} + \vec{v}]$? Digamos que $P = (\alpha, \beta)$ es un punto arbitrario del sistema del nuevo cuadrante de rejilla. Las coordenadas de P en el sistema anterior son $(\alpha + \beta, \beta)$, porque $O + \alpha\vec{u} + \beta(\vec{u} + \vec{v}) = O + (\alpha + \beta)\vec{u} + \beta\vec{v}$. Por lo tanto, si el punto P pertenece a la línea l, entonces $b(\alpha + \beta) - \alpha\beta = c$ debe ser cierto, y la conclusión es que la ecuación de la línea, después de alterar las coordenadas, es $bx - (a - b)y = c$. De forma similar, la ecuación de la línea en el sistema de coordenadas del cuadrante de rejilla $\mathcal{L}[O, \vec{u} + \vec{v}, \vec{v}]$ es $(b - a)x - ay = c$. La repetición k veces de este razonamiento nos lleva a la siguiente propiedad:

Hecho 7. Si la ecuación de una línea es $bx - ay = c$ en el sistema de coordenadas del cuadrante de rejilla $\mathcal{L}[O, \vec{u}, \vec{v}]$, entonces la ecuación de esta línea es

$$bx - (a - kb)y = c$$

en el sistema de coordenadas del cuadrante de rejilla $\mathcal{L}[O, \vec{u}, k\vec{u} + \vec{v}]$, y

$$(b - ka)x - ay = c$$

en el sistema de coordenadas de $\mathcal{L}[O, \vec{u} + k\vec{v}, \vec{v}]$, donde $k \in \mathbb{Z}_+$.

Este hecho sugiere cómo refinar un cuadrante de rejilla si no se cumplen las condiciones (iii) o (iv). En concreto, en ese caso tenemos

1. $a_2 \geq b_2$ y $a_1 \geq b_1$ o
2. $a_1 \leq b_1$ y $a_2 \leq b_2$.

No hay otros casos, ya que el vector $\overrightarrow{(a_1, b_1)}$ está por debajo de $\overrightarrow{(a_2, b_2)}$. De esta relación mutua de los vectores, también podemos concluir que $a_1 > 0$ y $b_2 > 0$.

Supongamos que el primer caso es cierto. Digamos que $k_2 = \lfloor a_2/b_2 \rfloor$ y asumamos que nos desplazamos al cuadrante de rejilla $\mathcal{L}[O, \vec{u}, k_2\vec{u} + \vec{v}]$. En ese caso, los coeficientes a_1 y a_2 de ambas líneas quedarán alterados. Digamos que a_1' y a_2' son los coeficientes alterados:

$$a_1' = a_1 - k_2 b_1,$$
$$a_2' = a_2 - k_2 b_2.$$

Entonces $a_2' = a_2$ mód b_2 y, por tanto, $a_2' < b_2$ se mantiene. Esto significa que desplazarnos a un nuevo cuadrante de rejilla hace que la condición (iv) pase a ser cierta. Si $b_1 = 0$ entonces, evidentemente, $a_1' > b_1$, lo que también hace cierta la condición (iii). Por lo tanto, vamos a asumir que $b_1 > 0$ y verificar cuál es la relación entre a_1' y b_1. Digamos que $k_1 = \lfloor a_1/b_1 \rfloor$. Como $\overrightarrow{(a_1, b_1)}$ está por debajo de $\overrightarrow{(a_2, b_2)}$, tenemos que $k_2 \leq k_1$. Si $k_2 = k_1$, entonces $a_1' = a_1$ mód b_1 y $a_1' < b_1$. Para $k_2 < k_1$ está $a_1' \geq b_1$ donde la igualdad $a_1' = b_1$ se mantiene solo si $k_2 + 1 = k_1$ y $a_1 = k_1 b_1$.

Por tanto, después de alterar los coeficientes de dirección, queda la esperanza de que $a_1' > b_1$, y esto significaría que se cumpliría con la condición (iii) y se habría alcanzado el objetivo. En caso contrario, tendríamos $a_1' \leq b_1$, pero estaríamos en el segundo caso, que podemos deducir de forma análoga. En general, se parece a aplicar el algoritmo de Euclides simultaneamente a los pares (a_1, b_1) y (a_2, b_2). Tan pronto como el algoritmo "diverge", es decir $k_1 \neq k_2$, se cumplen las condiciones.

El procedimiento anterior nos permite hallar los vectores $\vec{u}$ y $\vec{v}$ del cuadrante de rejilla explorado en tiempo logarítmico. Todavía debemos encontrar el punto O. Para ello, basta con determinar las coordenadas de la intersección de las líneas en el nuevo sistema de coordenadas, y truncarlo al entero más cercano. El siguiente pseudocódigo resume todo el tratamiento realizado.

$$\vec{u} := \overrightarrow{(1, 0)}; \vec{v} := \overrightarrow{(0, 1)}$$

mientras no $(a_1 > b_1$ **y** $a_2 < b_2)$ **hacer**

    si $a_2 \geq b_2$ **entonces**

        {El ángulo entre el eje X y cada línea no es mayor de 45°}

        $k := \lfloor a_2/b_2 \rfloor$

        $\vec{v} := k\vec{u} + \vec{v}$

        $a_1 := a_1 - kb_1 ; a_2 := a_2 - kb_2$

    si no $\{a_1 \leq b_1\}$

        {El ángulo entre el eje Y y cada línea no es mayor de 45°}

        $k := \lfloor b_1/a_1 \rfloor$

        $\vec{u} := \vec{u} + k\vec{v}$

        $b_1 := b_1 - ka_1 ; b_2 := b_2 - ka_2$

$(\alpha_Q, \beta_Q) :=$ intersección de $b_1 x - a_1 y = c_1$ y $b_2 x - a_2 y = c_2$

$O := \lfloor \alpha_Q \rfloor \vec{u} + \lfloor \beta_Q \rfloor \vec{v}$

Resumen de la solución

La solución completa es la siguiente.

1. Utilizar un método de fuerza fruta para hallar una solución o reducir el problema al caso de un cuadrante estrecho. Si se produce el caso de la Figura 1a, hallar una solución igualmente.

2. Aplicar el método para estrechar el espacio de búsqueda de los puntos de rejilla, para obtener el cuadrante de rejilla $\mathcal{L}[O, \vec{u}, \vec{v}]$, en el que el cuadrante examinado será "suficientemente ancho".

3. Determinar los candidatos (uno o dos) en el cuadrante de rejilla $\mathcal{L}[O, \vec{u}, \vec{v}]$.

4. Devolver las coordenadas de los candidatos al sistema de coordenadas inicial y elegir aquel que esté más cerca del punto Q.

El punto clave de la solución está en la habilidad para tratar con los cuadrantes de rejilla. El método de estrechar el espacio de búsqueda de los puntos de rejilla proporciona un mecanismo cómodo y eficiente de iterar por los puntos de rejilla dentro de un cuadrante. Sin embargo, tiene muchas más aplicaciones. Por ejemplo, con algunas modificaciones, se puede utilizar para iterar por todos los puntos dentro de algún objeto geométrico, como un triángulo o, incluso, polígonos arbitrarios con coordenadas racionales. Este método resulta especialmente útil en objetos estrechos. Dejaremos que sea el lector quien identifique otros problemas en los que se podría aplicar.

MARCIN PILIPCZUK

Su área de interés estaba inicialmente más orientada hacia las matemáticas, con algunas pinceladas de física e informática. En secundaria ganó medallas de oro de dos olimpiadas internacionales: una en matemáticas y la otra en física. Durante sus estudios de máster sus intereses cambiaron hacia las ciencias de la computación, lo que le llevó a competir en la final mundial del ACM-ICPC de 2007, logrando la victoria para la Universidad de Varsovia, en un equipo formado junto a Marek Cygan y Filip Wolski. Durante muchos años ha impartido cursos de programación para estudiantes de secundaria y, en ocasiones, ha escrito problemas de programación para concursos de programación polacos. En la actualidad, como estudiante de doctorado en la Facultad de matemáticas, informática y mecánica de la Universidad de Varsovia, investiga sobre complejidad parametrizada y algoritmos de exponente moderada. En ocasiones también aborda la teoría de grafos y algunos aspectos del cálculo. Como padre de dos hijos pequeños, no tiene tiempo libre. Antes de eso, disfrutaba con los juegos de mesa, el montañismo y la lectura, sobre todo de género fantástico.

/ Gremios

Concurso: 17ª Olimpiada informática polaca
Autor: Marcin Pilipczuk
Memoria: 64 MB
https://oi.edu.pl/en/archive/oi/17/gil

El rey Byteasar tiene un serio problema. Dos organizaciones de comerciantes rivales, el Gremio de sastres y el Gremio de cosedores, le han pedido, al mismo tiempo, permiso para abrir oficinas en todas las ciudades del reino.

Hay n ciudades en Bytelandia. Algunas de ellas están conectadas mediante carreteras bidireccionales. Ambos gremios plantean que cada ciudad debería:

→ tener una oficina del gremio, o

→ estar conectada directamente a una ciudad que la tenga.

El rey, sin embargo, sospecha que puede haber juego sucio. Teme que, si alguna ciudad tiene oficinas de ambos gremios, se forme un cártel textil. Debido a ello, te ha pedido ayuda.

Entrada

La primera línea de la entrada contiene dos enteros, n y m ($1 \leq n \leq 200.000$, $0 \leq m \leq 500.000$). Especifican, respectivamente, el número de ciudades y carreteras que hay en Bytelandia. Las ciudades están numeradas de 1 a n. Las carreteras se describen de la siguiente manera: la línea $(i+1)$-ésima de la entrada corresponde a la i-ésima carretera y contiene los números a_i y b_i ($1 \leq a_i, b_i \leq n$, $a_i \neq b_i$), que especifican que esa carretera conecta las ciudades a_i y b_i. Cada par de ciudades estará conectado (directamente) por un máximo de una carretera. Las carreteras no se cruzan, pues solo se encuentran en las ciudades, pero puede haber túneles y pasos elevados.

Salida

El programa debe escribir una palabra en la primera línea de la salida: TAK (*sí* en polaco) si se pueden situar las oficinas en las ciudades de acuerdo con estas reglas, o NIE (*no* en polaco) en caso contrario. Si la respuesta es TAK, las siguientes n líneas deben describir una ubicación válida para las oficinas. Lo que significa que la línea $(i+1)$-ésima debe contener:

→ la letra K si debe haber una oficina del Gremio de sastres en la ciudad i, o

→ la letra S si debe haber una oficina del Gremio de cosedores en la ciudad i, o

→ la letra N si no debe haber ninguna oficina en la ciudad i.

Ejemplo

Para los datos de entrada:

7   8
1   2
3   4
5   4
6   4
7   4
5   6
5   7
6   7

el resultado correcto es:

TAK

K

S

K

S

K

K

N

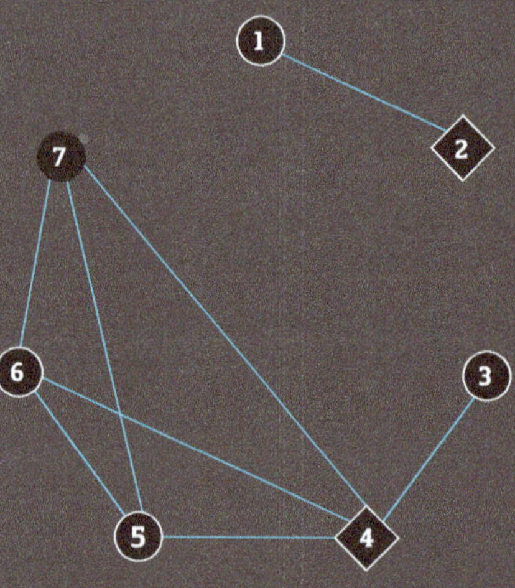

Figura. *Las ciudades en las que se debe abrir una oficina del Gremio de sastres están marcadas con un círculo, mientras que aquellas en las que se debe abrir una oficia del Gremio de cosedores lo están con un rombo.*

Me gustaría mostar el tipo de problemas de concursos que más me gustan, aquellos para los que existen numerosas soluciones.

En la inmensa mayoría de los problemas que se plantean en un concurso de programación, se supone que el objetivo es hallar la solución *óptima*, ya sea única o una de las pocas soluciones óptimas disponibles. En esos casos, los algoritmos suelen ser casi idénticos a la solución de referencia utilizada por el jurado. En ocasiones son un poco más lentas, a veces un poco más audaces en algún aspecto, pero raramente utilizan técnicas desconocidas por el autor del problema.

Sin embargo, existen problemas que no siguen esta norma. Son problemas en los que estamos condicionados a hallar una solución poco evidente, pero que ofrece 'mucha libertad' en su planteamiento. Normalmente, la solución óptima no es un requisito. Al resolver estos problemas, los concursantes, siempre creativos, suelen inventar métodos y procedimientos extraños, al punto de que sorprenden al autor y al jurado por su originalidad.

Veamos algunos ejemplos. Voy a presentar dos problemas muy interesantes con "mucha libertad". Es digno de mencionar que, en ambos problemas, una vez que se ha descubierto la forma correcta de construir una solución, la implementación resulta extremadamente sencilla, haciendo que sean incluso más atractivos.

Gremios

Gremios fue uno de los problemas más sencillos de la primera fase de una Olimpiada informática polaca de hacer algunos años. Vamos a traducir el enunciado del problema al idioma de la teoría de grafos: dado un grafo $G = (V, E)$ con n vértices y m aristas, debemos hallar dos conjuntos *disjuntos* de vértices $K, S \subseteq V$ (ciudades en las que se abrirán oficinas de los gremios de sastres y cosedores), de forma que ambos conjuntos sean, de alguna forma, *densos* en el conjunto de vértices V. Esos conjuntos K y S que satisfacen las condiciones del enunciado del problema se denominan, en la literatura, *conjuntos dominantes*: formalmente, un conjunto $X \subseteq V$ es un *conjunto dominante* en un grafo $G = (V, E)$ si cada vértice de G pertenece a X o tiene, al menos, un vecino en el conjunto X. Por lo tanto, en el problema *Gremios*, debemos encontrar dos conjuntos dominantes disjuntos en un grafo G dado.

¿Lo conseguiremos siempre? Es fácil ver que la respuesta es que no: si hay una ciudad en Bytelandia sin una carretera para salir de ella (es decir, un vértice aislando en el grafo G), no hay solución. En un vértice así solo se podría colocar a un gremio, por lo que el otro no daría servicio (dominaría) tal vértice. Si empleamos algunos minutos más dibujando ejemplos en una hoja de papel, nos convenceremos de que los vértices aislados son, probablemente, los únicos obstáculos para el rey Byteasar. Ahora buscaremos un algoritmo que ubique las oficinas de los gremios en Bytelandia, asumiendo que no habrá vértices aislados.

Comencemos con algunas simplificaciones. En primer lugar, es evidente que podemos considerar de forma independiente a los componentes conexos de G. En segundo lugar, cualquier arista superflua en el grafo nos *ayudará* en las construcciones: si sospechamos que podemos hallar una solución en cualquier grafo que no tenga vértices aislados, el caso más difícil será el hallarla en un árbol (grafo acíclico conexo). En tercer lugar, no obtendremos ningún beneficio de dejar a una ciudad sin ninguna oficina. Por lo tanto, podemos asumir que construiremos una oficina en cada ciudad o, en otras palabras, que *particionaremos* el conjunto de vértices V en dos conjuntos dominantes K y S.

Vamos a asumir por un momento que G es un árbol, y digamos que v es una hoja arbitraria del mismo (un vértice de grado uno). Sin perder la generalidad, podemos asumir que $v \in K$, es decir, que construiremos una oficina del gremio de sastres en el vértice v. Después, en el único vecino de v, denominado u, deberemos ubicar una oficina del gremio de cosedores (es decir, $u \in S$), ya que, en caso contrario, S no dominaría al vértice v. Según el mismo razonamiento, si u tiene otros vecinos que son hojas, deberán, todos ellos, pertecener a K ya que, en caso contrario, no estarían dominados por el conjunto K. Así que podríamos asignar todos los vecinos de u al conjunto K y, de esta forma, estarían dominados tanto por S (debido al vértice u) como por K. Después asignamos los vecinos de los vecinos de u nuevamente a S y, así, sucesivamente.

Resumimos este algoritmo: por cada componente de G, elegimos su árbol de expansión arbitrario, colocamos la raiz en un vértice arbitrario y asignamos los vértices del árbol a los conjuntos S y K de forma alterna, esto es, asignamos los vértices a una distancia par desde la raiz hasta K y a una distancia impar hasta S. Es evidente que esta construcción es correcta: si observamos únicamente las aristas del árbol de expansión elegido, cada vértice tiene solo vecinos con oficinas del gremio contrario al de sí mismo. Por lo tanto, si no hay un componente conexo que conste de un solo vértice, tanto K como S serán conjuntos dominantes en G.

Si elegimos el árbol de expansión de forma inteligente utilizando, por ejemplo, un árbol de búsqueda en profundidad (DFS), estaremos ante un algoritmo muy sencillo de implementar, porque no necesitamos almacenar explícitamente el árbol en memoria. A continuación, incluimos el pseudocódigo de esta solución.

```
Algoritmo Gremios(V, E)
    para todos v ∈ V hacer
        gremio[v] := 0
        {0—sin asignar, 1—sastres, 2—cosedores}
    para todos v ∈ V hacer
        si gremio[v] = 0 entonces
            DFS(v, 1) {colocamos una oficina de sastres en la raiz}

Función DFS(v, g)
    gremio[v] := g
    para todos u vecino de v hacer
        si gremio[u] = 0 entonces
            DFS(u, 3 − g)
            {colocamos oficinas del segundo gremio en los hijos de v}
```

Esta solución es la única que tenía en mente al plantear el problema. Como era de esperar, los concursantes se mostraron muy creativos y, entre varias soluciones un tanto enrevesadas, encontré las dos siguientes, que resultaron ser más sencillas que la mía.

Primera solución de concursantes creativos. Inicialmente, no hay oficinas asignadas a ningún vértice del grafo. Recorremos todas las aristas en orden arbitrario. Cuando consideramos la arista uv, si no hemos asignado ya una oficina a uno de los vértices u o v, asignamos en las dos de forma que las oficinas de u y v pertenezcan a gremios distintos (esto siempre es posible, independientemente de si uno de los vértices ya tenía una oficina asignada o no). Si ambos vértices u y v ya tienen asignaciones, no hacemos nada.

Para verificar que esta solución es correcta, tomamos un vértice v arbitrario y consideramos el momento en el que le asignamos una oficina. Esto se produce cuando valoramos una arista coincidente con v, digamos uv. En este momento, asignamos las oficinas de forma que u y v pertenezcan a gremios distintos y, en consecuencia, v está dominado por ambos.

La implementación de esta solución es extraordinariamente sencilla.

```
Algoritmo Gremios2(V, E)
    para todos v ∈ V hacer
        gremio[v] := 0
        {0—sin asignar, 1—sastres, 2—cosedores}
    para todos uv ∈ E hacer
        si gremio[u] = 0 y gremio[v] = 0 entonces
            gremio[u] := 1; gremio[v] := 2
        si no si gremio[u] = 0 entonces
            gremio[u] := 3 − gremio[v]
        si no si gremio[v] = 0 entonces
            gremio[v] := 3 − gremio[u]
```

Segunda solución de concursantes creativos. Nuevamente, comenzamos sin asignar oficinas a ningún vértice. Recorremos los vértices del grafo en orden arbitrario. Si encontramos un vértice que todavía no tiene una oficina asignada, le ponemos una oficina del gremio de sastres y, además, colocamos oficinas del gremio de cosedores en todos los vértices vecinos que estén sin asignar.

Para verificar que esta solución es correcta, empezaremos fijándonos en que no habrá dos vértices adyacentes con oficinas del gremio de sastres, ya que, cada vez que colocamos una oficina de este gremio en cualquier vértice, establecemos inmediatamente oficinas del gremio de cosedores en todos los vértices vecinos sin asignar. Según la teoría de grafos, un conjunto de vértices en el que no haya dos de ellos conectados por una arista, se denomina *conjunto independiente*. Esto hace que el conjunto de vértices del grafo en el que se sitúan las oficinas del gremio de sastres (es decir, el conjunto K) no solo es un conjunto independiente, sino también un conjunto independiente *máximo de inclusión*: no podemos extenderlo por ningún vértice sin cerrar oficinas del gremio de sastres ya abiertas. En resumen, expresándonos en el idioma de la teoría de grafos, esta solución construye un conjunto independiente máximo de inclusión, coloca oficinas del gremio de sastres en los vértices del conjunto independiente y oficinas del gremio de cosedores en el resto de vértices.

Ahora vamos a ver que, en un grafo sin vértices aislados, tanto cualquier conjunto independiente máximo de inclusión como su complemento son conjuntos dominantes. Para la primera parte, basta con observar que cualquier vértice del grafo está en el conjunto independiente máximo de inclusión elegido o tiene un vecino en él, ya que, de otra manera, podríamos extender el conjunto independiente a través del vértice en consideración. Para la segunda parte, debemos asumir que el grafo no contiene vértices aislados: cualquier vértice del grafo elegido para pertenecer al conjunto independiente tiene, al menos, un vecino. Dicho vecino no puede pertenecer al conjunto independiente y, con ello, domina al vértice evaluado.

Una vez más, podemos ver como el pseudocódigo muestra que la solución es muy sencilla de implementar.

```
Algoritmo Gremios3(V, E)
    para todos v ∈ V hacer
        gremio[v] := 0
        {0—sin asignar, 1—sastres, 2—cosedores}
    para todos v ∈ V hacer
        si gremio[v] = 0 entonces
            gremio[v] := 1
            para todos u vecino de v hacer
                si gremio[u] = 0 entonces
                    gremio[u] := 2
```

Estos algoritmos para el problema *Gremios* no son, evidentemente, únicos pero, en mi opinión, son los más sencillos. Cabe mencionar que *Gremios* fue el problema más sencillo de la primera fase de la 17ª Olimpiada informática polaca, y que casi la mitad de los concursantes obtuvieron puntuaciones perfectas con sus soluciones.

Comentario breve sobre la base teórica

Vamos a considerar el problema *Gremios* desde una perspectiva más amplia. Veremos que, tras un problema muy sencillo, podemos encontrar un área interesante de las ciencias de la computación teóricas, situado en algún punto entre la algoritmia y la teoría de la complejidad.

Ya hemos establecido que nuestro problema, puesto en el idioma de la teoría de grafos, se reduce a la búsqueda de dos conjuntos dominantes disjuntos en un grafo dado. ¿Qué ocurre si exigimos más conjuntos disjuntos por parejas? En otras palabras, ¿qué ocurría si, en Bytelandia, no hubiese solo gremios de sastres y cosedores, sino también de criadores de gusanos de seda y fabricantes de Gore-Tex?

Resulta que el problema con tres gremios ya es NP-completo, lo que significa que no deberíamos esperar un algoritmo que lo resolviese en tiempo polinómico en relación al tamaño del grafo. Para un grafo G dado, el número natural k más grande, tal que en G pudiésemos construir oficinas de k gremios que verificasen las condiciones del enunciado, se denomina *número domático* del grafo G. Como decidir si el número domático de un grafo es, al menos, 3 ya es bastante complejo, calcular el valor exacto del número domático se torna mucho más difícil.

Nos encontramos en una situación prácticamente idéntica a la del *número cromático*, el número mínimo de colores necesario para colorear los vértices del grafo, de forma que no haya dos vértices adyacentes iguales (aquí particionamos el conjunto de vértices del grafo en conjuntos independientes). Es fácil ver que con dos colores es suficiente si, y solo si, el grafo G es bipartito (lo que resulta sencillo de comprobar). Ha sido demostrado que determinar si tres colores son suficientes es NP-completo, incluso aunque sepamos que el grafo de entrada es planar y cada vértice es de, exactamente, grado 4. Ambos números, el cromático y el domático, se pueden calcular en tiempo $O(2^n p(n))$ (donde $p(n)$ es un polinomio) mediante una aplicación no trivial del principio de inclusión-exclusión. La pregunta sobre si la constate 2 en la base del exponente es mejorable es, a día de hoy, un importante problema abierto.

Volvamos por un momento al concepto del conjunto dominante. Resulta que hallar el conjunto dominante mínimo es una tarea muy compleja, con muchas aplicaciones: modela el problema de la búsqueda del método más barato de colocación de sensores (o recursos) en un red, de forma que cada nodo esté controlado por un sensor (o tenga acceso rápido a un recurso, respectivamente). Consideremos una versión de decisión de este problema donde, además del grafo G, tenemos un entero k y debemos decidir si el grafo G admite un conjunto dominante de tamaño máximo k. Este problema también es NP-completo, y tiene términos similares a los del cálculo de los números domático y cromático.

Para considerar la dificultad del problema de hallar un conjunto dominante mínimo desde otra perspectiva, recordemos el problema similar de encontrar la cobertura de vértices mínima de un grafo. Un conjunto de vértices $X \subseteq V$ se denomina *cobertura de vértices* del grafo $G = (V, E)$ si cada arista de G tiene, al menos, un extremo en el conjunto X. Podemos ver, de forma intuitiva, que la cobertura de vértices de un grado consiste en un conjunto de vértices que domina cada *arista*, mientras que un conjunto dominante debe dominar cada *vértice*.

Podemos decidir si un grafo G con n vértices dado, tiene una cobertura de vértices o un conjunto dominante de tamaño máximo k comprobando todas las respuestas posibles. Una solución así requiere de un tiempo aproximado de $\binom{n}{k}$, lo que, siendo k mucho más pequeño que n, es de un orden cercano a n^k.

Sin embargo, en el problema de la cobertura de vértices, podemos utilizar una técnica más audaz. Consideremos el siguiente algoritmo de ramas: mientras G contenga, al menos, una arista, tomamos una arista arbitraria, digamos uv, y la ramificamos en dos subcasos: en uno llevamos u a la cobertura de vértices construida y, en el otro, llevamos v. Siempre que llevemos un vértice a la cobertura de vértices construida, lo eliminamos junto a todas sus aristas incidentes, y decrementamos k en uno. Este algoritmo dará con una solución si, y solo si, en uno de los subcasos hallamos una solución antes de que k sea negativo. Una implementación cuidadosa de este algoritmo se ejecuta en tiempo $O(2^k(n + m))$ y, por lo tanto, resulta muy eficiente para valores pequeños de k, como $k \sim 15$. En contraste, para $k \sim 15$, el algoritmo de fuerza bruta con complejidad de tiempo n^k resulta muy lento.

¿Podríamos utilizar un método similar en el problema del conjunto dominante? La respuesta es que, probablemente, no: ha sido demostrado que el problema de hallar un conjunto dominante mínimo es complejo para un tipo de problemas denominado $W[2]$. Sin entrar en los detalles técnicos de las definiciones, significa que la existencia de un algoritmo que resuelva este problema en un tiempo similar al del algoritmo de la cobertura de vértices, descrito en el párrafo anterior, implicaría la existencia de tales algoritmos para un número importante de otros problemas, lo que es poco realista.

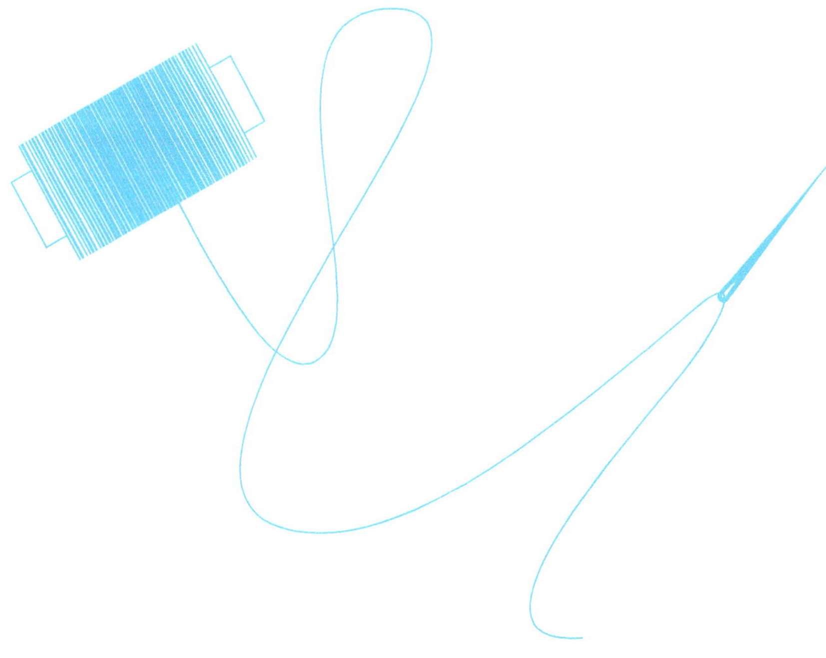

Concurso: Escaramuzas algorítmicas 2008
Autor: Marcin Pilipczuk
Memoria: 32 MB
https://oi.edu.pl/en/archive/pa/2008/odb

¡Todos a trabajar! ¡Hay que reconstruir Bytelandia tras una guerra devastadora!

Te han hecho responsable de asignar códigos postales a las ciudades byteanas. Cada ciudad debe tener un código postal, un entero positivo no mayor que 10^9. Todas las ciudades deben tener un código postal diferente.

El Servicio de Correos Byteano está organizado de una forma extraña: únicamente se puede enviar una carta de la ciudad A a la ciudad B si los códigos postales de las dos ciudades tienen un divisor común mayor que 1. Evidentemente, uno de tus objetivos es que debería ser posible enviar cartas directamente de cualquier ciudad a cualquier otra, una vez que se hayan asignado los códigos postales.

Además, la nueva ley anticorrupción exige que, para cada conjunto de ciudades que contengan más de la mitad de las ciudades byteanas, los códigos postales de las mismas no deben tener un divisor común mayor que uno.

Tarea

Escribe un programa que:

→ lea de la entrada el número de ciudades de Bytelandia,

→ asigne un código postal a cada ciudad byteana,

→ escriba las asignaciones en la salida.

Entrada

La primera y única línea contiene un entero n $(4 \leq n \leq 100)$, que especifica el número de ciudades de Bytelandia.

Salida

La salida debe constar de, exactamente, n líneas. La línea i-ésima contendrá un entero positivo no mayor que 10^9, el código postal de la i-ésima ciudad byteana. Puedes asumir que existe una asignación válida de códigos postales para cada entrada posible. Si encuentras varias soluciones correctas, el programa solo debe devolver una de ellas.

Ejemplo

Para los datos de entrada:

5

el resultado correcto es:

714

2090

4485

29029

215441

/ Solución

El segundo problema de la serie 'mucha libertad' que presentamos es *Reconstrucción de Bytelandia*. Aunque no cuenta con un fondo teórico tan profundo e interesante como *Gremios*, permite expresar la creatividad gracias a la variedad de sus posibles soluciones.

Una vez leído el enunciado del problema, resulta natural observar los códigos postales (los números asignados a las ciudades) desde el punto de vista de su factorización en números primos. Cada par de códigos postales debe tener un factor primo común. Sin embargo, ningún conjunto que cuente con más de la mitad de las ciudades puede compartir ese factor. Además, las ciudades deben recibir códigos postales diferentes entre sí.

Probemos con la siguiente solución: tomamos $\binom{n}{2}$ números primos y asignamos uno diferente a cada par de ciudades. El código postal de una ciudad es el producto de todos los números asignados a los pares a los que pertenece. De esta forma, los códigos postales de cada par de ciudades tendrán un divisor común, que no compartirá ningún trío de ellas, mucho menos la mitad. Además, es fácil ver que los todos códigos postales generados de esta forma serán diferentes.

Por desgracia, en Bytelandia puede haber hasta 100 ciudades, por lo que necesitaremos 4950 números primos. El 4950-ésimo número primo más pequeño es 48049, y nuestros códigos postales serán los productos de 99 de esos números. Por lo tanto, los códigos generados de esta forma serán enormes: mucho más grandes que el límite superior de 10^9. Un cálculo más preciso demuestra que esta técnica es válida para un máximo de seis ciudades, antes de sobrepasar el límite superior.

¿Qué podríamos mejorar? Hemos cumplido estrictamente con la ley anticorrupción, demasiado estrictamente: no solo no hay un divisor común para cualquier conjunto de más de la mitad de las ciudades, sino que tampoco lo hay para ningún trío de ciudades. Intentaremos ser menos estrictos: vamos a particionar las ciudades en cinco partes más o menos iguales, y le asignaremos a cada par de partes un de los $\binom{5}{2} = 10$ números primos más pequeños. El código postal de una ciudad será el producto de los cuatro números primos asignados a aquellos pares de partes a los que pertenece.

¿La solución es correcta? Por desgracia, requiere dos ajustes. El primer problema es bastante evidente: los códigos postales asignados a las ciudades de cada parte son iguales. Afortunadamente tiene fácil solución: tomamos los 100 siguientes números primos y multiplicamos el código de cada ciudad por uno de ellos, diferente cada vez. Veamos si nos mantenemos dentro del límite de 10^9: el décimo número primo es 29, el de la posición 110 es 601, y tenemos que $29^4 \cdot 601 < 10^9$.

El segundo error es mucho más sutil: esta solución no funciona para $n = 7$. En este caso, las partes en las que dividimos el conjunto de todas las ciudades tienen tamaños 2, 2, 1, 1 y 1. El divisor común de las dos partes con dos ciudades será el divisor común de los códigos postales de cuatro ciudades, lo que resulta ser más de la mitad del total. Podemos solucionar esta cuestión de diferentes formas. Un es particionar las ciudades en seis grupos. También se puede resolver el caso a mano e incorporar al código la salida ya resuelta.

Con esto finaliza la descripción de mi solución al problema *Reconstrucción de Bytelandia*. Naturalmente, este es solo uno de los muchos algoritmos que se pueden utilizar para este problema. Termino con un dato divertido: los límites del enunciado (100 ciudades y códigos postales no mayores que 10^9) no vienen impuestos por la dificultad técnica de las soluciones (el algoritmo descrito se generaliza con facilidad para un mayor número de ciudades, con solo un pequeño aumento en los límites superiores de los números), sino que son un requisito del programa que las verifica. Este programa debe factorizar todos los códigos postales, comprobar que cada par de códigos tenga un divisor común y verificar que ningún divisor aparece en más de la mitad de las ciudades. Esto supone muchísimo más trabajo que el necesario para resolver el problema.

MICHAŁ PILIPCZUK

Ha completado un doble grado en ciencias de la computación y matemáticas en la Facultad de matemáticas, informática y mecánica de la Universidad de Varsovia. En la actualidad, es estudiante de doctorado en la Universidad de Bergen, en Noruega. Su área de investigación se centra en la complejidad parametrizada y la *kernelización*. Sin embargo, también está interesado en la combinatoria y, en especial, en su aplicación a las ciencias de la computación. Durante su etapa universitaria, participó en varios concursos de programación, incluyendo el ACM-ICPC, donde obtuvo una medalla de plata en la final mundial de 2010, celebrada en Harbin (junto a Karol Kurach y Krzysztof Pawłowski).

En los últimos años ha estado involucrado en la Olimpiada matemática polaca, donde ha participado, principalmente, en la selección de problemas. Ha sido el número dos del equipo polaco de la Olimpiada internacional de informática en tres ocasiones. Durante las vacaciones es fácil encontrarle en la montaña o disfrutando de la naturaleza.

Concurso: Escaramuzas algorítmicas 2010
Autor: Michał Pilipczuk
Memoria: 64 MB
https://oi.edu.pl/en/archive/pa/2010/pol

El ejército de Bytelandia prepara para este fin de semana las mayores maniobras militares de toda su historia. Estas tendrán lugar en el campo de entrenamiento de Villabyte del Norte. Los oficiales del ejército de Bytelandia conocen este campo a la perfección pero, sin embargo, ignoran las misiones que tienen asignadas. ¡Han solicitado tu ayuda, recluta!

Tus superiores saben exactamente dónde se ubican los puntos estratégicos del campo de entrenamiento. Durante las maniobras, se les pedirá en numerosas ocasiones que capturen varias zonas del mismo. Una de las decisiones más importantes será la de asignación de tropas y la determinación de la fuerza necesaria para capturar una zona en particular. Esta fuerza debe ser proporcional al número de puntos estratégicos de la zona atacada. La tarea consiste en determinar, para cada zona, representada por un polígono con vértices en puntos estratégicos, el número del resto de puntos estratégicos que quedan estrictamente dentro de la misma.

Entrada

La primera línea de la entrada consta de dos enteros, n y m ($3 \leq n \leq 1000$, $1 \leq m \leq 100.000$), que especifican, respectivamente, el número de puntos estratégicos del campo de entrenamiento y el número de consultas. Los puntos estratégicos están numerados de 1 a n.

Las siguientes n líneas describen los puntos estratégicos. La línea i-ésima contiene dos enteros, x_i e y_i ($-10^9 \leq x_i, y_i \leq 10^9$), que indican las coordenadas del punto estratégico i-ésimo. No habrá tres puntos estratégicos colineales.

Las siguientes m líneas contienen las descripciones de las m consultas. Cada descripción comienza con un entero k_j ($3 \leq k_j \leq n$), que especifica el número de vértices del polígono. Está seguido por k_j enteros diferentes del intervalo $[1, n]$, que especifican los identificadores de los puntos estratégicos que serán los vértices del polígono. Todos los polígonos son sencillos (es decir, sin intersecciones consigo mismos), y sus vértices están expresados en el sentido de las agujas del reloj. La suma de todos los números k_j no será superior a 1.000.000.

Salida

El programa debe escribir m líneas en la salida. La línea j-ésima contendrá un entero, que indica el número de puntos estratégicos que hay en el interior del polígono descrito por la consulta j-ésima.

Ejemplo

Para los datos de entrada:

```
6   4
0   0
0   5
5   0
11  10
5   5
2   1
4   1   2   4   3
4   1   2   5   3
3   6   2   4
3   1   2   6
```

el resultado correcto es:

```
2
1
1
0
```

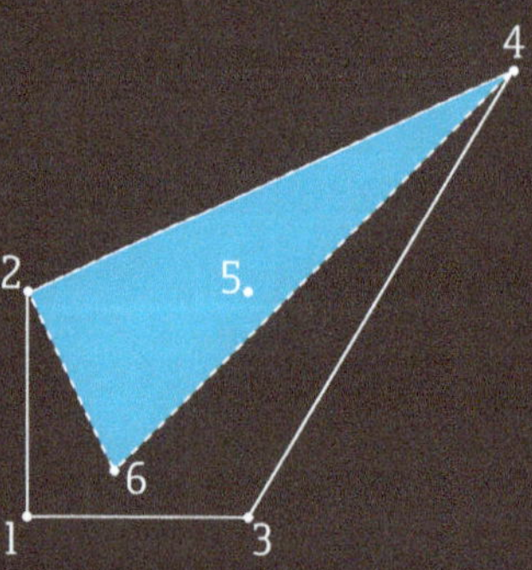

Explicación del ejemplo: Los puntos de la figura describen los puntos estratégicos, mientras que los números junto a los puntos son sus identificadores. La figura muestra las zonas de las primera (líneas continuas) y tercera (líneas discontinuas, rellena de azul) consultas.

Del área del polígono al número de puntos en su interior

Tenemos un polígono $P = A_1 A_2 A_3 \ldots A_k$, donde los puntos A_i están expresados en el sentido de las agujas del reloj. Existen varios métodos para evaluar el área de P, en base a la idea de expresar su valor como la suma de las áreas de figuras más sencillas. El método que es, probablemente, más conocido, utiliza trapezoides: recorremos los lados consecutivos del polígono en el sentido de las agujas del reloj y, para cada uno de ellos, sumamos o restamos el área del trapezoide al que pertence, dependiendo de si la coordenada x aumenta o disminuye a lo largo de ese lado. No es difícil comprobar que todas las partes del plano se añaden a esta suma exactamente el mismo número de veces que se detraen, salvo el propio polígono P, que se suma exactamente una vez más de las que se resta (ver la Figura 1a).

Para la solución de nuestro problema resultará más cómodo utilizar una técnica similar, pero basándonos en triángulos con un vértice común (Figura 1b). Sumamos o restamos, consecutivamente, las áreas de los triángulos $OA_i A_{i+1}$ (los índices se comportan cíclicamente), dependiendo de si la orientación del triángulo es a favor o en contra de las agujas del reloj (O es el centro del sistema de coordenadas). De esta forma, expresamos $\mu(A_1 A_2 A_3 \ldots A_k)$ como $\sum_{i=1}^{k} \mu(OA_i A_{i+1})$, donde μ es el área con signo de un polígono, es decir, será positiva si su orientación es a favor de las agujas del reloj y negativa en caso contrario. Como sabemos hallar fácilmente el área de un triángulo, podemos calcular el área de P en tiempo lineal. La elección del punto O es arbitraria, por lo que, de momento, diremos que $O = A_1$.

Para nuestro problema, lo que nos interesa, en vez del área, es el número de puntos de S (objetos estratégicos), que se encuentran dentro del polígono. Sin embargo, podemos tratar la función μ de las fórmulas no como el área de una figura, sino como el número de puntos que hay en su interior, y todo funcionará igual. De esta forma, si somos capaces de construir una estructura de datos capaz de responder a consultas del tipo "¿cuántos puntos de S se encuentran dentro del triángulo con vértices $X, Y, Z \in S$?", podremos obtener el número de puntos dentro del polígono, calculando la suma de la misma forma. ¿Estamos seguros? Para demostrarlo formalmente, debemos comprobar que, en la suma, contamos exactamente una vez cada punto de S que se encuentra dentro del polígono, mientras que contamos cero veces los puntos que están fuera del mismo, incluyendo a los vértices.

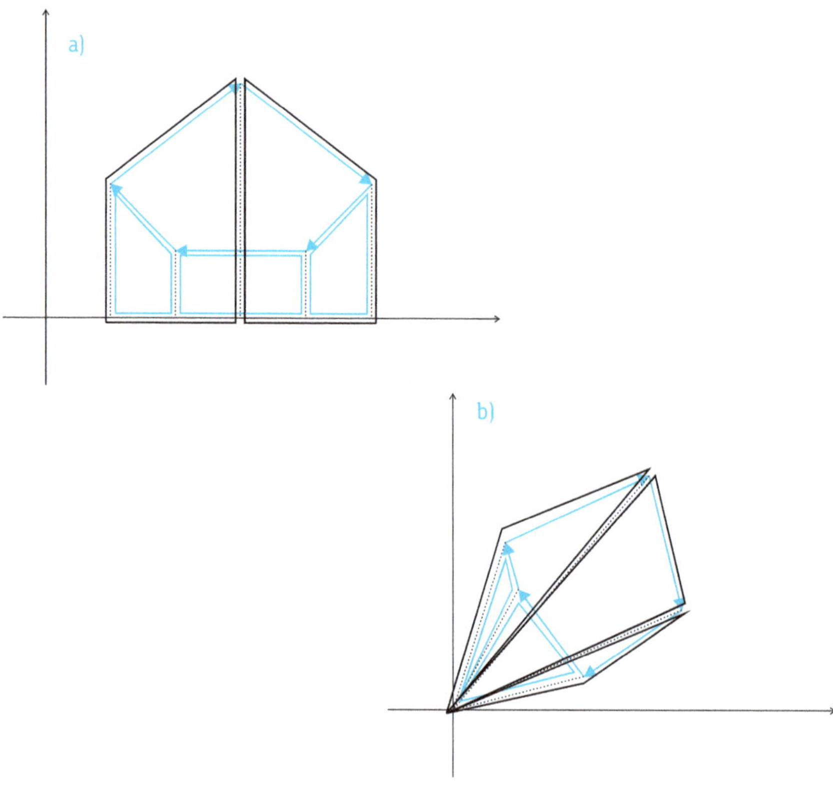

Figura 1: *Cálculo del área de un polígono utilizando trapezoides y triángulos.*

Vamos a evaluar varios $X \in S$ y centrar nuestra atención en el rayo $\overrightarrow{OX}$. Imaginemos un monigote que comienza un viaje en X y se desplaza a lo largo del rayo en sentido contrario a O. Si X está dentro de P, el monigote empezará dentro de P y, una vez se haya alejado lo suficiente, estará fuera de P, por lo que abandonará P exactamente una vez más de las veces que entra en el mismo. En la suma, el punto X se contará positivamente para cada lado por el que el monigote abandona P, y en negativo para cada uno en el que entra en P. Esto significa que cada X dentro de P se sumará, exactamente, una vez más de las que se reste (ver la Figura 2a). Cabe mencionar que el monigote nunca pasará por un vértice de P, ya que esto significaría que tres puntos de $S - O, X$ y el vértice en cuestión son colineales.

De igual modo, se puede demostrar que cada X que quede fuera de P se suma y se resta el mismo número de veces que el monigote comience fuera de P y también termine fuera de P (ver la Figura 2c). Sin embargo, está el problema de que X sea un vértice de P, es decir, $X = A_i$ para algún i. Si, inmeditamente después de abandonar X, el monigote se encuentra fuera de P, el punto X será, de hecho, sumado y restado el mismo número de veces (ver la Figura 2b). Pero si entramos en P por X, el punto X se contará exactamente una vez (ver la Figura 2d), cuando debería serlo cero veces. Por suerte, esto no supone un problema importante: cada uno de esos vértices que se cuenta una vez de más es fácil de reconocer por las posiciones mutuas de los lados incidentes. Esto significa que, utilizando una exploración adicional del perímetro de P, podemos calcular esta contribución adicional a la suma.

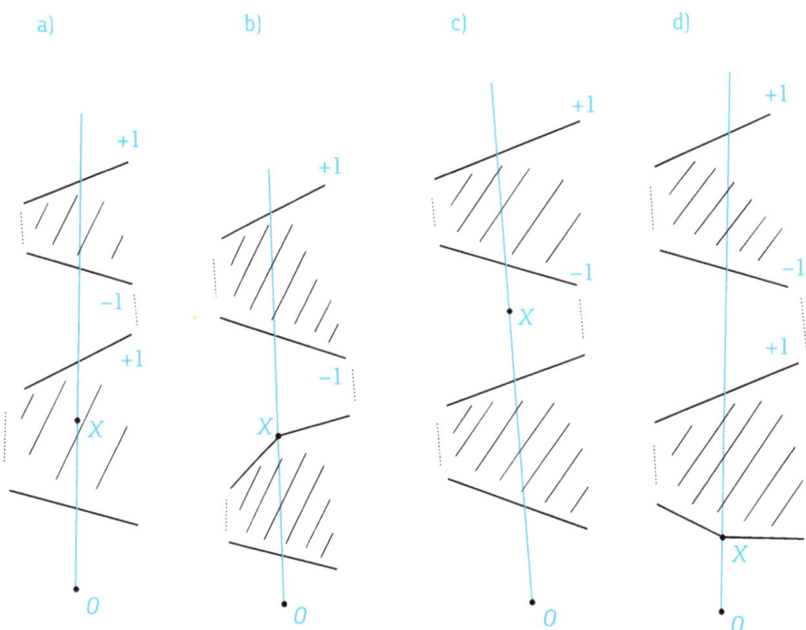

Figura 2: *Casos de alineación del punto X con respecto a P.*

Podemos implementar todo el algoritmo mediante una subrutina que calcule el número de puntos de S que hay en el interior de un triángulo formado por tres puntos cualesquiera $X, Y, Z \in S$, que formen un triángulo orientado en el sentido de las agujas del reloj. Llamaremos *oráculo* a esta subrutina.

$$
\begin{aligned}
&\textbf{Algoritmo } \text{EntrenamientoMilitar}(P = A_1A_2A_3 \ldots A_k, \text{ oráculo } T)\\
&\quad resultado := 0\\
&\quad \textbf{para } i := 2 \textbf{ hasta } k-1 \textbf{ hacer}\\
&\qquad \textbf{si } \text{triángulo } A_1A_iA_{i+1} \text{ orientado según agujas del reloj } \textbf{entonces}\\
&\qquad\quad resultado := resultado + T(A_1, A_i, A_{i+1})\\
&\qquad \textbf{si no}\\
&\qquad\quad resultado := resultado - T(A_1, A_{i+1}, A_i)\\
&\quad \textbf{para } i := 2 \textbf{ hasta } k \textbf{ hacer}\\
&\qquad \textbf{si } \text{el rayo } \overrightarrow{A_1A_i} \text{ entra en el interior de } P \text{ en } A_i \textbf{ entonces}\\
&\qquad\quad resultado := resultado - 1\\
&\quad \textbf{devolver } resultado
\end{aligned}
$$

Podemos ejecutar esta rutina para cada polígono de la entrada. Con ello obtenemos un algoritmo de complejidad lineal en relación a la suma de los números de los lados de los polígonos dados, asumiendo que el oráculo T se ejecute en tiempo constante.

Implementación del oráculo

Nos queda por implementar una estructura de datos que responda, en tiempo constante, las consultas de la forma $T(X, Y, Z)$: "¿cuál es el número de puntos de S dentro del triángulo con vértices $X, Y, Z \in S$?". Digamos que $|S| = n$. La estructura de datos se inicializará en la fase de preprocesado, es decir, antes de leer la entrada. La inicialización consumirá un tiempo $O(n^2 \log n)$, mientras que las consultas se responderán en tiempo constante.

La idea es la siguiente: cada consulta sobre un triángulo se dividirá en consultas aún más simples, de la forma "¿cuántos puntos de S hay en una zona dada del plano?". Para ser más exactos, implementaremos tres tipos de consultas:

→ $A(X, Y)$: ¿Cuántos puntos de S están a la izquierda del vector $\overrightarrow{XY}$, para $X, Y \in S$?

→ $R(X, Y)$: ¿Cuántos puntos de S están en el ángulo formado por el rayo $\overrightarrow{XY}$ y el rayo horizontal con origen en X y dirigido a la derecha, para $X, Y \in S$?

→ $B(X, Y, Z)$: ¿Cuántos puntos de S están en el ángulo formado por los rayos $\overrightarrow{XZ}$ y $\overrightarrow{XY}$, para $X, Y, X \in S$?

Para las consultas R y B, consideramos el ángulo formado por los rayos construidos por el recorrido en el sentido de las agujas del reloj del primero al segundo. En los resultados, omitimos los puntos situados en las líneas y/o rayos seleccionados. Además, asumimos que $X \neq Y \neq Z \neq X$. Podemos ver una ilustración de ello en la Figura 3.

La consulta $B(X, Y, Z)$ se puede implementar fácilmente mediante la consulta $R(X, Y)$. Tenemos que $B(X, Y, Z) = R(X, Z) - R(X, Y) - 1$ si $R(X, Z) > R(X, Y)$, y $B(X, Y, Z) = (n - 2) + R(X, Z) - R(X, Y)$ en caso contrario. Para responder a las consultas A y R nos basta con hacer un cálculo previo en *arrays* bidimensionales de tamaño $O(n^2)$.

Ordenamos, por cada punto $X \in S$, el resto de punto $Y \in S$ en relación al ángulo entre el rayo $\overrightarrow{XY}$ y el rayo horizontal con origen en X y dirección a la derecha. Denominaremos a la lista ordenada de $S \setminus \{X\}$ como L_X. Los valores $R(X, Y)$ son fáciles de calcular: si Y tiene un índice i en la lista L_X (los índices empiezan en cero), entonces $R(X, Y) = i$. Por lo tanto, es suficiente con explorar la lista L_X y completar una fila del *array* de valores de R.

Almacenar las respuestas para las consultas A es ligeramente más difícil. Recorremos la lista L_X utilizando un puntero Y, mientras mantenemos un segundo puntero Y' que referencie al punto más alejado (en distancia angular) de L_X, que todavía cuente para la consulta $A(X, Y)$, o a Y, en caso de que no exista tal punto. Al incrementar el puntero Y nos basta con alejar Y' lo máximo posible. Ahora podemos observar que $A(X, Y) = B(X, Y, Y') + 1$ si $Y \neq Y'$ y $A(X, Y) = 0$ en caso contrario, por lo que podemos almacenar la respuesta a la consulta $A(X, Y)$ utilizando las respuestas calculadas previamente para las consultas $R(X, Y)$ y $R(X, Y')$.

Una vez implementadas las consultas A, B, podemos seguir con la consulta T. Si X, Y, Z forman un triángulo orientado a favor de las agujas del reloj, entonces

$$2(n - 3) + T(X, Y, Z) = B(X, Z, Y) + B(Z, Y, X) + B(Y, X, Z) +$$
$$+ A(X, Y) + A(Y, Z) + A(Z, X).$$

Esta fórmula se puede verificar fácilmente considerando el número de veces que se cuenta cada punto de S a ambos lados de la igualdad. La Figura 4 ilustra el derecho.

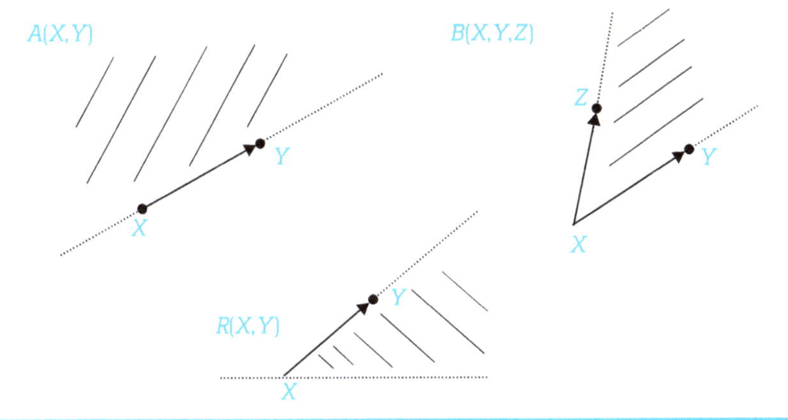

Figura 3: *Consultas A, R, B.*

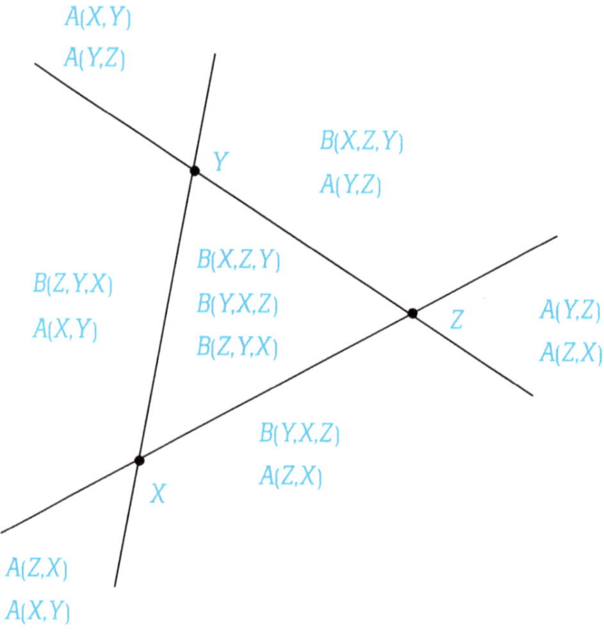

Figura 4: *Expresión de la consulta T en términos de las consultas A, B.*

En conclusión, podemos almacenar las respuestas a las consultas A, R con una complejidad de tiempo de $O(n^2 \log n)$, ya que ordenamos todos los puntos de S menos uno n veces en total. Una vez hecho esto, podemos responder a las consultas $T(X, Y, Z)$ en tiempo constante. Si utilizamos esta implementación del oráculo, el algoritmo mostrado se ejecuta en tiempo $O(n^2 \log n + K)$, donde K es el número total de lados de los polígonos de la entrada.

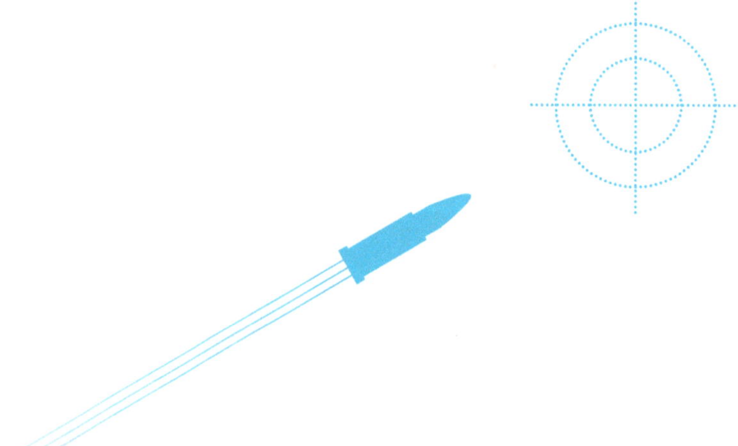

/ Acertijo

Concurso: Escaramuzas algorítmicas 2010
Autores: Marek Cygan, Marcin Pilipczuk, Michał Pilipczuk, Jakub Wojtaszczyk
Memoria: 128 MB
https://oi.edu.pl/en/archive/pa/2010/zag

El malvado hechicero Voldebyte ha encarcelado en su torre al valiente caballero Bytter el Audaz. Como tiene por costumbre, Voldebyte ha prometido que liberará a Bytter si este es capaz de resolver uno de sus acertijos (nunca antes resueltos). Por desgracia, Bytter ha logrado matar al dragón que Voldebyte tenía como mascota, y casi acaba con la vida del propio Voldebyte, por lo que el hechicero ha decidido que lo apropiado es plantear un acertijo extremadamente difícil. Esta es la cuestión que Voldebyte le ha transmitido a Bytter:

Bytelandia está dividida en k provincias, con un total de n ciudades. Además, algunos pares de ciudades están conectados por carreteras bidireccionales. Quiero que cada provincia tenga una ciudad como capital de forma que, para cada una de las carreteras, al menos uno de sus extremos sea una capital. ¿Es posible?

Ayuda al pobre Bytter a salvarse y resuelve el acertijo por él.

Entrada

La primera línea de la entrada consta de tres enteros: n ($1 \leq n \leq 1.000.000$), que especifica el número de ciudades del acertijo de Voldebyte; m ($0 \leq m \leq 1.000.000$), que especifica el número de carreteras; y k ($1 \leq k \leq n$), que especifica el número de provincias. Las ciudades están numeradas de 1 a n.

En las siguientes m líneas hay m pares de enteros a_i, b_i ($1 \leq a_i, b_i \leq n, a_i \neq b_i$), donde el par i-ésimo indica que una carretera conecta las ciudades a_i y b_i. No hay ningún par de ciudades conectadas por más de una carretera.

Las siguientes k líneas describen las provincias. La línea j-ésima comienza con un entero w_j ($1 \leq w_j \leq n$), que especifica el número de ciudades que hay en la provincia j-ésima. Después hay w_j enteros, que indican los números (distintos) de las ciudades de la provincia j-ésima. La suma de todos los números w_j es igual a n.

Salida

Si la solución del acertijo es negativa, el problema debe escribir una única línea que contenga la palabra NIE (*no* en polaco).

En caso contrario, el programa debe escribir dos líneas. La primera contendrá la palabra TAK (*sí* en polaco) y la segunda debe describir la solución. Esta segunda línea contendrá, exactamente, k enteros. El entero i-ésimo debe indicar el número de la ciudad que debe ser elegida como capital de la provincia i-ésima.

Si existen varias soluciones correctas, el programa puede mostrar cualquiera.

Ejemplo

Para los datos de entrada:

```
6  5  2
1  2
3  1
1  4
5  2
6  2
3  3  4  2
3  1  6  5
```

el resultado correcto es:

```
TAK
2  1
```

mientras que para la entrada:

```
3  3  1
1  2
2  3
3  1
3  1  2  3
```

la salida correcta es:

```
NIE
```

/ Solución

El malvado Voldebyte le ha dado a Bytter un mapa de Bytelandia, en el que las ciudades están distribuidas en provincias. La tarea de Bytter consiste en elegir una de las ciudades de cada provincia como capital de forma que, por cada carretera que conecte dos ciudades, una de ellas sea la capital de su provincia.

Veamos cómo modelar esta situación. Introducirmos una variable booleana x_i para la ciudad i-ésima de Bytelandia, que sea cierta si es una capital y falsa en caso contrario. No resulta difícil expresar, en estos términos, los límites establecidos por el hechicero:

→ Si las ciudades i y j está conectadas por una carretera, entonces al menos una de ellas debe ser la capital de su provincia. Este límite tiene la forma $x_i \vee x_j$.

→ Solo una ciudad de cada provincia puede ser la capital. En consecuencia, por cada par de ciudades dentro de una misma provincia, no pueden ser capitales ambas. Por lo tanto, introducimos el límite $\neg x_i \vee \neg x_j$ para cada par de índices distintos i, j, tal que las ciudades i-ésima y j-ésima estén en la misma provincia.

Esta representación del problema permite que haya provincias sin capital designada. Pero si Bytter encuentra una solución así, nada le impide nombrar capital a cualquiera de las ciudades de esa provincia.

Por lo tanto, el acertijo de Voldebyte tiene solución si, y solo si, existe una evaluación de las variables x_i que satisfaga todos los límites presentados. Vamos a escribir una fórmula booleana

$$\varphi = C_1 \wedge C_2 \wedge \cdots \wedge C_l$$

donde C_j son los límites presentados y que, en adelante, denominaremos *cláusulas*. Cada cláusula es una disyunción de dos *literales*, es decir, apariciones de una variable o su negación. Esto significa que φ es una *conjunción de disyunciones de literales*, mientras cada cláusula contenga, como mucho, dos literales. Decimos que la fórmula está en 2-CNF, o en *forma normal conjuntiva* donde 2 indica el límite del número de literales que hay en una cláusula.

Comprobar la satisfacibilidad, es decir, si existe una evaluación de variables que hagan cierta a la fórmula, para fórmulas en CNF, es uno de los problemas más antiguos de la teoría de las ciencias de la computación. Para 3-CNF el problema ya es NP-completo, lo que significa que no podemos esperar resolverlo en tiempo polinómico. Sin embargo, para las fórmulas en 2-CNF existe un ingenioso algoritmo que verifica la satisfacibilidad en tiempo lineal con respecto al número de variables y cláusulas. Este algoritmo aparece descrito en la mayoría de los libros de texto tradicionales sobre algoritmos de grafos, así como en varias páginas web sobre algoritmia.

Nos basta con comprobar el tamaño de la fórmula obtenida al traducir la descripción del acertijo. Tenemos una variable por ciudad. El número de cláusulas del primer tipo, es decir, aquellas que codifican las carreteras entre las ciudades, es exactamente el mismo que el número de carreteras. Por desgracia, para codificar los límites del segundo tipo, incluimos una cláusula por cada par de ciudades dentro de la misma provincia. El número de esos pares puede ser cuadrático, por lo que el algoritmo se ejecutará con una complejidad de tiempo de $O(n^2)$. Teniendo un millón de ciudades en la entrada, esta solución no lograría la máxima puntuación. Necesitamos algo más rápido.

Aceleración mediante compactación

El problema principal de la técnica presentada, es el método extremadamente caro que utilizamos para expresar la información de que solo puede haber una capital en cada provincia. ¿Podríamos codificarlo usando solo un número lineal de cláusulas? De hecho, es posible. Sin embargo, el precio a pagar por un menor número de cláusulas será un mayor número de variables.

La idea de la compactación es la siguiente: utilizaremos variables nuevas que codificarán grupos completos de ciudades. Veamos una provincia cuyas ciudades tengan los índices $i_1 < i_2 < \cdots < i_p$. Introducimos una variable por cada prefijo y cada sufijo de esta secuencia, que dice, de forma intuitiva, "en este prefijo (sufijo) hay una capital". Formalmente, para cada $j = 1, 2, \ldots, p$ introducimos las variables y_{i_j} y z_{i_j}, que satisfarán las siguientes propiedades:

→ si hay una capital entre las ciudades $i_1, i_2, \ldots, i_j$, entonces y_{i_j} es verdadero;

→ si hay una capital entra las ciudades $i_j, i_{j+1}, \ldots, i_p$, entonces z_{i_j} es verdadero.

Las condiciones impuestas a las variables y_{i_j} y z_{i_j} se pueden codificar fácilmente mediante clásulas de dos variables. La observación clave es la siguiente: una capital está dentro de un prefijo (sufijo) si, y solo si, está en su extremo o en el prefijo (sufijo) más corto por una ciudad. Por lo tanto,

→ para cada $j = 1, 2, \ldots, p$ introducimos una cláusula $x_{i_j} \Rightarrow y_{i_j}$;

→ para cada $j = 1, 2, \ldots, p - 1$ introducimos una cláusula $y_{i_j} \Rightarrow y_{i_{j+1}}$;

→ para cada $j = 1, 2, \ldots, p$ introducimos una cláusula $x_{i_j} \Rightarrow z_{i_j}$;

→ para cada $j = 1, 2, \ldots, p - 1$ introducimos una clásula $z_{i_{j+1}} \Rightarrow z_{i_j}$.

Vemos que podemos utilizar implicación en la fórmula, ya que la cláusula $a \Rightarrow b$ es equivalente a $\neg a \vee b$.

Hay que indicar que, de esta forma, solo hemos codificado una dirección de la implicación. Podría ocurrir que la variable y_{i_j} fuese cierta incluso aunque en el prefijo correspondiente no haya una capital. Solo sabemos que, si la capital existe, y_{i_j} será verdadero. Por suerte, esto no supone un problema.

Nos queda por codificar el hecho de que las capitales sean únicas, utilizando las variables y_{i_j} y z_{i_j}. Por cada $j = 1, 2, \ldots, p - 1$, introducimos una cláusula $\neg y_{i_j} \vee \neg z_{i_{j+1}}$. Si hubiese dos capitales en la misma provincia, digamos que con índices i_j e $i_{j'}$, para $j < j'$, la cláusula introducida no quedaría satisfecha para el índice j, ya que tanto y_{i_j} como $z_{i_{j+1}}$ deberían ser ciertas. Por otro lado, si una provincia tiene una sola capital, digamos que en la ciudad con índice i_j, podemos establecer $y_{i_{j'}}$ como cierto para todos los $j' \geq j$ y como falso para todos los $j' < j$, y, simétricamente, para las variables $z_{i_{j'}}$. Con ello quedarían satisfechas todas las cláusulas introducidas, ya que, para cada partición de la secuencia $i_1, i_2, \ldots, i_p$ en un prefijo y un sufijo, en al menos una de las partes no se encontraría el índice i_j.

Realizamos esta construcción para cada provincia y añadimos cláusulas para codificar las carreteras como lo hemos hecho en la sección anterior. Comprobemos el tamaño de la fórmula resultante:

→ tenemos tres variables por ciudad: $3n$ variables en total;

→ introducimos una cláusula por cada carretera: m cláusulas en total;

→ introducimos $5p - 3$ cláusulas por cada provincia, donde p es el número de ciudades que hay en dicha provincia: habrá un máximo de $5n$ cláusulas en total.

Por lo tanto, la fórmula φ construida tiene $3n$ variables y un máximo de $5n + m$ cláusulas, por lo que el algoritmo de tiempo lineal que compruebe la satisfacibilidad de fórmulas en 2-CNF debería dar una respuesta dentro de los límites de tiempo.

Pero, ¿sobre qué trata el problema en realidad?

Vamos a interpretar el mapa de Bytelandia como un grafo no dirigido (V, E), en el que cada ciudad está representada por un vértice y donde dos vértices son adyacentes si, y solo si, las ciudades correspondientes está conectadas por una carretera. Además, los vértices de la primera provincia serán del color 1, los de la segunda del color 2, etc. Voldebyte está pidiendo un subconjunto de vértices S tales que cada arista tenga, al menos, un extremo en S. Ese conjunto se denomina *cobertura de vértices* del grafo. El acertijo del hechicero nos pide hallar una cobertura de vértices que contenga, exactamente, un vértice de cada color. Lo llamaremos la versión *coloreada* del problema.

En general, el problema de determinar si un grafo dado admite una cobertura de vértices de tamaño k es NP-completo. Esto significa que parece poco probable que se pueda resolver en tiempo polinómico. La complejidad del cálculo de una cobertura de vértices pequeña aparece también en el enunciado del problema *Gremios* de este libro, donde se describe un algoritmo de ramificación sencillo con tiempo de ejecución $O(2^k(n + m))$. Ahora veremos cómo lograr un algoritmo con una complejidad de tiempo un poco peor, $O(e^k(n + m))$, que, además, estará aleatorizado, pero será mucho más interesante. La idea principal radica en utilizar la versión coloreada del problema, que se resuelve en tiempo lineal, como subrutina.

El algoritmo descrito estará *aleatorizado con error de una cara*. Esto significa que, durante el cálculo, el programa puede tomar decisiones basadas en lanzamientos aleatorios de una moneda. Si el grafo no admite una cobertura de vértices de tamaño máximo k, entonces el algoritmo resolverá en una respuesta negativa. Sin embargo, si existe una cobertura de vértices, el algoritmo puede hallarla o producir un error y devolver una respuesta negativa, pero la probabilidad de esa situación debe ser, como mucho, de $\frac{1}{2}$. Si realizamos 20 pruebas consecutivas, podemos reducir la probabilidad de error a su mínima expresión.

Nuestro algoritmo realizará una prueba sencilla varias veces, con la expectativa de que, en algún momento, seamos capaces de "clavar" la solución. En cada una de las pruebas coloreamos vértices aleatoriamente, utilizando k colores, asignando de forma independiente a cada vértice un color con la misma probabilidad. Después, utilizando el algoritmo de tiempo lineal de la versión coloreada, comprobamos si existe una cobertura de vértices que contenga un vértice de cada color. Por lo tanto, en cada prueba contamos con la posibilidad de que todos los vértices de la solución tengan asignados colores distintos, por lo que el algoritmo para la versión coloreada será capaz de obtener la solución rápidamente.

Algoritmo CoberturaVérticesAleatoria$((V, E), k)$
    para $t := 1$ **hasta** $\lceil e^k \rceil$ **hacer**
        elegir un coloreado de V con k colores aleatorios
        llamar al algoritmo de la versión coloreada
        si el algoritmo de la versión coloreada encuentra la solución **entonces**
            devolver la solución
    devolver *no*

Evidentemente, si el algoritmo encuentra la solución, esta será una cobertura de vértices válida de tamaño k. Queda por demostrar que si el grafo admite una cobertura de vértices de tamaño k, entonces el algoritmo hallará una solución válida con una probabilidad de, al menos, $\frac{1}{2}$. Vamos a establecer una solución S y considerar la probabilidad de que todos los vértices de S tengan asignados diferentes colores. Es fácil ver que esta probabilidad es igual a $\frac{k!}{k^k}$, ya que se puede colorear S con distintos colores de $k!$ maneras, mientras que hay k^k posibles coloreados de S en total. Ahora utilizamos la desigualdad $\frac{k!}{k^k} \geq \frac{1}{e^k}$ para deducir que la probabilidad de que, durante una sola prueba, la solución presente colores distintos es de, al menos, $\frac{1}{e^k}$. Por lo tanto, la subrutina de la versión coloreada tendrá, al menos, esta probabilidad de hallar una solución (quizá diferente a S) en tiempo lineal.

Ahora vamos a limitar la probabilidad de que el algoritmo no encuentre una solución en ninguna de las $\lceil e^k \rceil$ pruebas. La probabilidad de error de una sola prueba es de $1 - e^{-k}$ como mucho, por lo que, como las pruebas son independientes, el cálculo será erróneo con una probabilidad máxima de $(1 - e^{-k})^{e^k}$. Podemos utilizar la desigualdad $1 - x \le e^{-x}$, que se verifica para todos los $x \in [0, 1]$, para deducir que la probabilidad de un error será de $e^{-e^{-k} \cdot e^k} = e^{-1} < \frac{1}{2}$.

Por último, vamos a indicar que el algoritmo llama a una subrutina que se ejecuta en tiempo $O(n + m)$ un máximo de $\lceil e^k \rceil$ veces, por lo que la complejidad total del algoritmo es $O(e^k(n + m))$.

La técnica de colorear aleatoriamente un grafo para lograr una solución válida en tiempo polinómico se denomina *codificación por colores*, y fue presentada por Alon, Yuster y Zwick a principios de los años noventa. Hoy día, es un método clásico en el diseño de algoritmos de tiempo exponencial parametrizados y exactos. También es posible *desaleatorizar* el algoritmo, con una penalización en el tiempo de ejecución. Para ser más exactos, en base al método descrito, es posible construir un programa que no utilice aleatorización, pero que tendrá una constante mayor que e en el límite de complejidad.

JAKUB RADOSZEWSKI

Es estudiante de doctorado de ciencias de la computación en la Facultad de matemáticas, informática y mecánica de la Universidad de Varsovia. Sus áreas de investigación son los algoritmos de texto y la combinatoria. Es presidente del jurado de la Olimpiada informática polaca y de Escaramuzas algorítmicas, además de redactor de la popular revista mensual polaca sobre ciencia *Delta*. En 2011 fue presidente del jurado de la Olimpiada informática centroeuropea y del Concurso universitario de programación polaco. Como estudiante, junto a su equipo, logró las segundas plazas del Concurso universitario de programación polaco y del Concursos regional centroeuropeo del ACM-ICPC. Ha sido semifinalista del TopCoder Open en varias ocasiones y finalista de Google Code Jam y de Facebook Hacker Cup. Disfruta jugando al tenis, al pimpón y al bádminton.

/ Combustible

Concurso: Escaramuzas algorítmicas 2011
Autor: Jacek Tomasiewicz
Memoria: 128 MB
https://oi.edu.pl/en/archive/pa/2011/pal

En los viejos tiempos, las n ciudades de Bytelandia estaban conectadas por una densa red de carreteras de dos sentidos. El rey de Bytelandia decidió reducir el número de carreteras y le pidió consejo a su informático jefe. Como resultado de su decisión, en la actualidad Bytelandia tiene solo $n-1$ carreteras que conectan pares de ciudades, de forma que solo hay, exactamente, una ruta entre dos ciudades cualesquiera. Todas las carreteras tienen la misma longitud.

Equipado con un coche cuyo tanque contiene, exactamente, combustible suficiente para conducir en m carreteras de Bytelandia, Byteasar ha decidido organizar un viaje que maximice el número de ciudades visitadas. Puede comenzar su itinerario en cualquier ciudad de Bytelandia e, igualmente, lo puede terminar en cualquier sitio. No es necesario que regrese al punto de partida. Al maximizar el número de ciudades visitadas, Byteasar puede recorrer varias veces la misma carretera, en cualquiera de sus sentidos. La tarea consiste en ayudar a Byteasar a hallar el número máximo de ciudades que puede visitar con un tanque de combustible lleno.

Entrada

La primera línea de la entrada contiene dos enteros, n y m ($2 \leq n \leq 500.000$, $1 \leq m \leq 200.000.000$), donde n es el número de ciudades de Bytelandia (numeradas de forma única como $\{1, \ldots, n\}$), y m es el número de carreteras que se pueden recorrer con un tanque de combustible.

Las siguientes $n-1$ líneas describen la red de carreteras de Bytelandia. Cada una de las líneas contiene dos enteros, a y b ($1 \leq a, b \leq n$), que indican que las ciudades a y b están conectadas por una carretera de doble sentido.

Salida

La salida consta de una línea que contiene, exactamente, un entero: el número máximo de ciudades que se pueden visitar con un tanque de combustible.

Para los datos de entrada:

7   6
1   2
2   3
2   5
5   6
5   7
4   5

el resultado correcto es:

5

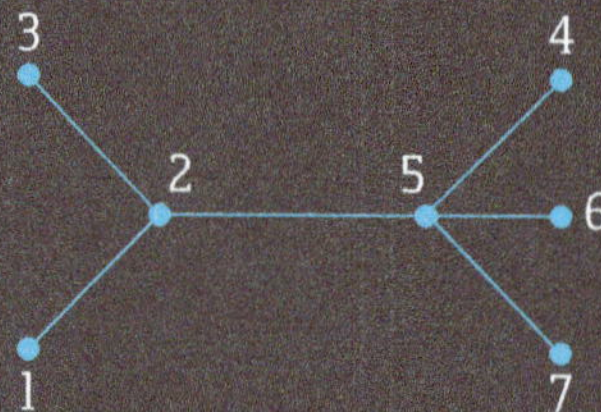

Explicación del ejemplo: Byteasar puede visitar un máximo de cinco ciudades diferentes. Existen diversas rutas que visitan las cinco ciudades del ejemplo, entre ellas $4 \rightarrow 5 \rightarrow 7 \rightarrow 5 \rightarrow 6 \rightarrow 5 \rightarrow 2$ y $3 \rightarrow 2 \rightarrow 1 \rightarrow 2 \rightarrow 5 \rightarrow 6 \rightarrow 5$.

/ Solución

No me gustan los problemas difíciles. Soy una persona que prefiere ensuciarse las manos con el trabajo, así que, en vez de pensar en una solución durante horas, disfruto alternando fases de razonamiento y de programación cuando me enfrento a uno. Si analizo un problema durante un periodo largo de tiempo, tengo la sensación de no estar haciendo ningún progreso hacia la solución, me aburro y me pongo a buscar algo más productivo en qué ocuparme.

Por otro lado, tampoco aprecio los problemas triviales, pues no aprendo nada nuevo al resolverlos. Además, cuando lo hago, me siento como un mono entrenado para aporrear un teclado lo más rápidamente posible. Aquí incluyo tareas que se pueden resolver aplicando directamente alguna técnica o algoritmo clásico bien conocidos, aunque hacerlo suponga escribir muchas líneas ingeniosas de código.

No me llaman la atención aquellos problemas que requieren ideas abstractas para su solución: ideas que surgen de forma arbitraria. Tengo la creencia de que, para concursantes con igual conocimiento y habilidades, el tiempo empleado en resolver esas tareas depende mayormente de la suerte. Este tipo de cuestiones añade un factor demasiado aleatorio a un concurso, especialmente si la idea aparece como correcta sobre el papel, pero resulta muy difícil de demostrar, aunque esa demostración no sea necesaria en absoluto.

Pero los que sí que me gustan son mis propios problemas. Hace algunos años escribí una buena cantidad de ellos. Lamentablemente, hoy día no tengo el tiempo suficiente para buscar constantemente nuevas ideas interesantes en que basarme.

A pesar de lo que acabo de decir, los problemas que he decidido describir en este libro *no* están escritos por mí.

Considero que el problema perfecto es aquel que no es ni muy fácil ni muy difícil. El que precisa de creatividad en su solución, para que el concursante pueda disfrutar del momento mágico del descubrimiento, y también de capacidad para aplicar (de forma ingeniosa) herramientas clásicas fundamentales (técnicas y algoritmos suficientemente conocidos). Este tipo de problemas combinan actividad puramente intelectual con retos que suponen un desafío para un ingeniero de algoritmos. Si, además, la formulación del problema contiene una historia interesante revestida de una aplicación al mundo real, no hay duda de que lo recordaré durante mucho tiempo.

A los efectos de este libro, he elegido dos problemas que, en mi opinión, satisfacen todos los requisitos mencionados y, además, me han causado una impresión especialmente buena. Vamos a comenzar con el más fácil de ellos, *Combustible*.

Solución

La historia del enunciado del problema se traduce en el siguiente problema de teoría de grafos: queremos visitar nodos de un árbol dado de la forma más eficiente posible. Para ser más exactos, estamos buscando una ruta de una longitud dada que visite el mayor número de nodos posible. Con *ruta* nos referimos a un camino que puede contener múltiples apariciones del mismo nodo. En ocasiones, esa secuencia de nodos se denomina, simplemente, camino, pero nos ceñiremos al término ruta para evitar la confusión con un camino sencillo, en el que no se permiten repeticiones de nodos.

Al igual que en el enunciado, denominaremos n y m al número de nodos del árbol y a la longitud de la ruta. Nada más empezar a pensar en el problema, ya podemos realizar algunas observaciones básicas. La primera de ellas, desde nuestro punto de vista, es que el mejor tipo de ruta será un camino sin nodos repetidos, esto es, el camino sencillo ya mencionado. Si m es lo suficientemente pequeño, existe la posibilidad de hallar un camino sencillo de longitud m. Para describir todas las rutas de este tipo, evidentemente óptimas, nos basta con encontrar el camino sencillo más largo del árbol, también conocido como *diámetro* del árbol. Indicamos con d la longitud del diámetro. Si $m \leq d$, el resultado correcto es $m + 1$.

Así hemos identificado el caso más optimista. Ahora contemplaremos el problema desde otra perspectiva. ¿Y si queremos una ruta verdaderamente larga? Si m es grande con respecto a n, podemos esperar encontrar una ruta que visite todos los nodos del árbol. Esto, sin duda, ocurrirá si $m \geq 2 \cdot (n - 1)$. En este caso, la ruta deseada se puede construir usando un recorrido de búsqueda en profundidad (DFS) en el árbol, en el que cada arista se visite, exactamente, dos veces: una en cada sentido.

Vamos a intentar concretar una condición que indique la existencia de una ruta que visite todos los nodos del árbol. Consideremos la ruta más corta de este tipo, P. Asumimos que comienza en el nodo u y termina en el v. Si añadiésemos un camino desde v hasta u a P, obtendríamos una ruta que visitaría todos los nodos del árbol y terminaría en el mismo en el que empezó. Como ya hemos observado, la ruta más corta de este tipo es el recorrido DFS del árbol, de longitud $2 \cdot (n - 1)$. Por lo tanto, la ruta P más corta posible se puede obtener como el recorrido DFS que comienza en un nodo u y termina en un nodo v, tal que u y v son los extremos de un diámetro del árbol. La longitud de esta ruta es $2 \cdot (n - 1) - d$.

Ya sabemos resolver el problema tanto si $m \leq d$ como si $m \geq 2 \cdot (n - 1) - d$. ¿Qué podemos hacer en el resto de casos? Cosideremos ahora una ruta de longitud $m \in (d, 2 \cdot (n - 1) - d)$ que recorre tantos nodos distintos como sea posible (ver la Figura 1). Denominaremos k al número de nodos visitados por la misma. Resulta que este valor es la clave para la construcción del algoritmo final.

De hecho, vamos a eliminar todos los nodos del árbol que no formen parte de la ruta. Lo que nos quedará es una subárbol del árbol inicial. Nuestra ruta visita todos los nodos de este subárbol, por lo que, debido a las consideraciones previas, satisface $m \geq 2 \cdot (k - 1) - d'$, donde d' es el diámetro del subárbol. Por lo tanto, $k \leq (m + d' + 2)/2$. Para maximizar el valor de k, elegimos un subárbol de diámetro máximo, esto es, un subárbol que contenga un diámetro del árbol original. En este caso, $d' = d$. Obtenemos una ruta que visita, exactamente, $\lfloor (m + d + 2)/2 \rfloor$ nodos del árbol.

Podemos definir el algoritmo final, utilizando los parámetros n, m y d, de la siguiente manera:

→ Si $m \leq d$, devolvemos $m + 1$.

→ Si $m \geq 2 \cdot (n - 1) - d$, devolvemos n.

→ Si no se da ninguno de los dos casos, devolvemos $\lfloor (m + d + 2)/2 \rfloor$.

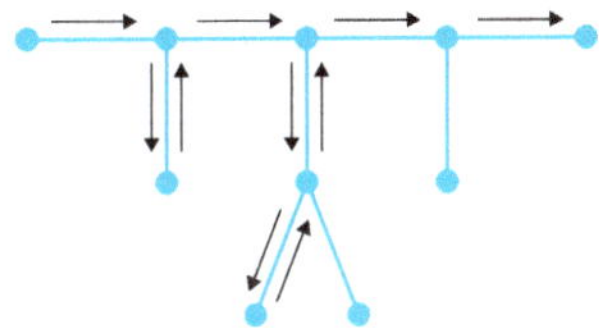

Figura 1: *Ejemplo de una ruta óptima para $n = 10$, $d = 4$, $m = 10$.*

Nos queda por determinar un algoritmo eficiente para hallar el diámetro de un árbol. Podría terminar aquí la descripción, ya que un algoritmo que resuelva este problema en tiempo lineal es cultura popular, o podría dejarlo como ejercicio para el lector. Sin embargo, como la técnica más evidente puede no ser la más sencilla, incluiré a continuación mi algoritmo favorito para ello, el que descubrí tras varios años de práctica con algoritmos.

Diámetro de un árbol

¿Cuál es el algoritmo más sencillo para hallar el diámetro de un árbol? Estoy seguro de que es el siguiente:

→ Elegimos un nodo arbitrario del árbol, que llamaremos u.

→ Nos desplazamos desde u hasta su nodo más alejado, que llamaremos v.

→ Nos desplazamos desde v hasta su nodo más alejado, que llamaremos w.

→ El camino de v a w es el diámetro del árbol.

La única operación no trivial que encontraremos aquí es la de desplazarnos al nodo más alejado del árbol. Es una operación muy sencilla de implementar, si conocemos las distancias desde u (o v, respectivamente) a todos los nodos del árbol. Estas distancias se pueden calcular utilizando cualquier algoritmo de búsqueda en árboles, por ejemplo algoritmos BFS o DFS.

Es mucho más interesante saber por qué funciona este algoritmo. Para responder a la cuestión, conviene presentar al árbol "colgando de su diámetro". Denominaremos x e y a los extremos del diámetro (que nos son desconocidos inicialmente). Imaginemos que las aristas del árbol son cadenas de una unidad de longitud y los nodos son pomos. Ahora sujetamos el nodo x con una mano y el nodo y con la otra, y tiramos de las cadenas del diámetro que conecta x e y. ¿Cuál es la longitud de las cadenas que cuelgan de los respectivos nodos del diámetros? Evidentemente, ninguna cadena puede colgar de x e y. Solo pueden colgar cadenas de longitud 1 de los vecinos directos de x o y, ya que, en caso contrario, el árbol contendría un camino más largo que su diámetro. Igualmente, solo pueden colgar cadenas de longitud 2 de los vecinos de los vecinos de x e y, e igual para el resto de casos (Figura 2).

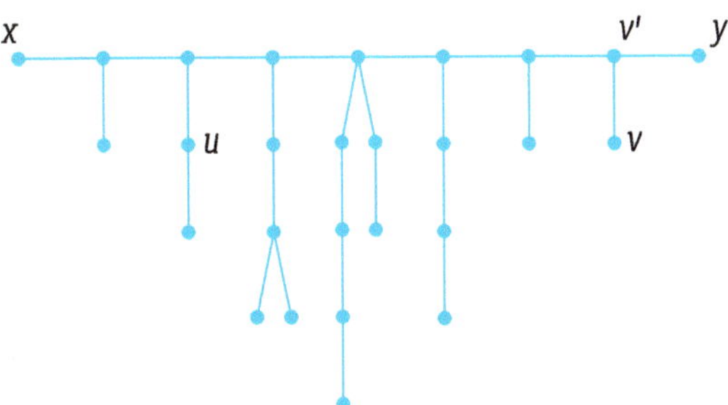

Figura 2: *Un árbol colgado por su diámetro. Se presenta una ubicación de ejemplo de los nodos u y v del algoritmo.*

Ahora, u es un nodo arbitrario del árbol. Sin perder la generalidad, asumimos que u no está más alejado de x que de y. Evidentemente, el nodo v del algoritmo debe estar ubicado en el lado opuesto del diámetro, ya sea al final de una de las cadenas que cuelgan o en el nodo y. En el primer caso, la distancia desde v al nodo correspondiente del diámetro, v', debe ser igual a la distancia desde v' a y (por ejemplo, en la Figura 2, v' no podría ser el nodo ubicado una unidad a la izquierda del nodo identificado como v). En ambos casos, el camino desde v hasta x es un diámetro del árbol, por lo que el camino desde v hasta el w más alejado es otro diámetro. Esto demuestra que el algoritmo es correcto.

/ Arado

Concurso: 13ª Olimpiada informática polaca
Autor: Marcin Kubica
Memoria: 64 MB
https://oi.edu.pl/en/archive/oi/13/ork

Byteasar, el granjero, quiere arar su campo rectangular. Puede comenzar arando una franja desde cualquiera de los límites del campo, después otra desde cualquiera de los límites no arados y, así, sucesivamente, hasta cubrir toda la superficie del campo. Después de arar cada franja sucesiva, el campo sin arar resultante tiene forma rectangular. Cada franja tiene una anchura de 1 y la longitud y ancho del campo son los enteros n y m.

Por desgracia, Byteasar solo tiene un penco (caballo) muy débil y enclenque para tirar del arado. Una vez que el penco comienza a arar una franja, no se detendrá hasta que la haya terminado. Sin embargo, si la franja es demasiado grande, el penco morirá de cansancio, por lo que Byteasar debe ser cuidadoso. Después de arar cada franja, el penco puede descansar y recuperar su fuerza. La dificultad de ciertas zonas del campo varía, pero Byteasar es un buen granjero que conoce bien sus tierras, por lo que es consciente de la dificultad de arar cada parte.

Vamos a dividir el campo en $m \times n$ cuadrados unitarios, que llamaremos *teselas*. Las identificamos por sus coordenadas (i, j), con $1 \leq i \leq m$ y $1 \leq j \leq n$. Cada tesela tiene su propia dificultad, un entero no negativo. Indicaremos con $t_{i,j}$ la dificultad de arar la tesela cuyas coordenadas son (i, j). La suma de las dificultades de las teselas que forman cada franja no puede superar una cierta constante k, o el penco morirá.

A Byteasar le espera una difícil tarea: antes de arar cada franja sucesiva, debe decidir qué límite del campo elegirá, para evitar que el penco sucumba. Por otro lado, quiere arar el menor número de franjas posible.

Tarea

Escribe un programa que:
→ lea de la entrada los números k, m y n, así como los coeficientes de dificultad,
→ determine la mejor forma de arar el campo de Byteasar,
→ escriba el resultado en la salida.

Entrada

Hay tres enteros positivos en la primera línea de la entrada, separados por espacios sencillos: k, m y n ($1 \le k \le 200.000.000$, $1 \le m, n \le 2000$). Las siguientes n líneas contienen los coeficientes de dificultad para arar. La línea $(j + 1)$-ésima contiene los coeficientes $t_{1,j}, t_{2,j}, \ldots, t_{m,j}$ ($0 \le t_{i,j} \le 100.000$), separados por espacios sencillos.

Salida

El programa debe escribir un entero en la salida: el número mínimo de franjas necesarias para arar el campo cumpliendo con las condiciones dadas. Como nos gustan los animales, garantizamos que el campo se puede arar según las reglas fijadas. Pero recuerda, salvar la vida del penco es cosa tuya.

Ejemplo

Para los datos de entrada:

```
12  6  4
6  0  4  8  0  5
0  4  5  4  6  0
0  5  6  5  6  0
5  4  0  0  5  4
```

el resultado correcto es:

```
8
```

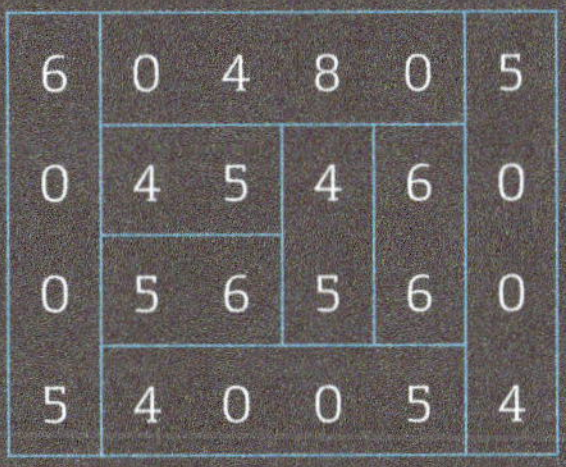

Figura: La ilustración muestra el patrón de arado óptimo para el campo del ejemplo.

Este problema es mucho más difícil que *Combustible*. Lo considero el problema más elegante que ha habido en la Olimpiada informática polaca. Cumple con todos los requisitos indicados en la introducción de la descripción anterior, pero esa no es la única razón por la que lo he escogido.

Durante años he observado los problemas de concursos no solo desde el punto de vista del concursante, sino también, incluso en más ocasiones, desde la perspectiva de un miembro del jurado. Los problemas que permiten diferenciar a los concursantes tienen un valor incalculable en los concursos del estilo "olimpiada informática". Una categoría importante de esos problemas es la que admite varias soluciones naturales con diferentes complejidades de tiempo. Al resolver la tarea *Arado*, uno llega a soluciones con complejidad de tiempo $O(N^5)$, $O(N^4)$, $O(N^3)$ y, finalmente, $O(N^2)$, donde $N = n + m$. Cada solución necesita una cantidad creciente de esfuerzo conceptual: aplicar programación dinámica, una técnica voraz y un análisis de coste amortizado muy sencillo (técnica conocida como de la ventana corredera) o, alternativamente, un algoritmo voraz mejor. El resultado es una combinación extraordinaria.

Recuerdo el día en que Marcin Kubica me entregó esta tarea. Se le ocurrió mientras segaba el césped. Mientras pensaba en posibles soluciones, durante un paseo por un parque, el hecho de que, con cada nuevo razonamiento, reducía la complejidad por un factor de N, hizo que este problema me resultase cada vez más asombroso. Por aquel entonces, yo era un miembro novato del jurado de la Olimpiada informática polaca. Gracias a problemas como este, decidí participar en la organización de la Olimpiada durante mucho más tiempo.

Programación dinámica

Vamos con el análisis del problema. Tenemos un tablero rectangular dividido en $m \times n$ casillas, donde cada una de ellas contiene un entero no negativo. Queremos eliminar todas las casillas del tablero. La única operación que podemos realizar es eliminar una franja del tablero desde uno de sus bordes, es decir, una fila o columna periférica. La operación solo está permitida si la suma de los números escritos en las casillas a eliminar no supera el parámetro especificado k. Nuestra tarea consiste en eliminar todas las casillas del tablero con un número mínimo de operaciones. Asumimos que las columnas están numeradas de 1 a m de izquierda a derecha (primera coordenada) y las filas de 1 a n de arriba a abajo (segunda coordenada).

Para obtener la primera solución, vamos a hacer la siguiente observación elemental: después de una secuencia arbitraria de operaciones, el tablero mantendrá la forma de un rectángulo. Para ser más concretos, es un subrectángulo del tablero inicial. Esto nos permite aplicar una técnica estándar basada en la programación dinámica.

Un estado de nuestra programación dinámica será una 4-tupla de números (i_1, j_1, i_2, j_2), que representa un rectángulo cuya esquina superior izquierda es (i_1, j_1) y la inferior derecha es (i_2, j_2). Podemos, en una sola operación, hacer una transición de ese estado a cada uno de los siguientes: $(i_1 + 1, j_1, i_2, j_2)$, $(i_1, j_1 + 1, i_2, j_2)$, $(i_1, j_1, i_2 - 1, j_2)$ y $(i_1, j_1, i_2, j_2 - 1)$, contando con que se pueda realizar la operación correspondiente, es decir, que la suma de los elementos respectivos de la columna i_1-ésima, la fila j_1-ésima, la columna i_2-ésima y la fila j_2-ésima, no sea mayor que k. El resultado asociado a un estado es el número mínimo de operaciones requeridas para eliminar todas las casillas del rectángulo. El estado final de la programación dinámica es $(1, 1, m, n)$ y todos los estados iniciales son rectángulos vacíos, esto es, rectángulos para los que $i_1 = i_2 + 1$ y $j_1 \leq j_2$, y sus casos simétricos. Gracias a este método clásico, tendremos $O(N^4)$ estados y un máximo de cuatro transiciones desde un solo estado.

Una implementación directa de esta técnica supone una complejidad de tiempo de $O(N^5)$, ya que se necesita un tiempo $O(N)$ para verificar qué transiciones son válidas. Para obtener una complejidad de tiempo $O(N^4)$, necesitamos poder calcular la suma de los números escritos en la parte de la columna i-ésima ubicada entre las filas j_1-ésima y j_2-ésima en $O(1)$ y, de forma similar, la suma de la parte de la fila j-ésima ubicada entre las columnas i_1-ésima e i_2-ésima. Por lo tanto, nos queda el problema unidimensional de hallar la suma de subsecuencias contiguas dadas en una secuencia de números $a_1, \ldots, a_p$ (que representa los números de una fila o columna dadas en el tablero). Una solución sencilla para este problema utiliza la conocida como secuencia de sumas parciales, es decir, sumas de la forma $s_i = a_1 + \cdots + a_i$. Una vez calculadas las sumas parciales, es posible calcular cada $a_i + \cdots + a_j$ en tiempo constante mediante una sola resta $s_j - s_{i-1}$. Esto nos permite responder a las consultas requeridas en tiempo $O(1)$, después de un procesamiento previo de las sumas parciales de todas las filas y columnas del tablero en tiempo $O(N^2)$. Por lo que tendremos una solución con complejidad de tiempo $O(N^4)$.

Técnica voraz

Es evidente que nuestras primeras soluciones no pretenden profundizar en el problema. Cuando lo que tenemos es un martillo, todo nos parece un clavo. Para poder aplicar mejoras, debemos explorar algunas propiedades de la solución. Empecemos preguntando qué tamaño podría alcanzar el resultado.

Cada operación reduce en, exactamente, 1 una de las dimensiones del rectángulo. Habremos terminado cuando cualquiera de las dimensiones llegue a 0. Si tenemos la suficiente suerte, terminaremos realizando mín(n, m) operaciones. Por otro lado, después de un máximo de $n + m - 1$ operaciones, el tablero estará vacío. Por lo que podemos concluir que el rango de resultados posibles no es muy amplio.

Podemos obtener, como información colateral del análisis anterior, el útil corolario de que una de las dimensiones llegará en algún momento a 0, y solo podremos alcanzar ese punto utilizando franjas que reduzcan esa dimensión en 1. Así, para alcanzar la solución completa debemos eliminar o m franjas verticales o n franjas horizontales. De momento, asumiremos que, en la solución, eliminaremos m franjas verticales (ya que el caso alternativo es simétrico). Bajo esta asunción, el objetivo está en eliminar el menor número de franjas horizontales que sea posible (ver la Figura 1). Hay que poner de relieve que, una vez hecha esta asunción, ya no tenemos la certeza de que se pueda obtener una solución válida.

Hasta ahora nuestro análisis ha sido de naturaleza estructural, pero ha llegado el momento de añadirle una pizca de voracidad a la solución. Sabemos que antes o después eliminaremos m franjas verticales. Por tanto si, en algún momento, es posible eliminar una franja vertical, debemos hacerlo de inmediato. Por desgracia, hay situaciones en las que no es posible eliminar una franja vertical del tablero. En ese caso, debemos eliminar una horizontal. Pero, ¿cuál de las dos posibilidades será la adecuada? Aparentemente, en este caso no existe un criterio de voracidad evidente. Por lo tanto, aplicaremos la técnica "menos voraz", es decir, comprobaremos ambas opciones.

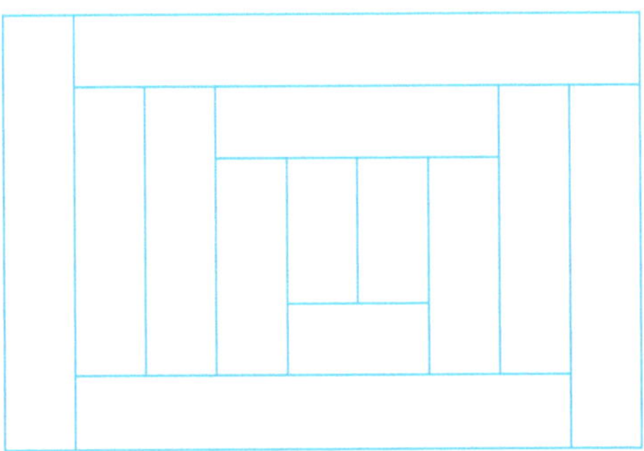

Asumiremos que, aparte de las m franjas verticales, tendremos que eliminar a franjas horizontales superiores y b inferiores $(a + b < n)$. Con este criterio en mente, podemos permitirnos un método completamente voraz. Cada vez que podamos eliminar una franja vertical, una de las a franjas horizontales superiores o una de las b inferiores, podemos hacerlo, ya que, en cualquier caso, será necesario en algún momento. Esta rutina voraz funciona si, y solo si, existe una solución que elimine m franjas verticales, un máximo de a franjas horizontales superiores y un máximo de b inferiores.

Analicemos la complejidad del algoritmo. En primer lugar, una vez seleccionados los parámetros a y b, es posible simular la eliminación de franjas con gran eficiencia. De hecho, en cada paso elegimos una de las cuatro franjas posibles y la eliminamos. La comprobación de si una franja es válida se realiza en tiempo constante, utilizando el truco de las sumas parciales de la sección anterior. En conclusión, el coste de una única simulación es de $O(N)$, por lo que la complejidad de la solución completa es de $O(N^3)$.

Retoques finales

Es fácil detectar dónde se comporta la solución anterior de forma subóptima. Parece dudoso que la simulación completa se pueda realizar en tiempo sublineal a N. Sin embargo, el número de simulaciones realizadas parece excesivo. De hecho, hay algunas formas de mejorar estre proceso.

La primera idea consiste en aplicar una búsqueda binaria. Fijamos el valor del parámetro a y buscamos el b más pequeño que permita resolver el problema, eliminando un máximo de a franjas horizontales superiores, un máximo de b franjas horizontales inferiores y, evidentemente, m franjas verticales. La busca del valor mínimo de b requiere realizar $O(\log N)$ simulaciones, cada una de las cuales se ejecuta en tiempo $O(N)$. Obtendremos un algoritmo de tiempo $O(N^2 \log N)$, no muy alejado de ser óptimo.

Para llegar a la solución óptima, aplicamos la técnica de la ventana corredera. Hay que tener en cuenta que si, para un valor dado del parámetro $a = x$, el valor mínimo del segundo parámetro es $b = y$, entonces, para $a = x + 1$, el valor correspondiente de b no superará a y. Para $a = 1$ podemos, por lo tanto, hallar el b necesario aplicando una búsqueda exhaustiva, y para $a = 2, 3, \dots$ nos basta con considerar valores consecutivos de b obtenidos mediante el decremento de los valores anteriores. Ahora el número total de simulaciones es lineal con relación a N, por lo que el algoritmo completo se ejecutará en tiempo $O(N^2)$.

Se puede lograr la misma complejidad de tiempo con una implementación más ingeniosa de la técnica voraz inicial. Basta con introducir uno solo de los parámetros auxiliares, por ejemplo a. Entonces, según la técnica voraz, podemos eliminar libremente cualquier número de franjas verticales y un máximo de a franjas horizontales superiores. Solo en el caso de que no podamos eliminar ninguna franja según el método mencionado, procederemos a la eliminación de una horizontal inferior. Este procedimiento de simulación modificado se ejecuta en tiempo $O(N)$, por lo que el algoritmo completo es cuadrático en relación a N. Y esta es mi solución favorita del problema *Arado*.

Ejercicio

Terminamos dejando un ejercicio al lector. La mayoría de las soluciones mencionadas no funcionarán correctamente si está permitido que el tablero contenga números negativos. ¿Qué soluciones entran en esta categoría? ¿Cuáles son los contraejemplos correspondientes? ¿Cómo podríamos explicar este fenómeno?

WOJCIECH RYTTER

Es profesor de ciencias de la computación y creador de la sección de algoritmia en la Facultad de matemáticas, informática y mecánica de la Universidad de Varsovia. También es autor y coautor de más de 100 publicaciones y varios libros de texto sobre algoritmia.

Su interés científico se centra en el diseño y análisis de algoritmos y estructuras de datos para computación paralela, matemática discreta, teoría de grafos y algoritmos de texto, así como lenguajes formales y teoría de autómatas. También está interesado en algoritmos para objetos de alta compresión que no requieren descompresión.

Es uno de los impulsores de la Olimpiada informática polaca, fundada en 1993, y ha estado implicado en el evento desde su concepción. Ha sido autor de varias docenas de tareas de programación para la Olimpiada.

/ Canoas

Concurso: 4ª Olimpiada informática polaca
Autor: Wojciech Rytter
Memoria: 32 MB
https://oi.edu.pl/en/archive/oi/4/kaj

Estamos organizando una excursión en canoa. Podemos alquilar las canoas en el puerto y todas ellas son iguales. En cada una pueden viajar un máximo de dos personas. La suma de los pesos de esas personas no puede ser mayor que el peso máximo establecido. Queremos pagar lo menos posible, por lo que debemos tratar de ubicar a todos los miembros de la excursión en el menor número de canoas posible.

Tarea

Escribe un programa que:
- → lea de la entrada el peso máximo que puede soportar una canoa, el número de participantes en la excursión y el peso de cada participante,
- → calcule el número mínimo de canoas que debemos alquilar para ubicar a todos los participantes según las reglas,
- → escriba el resultado en la salida.

Entrada

En la primera línea de la entrada hay un entero w ($80 \leq w \leq 200$), que especifica el peso máximo que puede soportar una canoa. En la segunda línea hay un entero n ($1 \leq n \leq 30.000$), que especifica el número de participantes de la excursión.

Cada una de las siguientes n líneas contiene un entero en el rango $[5, w]$, que representa los pesos de los participantes.

Salida

Se debe escribir un entero en la primera línea de la salida: el número mínimo de canoas que debemos alquilar.

Ejemplo

Para los datos de entrada:

100

9

90

20

20

30

50

60

70

80

90

el resultado correcto es:

6

/ **Solución**

Este sencillo problema se presentó en la Olimpiada informática polaca. La solución algorítmica es prácticamente trivial, pero tiene su interés. El algoritmo está diseñado utilizando una técnica voraz directa:

Algoritmo Voraz {informal}
  mientras quede alguna persona en la orilla del río **hacer**
      el más pesado ocupará la siguiente canoa junto al más
      ligero, si pueden ir juntos;
      en caso contrario, solo la ocupará el más pesado
  devolver el número de canoas utilizado

De hecho, podemos colocar a la persona más pesada junto a cualquier otra con quien pueda ocupar una sola canoa.

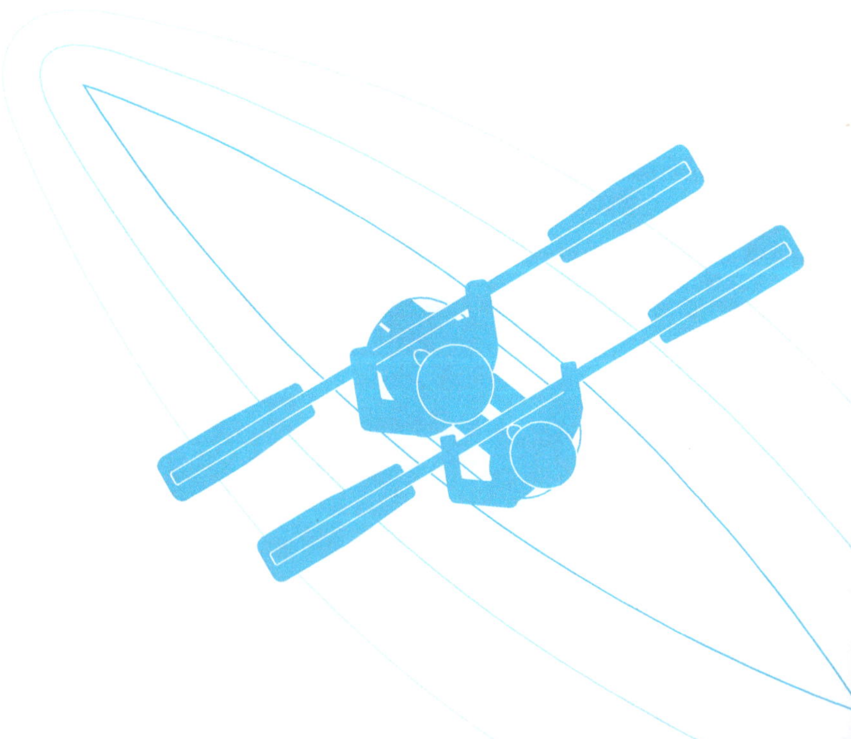

¿Por qué es correcta la estrategia? Consideremos un hecho que implicará, de inmediato, la corrección.

Hecho. Existe una solución (configuración) óptima en la que la persona de mayor peso, digamos que el Sr. H, comparte canoa con la persona más ligera, digamos que el Sr. L, o viaja solo.

Demostración. Existen dos posibilidades en una configuración óptima fija:
1. El Sr. H viaja solo: obviamente podemos utilizar esta configuración y el hecho se hace evidente por sí mismo.
2. El Sr. H viaja con una persona X. En ese caso, X puede intercambiar su lugar con el Sr. L, y tendremos una configuración que satisfaga nuestros requisitos. □

El algoritmo voraz se puede escribir como pseudocódigo de la siguiente forma:

Algoritmo Voraz
    {Entrada: *array peso*$[0..n-1]$, capacidad de la canoa MAX}
    {Asunciones: $peso[i] \le MAX$ para $i = 0, 1, \ldots, n-1$}
    ordenar el *array* de pesos de forma no incremental
    $i := 0; j := n-1$
    mientras $i \le j$ **hacer**
        si $peso[i] + peso[j] \le MAX$ **entonces**
            $j := j-1$
        $i := i+1$
    devolver i

La eficiencia depende del método de ordenación. Nosotros hemos elegido la ordenación por casilleros. Por lo tanto, el algoritmo completo tiene complejidad de tiempo lineal.

La simplicidad de la solución se pierde con un pequeño cambio en el problema:
1. ¿Cómo deberíamos contar el número de configuraciones óptimas?
2. ¿Qué ocurre si permitimos viajar a tres personas en la misma canoa? ¿Cómo calcularíamos eficientemente, en ese caso, el número mínimo de canoas?

Sugerimos hallar un algoritmo de tiempo polinómico para el caso en el que el *array* de pesos es una permutación de los números $1, \ldots, n$ (MAX puede ser arbitrario). Observemos que, en este caso y para (un máximo de) dos personas por canoa, hay, exactamente, una solución $n \le MAX \le n+1$, pero, para $MAX = 2n$, el número de soluciones es exponencial. ¿Qué ocurre con $MAX = n+2$?

/ **El estudio** *del pintor*

Concurso: 5ª Olimpiada informática polaca
Autor: Wojciech Rytter
Memoria: 32 MB
https://oi.edu.pl/en/archive/oi/5/mal

El estudio del pintor se está preparando para la producción industrial de cuadros. Estos se fabricarán con la ayuda de matrices cuadradas de varios tamaños. Una matriz de tamaño i consta de 2^i filas y 2^i columnas. En las intersecciones de algunas filas y columnas hay agujeros. Una matriz de tamaño 0 tiene un agujero.

Para $i > 0$, una matriz de tamaño i está compuesta de cuatro cuadrados de tamaño $2^{i-1} \times 2^{i-1}$. Veamos la siguiente figura:

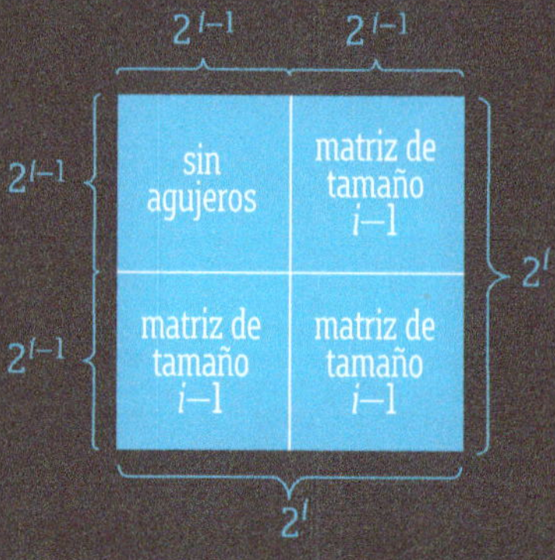

Ambos cuadrados del lado derecho y el inferior izquierdo son matrices de tamaño $i-1$. El cuadrado superior izquierdo no tiene agujeros. Los cuadros se construyen como se explica a continuación. En primer lugar, decidimos los valores de tres enteros no negativos n, x, y. Después, tomamos dos matrices de tamaño n, colocamos una de ellas encima de la otra y desplazamos la superior x columnas a la derecha e y filas hacia arriba. Colocamos el patrón resultante sobre un lienzo en blanco y cubrimos la zona común de las matrices con pintura amarilla. De esta forma, obtenemos en el lienzo manchas amarillas en los lugares donde se alinean los agujeros de ambas matrices.

Ejemplo

Consideremos dos matrices de tamaño 2.

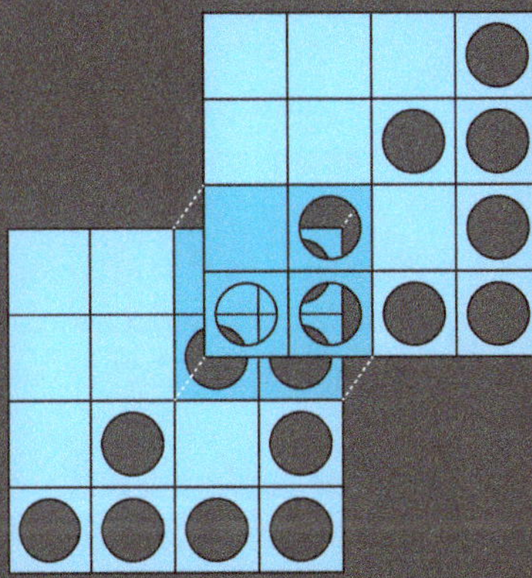

Figura: La matriz superior ha sido desplazada 2 columnas a la derecha y 2 filas hacia arriba. Hay tres zonas en las que se alinean los agujeros.

Tarea

Escribe un programa que:
→ lea de la entrada los tamaños de dos matrices y los números de columnas y filas por los que se debe desplazar la matriz superior,
→ calcule el número de manchas amarillas que habrá en el lienzo,
→ escriba el resultado en la salida.

Entrada

En la primera línea de la entrada hay un entero n ($0 \leq n \leq 100$), que indica el tamaño de las matrices utilizadas para crear los cuadros. En la segunda línea, hay un entero x y, en la tercera, un entero y, donde $0 \leq x, y \leq 2^n$. Los enteros x e y son los números de columnas y filas por los que se debe desplazar la matriz superior.

Salida

La única línea de la salida contiene el número de manchas que habrá en el lienzo.

Ejemplo

Para los datos de entrada: el resultado correcto es:
2   3
2
2

/ Solución

Para resolver esta tarea, utilizaremos la técnica conceptual general de la *programación dinámica*. La solución de un problema dado es una combinación (en nuestro caso, una suma de valores) de varios subproblemas. En este caso, el problema consiste en calcular el tamaño de la superposición de dos cuadrados, desplazado el uno sobre el otro: digamos que $N((x, y), n)$ es el *número* de agujeros comunes en la superposición de ambas matrices, estando la segunda matriz deplazada por (x, y) sobre la primera. Denominamos M_n a la matriz $2^n \times 2^n$ que contiene los agujeros, tal y como se describe en el enunciado del problema. Las columnas están numeradas de izquierda a derecha y las filas de abajo a arriba, comenzando en el cero. El desplazamiento (x, y) se corresponde en la matriz con la posición (x, y), a la que llamaremos *posición activa*. Los subproblemas corresponden a superposiciones de matrices con forma $2^i \times 2^i$, para $i \leq n$, donde se denomina al número i el *rango* del problema (y de la matriz). El punto principal es la dependencia de superposiciones de rango i sobre un número constante de superposiciones de rango $i - 1$.

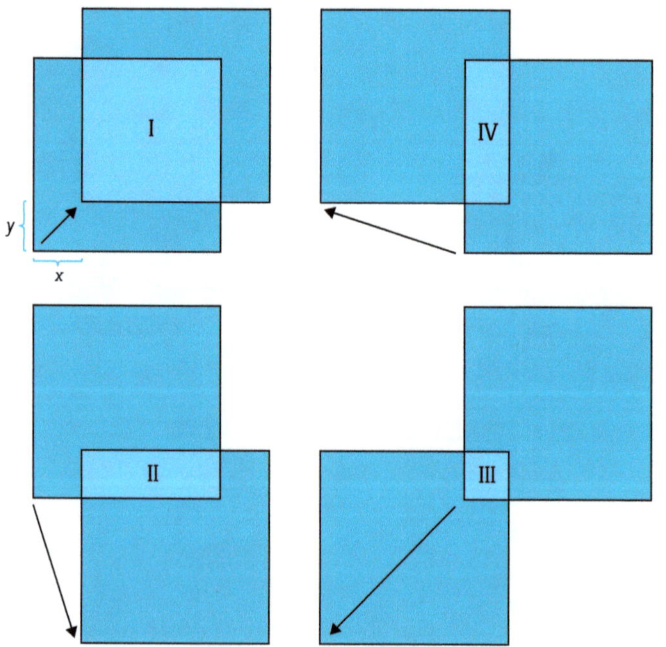

Figura 1: *Las zonas comunes de tipos I, II, III y IV de dos matrices superpuestas una sobre la otra. Las flechas corresponden a los desplazamientos $(x, y) + \beta_k(i)$, para $k = 1, 2, 3, 4$. $W_k(i)$ es el número de agujeros comunes en las correspondientes zonas comunes.*

Definimos:

$$\beta_1(i) = (0, 0), \quad \beta_2(i) = (0, -2^i), \quad \beta_3(i) = (-2^i, -2^i), \quad \beta_4(i) = (-2^i, 0);$$

$$W_k(i) = N((x, y) + \beta_k(i), i), \quad \text{para } k = 1, 2, 3, 4.$$

En vez de calcular un solo valor, necesitamos calcular la 4-tupla:

$$W(i) = [W_1(i), W_2(i), W_3(i), W_4(i)].$$

En otras palabras, calculamos el número de agujeros comunes en las zonas superpuestas I, II, III, IV mostradas en la Figura 1.

La idea principal consiste en expresar *de forma sencilla* la 4-tupla $W(i)$ en términos de una 4-tupla $W(i - 1)$, correspondiente a la matriz de rango inferior. La 4-tupla $W(i)$ está ubicada en relación a la posición activa (x, y), mientras que la nueva 4-tupla está considerada en relación a una nueva posición activa, $(x', y') = $ *reducir*(x, y). Las coordenadas de la posición (x', y') son las coordenadas de (x, y) con respecto al cuarto de la matriz M_i en la que se encuentra (x, y). La operación *reducir* se puede calcular en tiempo constante.

El valor de la nueva 4-tupla correspondiente a la matriz de rango $i - 1$ se determina, de forma similar, por la ubicación de la posición activa (x', y') en esta matriz, igual que hemos hecho antes.

Figura 2: *Numeración de los cuartos.*

Por lo tanto, una vez conocidos cuatro números relativos a objetos de rango $i - 1$, buscamos calcular, en tiempo constante, cuatro números relativos a objetos de rango i, y podemos escribir

$$W(i) = \Phi(W(i - 1), x, y).$$

El punto crucial está en hallar la dependencia Φ de $W(i)$ con respecto a $W(i - 1)$. La forma de Φ depende fundamentalmente del número del cuarto de la matriz en el que se encuentre la posición (x, y). Por ello, utilizaremos una representación de cuartiles para las posiciones en las matrices. Vamos a numerar los cuartos de la matriz como en la Figura 2.

En esta representación, la operación de reducir (x, y) a (x', y') tiene una forma especialmente sencilla. Describimos cómo calcular la representación de cuartiles $\lambda = dirección(x, y)$.

Inicialmente, λ es una secuencia vacía. La matriz inicial tiene rango n, por lo que su forma es $2^n \times 2^n$. Su posición activa pertenece a uno de cuatro cuartos. Escribiremos el número p de este cuarto al principio de la dirección: en otras palabras, $\lambda := p \cdot \lambda$. Vamos a eliminar los otros cuartos de la matriz. Obtenemos una nueva matriz de rango inferior, y ahora la posición activa está ubicada, posiblemente, en un lugar distinto con respecto al principio de esta nueva matriz. Sus nuevas coordenadas son (x', y'). Repetimos este proceso hasta obtener una matriz 1×1 (ver la Figura 3).

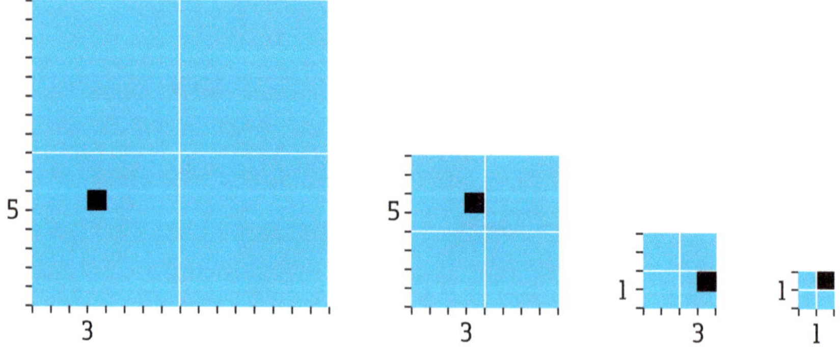

Figura 3: La secuencia de posiciones consecutivas de $(3, 5)$ en cuartos de rangos decrecientes. Esta posición se encuentra, sucesivamente, en los cuartos 3, 4, 2 y 1. Por lo que dirección$(3, 5) = (1, 2, 4, 3)$ en la matriz de rango 4. Las direcciones (representaciones de cuartiles) de las posiciones sucesivas se obtienen eliminando el último dígito.

La secuencia de los números consecutivos de los cuartos escrita en orden inverso es la dirección cuartil de (x, y) expresada por *dirección*(x, y).

Ahora veremos la dependencia de $W(i)$ sobre $W(i-1)$, para el caso en que (x, y) está en el primer cuarto de la matriz de rango i. En esta circunstancia, la posición $(x', y') = $ *reducir*(x, y) tiene la forma:

$$(x - 2^{i-1}, y - 2^{i-1}).$$

Vamos a expresar los números $W_1(i)$, $W_2(i)$, $W_3(i)$, $W_4(i)$ en términos de $W_1(i-1)$, $W_2(i-1)$, $W_3(i-1)$, $W_4(i-1)$. Resulta cómodo representar esta dependencia en tablas de 4×4, llamadas tablas de dependencia. La primera de ellas:

$$A_1 = \begin{bmatrix} a_{11} & a_{12} & a_{13} & a_{14} \\ a_{21} & a_{22} & a_{23} & a_{24} \\ a_{31} & a_{32} & a_{33} & a_{34} \\ a_{41} & a_{42} & a_{43} & a_{44} \end{bmatrix},$$

$$W_1(i) = a_{11} \cdot W_1(i-1) + a_{12} \cdot W_2(i-1) + a_{13} \cdot W_3(i-1) + a_{14} \cdot W_4(i-1),$$
$$W_2(i) = a_{21} \cdot W_1(i-1) + a_{22} \cdot W_2(i-1) + a_{23} \cdot W_3(i-1) + a_{24} \cdot W_4(i-1),$$
$$W_3(i) = a_{31} \cdot W_1(i-1) + a_{32} \cdot W_2(i-1) + a_{33} \cdot W_3(i-1) + a_{34} \cdot W_4(i-1),$$
$$W_4(i) = a_{41} \cdot W_1(i-1) + a_{42} \cdot W_2(i-1) + a_{43} \cdot W_3(i-1) + a_{44} \cdot W_4(i-1).$$

En otras palabras, las filas de la tabla son las multiplicidades de los componentes de $W(i-1)$. La fila k-ésima de A_j es la secuencia de los coeficientes de dependencia de $W_k(i)$ desde $(W_1(i-1), W_2(i-1), W_3(i-1), W_4(i-1))$, asumiendo que (x, y) está en el cuarto j-ésimo de la matriz actual. El índice correspondiente de la tabla (en este caso es 1, ya que estamos evaluando el primer cuarto) corresponde al número del cuarto que contiene la posición activa. Aquí podemos ver la utilidad de las propiedades del sistema de cuartiles. Cuando la posición activa está en el primer cuarto vemos con facilidad, considerando los emplazamientos mutuos de los cuartos de ambas matrices, que:

$$A_1 = \begin{bmatrix} 1 & 0 & 0 & 0 \\ 0 & 1 & 0 & 0 \\ 1 & 1 & 3 & 1 \\ 0 & 0 & 0 & 1 \end{bmatrix}$$

Ejemplo 1. Vemos cómo se calcula (a mano) la primera fila de A_3. En este caso, (x, y) está en el tercer cuarto. La zona común consiste en tres zonas más pequeñas de tipo I, y una de cada uno de los tipos II, III y IV (en el sentido de superposiciones de matrices de rango $i - 1$), como se puede ver en la Figura 4. Por lo tanto, la primera fila de A_3 es [3, 1, 1, 1]. El resto de filas de A_3 se calculan desplazando la matriz superpuesta de rango i en las tres direcciones restantes sobre la primera matriz de rango i, como en la Figura 1.

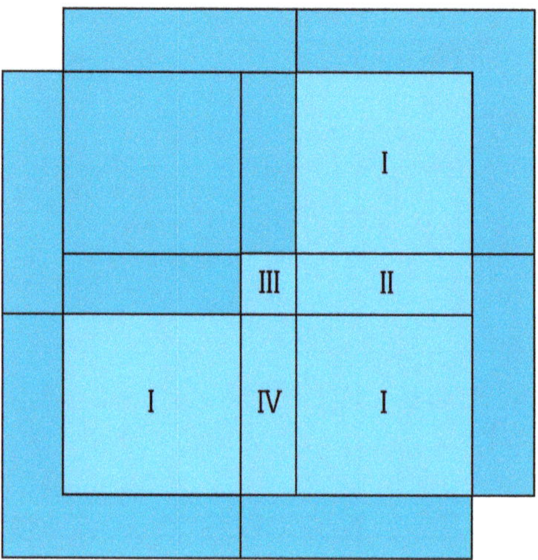

Figura 4: La primera fila de A_3 es [3, 1, 1, 1], lo que significa que, si la esquina inferior izquierda de la matriz superior está en el tercer cuarto, tendremos tres superposiciones más pequeñas de tipo I, y una de cada uno de los tipos II, III y IV, que corresponden a matrices de menor rango (las zonas no etiquetadas no contienen agujeros, por lo que podemos ignorarlas).

De forma similar, construimos *a mano* las tablas A_2, A_3, A_4, obteniendo

$$A_1 = \begin{bmatrix} 1 & 0 & 0 & 0 \\ 0 & 1 & 0 & 0 \\ 1 & 1 & 3 & 1 \\ 0 & 0 & 0 & 1 \end{bmatrix} \qquad A_2 = \begin{bmatrix} 1 & 1 & 0 & 0 \\ 0 & 0 & 0 & 0 \\ 0 & 1 & 1 & 0 \\ 1 & 0 & 1 & 3 \end{bmatrix}$$

$$A_3 = \begin{bmatrix} 3 & 1 & 1 & 1 \\ 0 & 1 & 0 & 0 \\ 0 & 0 & 1 & 0 \\ 0 & 0 & 0 & 1 \end{bmatrix} \qquad A_4 = \begin{bmatrix} 1 & 0 & 0 & 1 \\ 1 & 3 & 1 & 0 \\ 0 & 0 & 1 & 1 \\ 0 & 0 & 0 & 0 \end{bmatrix}$$

Ejemplo 2. Asumimos que (x, y) está en el 4º cuarto. De acuerdo con A_4, el cálculo de $(W_1(i), W_2(i), W_3(i), W_4(i))$ consiste en ejecutar:

$$W_1(i) := W_1(i-1) + W_4(i-1);$$

$$W_2(i) := W_1(i-1) + 3 \cdot W_2(i-1) + W_3(i-1);$$

$$W_3(i) := W_3(i-1) + W_4(i-1); \qquad W_4(i) := 0.$$

Para simplificar la notación, introduciremos la operación $\otimes$, que transforma una 4-tupla en otra, utilizando una tabla:

$$\begin{bmatrix} a_{11} & a_{12} & a_{13} & a_{14} \\ a_{21} & a_{22} & a_{23} & a_{24} \\ a_{31} & a_{32} & a_{33} & a_{34} \\ a_{41} & a_{42} & a_{43} & a_{44} \end{bmatrix} \otimes \begin{bmatrix} v_1 \\ v_2 \\ v_3 \\ v_4 \end{bmatrix} = \begin{bmatrix} r_1 \\ r_2 \\ r_3 \\ r_4 \end{bmatrix},$$

$$r_1 = v_1 \cdot a_{11} + v_2 \cdot a_{12} + v_3 \cdot a_{13} + v_4 \cdot a_{14},$$

$$r_2 = v_1 \cdot a_{21} + v_2 \cdot a_{22} + v_3 \cdot a_{23} + v_4 \cdot a_{24},$$

$$r_3 = v_1 \cdot a_{31} + v_2 \cdot a_{32} + v_3 \cdot a_{33} + v_4 \cdot a_{34},$$

$$r_4 = v_1 \cdot a_{41} + v_2 \cdot a_{42} + v_3 \cdot a_{43} + v_4 \cdot a_{44}.$$

Utilizando todas estas notaciones, el pseudocódigo de nuestro algoritmo queda así.

Algoritmo Calcular-$N((x, y), n)$
    calcular la dirección del cuartil de (x, y)
    $W(0) := [1, 0, 0, 0]$
    para $i := 1$ **hasta** n **hacer**
        $k :=$ el dígito i-ésimo de la dirección del cuartil
        $W(i) := A_k \otimes W(i-1)$
    devolver $W_1(n)$

Establecemos los valores iniciales:

$$W_1(0) = 1 \qquad y \qquad W_2(0) = W_3(0) = W_4(0) = 0.$$

Es fácil comprobar que generan valores correctos de $W(1)$ para los cuatro desplazamientos posibles (x, y) en la matriz 2×2. Tenemos:

$$dirección(x, y) = 1 \Rightarrow W_1 = [1, 0, 1, 0], \quad dirección(x, y) = 2 \Rightarrow W_1 = [1, 0, 0, 1].$$

$$dirección(x, y) = 3 \Rightarrow W_1 = [3, 0, 0, 0], \quad dirección(x, y) = 4 \Rightarrow W_1 = [1, 1, 0, 0].$$

Ejemplo 3. Para la matriz 16×16 y el desplazamiento $(3, 5)$ (comparar con lo visto en la Figura 3), la respuesta correcta es 14. El algoritmo realiza los cálculos de la siguiente manera:

inicialización:	$dirección(3, 5) = (1, 2, 4, 3)$
iteración 1:	$A_1 \otimes [1, 0, 0, 0] = [1, 0, 1, 0]$
iteración 2:	$A_2 \otimes [1, 0, 1, 0] = [1, 0, 1, 2]$
iteración 3:	$A_4 \otimes [1, 0, 1, 2] = [3, 2, 3, 0]$
iteración 4:	$A_3 \otimes [3, 2, 3, 0] = [14, 2, 3, 0]$
finalización:	$salida = 14$

KRZYSZTOF STENCEL

Es profesor asociado del Instituto de informática de la Universidad de Varsovia. Sus intereses giran entorno a las bases de datos y la ingeniería de software. Es autor de numerosas publicaciones, libros de texto y traducciones. Como concursante, solo ha participado en concursos de algoritmia en una ocasión. En 1989 representó a Polonia en la primera Olimpiada internacional de informática. Sin embargo, has estado mucho más implicado en los concursos como juez y como organizador. Entre 1993 y 2008 fue presidente del jurado de la Olimpiada informática polaca. También ha presidido el jurado de varias competiciones internacionales: la Olimpiada informática centroeuropea (1997, 2004), la Olimpiada informática báltica (2000, 2001, 2008) y la Olimpiada internacional de informática (2005). En 2011 fue presidente de la Olimpiada informática centroeuropea.

En 2008 comenzó a resolver problemas de programación utilizando la famosa plataforma de concursos de la Universidad de Valladolid, por mera diversión. Entre el 19 de septiembre de 2011 y el momento de publicación de este libro, ha liderado la clasificación, habiendo resuelto más de 3000 problemas de algoritmia.

/ Triángulos

Concurso: 1ª Olimpiada informática polaca
Autor: Piotr Chrząstowski
Memoria: 16 MB
https://oi.edu.pl/en/archive/oi/1/tro

Tenemos un conjunto finito A formado por, al menos, tres elementos de segmentos de longitud racional. Debemos examinar si es posible crear un triángulo utilizando cada grupo de tres segmentos de A.

Entrada

La entrada consta de una secuencia de longitudes de todos los segmentos del conjunto A. Cada longitud de un segmento se expresa como un número racional con forma a/b, donde tanto el numerador como el denominador son enteros positivos no mayores de 9999. Las longitudes consecutivas de la secuencia están separadas por espacios sencillos.

Salida

El programa debe devolver una de las siguientes respuestas: TAK (*sí* en polaco) si es posible formar un triángulo con cada tres segmentos de A, o NIE (*no* en polaco) si existen tres segmentos en A con los que no se puede formar un triángulo.

Ejemplos

Para los datos de entrada:

13/10 1/2 6/5 11/6 9/7 3/5 9/7 13/10 9/5 8/5

el resultado correcto es:

NIE

mientras que para la entrada:

1/2 3/5 2/3 4/7 1/1 4/6

la salida correcta es:

TAK

Explicación del primer ejemplo: No es posible crear un triángulo a partir de los segmentos de longitudes 6/5, 3/5 y 9/5.

/ Triángulos 2

Concurso: 2ª Olimpiada informática polaca
Autor: Piotr Chrząstowski
Memoria: 32 MB
https://oi.edu.pl/en/archive/oi/2/tro

Queremos hallar, en una secuencia finita de enteros positivos que representan longitudes de segmentos, tres números que permitan formar un triángulo a partir de segmentos de esas longitudes.

Tarea

Escribe un programa que examine si existen tres segmentos, cuyas longitudes se proporcionan en la entrada, con los que se pueda forma un triángulo. Si es así, el programa debe escribir las longitudes de los mismos en la salida. Si no existe tal conjunto, el programa debe escribir la palabra NIE (*no* en polaco) en la salida.

Si existen varios conjuntos de tres segmentos con los que se puede crear un triángulo, el programa debe identificar y escribir en la salida solo uno de ellos (la elección es arbitraria).

Entrada

La entrada consta de una secuencia finita de, al menos, tres enteros positivos no mayores de 1.000.000.000, terminada por el número 0. Cada número se encuentra en una línea independiente. Los enteros son las longitudes de los segmentos, y el número 0 indica el final de los datos de entrada.

Salida

La salida debe contener bien la palabra NIE, o bien las longitudes de tres segmentos elegidos de entre los de la entrada, con los que se pueda crear un triángulo. Las longitudes estarán separadas por espacios sencillos.

Para los datos de entrada:
105
325
55
12555
1700
0
el resultado correcto es:
NIE
mientras que para la entrada:
250
1
105
150
325
99999
73
0
la salida correcta es:
250   105   150

/ Solución

Triángulos

Las longitudes de los lados de un triángulo válido en el plano euclidiano satisfacen la conocida como *desigualdad del triángulo*. Si los lados de un triángulo tienen longitudes a, b, c, y c no es menor que las otras dos, se verifica que

$$a + b > c. \tag{1}$$

Esta desigualdad es tan común que cuesta imaginar que pueda ser la base de un problema interesante para un concurso de programación. Pues, ¡sorpresa! Piotr Chrząstowski logró preparar dos problemas interesantes basados únicamente en la desigualdad del triángulo para las dos primeras olimpiadas informáticas polacas. En lo personal, no me considero un autor de problemas, jamás he propuesto tareas ni para la Olimpiada informática nacional ni para Escaramuzas algorítmicas. Sin embargo, he sido juez de concursos de programación durante años. Hoy día tengo como afición resolver problemas en la famosa página web de la Universidad de Valladolid. He resuelto un buen número de ellos y, sin embargo, mi capacidad para crear problemas nuevos es nula. Esto hace que mi admiración por los autores de problemas sea muy elevada: especialmente por aquellos como Piotr Chrząstowski, que son capaces de lograr un buen problema a partir de prácticamente nada. Son como brillantes poetas que encuentran una fuente de inspiración donde nadie más es capaz de hacerlo.

La entrada de la tarea de la 1ª Olimpiada es una secuencia de segmentos de longitudes racionales. El problema consiste en comprobar si se puede formar un triángulo, con cada trío de segmentos, en geometría euclidiana. Hay que mencionar que, por suerte, los concursantes solo debieron validar los datos de entrada en esa 1ª Olimpiada. Si hubiesen sido incorrectos, el programa debía escribir SINSENTIDO en la salida. Y era, de hecho, un sinsentido, con lo que, en las siguientes olimpiadas, el concursante podía asumir que los datos de entrada era correctos. Esta es una norma común a todos los concursos de programación del mundo*.

Pero volvamos al problema. Comprobar cada trío de segmentos resultaría demasiado costoso. En su lugar, calculamos inicialmente la longitud del segmento más largo c y las longitudes de los dos segmentos más cortos a y b ($a \leq b$). Entonces verificamos si satisfacen la desigualdad (1). Si es que no, tendremos un trío de segmentos que no forman un triángulo válido. Sin embargo, si la desigualdad

---

*Y el motivo por el que el enunciado incluido en este libro ha sido modificado para eliminar ese requisito de validación de los datos de entrada.

se verifica, todos los demás tríos también formarán triángulos válidos. Para demostrarlo, podemos tomar tres segmentos arbitrarios a_1, b_1, c_1 de la secuencia de entrada. Asumiremos que $a_1 \leq b_1 \leq c_1$. Como a y b son los más cortos y c el más largo, sabemos que $a \leq a_1$, $b \leq b_1$ y $c \geq c_1$. Por ello, aplicando (1) es cierto que:

$$a_1 + b_1 \geq a + b > c \geq c_1.$$

Por lo tanto, el trío a_1, b_1, c_1 satisface la desigualdad del triángulo. Como la elección de a_1, b_1, c_1 has sido arbitraria, sabemos que todos los tríos de segmentos formarán triángulos válidos.

El algoritmo para resolver el problema resulta obvio: leer los datos, hallar los dos segmentos más cortos y el más largo, verificar si satisfacen (1) y escribir la respuesta. Esto significa tiempo lineal y espacio constante.

¿Puedes creer que ninguno de los concursantes presentaron un programa que obtuviese la máxima puntuación? ¿Por qué no? Porque hemos olvidado la trampa que se esconde en los datos de entrada. Son números racionales con numeradores y denominadores hasta 9999. Te preguntarás, "¿Y qué? ¿Solo 10^4?". Al comparar dos números racionales con esos denominadores, solo pueden alcanzar 10^8 y caben cómodamente en un entero de 32 bits con signo. Y con esto contaba el diabólico autor del problema. En algún momento tendremos que calcular la respuesta. Asumiremos que los números más pequeños son $\frac{n_1}{d_1}$ y $\frac{n_2}{d_2}$, mientras que el mayor es $\frac{n_3}{d_3}$. Debemos comprobar si

$$\frac{n_1}{d_1} + \frac{n_2}{d_2} > \frac{n_3}{d_3}.$$

Después del multiplicar ambos términos por $d_1 d_2 d_3$, obtenemos

$$n_1 d_2 d_3 + n_2 d_1 d_3 > n_3 d_1 d_2.$$

Los datos de entrada están en el rango de 1 a 9999. Por lo que podríamos obtener números de magnitud 10^{12}, lo que es demasiado grande para 32 bits.

Hace veinte años era muy fácil engañar a los concursante de esta forma. Una palabra informática contenía, normalmente, solo dos bytes, lo que también se aplicaba al tipo entero estándar. Por lo tanto, era muy fácil pasar por alto la magnitud de los valores a procesar. Se preparaban casos de prueba de forma que los errores de precisión en la conversión de números racionales a coma flotante (*real* o *double*) provocasen respuestas erróneas. Ningún estudiante había oído hablar de las épsilon necesarias para comparar valores de coma flotante. No es ninguna sorpresa. Incluso hoy día, muchos programadores siguen convencidos de la precisión perfecta de esos tipos de datos.

Como ya imaginarás, esta historia no tiene un final feliz. Un estudiante identificó el problema que había con los tipos de datos e implementó sus propias rutinas aritméticas para solventarlo. Por desgracia, en vez de calcular los valores mayores y menores al vuelo, cargó inicialmente todos los datos en memoria. Esto estaba destinado al fracaso, ya que se habían establecido un tamaño de datos y unos límites de memoria que hacían imposible obtener la puntuación máxima con una solución así. Por lo tanto, este concursante tuvo que conformarse con una puntuación inferior. ¿Quién se ríe ahora de la desigualdad del triángulo?

Triángulos Reloaded

El problema de triángulos de la 2ª Olimpiada informática es dual. Dada una secuencia de longitudes de segmentos, debes hallar un trío de ellas que formen un triángulo válido. En caso contrario, tu programa debe declarar la inexistencia de tal trío. Al igual que en el caso anterior, no es necesario comprobar todos los tríos posibles. Ordenaremos los segmentos de forma creciente. Se puede formar un triángulo si, en la secuencia ordenada $a_1, \ldots, a_n$, existen tres elementos vecinos a_k, a_{k+1}, a_{k+2} tal que:

$$a_k + a_{k+1} > a_{k+2}. \tag{2}$$

De hecho, asumimos que hay tres elementos a_r, a_s, a_t de nuestra secuencia ordenada, tal que $a_r + a_s > a_t$ y $r < s < t$. Tendremos en cuenta que $a_{s+1} \leq a_t$ y $a_r \leq a_{s-1}$. Por tanto:

$$a_{s-1} + a_s \geq a_r + a_s > a_t \geq a_{s+1}.$$

Con ello, se verifica que $a_{s-1} + a_s > a_{s+1}$, por lo que a_{s-1}, a_s, a_{s+1} son tres elementos vecinos de la secuencia que satisfacen la desigualdad del triángulo. Hemos demostrado que, si la secuencia de entrada contiene tres segmentos que forman un triángulo, habrá tres segmentos vecinos válidos en la secuencia de entrada ordenada. Para resolver el problema, ordenamos los datos de entrada y comprobamos si se mantiene la desigualdad (2) para cualquier k. El algoritmo consume un tiempo $O(n \log n)$ y espacio lineal.

Ya solo queda pasar a cobrar la factura pero, para nuestra sorpresa, nos dicen que solo cobraremos si logramos complejidad de tiempo constante (evidentemente, en este caso la complejidad de espacio también será constante). ¿Qué nos hemos perdido? Concretamente, el rango de los datos de entrada. Las longitudes de los segmentos son enteros positivos hasta 10^9. Si no hay tríos que formen triángulos válidos, cada elemento de la secuencia de entrada ordenada (con la excepción de los dos primeros) no debe ser menor que la suma de sus dos precedentes (¿Quién ha invocado al espíritu de Fibonacci? ¿Alguien a quien no le gustó *El código Da Vinci*?).

De entre todas las posibles secuencias de entrada en las que no hay ningún trío que forme un triángulo, la menos creciente es esta:

$$1, 1, 2, 3, 5, 8, 13, 21, 34, \ldots$$

Esta secuencia crece muy rápido y su 45-ésimo elemento ya es mayor que 10^9: su valor es 1.134.903.170. Por lo que es suficiente con leer los primeros 45 números de la entrada, ordenarlos y hallar un trío que satisfaga (2) o anunciar su inexistencia. El tiempo requerido por este algoritmo es, en consecuencia, constante, pues no necesitamos leer todos los datos de la entrada.

Los concursantes de la 2ª Olimpiada resolvieron este problema con mucho más acierto que en la anterior. Casi la mitad de ellos lograron puntuaciones máximas. Casi ninguno se dió cuenta de que la longitud de la secuencia sin ningún triángulo era limitada. Las estimaciones oscilaron entre 43 y 16.000. Ese límite inferior era, de hecho, demasiado pequeño, y estuvo provocado por ignorar los valores iniciales repetidos. Por supuesto, entre los casos de prueba había uno en el que era el elemento 44-ésimo el que cerraba un triángulo, provocando una pérdida de puntos con esas soluciones. El límite superior era demasiado grande, ya que el límite de tiempo no permitía leer tantos datos. Recordemos que, hace casi veinte años, los ordenadores eran mucho más lentos que los actuales. Hoy día, todavía es posible encontrar, en muchos problemas, la advertencia de que los datos de la entrada son enormes y que se deben utilizan métodos de entrada/salida muy rápidos.

Triángulos Revolutions

En el año 2009, tres antiguos concursantes de la Olimpiada informática polaca fundaron Codility. Esta empresa ofrece sistemas de entrevista automatizados, para otras empresas que contratan a programadores. Una de las pruebas de Codility es, casi siempre, el segundo problema de triángulos que hemos visto, con la diferencia de que la respuesta solo puede ser SÍ o NO, dependiendo de si se puede formar, o no, un triángulo a partir de los elementos de la entrada. Los servidores de Codility cuenta con 3.500 soluciones a este problema, enviadas por profesionales de la informática de 85 países. Solo el 4,5% de ellos han visto que basta con verificar únicamente tríos de elementos vecinos en la secuencia ordenada. Aproximadamente el 54,5% de los candidatos han sido incapaces de enviar una solución completamente correcta, considerando incluso programas muy lentos. Por desgracia, ninguno de los programadores examinados por Codility se ha dado cuenta de que, si el número de segmentos fuese lo suficientemente grande (en este caso: 45), la respuesta al problema será siempre positiva.

Por otro lado, los programadores pueden tener suerte con este problema y presentar una solución óptima sin ni siquiera ser conscientes del límite mencionado.

Basta leer los números uno a uno y registrarlos en una secuencia ordenada. Si, con cada nuevo número, el programa comprueba si este forma un triángulo con sus vecinos, la solución será óptima. Ya sabemos que este procedimiento no durará mucho, y que tiene 45 pasos para determinar que no se puede formar un triángulo, o encontrar uno. Por desgracia, los concursos de programación exigen problemas correctos y rápidos, pero las demostraciones de validez o complejidad no le importan a nadie. Solo cuenta la eficacia.

/ **Juego** *circular*

Concurso: Escaramuzas algorítmicas 2009
Autor: Tomasz Idziaszek
Memoria: 64 MB
https://oi.edu.pl/en/archive/pa/2009/gra

En el *juego circular* el tablero consta de m casillas colocadas en círculo y numeradas de 1 a m. Sobre el tablero hay b fichas blancas y c negras, con un máximo de una en cada casilla. El juego es para dos jugadores: el blanco y el negro. Comenzando con el jugador blanco, los jugadores realizan sus movimiento en el tablero de forma alternativa. Un movimiento consiste en desplazar una ficha del color del jugador el número de casillas libres que se desee, hacia adelante o hacia atrás. Por ejemplo, en el tablero mostrado a continuación, el jugador blanco puede mover la ficha de la casilla 3 a la 4, o la ficha de la casilla 8 a cualquiera de las casillas 7, 9 y 1.

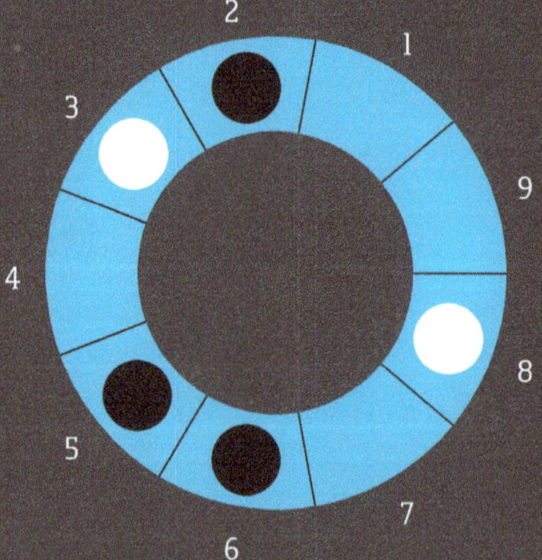

Un jugador pierde cuando ya no puede realizar movimientos durante su turno. Sabiendo que ambos jugadores realizan partidas óptimas, comprueba quién será el ganador. Es posible que ninguno de ellos gane (y la partida sea infinita).

Entrada

La primera línea de la entrada consta de un entero t, que indica el número de tablero que habrá que analizar. Las siguientes líneas contienen las descripciones de los respectivos tableros, constando cada una de tres líneas. En la primera, hay tres enteros, m, b y c ($1 \leq m \leq 10^9$, $1 \leq b, c$), separados por espacios sencillos y que especifican la longitud del tablero, el número de fichas blancas y el número de fichas negras. La segunda línea contiene una secuencia creciente de b enteros (en el rango de 1 a m), que representan las posiciones de las fichas blancas. En la tercera hay una secuencia creciente de c enteros (en el rango de 1 a m), que representan las posiciones de las fichas negras. El número total de fichas de todos los tableros no será superior a 10^6.

Salida

La salida debe estar formada por, exactamente, t líneas, con las respuestas para los tableros consecutivos. La respuesta será siempre un solo carácter: B, C o R, dependiendo de si gana el jugador blanco (B), el negro (C) o la partida es infinita (R).

Ejemplo

Para los datos de entrada:

```
3
9  2  3
3  8
2  5  6
6  2  2
5  6
2  4
7  1  1
3
4
```

el resultado correcto es:

```
C
B
R
```

/ Solución

Amigos y conocidos de Nim

Pensemos en el juego clásico del *Nim*. La fichas de este juego se dividen en k montones de tamaños $n_1, n_2, \ldots, n_k$. Dos jugadores juegan por turnos y, en cada uno de ellos, el jugador debe eliminar un número positivo de fichas de alguno de los montículos. El jugador que recoja la última ficha es el ganador. Si expresamos los tamaños de los montones como números binarios y, en cada posición, contamos los unos y cada uno de estos recuentos resultar ser par, el jugador que tenga el turno perderá la partida. Dicho de otra forma, si el contrincante juega perfectamente, el pobre jugador está acabado. En términos más formales, si la operación de bits *xor* de los números $n_1, n_2, \ldots, n_k$ resulta en cero, el oponente tendrá una estrategia ganadora. Por lo tanto, todo depende del valor de la siguiente expresión (el símbolo $\oplus$ indica la operación de bits *xor*):

$$n_1 \oplus n_2 \oplus \cdots \oplus n_k.$$

También podemos permitir añadir nuevas fichas a los montones, bajo condiciones que mantengan el juego equivalente a Nim. Esta condición es el límite del número de movimientos inversos (adición de fichas) realizados por los jugadores. Si un jugador tiene una posición perdedora, puede tratar de añadir fichas en algún lugar para salvar la situación. Por desgracia, el oponente podrá aniquilar esos esfuerzos con facilidad, con la simple eliminación de las fichas añadidas. Como el número de adiciones es limitado, el jugador perdedor no podrá prolongar esta situación indefinidamente y terminará por perder. Acabamos de describir el *juego de Northcott*. También es fácil explicarlo utilizando un tablero de ajedrez. En cada una de las columnas colocamos dos fichas: una blanca y otra negra. Las fichas se pueden mover arbitrariamente dentro de su columna inicial, con la condición de que no pueden saltar sobre otra. La distancia entre dos fichas corresponde al tamaño del montón. Mover una ficha hacia la posición del enemigo equivale a eliminar fichas de los montones del Nim. Moverlas hacia atrás es lo mismo que añadirlas. Sin embargo, el tablero es finito, por lo que es imposible retirarse eternamente. Por lo tanto, el juego de Northcott es una variante del Nim.

Análisis del juego circular

¡Espera un momento! ¿Fichas blancas y negras? ¿Moverse sin saltar? Esto es casi lo mismo que nuestro *juego circular*. Parece fácil. Pero hay algunas diferencias, siendo especialmente notable el hecho de que es posible el empate. Claro que en los enunciados de algunos problemas hay, en ocasiones, trampas para concursantes incautos como, por ejemplo, pedir buscar una secuencia o contestar NO en caso de que no exista. Después del concurso, durante la explicación del problema, resultó que la secuencia existía siempre, lo que provocó un cierto murmullo y rechinar de dientes. Sin embargo, eso no ocurre en esta solución. Si un jugador tiene una fila de, al menos, tres fichas, sin ninguna del oponente entre medias, y hay, al menos, una casilla libre entre ellas, el jugador no puede perder, pues siempre podrá mover una ficha dentro de esa estructura. Si ambos jugadores logran una formación tan resistente, el juego terminará en empate.

Partición en bloques. Vamos a formalizar un poco el problema. Una secuencia máxima de las fichas de un jugador, dispuestas de forma que no haya una ficha del oponente entre ellas, se denominará *bloque* y se expresa de la siguiente manera:

$$\langle d, n, l \rangle,$$

donde d es la longitud del bloque (el número de casillas entre las fichas de los extremos, ambas inclusive), n es el número de fichas y l es la longitud del espacio vacío después del bloque (ver la Figura 1). El estado de una partida se puede describir como una secuencia de bloques sobre el tablero. La simetría rotacional propia del tablero, nos permite tomar cualquier bloque como primero. El parecido con el juego de Northcott es ahora evidente. Un jugador puede, al mover sus fichas, reducir o aumentar el espacio alrededor de sus bloques. Igual que en el juego de Northcott, un movimiento que reduzca nuestros bloques nunca nos llevará a la victoria, ya que no podemos realizarlo eternamente. Si todos los bloques constan de dos fichas, se pueden utilizar para conquistar territorio (es decir, para recoger fichas de los montones). Nuestro juego terminará por reducirse al juego de Northcott y, finalmente, al Nim. Si el tablero contiene k bloques con espacios $l_1, l_2, \ldots, l_k$, el resultado de la partida dependerá del valor de la siguiente expresión:

$$l_1 \oplus l_2 \oplus \cdots \oplus l_k. \tag{1}$$

Si el resultado es cero y nuestro oponente juega a la perfección, perderemos. En caso contrario, tendremos una estrategia ganadora.

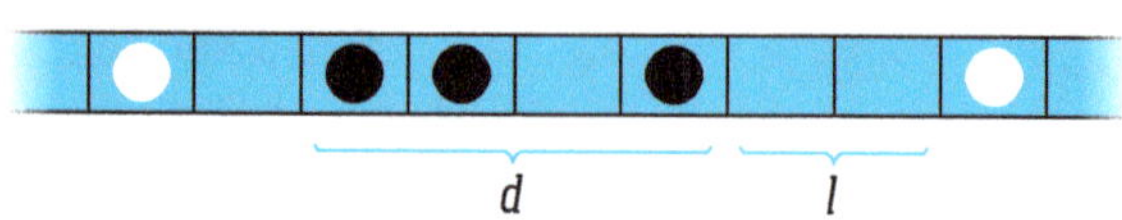

Figura 1: Bloque de ejemplo para $d = 4$, $n = 3$, $l = 2$.

Bloques resistentes. Sin embargo, puede haber bloques con un número de fichas distinto de dos. Comencemos con bloques más abundantes, y supongamos que cada bloque del tablero tiene, como mínimo, dos fichas. La clave estará en aquellos bloques con más de dos fichas y cuya longitud sea mayor que su número de fichas. Los llamaremos *bloques resistentes*. Un jugador que cuente con un bloque resistente no puede perder, porque siempre podrá mover las fichas del interior del bloque. Además, ese jugador será el ganador si el oponente no cuenta con un bloque resistente, ni puede formarlo. Un bloque resistente es, de hecho, como un tanque: podemos utilizarlo para aplastar a cualquier unidad más débil del enemigo. Para predecir el resultado de la partida, contamos el número de bloques resistentes con los que cuenta cada jugador y el número de bloques resistentes que pueden formarse con un solo moviemiento. Podemos formar un bloque resistente si un bloque no resistente con, al menos, tres fichas, tiene espacio libre antes o después.

1. Si Negro tiene un bloque resistente o, al menos, dos movimientos que puedan formarlo, no puede perder. Por lo que, si Blanco tiene un bloque resistente, o un movimiento que lo forme, el juego terminará en empate. En caso contrario, Blanco perderá.

2. Asumimos que Negro no tiene un bloque resistente ni la posibilidad de formarlo. Si Blanco tiene un bloque resistente o un movimiento para formarlo, Blanco ganará. En caso contrario, el resultado dependerá del valor Nim (1).

3. Ahora asumimos que Negro no tiene ningún bloque resistente, pero puede formar uno con, exactamente, un movimiento. Blanco mueve primero, por lo que tiene la opción de bloquear el movimiento. Si Blanco tiene un bloque resistente, evitará que Negro forme el suyo y, en consecuencia, ganará. Si Blanco tiene la posibilidad de formar un bloque resistente, puede hacerlo para asegurar el empate, o evitar la creación del bloque resistente de Negro para intentar lograr la victoria. Por tanto, comprobamos el resultado de la partida después de este movimiento de defensa (técnicamente, invertimos los colores de las fichas). Cada jugador solo puede tener uno de estos movimientos (las otras opciones ya están consideradas en los dos puntos anteriores), por lo que el descenso recursivo se realizará un máximo de dos veces.

 Nos resta tratar los bloques que contienen una sola ficha. Los llamaremos *singulares*. Su destino depende de los bloques que los rodean. Si el tablero contiene solo bloques singulares, y ambos jugadores pueden mover, la partida terminará empatada. Los bloques singulares son débiles, por lo que no pueden conquistar territorio. También puede ocurrir que, en el tablero inicial, Blanco no pueda mover o pueda bloquear el único movimiento de Negro. Esa partida, obviamente, no terminará en empate.

Si los bloques singulares se encuentran entre dos bloques no singulares del color del oponente, están rodeados por una formación letal. El propietario de estos dos bloques opuestos puede neutralizar fácilmente lo que haya entre ellos. Por lo tanto, podemos prescindir de esos bloques singulares. Recuerda eliminar también el espacio que ocupan, porque, aunque difuntos, se aferrarán a la casilla en la que aparecieron. Sin embargo, podemos lograr el mismo objetivo invirtiendo el color de bloques singulares posteriores. Consideremos el siguiente grupo de bloques:

$$\langle d_i, n_i, l_i \rangle \langle d_{i+1}, n_{i+1}, l_{i+1} \rangle \cdots \langle d_{i+k}, n_{i+k}, l_{i+k} \rangle, \tag{2}$$

donde $n_i > 1$, $n_{i+k} > 1$ y $n_{i+j} = 1$ para cada $j = 1, 2, \ldots, k - 1$.

Si k es par, los bloques de los extremos pertenecen al mismo jugador. Sustituimos este grupo de bloques por el siguiente bloque:

$$\left\langle \sum_{j=1}^{i+k} d_j, \; n_{i+k} + \sum_{j=1}^{i+k-1} (n_j + l_j), \; l_{i+k} \right\rangle.$$

Esta operación es asociativa. Por lo tanto, si podemos realizar una serie de estas reducciones, el orden será irrelevante.

Si k es impar, los bloques singulares están dentro de bloques no singulares de jugadores diferentes. La eliminación de estos bloques únicos requiere de una observación adicional. Al jugador que controla el extremo izquierdo del grupo, solo le merece la pena mover fichas hacia la derecha. Al otro jugador, le merece la pena mover fichas en sentido contrario. Los pares de fichas vecinas se convertirán en los pares luchadores de fichas de Northcott. El grupo de bloques (2) se puede transformar, por lo tanto, en la siguiente secuencia:

$$\langle d_i', n_i', l_i' \rangle \langle d_{i+1}', n_{i+1}', l_{i+1}' \rangle \cdots \langle d_{i+k}', n_{i+k}', l_{i+k}' \rangle,$$

donde para cada $j = 1, 2, \ldots, k - 1$ se verifica que

$$d'_{i+j} = n'_{i+j} = 2$$

y

$$l'_{i+j} = \begin{cases} 0 & \text{si } j \text{ es impar,} \\ l_{i+j} & \text{si } j \text{ es par.} \end{cases}$$

La solución

Por fin sabemos cómo ocuparnos de bloques de cualquier número de fichas. Por lo tanto, podemos formular la solución del problema. Consta de los siguientes pasos:

1. el cálculo de la partición en bloques inicial,
2. la comprobación de si Blanco tiene, al menos, un movimiento o puede bloquear el único movimiento posible de Negro,
3. la eliminación de bloques singulares según las dos últimas especificaciones,
4. el análisis de los bloques resistentes existentes y potenciales,
5. si los bloques resistentes no resuelven la partida, el cálculo del valor de la expresión (1) para el resto de espacios vacíos entre bloques.

Todos estos pasos se pueden realizar en tiempo y espacio lineales, en relación al número de fichas que haya en el tablero.

Epílogo

En la fase regional del Pacífico Sur del ACM-ICPC de 1998, celebrada en Nueva Zelanda, se utilizó una tarea similar, aunque en un tablero más pequeño (de hasta 60 casillas) y lineal (no circular). No he logrado encontrar los resultados exactos de ese concurso tras buscarlos en internet. Sin embargo, parece que nadie logró resolver el problema. Obviamente no es fácil pero, en cualquier caso, sí es fácil transformarlo en el problema que acabamos de ver. Basta con añadir una casilla a cada extremo del tablero y colocar en ella una ficha del mismo color que la ficha más al extremo de ese lado. Por ejemplo, si la ficha más a la izquierda es blanca, añadiremos una casilla a la izquierda con una ficha blanca. Después de realizar la operación, conectamos los extremos del tablero para hacerlo circular. El juego circular resultante es equivalente al juego lineal original.

Sería interesante conocer el resultado del juego en tableros con otras formas: ¿Un grafo planar? ¿Un grafo arbitrario? ¿Un árbol? ¿Un cactus? ¿Un balón de fútbol? Continuará en el próximo ACM-ICPC en Polonia…

WOJCIECH ŚMIETANKA

Es estudiante de quinto año de ciencias de las computación en la Facultad de matemáticas, informática y mecánica de la Universidad de Varsovia. Sus intereses científicos incluyen algoritmos, teoría de números y combinatoria. En lo relativo a concursos de programación, fue finalista en el TopCoder Open de 2010 y, ese mismo año, se clasificó para la final de Google Code Jam. Sin embargo, no pudo participar en ella puesto que en ese momento se encontraba realizando prácticas en Google. Ha sido parte del equipo de concursos de programación desde 2007. Junto a su equipo, ha ganado el Concurso universitario de programación polaco en tres ocasiones y el Concurso regional centroeuropeo del ACM-ICPC en dos. También ha representado a la Universidad de Varsovia en las finales mundiales del ACM-ICPC de 2011 y 2012. Entre sus aficiones no científicas se encuentran la historia, la economía, la danza, el voleibol y el baloncesto.

/ Bytelandia

Concurso: 1ª Olimpiada informática polaca junior
Autor: Wojciech Śmietanka
Memoria: 32 MB
https://oi.edu.pl/en/archive/oig/1/baj

El rey Byteasar el Grande es el soberano del rico y poderoso país de Bytelandia. Hay n ciudades en el país. Al rey Byteasar le gustaría mejorar las infraestructuras de Bytelandia, y le ha ordenado a los arquitectos reales que diseñen un plan para construir autopistas por todo el país. Ha recibibo m propuestas, cada una de las cuales está descrita por tres número, p, k, w, donde p y k son las ciudades situadas en los extremos de la autopista, y w indica el coste de construcción de la misma. Cada autopista es bidireccional y no visita ninguna ciudad salvo las que están en sus extremos.

Al rey le gustaría elegir las autopistas de forma que siempre haya un modo de viajar entre cualquier par de ciudades, visitando ciudades intermedias si es necesario. A Byteasar también le gustaría construir una red de autopistas lo más barata posible.

Tarea

Escribe un programa que:
- → lea de la entrada el número de ciudades, el número de autopistas propuestas y las descripciones de esas autopistas,
- → determine, para cada autopista, si existe una red de autopistas que la contenga y que satisfaga los requisitos de Byteasar,
- → escriba el resultado en la salida.

Entrada

La primera línea de la entrada contiene dos enteros: el número de ciudades, n, y el número de autopistas propuestas, m, separadas por un espacio sencillo y satisfaciendo las siguientes condiciones: $2 \le n \le 7000$, $1 \le m \le 300.000$. Cada una de las siguientes m líneas contiene tres enteros separados por espacios, p, k, w, que describen la autopista propuesta. Aquí, p y k indican el número de las ciudades situadas en los extremos de la autopista, w es el precio de la misma ($1 \le p, k \le n$, $1 \le w \le 100.000$).

Salida

La salida debe constar de m líneas. La línea i-ésima debe contener una palabra, TAK (*sí* en polaco) o NIE (*no* en polaco), dependiendo de si existe una red de autopistas que contenga la autopista i-ésima de la entrada y satisfaga los requisitos de Byteasar. Se puede asumir que siempre habrá, al menos, una red de autopistas que cumpla con dichos requisitos.

Ejemplo

Para los datos de entrada:

```
6   10
1   2   2
1   6   1
1   5   3
4   1   5
2   6   2
2   3   5
4   3   4
3   5   4
4   5   4
5   6   3
```

el resultado correcto es:

```
TAK
TAK
TAK
NIE
TAK
NIE
TAK
TAK
TAK
TAK
```

/ Solución

Para la descripción de la solución, nos resultará cómodo utilizar lenguaje de teoría de grafos. Tenemos un grafo no dirigido con aristas ponderadas, y debemos indicar, para cada arista, si existe un árbol de expansión mínimo que la contenga. A continuación, mostraremos dos métodos diferentes de resolver esta tarea. Utilizaremos las mismas variables que en el enunciado: n indica el número de ciudades y m el número de autopistas.

La solución del autor

Comenzamos construyendo el árbol de expansión mínimo, mediante el algoritmo de Kruskal. La consecuencia trivial es que, para cada arista del árbol, existe un árbol de expansión mínimo que la contiene. Por lo tanto, obtenemos el resultado para $n - 1$ aristas. Pero, ¿qué ocurre con las $m - (n - 1)$ aristas restantes?

Queremos saber, para cada una de ellas, si pueden pertenecer a un árbol de expansión mínimo. Comenzaremos viendo la solución más sencilla. Vamos a centrarnos en una arista ab. Generamos el árbol de expansión mínimo tomando esta arista y construyendo el resto del árbol utilizando el algoritmo de Kruskal. Después, podemos comprobar si el peso del árbol resultante es el mismo que el peso del árbol de expansión mínimo obtenido anteriormente. Como solo podemos ordenar todas las aristas una vez al principio, el algoritmo se puede implementar con un tiempo de ejecución de $O(m^2 \log^* n)$. Sin embargo, resulta demasiado lento.

Podemos hacerlo mejor. Observamos que las aristas rechazadas por el algoritmo de Kruskal también lo serán por el algoritmo modificado. Si comparamos la ejecución del algoritmo de Kruskal, en el que insertamos al principio la arista ab, con la ejecución ordinaria, en los pasos correspondientes el árbol de expansión actual (o, mejor dicho, el bosque de expansión) será "más conexo" en el primero. ¿Qué significa "más conexo"? Significa que si dos vértices están conectados en la segunda ejecución, también lo estarán en la primera. Por lo que podemos limitar nuestra atención a las aristas del árbol de expansión mínimo.

Como resultado, cuando tomamos una arista ab y construimos el resto del árbol, solo añadiremos las aristas que pertenezcan al árbol de expansión mínimo (óptimo). Esta observación nos permite enunciar el problema de otra forma. Nos han dado el árbol de expansión mínimo y hemos insertado una arista ab, por lo que hemos creado un ciclo. Debemos comprobar si podemos eliminar una arista del ciclo, de forma que el árbol resultante siga teniendo un coste mínimo.

Evidentemente, solo podemos eliminar una arista y esta debe pertenecer al ciclo. Cualquier otra eliminación desconectaría el árbol. ¿Qué arista eliminar? Parece obvio que la elección correcta es eliminar la que resulte más cara. Por lo tanto, por cada arista ab que no pertenezca al árbol de expansión mínimo, comprobamos si su peso w es igual al peso de la arista más pesada del camino que conecta a y b en el árbol.

Si todas las aristas del camino que conectan a y b tienen un peso inferior a w, significará que ab no pertenece a ningún árbol de expansión mínimo. En caso contrario, si la arista más pesada del camino tuviese un peso w, se podría intercambiar con ab sin afectar al coste total. Esta condición se puede verificar en tiempo $O(n)$. Por lo tanto, el algoritmo se ejecutará en tiempo $O(mn)$, que sigue siendo muy lento.

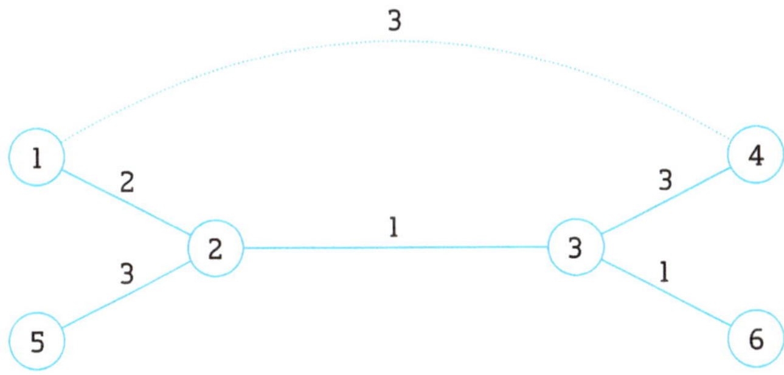

Figura 1: La arista punteada de 1 a 4 tiene el mismo peso que la arista más cara del camino en el árbol entre 1 y 4. Esto significa que esta arista puede sustituir a la que conecta 3 y 4 en el árbol de expansión mínimo, sin alterar el coste total.

Podemos mejorarlo más. Observamos que la operación más costosa, que se realiza $m - n + 1$ veces, es el recorrido del árbol en busca del peso máximo de una arista en un camino concreto. Podemos optimizarlo. Comenzamos desde un vértice v y calculamos las aristas más pesadas en los caminos desde v al resto de vértices. Una vez hecho, podemos comprobar fácilmente si una arista cuyo extremo sea v puede pertenecer al árbol de expansión mínimo. Este caso se daría si el peso máximo del camino que conecta sus dos extremos fuese igual al peso de la propia arista. Necesitamos un tiempo total de $O(n^2)$ para calcular las aristas más pesadas en todos los caminos del árbol. Además, utilizaremos tiempo constante para realizar la comprobación de cada arista y tiempo $O(m \log m)$ para ejecutar el algoritmo de Kruskal. Por lo tanto, el tiempo total será de $O(n^2 + m \log m)$.

La mejor solución de los concursantes

Los concursantes resultaron ser más creativos que el autor del problema y presentaron una idea interesante: una arista pertenece a algún árbol de expansión mínimo si existe una ejecución del algoritmo de Kruskal que la incluya en un árbol de expansión mínimo.

El algoritmo de Kruskal puede necesitar varias ejecuciones. Esto es debido al hecho de que el algoritmo de ordenación puede colocar las aristas de pesos iguales en cualquier orden. Se puede comprobar fácilmente que una arista pertenece a algún árbol de expansión mínimo si ha sido seleccionada por alguna ejecución del algoritmo de Kruskal, en el que la arista ocupe la primera posición de todas las de igual peso.

Vamos a particionar todas las aristas en conjuntos $E_1, E_2, \ldots, E_k$, donde, dentro de cada E_i, los pesos de las aristas sean iguales y los pesos de las aristas en E_i sean estrictamente menores que los pesos de las aristas en E_{i+1}. Valoraremos un conjunto E_i en cada paso del algoritmo. Comprobamos, para cada arista de este conjunto, si puede pertenecer al árbol de expansión mínimo. Después, añadimos al árbol las aristas de E_i adecuadas.

Algoritmo Bytelandia

$T := \emptyset$

particicionamos todas las aristas en conjuntos E_i

para $i := 1$ **hasta** k **hacer**

    para $ab \in E_i$ **hacer**

        si los vértices a y b no están conectados en T **entonces**

            ab pertenece al algún árbol de expansión mínimo

        si no

            ab no pertenece a *ningún* árbol de expansión mínimo

    para $ab \in E_i$ **hacer**

        si a y b no están conectados en T **entonces**

            $T := T \cup \{ab\}$

De esta forma podemos saber, para cada arista, si pertenece a algún árbol de expansión mínimo. Si utilizamos un algoritmo de unión-buscar para implementar una estructura de datos de conjuntos disjuntos que compruebe si los vértices están conectados en T, obtendremos un algoritmo que se ejecuta en tiempo $O(m \log m)$. También podemos lograr complejidad de tiempo $O(m \log^* m + W)$, donde W es el peso máximo de las aristas del grafo.

/ Pasteles

Concurso: Escaramuzas algorítmicas 2009
Autor: Jakub Łącki
Memoria: 256 MB
https://oi.edu.pl/en/archive/pa/2009/cia

Este año han acudido maestros reposteros de todo el mundo al Congreso de artesanos byteano. Durante el congreso, se celebrará un concurso para lograr el mejor pastel horneado por tres artesanos. Cada equipo de tres artesanos podrá presentar un solo pastel. Sin embargo, cada concursante puede pertenecer a varios equipos. Por desgracia, algunos artesanos no se llevan bien entre ellos y no quieren trabajar juntos.

Se sabe cuántos decagramos de harina necesita cada concursante individual para hornear un pastel. Un equipo de tres personas necesita tanta harina como la requerida por el miembro del equipo con una mayor necesidad. ¿Cuánta harina se utilizará durante el concurso, teniendo en cuenta que cada equipo de tres artesanos, que se lleven bien entre ellos, horneará exactamente un pastel?

Entrada

La primera línea de la entrada contiene dos enteros, n y m ($1 \le n \le 100.000$, $1 \le m \le 250.000$), separados por un espacio sencillo y que especifican el número de artesanos que hay en el congreso y el número de parejas de ellos que se llevan bien entre sí. Los participantes en el congreso están numerados de 1 a n. La segunda línea contiene n enteros p_i ($1 \le p_i \le 1.000.000$), separados por espacios sencillos y que especifican los requisitos de harina de los artesanos correspondientes (en decagramos). Las siguientes m líneas contienen información sobre los pares de concursantes que se llevan bien entre sí. Cada una de estas líneas contiene dos enteros, a_i y b_i ($1 \le a_i, b_i \le n$, $a_i \ne b_i$), separados por espacios sencillos, que representan pares de artesanos a_i y b_i, que se llevan bien. Asumimos que el resto de parejas de participantes, que no aparecen en la lista, no quieren trabajar juntos. Cada pareja de artesanos aparece una sola vez en la entrada.

Salida

La primera y única línea de la salida debe contener un solo entero: la cantidad de harina que utilizarán todos los equipos en total, en decagramos.

Ejemplo

Para los datos de entrada:

5   7
1   5   3   4   2
1   2
2   3
5   2
4   3
3   1
1   4
5   1

el resultado correcto es:

14

Explicación del ejemplo: Los siguientes equipos de tres miembros: (1, 2, 3), (1, 2, 5)
y (1, 3, 4) necesitan 5, 5 y 4 decagramos de harina para hornear los pasteles. En
total se necesitarán 5 + 5 + 4 = 14 decagramos de harina.

/ Solución

Para esta tarea nos conviene pensar en términos de teoría de grafos. Cada artesano es un vértice de un grafo, y cada par de artesanos que se llevan bien está representado por una arista no dirigida que los conecta. Queremos hallar todos los tríos de vértices en los que cada par de vértices esté conectado por una arista. Llamaremos a estos tríos *triángulos*.

Pensemos en la solución más sencilla. Podemos comprobar, por cada trío de vértices, si forman un triángulo. Esta solución requiere un tiempo $O(n^3)$, lo que es excesivo para el límite del problema. Sin embargo, mediante algunas observaciones astutas, podemos mejorarlo bastante.

Solución

En la solución más sencilla realizamos muchas operaciones inútiles, así que trataremos de podarla. Si elegimos el vértice i como uno de los vértices del triángulo, entonces los vértices restantes j y k deben ser vecinos de i. Si el grado de un vértice i es igual a d, entonces debemos tener en consideración $\frac{d(d-1)}{2}$ pares de vecinos. Nos gustaría que d fuese lo más pequeño posible. Vemos que, tras valorar el vértice i, podemos eliminarlo junto a todas sus aristas incidentes. ¿Cómo elegimos i? Parece razonable tener en cuenta al vértice de menor grado. Resulta que el grado de ese vértice es siempre bastante bajo.

Lema. En cualquier grado sencillo con n vértices y m aristas, existe un vértice de grado igual o inferior a $\sqrt{2m}$.

Demostración. Supongamos que el grado de todos los vértices de un grafo fuese mayor que $\sqrt{2m}$. Entonces $n < \sqrt{2m}$, ya que, en caso contrario, la suma de los grados sería mayor que $\sqrt{2m} \cdot \sqrt{2m} = 2m$, lo que es imposible. Como hay menos de $\sqrt{2m}$ vértices, ninguno de ellos podría tener un grado mayor que $\sqrt{2m}$, lo que es una contradicción. $\square$

Por lo tanto, la solución se puede resumir de la siguiente manera. Elegimos el vértice de menor grado y, por cada par de sus vecinos, comprobamos si están conectados. Después, eliminamos el vértice elegido. Continuamos este proceso hasta haber eliminado todos los vértices.

Vemos que recorremos todos los pares de aristas incidentes al vértice elegido. A partir del lema sabemos que cada arista pertencerá, como mucho, a $\sqrt{2m} - 1$

de esos pares. Por lo tanto, podemos limitar el número total de pares valorados a $m \cdot \sqrt{2m}$. Cada uno de estos pares se puede utilizar para construir un triángulo aunque, para ello, necesitamos la tercera arista. ¿Cómo podemos comprobar si existe? Inicialmente, ordenamos las listas de adyacencia de todos los vértices y utilizamos búsqueda binaria para realizar cada comprobación en tiempo $O(\log n)$. Con esto, lograremos una solución que funcione en tiempo $O(m\sqrt{m}\log n)$.

Un método diferente y más rápido

Vamos a verificar qué ocurre si las aristas son dirigidas. Si lo hacemos de forma que no haya ciclos dirigidos de longitud 3, cada triángulo tendrá, exactamente, un vértice con dos aristas de salida. En ese caso, podemos considerar el triángulo desde el punto de vista de ese vértice. Además, querríamos que los grados de salida de los vértices no fuesen muy grandes, ya que verificar todos los pares de las aristas de salida de un vértice necesita tiempo cuadrático en relación al número total de sus aristas de salida.

Vemos que, en cualquier grafo no dirigido, hay un máximo de $\sqrt{2m}$ vértices de grado mayor que $\sqrt{2m}$. Ordenaremos todos los vértices de izquierda a derecha, en orden ascendente de sus grados, y dirigiremos todas las aristas de izquierda a derecha. Los primeros $n - \sqrt{2m}$ vértices (desde la izquierda) tendrán grados de salida inferiores a $\sqrt{2m}$, ya que sus grados eran menores de $\sqrt{2m}$ incluso antes de que las aristas fuesen dirigidas. Los últimos $\sqrt{2m}$ vértices también tienen grados de salida menores que $\sqrt{2m}$, ya que tienen un máximo de $\sqrt{2m} - 1$ vértices a su derecha. Además, no habrá ciclos de longitud 3 en ese grafo, por la razón de que no habrá ciclos en absoluto.

El grado de salida de cada vértice del grafo será ahora de un máximo de $\sqrt{2m}$. Iteramos por todas las aristas. Para cada arista $a \rightarrow b$ calculamos la intersección de las listas de adyacencia de a y b. La intersección es, exactamente, la lista de vértices que pueden complementar un triángulo con a y b. Si comenzamos ordenando las listas de adyacencia de todos los vértices, el cálculo de la intersección de dos listas consume tiempo lineal en relación a su longitud total, limitada, en este caso, por $O(\sqrt{m})$. Como cada arista se procesa en tiempo $O(\sqrt{m})$, la complejidad de tiempo del algoritmo completo es $O(m\sqrt{m})$.

TOMASZ WALEŃ

Trabaja en la Facultad de matemáticas, informática y mecánica de la Universidad de Varsovia, donde se doctoró en 2010 en algoritmos para biología computacional. Su investigación científica se centra en varios aspectos de la algoritmia, con atención especial a los algoritmos de texto.

En 1997 ganó la 4ª Olimpiada informática polaca y una medalla de bronce en la Olimpiada internacional de informática. Es el primer autor de SIO, un sistema basado en la web que ha facilitado el desarrollo en línea de concursos de programación en Polonia durante la última década. El sistema permite evaluar las soluciones a problemas de concurso en tiempo real. SIO ha hecho posible el desarrollo de cientos de concursos, incluyendo las Olimpiadas internacionales de informática de 2005 y 2008, así como los Concursos centroeuropeos de Budapest, Varsovia y Breslavia. También es uno de los fundadores de la empresa tecnológica Codility.com.

En su tiempo libre, disfruta del montañismo y la fotografía.

/ **Ladrillos** *de juguete*

Concurso: 15ª Olimpiada informática polaca
Autor: Tomasz Waleń
Memoria: 32 MB
https://oi.edu.pl/en/archive/oi/15/klo

A Byteasar le encantaban los ladrillos de juguete cuando era niño. Solía apilarlos en n columnas de alturas aleatorias y, después, organizarlas: Byteasar elegía un número k e intentaba colocar los ladrillos de forma que hubiese k columnas consecutivas de la misma altura. Además, siempre intentaba lograr su objetivo en el número menor de movimientos posible, donde un movimiento consistía en:

→ colocar un ladrillo encima de cualquier columna (Byteasar tenía una caja enorme de ladrillos, lo que aseguraba que siempre podía realizar este movimiento), o

→ eliminar el ladrillo más alto de cualquier columna.

Sin embargo, Byteasar nunca estaba seguro de si su secuencia de movimientos era, de hecho, óptima. Debido a ello, te ha pedido que escribas un programa que le ayude a resolver el problema.

Tarea

Escribe un programa que:

→ lea de la entrada el número k de columnas consecutivas, junto a la disposición inicial de los ladrillos,

→ determine la solución óptima (la secuencia más corta posible de movimientos),

→ escriba la solución en la salida.

Salida

La primera línea de la entrada consta de dos enteros, n y k ($1 \leq k \leq n \leq 100.000$), separados por un espacio sencillo. Cada una de las siguientes n líneas indica la altura de una columna. La línea $(i+1)$-ésima contiene el entero $0 \leq h_i \leq 1.000.000$: la altura de la columna i-ésima, es decir, el número de ladrillos que la forman.

Salida

Se escribirá una solución óptima en la salida, con una disposición de ladrillos que:

→ contenga k columnas consecutivas de igual altura,

→ se pueda obtener partiendo de la configuración inicial en el número mínimo posible de movimientos.

La salida debe constar de $n + 1$ líneas, con un solo entero en cada una de ellas. El número de la primera línea será el número mínimo de movimientos necesarios para obtener la disposición deseada. La línea $(i + 1)$-ésima (para $1 \leq i \leq n$) debe contener el número h_i', la altura final de la columna i-ésima. Si existe más de una solución óptima, muestra cualquiera elegida arbitrariamente.

Ejemplo

Para los datos de entrada:

5   3

3

9

2

3

1

el resultado correcto es:

2

3

9

2

2

2

/ Solución

Versión simplificada de la tarea

Antes de proceder con la solución del problema original, vamos a considerar una versión simplificada en la que $k = n$. Aquí no tenemos que preocuparnos de la selección de la parte de la secuencia de columnas que debemos ecualizar. En cualquier caso, el cálculo del coste mínimo sigue sin resultar evidente.

Obviamente, si conociésemos la altura a la que se deben ecualizar las columnas, el cálculo sería trivial. Si esta altura fuese igual a h, nos bastaría con añadir ladrillos a las columnas en las que $h_i < h$, para obtener la altura h y, de forma similar, eliminaríamos los ladrillos sobrantes donde $h_i > h$.

Parece claro que comprobar todos los ladrillos de h sería demasiado costoso en cuanto a tiempo, por lo que debemos hallar un método mejor de búsqueda de la altura óptima.

Asumimos que tenemos k columnas de bloques de alturas $x_1, \dots, x_k$. Digamos que $c_x(h)$ es el coste de ecualizar todas las columnas para obtener la altura h. Esta función se describe utilizando la siguiente fórmula:

$$c_x(h) = \sum_{i=1}^{k} |h - x_i|.$$

Ejemplo. Valoremos la configuración de bloques de la entrada de ejemplo del enunciado de la tarea, es decir, $x = (3, 9, 2, 3, 1)$. La Figura 1 muestra un gráfico correspondiente a esta secuencia.

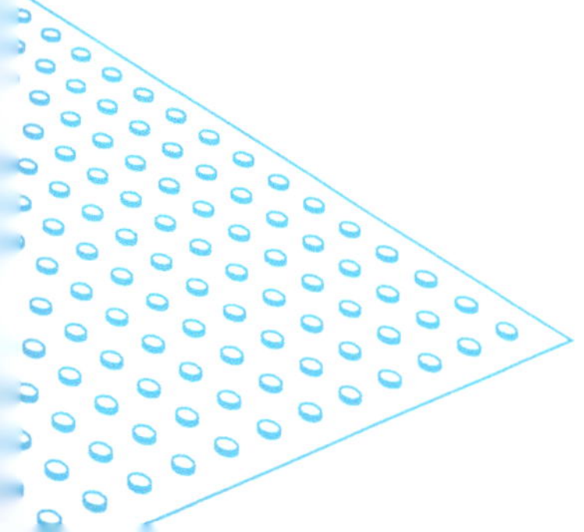

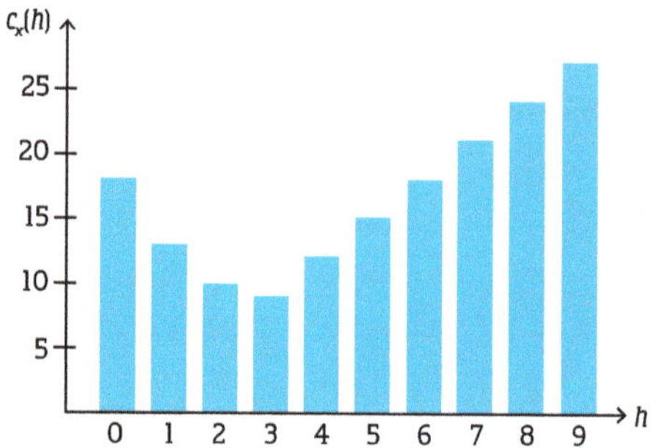

Figura 1: *Gráfico de la función $c_x(h)$ para la secuencia $x = (3, 9, 2, 3, 1)$.*

Viendo el gráfico observamos que la función $c_x(h)$ decrece, llega a su mínimo y, desde ese punto, es creciente. A nosotros nos importa determinar el valor de h cuando la función $c_x(h)$ se encuentra en su mínimo.

Para hallar la altura óptima analizaremos más de cerca la función $c_x(h)$. En primer lugar, para $h = 0$ el valor de $c_x(0)$ es:

$$c_x(0) = \sum_{i=1}^{k} x_i.$$

Ahora comprobaremos el comportamiento de $c_x(h)$ cuando su argumento se incrementa en 1. Para obtener $c_x(h)$ a partir de $c_x(h-1)$, tenemos que:

→ añadir un único ladrillo a cada columna cuya altura sea menor o igual a $h-1$,

→ por cada columna de altura mayor o igual que h, evitamos eliminar un solo ladrillo (en comparación con la solución para $h-1$).

Estas observaciones se puede transformar en la siguiente fórmula:

$$c_x(h) = c_x(h-1) + |\{x_i : x_i \le h-1\}| - |\{x_i : x_i \ge h\}| =$$
$$= c_x(h-1) + |\{x_i : x_i \le h-1\}| - (k - |\{x_i : x_i \le h-1\}|) =$$
$$= c_x(h-1) + 2 \cdot |\{x_i : x_i \le h-1\}| - k.$$

Digamos que $p_x(h)$ es el número de elementos de la secuencia x con valor menor o igual a x, es decir, $p_x(h) = |\{x_i : x_i \le h\}|$. Utilizando esta notación podemos escribir $c_x(h)$ como:

$$c_x(h) = c_x(h-1) + 2p_x(h-1) - k = c_x(0) + \sum_{i=0}^{h-1} (2p_x(i) - k).$$

La función $p_x(h)$ es no decreciente, por lo tanto $c_x(h)$ decrece mientras los elementos de la suma anterior sean negativos. Esto significa que $c_x(h)$ llega a su mínimo para la altura $h = H$ tal que:

$$2p_x(H-1) - k < 0 \quad y \quad 2p_x(H) - k \geq 0. \tag{1}$$

El valor de H que satisface las desigualdades (1) está siempre bien definido, ya que el rango de la función $p_x(i)$ es $0, \ldots, k$ (para $i = -1, \ldots, \text{máx}\{x_j : 1 \leq j \leq k\}$). Por lo tanto, la función $2p_x(i) - k$, para el mismo dominio, puede devolver valores entre $-k$ (para $i = -1$) y k (para el valor máximo de i).

Una vez más, vamos a echarle un vistazo rápido a las desigualdades (1). Para la altura H solicitada querríamos tener en la secuencia x:

→ menos de $\lceil k/2 \rceil$ columnas de alturas menores o iguales que $H - 1$, y
→ al menos $\lceil k/2 \rceil$ columnas de alturas menores o iguales a H.

Al asignar a H la altura de la columna $\lceil k/2 \rceil$-ésima (en orden creciente de alturas) de la secuencia x, cumplimos ambas condiciones. Este elemento se denomina la mediana de la secuencia x.

Corolario. La función $c_x(h)$ encuentra su h mínima en el elemento $\lceil k/2 \rceil$-ésimo (en orden creciente) de la secuencia x, donde k es la longitud de la secuencia x.

Búsqueda del segmento óptimo

A partir del corolario podemos crear el borrador de un algoritmo que resuelva la versión general de la tarea, en la que consideraremos la secuencia completa $h_1, \ldots, h_n$:

```
Algoritmo DisponerLadrillos((h_1, ... , h_n), k)
    resultado := +∞
    para i := 1 hasta n + 1 − k hacer
        hallar la mediana H de la secuencia x = (h_i, ... , h_{i+k−1})
        calcular el coste óptimo de la secuencia x, esto es, c_x(H)
        resultado := mín(resultado, c_x(H))
    devolver resultado
```

La mediana de una secuencia de k elementos se puede calcular en un tiempo (esperado) de $O(k)$, utilizando el algoritmo de Hoare (por desgracia, la complejidad de tiempo de este algoritmo en el peor de los casos es $O(k^2)$). También podemos utilizar un algoritmo más complejo (y no muy práctico) con una complejidad en el peor de los casos de $O(k)$. El valor de $c_x(H)$ se puede calcular fácilmente en tiempo $O(k)$. Esto nos proporciona una solución con complejidad de tiempo total $O(nk)$. Si k fuese una constante pequeña, sería una solución satisfactoria. Por desgracia, el parámetro k de nuestro problema puede alcanzar una magnitud de $\Theta(n)$ y, en ese caso, la complejidad de tiempo de la solución sería de $O(n^2)$. Es obvio que esto no es suficiente, por lo que tendremos que buscar una solución más eficaz.

Comenzaremos observando que las secuencias consecutivas x, para las que calculamos la mediana, son muy similares. En la iteración i-ésima procesamos la secuencia $(h_i, h_i + 1, \ldots, h_{i+k-1})$, y en la $(i + 1)$-ésima, $(h_{i+1}, \ldots, h_{i+k-1}, h_{i+k})$. Las secuencias difieren por solo dos elementos. Mediante esta observación, podemos obtener un algoritmo más eficiente, siempre que logremos implementar una estructura de datos S que ofrezca los siguientes métodos:

→ añadir(y)—añade un elemento y a la estructura,

→ eliminar(y)—elimina el elemento y de la estructura,

→ mediana()—devuelve la mediana de la secuencia almacenada en la estructura,

→ costeMín()—devuelve el valor de la función $c_x(mediana())$ para la secuencia almacenada en la estructura.

Utilizando la estructura S podemos transformar el borrador del algoritmo en la siguiente solución:

```
Algoritmo DisponerLadrillos2((h_1. ... , h_n), k)
    S := ∅
    para i := 1 hasta k hacer
        S.añadir(h_i)
    resultado := S.costeMín()
    para i := k + 1 hasta n hacer
        S.eliminar(h_{i−k})
        S.añadir(h_i)
        resultado := mín(resultado, S.costeMín())
    devolver resultado
```

Ahora todo se reduce a una implementación eficiente de la estructura de datos. Pero, sin embargo, este es un problema más sofisticado.

La presencia de las operaciones para añadir y eliminar sugieren que podríamos utilizar una estructura de diccionario de algún tipo como árboles rojo-negro.

Y, de hecho, si añadimos información adicional a los nodos de esos árboles, se podría realizar cada una de las operaciones de la estructura S en tiempo $O(\log n)$. La complejidad global del algoritmo sería, entonces, de $O(n \log n)$. El inconveniente principal de esta solución es que resulta muy incómoda de implementar. La implementación de las estructuras de diccionario disponibles en las bibliotecas habituales (como set o multiset en la STL de C++) no permite almacenar información extra en los nodos del árbol. Por lo que, para utilizar este método, tendremos que implementar nuestros propios árboles rojo-negro.

Por suerte, es posible implementar la estructura de datos utilizando herramientas más sencillas. Comenzaremos la nueva construcción realizando un análisis más detallado de la información que resulta necesaria para calcular los valores de la función *costeMín*. Asumiremos que todos los elementos del conjunto múltiple S están divididos en: la mediana (*mediana*) y dos conjuntos múltiples, *le* y *ge*, de forma que *le* contenga los elementos que no superen a la mediana, mientras que *ge* contendrá aquellos que sean, al menos, iguales a la mediana. Indicaremos con *sumaLE* y *sumaGE* a las sumas de los elementos de los conjuntos múltiples *le* y *ge*, respectivamente. Utilizando esta información adicional, es posible obtener el valor $c_x(mediana)$ con la siguiente fórmula:

$$c_x(mediana) = (|le| \cdot mediana - sumaLE) + (sumaGE - |ge| \cdot mediana). \qquad (2)$$

Añadiremos otra asunción: los conjuntos múltiples *le* y *ge* deben ser de igual, o casi igual, cardinalidad (puede haber, como máximo, un elemento adicional en el conjunto múltiple *ge*). Esto significa que la siguiente condición debe ser una invariante del algoritmo:

$$|le| = \left\lceil \frac{|le| + |ge| + 1}{2} \right\rceil - 1. \qquad (3)$$

Vemos que la ubicación de los elementos iguales a la mediana no está determinada de forma estricta. Esos elementos pueden estar almacenados tanto en *le* como en *ge*. Siempre que la invariante quede satisfecha, su ubicación es arbitraria. En esta ocasión, implementaremos los conjuntos múltiples *le* y *ge* utilizando una estructura de datos estándar de la STL, el contenedor multiset.

Ahora mostraremos cómo utilizar el par de subconjuntos para implementar las operaciones de la estructura de datos S:

→ *mediana*()—devuelve la mediana almacenada,

→ *costeMín*()—se puede calcular en tiempo constante mediante la fórmula (2),

→ *añadir*(y)—primero añadimos el nuevo elemento a uno de los conjuntos múltiples *le* o *ge*: si $y \leq mediana$, añadimos y a *le*, en caso contrario, añadimos y a *ge*. Lamentablemente, tras esta inserción, podría darse el caso de que la invariante (3) no quedase satisfecha. Para restaurar la invariante, comparamos la cardinalidad de *le* y *ge*, y:

— si falta un elemento en *le*, le añadimos un elemento igual a *mediana*, extraemos el elemento mínimo de *ge* y lo guardamos como el nuevo valor de *mediana*,

— igualmente, si falta un elemento en *ge*, le añadimos un elemento igual a *mediana*, extraeremos el elemento máximo de *le* y lo guardamos como la nueva *mediana*.

En ambos casos actualizamos *sumaLE* y *sumaGE* como corresponde. Si hemos elegido el contenedor multiset de la STL, la adición, eliminación y extracción de los elementos mínimo/máximo se puede realizar en tiempo $O(\log k)$.

→ *eliminar*(*y*)—si $y < mediana$, eliminamos el elemento *y* de *le*, y si $y > mediana$, eliminamos *y* de *ge*; también es posible que $y = mediana$, en cuyo caso eliminamos *y* del campo *mediana*, y establecemos como nueba *mediana* el elemento mínimo de *ge*. Es posible que, en todos los casos, tengamos que restaurar la invariante, pero podemos hacerlo mediante el mismo procedimiento que en *añadir*(*y*).

La solución completa se ejecuta en tiempo $O(n \log k)$. Desde un punto de vista teórico, los conjuntos múltiples *le* y *ge* se podrían implementar utilizando estructuras de datos más sencillas, pues, por ejemplo, una estructura de datos normal de montículo cuenta con todas las operaciones necesarias. Sin embargo, volvemos a encontrar obstáculos en la implementación, provocados por las limitaciones de las bibliotecas de programación estándar. De hecho, el algoritmo necesita la operación de eliminación de un elemento (función *eliminar*(*y*)), que no está disponible en la implementación del montículo de la priority_queue de la STL.

/ Coincidencias

Concurso: Olimpiada informática centroeuropea 2011
Autores: Tomasz Kulczyński, Tomasz Waleń
Memoria: 64 MB
https://oi.edu.pl/en/archive/ceoi/2011/mat

Como parte de una nueva campaña publicitaria, una importante empresa de Gdynia quiere mostrar su logotipo en algún lugar de la ciudad. La empresa gastará todo su presupuesto anual en publicidad en el logotipo, por lo que debe ser de dimensiones descomunales. Uno de los directivos ha decidido utilizar edificios enteros como partes del logotipo.

El logotipo está formado por n franjas verticales de diferentes alturas. Las franjas están numeradas de 1 a n, de izquierda a derecha. El logotipo, además, está descrito por una permutación $(s_1, s_2, \ldots, s_n)$ de los números $1, 2, \ldots, n$. La franja s_1 es la más baja, la s_2 la segunda más baja, etc. Por último, la franja s_n es la más alta. La altura concreta de las franjas no es importante.

Hay m edificios en la calle principal de Gdynia. Para tu sorpresa, estos son de alturas distintas. El problema consiste en hallar todas las posiciones en las que el logotipo coincida con los edificios.

Ayuda a la empresa y encuentra todas las partes contiguas de la secuencia de edificios que coincidan con el logotipo. Una secuencia contigua de edificios coincide con el logotipo si el edificio número s_1, dentro de la secuencia, es el más bajo, el edificio s_2 es el segundo más bajo, etc. Por ejemplo, una secuencia de edificios de alturas 5, 10, 4 coincide con un logotipo descrito por una permutación $(3, 1, 2)$, ya que el edificio número 3 (de altura 4) es el más bajo, el edificio número 1 es el segundo más bajo y el número 2 es el más alto.

Entrada

La primera línea consta de dos enteros, n y m ($2 \leq n \leq m \leq 1.000.000$). La segunda línea contiene n enteros s_i, que forman una permutación de los números $1, 2, \ldots, n$. Esto es, $1 \leq s_i \leq n$ y $s_i \neq s_j$ para $i \neq j$. La tercera línea contiene m enteros h_i, que son las alturas de los edificios ($1 \leq h_i \leq 10^9$ para $1 \leq i \leq m$). Todos los números h_i son diferentes. Los enteros de cada línea están separados por espacios sencillos.

Salida

La primera línea de la salida debe contener un entero k: el número de coincidencias. La segunda línea debe contener k enteros, los índices a partir de 1 de los edificios que corresponden, en una coincidencia válida, a la franja número 1 del logotipo. Los números se expresarán en orden creciente separados por espacios sencillos. Si $k = 0$, el programa escribirá la segunda línea vacía.

Ejemplo

Para los datos de entrada:

```
5   10
2   1   5   3   4
5   6   3   8   12   7   1   10   11   9
```

el resultado correcto es:

```
2
2   6
```

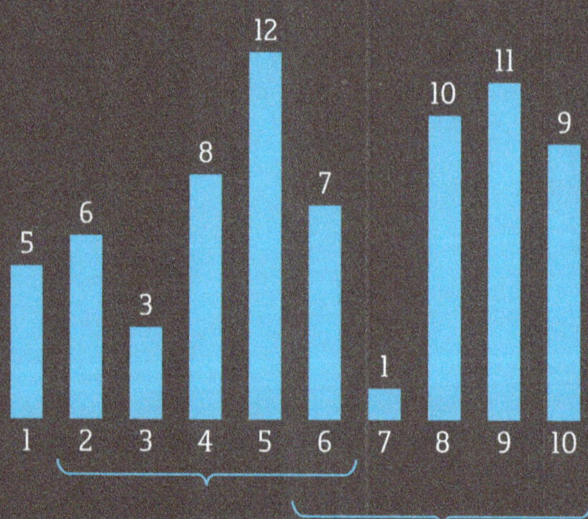

Explicación del ejemplo: Tanto la secuencia 6, 3, 8, 12, 7 como 7, 1, 10, 11, 9 coinciden con el logotipo descrito por la permutación (2, 1, 5, 3, 4). En concreto, en la primera secuencia, el edificio número 2 (de altura 3) es el más bajo, el número 1 (de altura 6) es el segundo más bajo, el número 5 (de altura 7) es el tercero más bajo, etc.

/ Solución

Este problema es una variante del problema de coincidencia de patrones, que resulta fundamental en el procesamiento de textos.

En el problema de coincidencia de patrones, recibimos dos cadenas, P y T, y debemos hallar todas las apariciones del patrón P en el texto T. Es decir, encontrar las posiciones de todas las partes contiguas de T que sean iguales a P. Se conocen varios algoritmos eficientes para resolver este problema como, por ejemplo, el algoritmo de Knuth-Morris-Pratt (KMP), que se ejecuta en tiempo $O(|P| + |T|)$.

En esta tarea también debemos encontrar todas las apariciones de un patrón en un texto. Sin embargo, la defición de *aparición* no es tan evidente como en la versión clásica del problema.

Cómo comparar secuencias

La primera observación que debemos hacer es que, en esta tarea, no recibimos el patrón en el mismo formato que el texto. Podemos utilizar la secuencia de entrada $s_1, \ldots, s_n$ para restaurar el patrón. Esta reconstrucción no es única, ya que podrían existir distintos patrones para una misma secuencia s. Para hacerla única, podemos restringir los elementos del patrón al rango $1, \ldots, n$. Por ejemplo, para la secuencia $s = (2, 1, 5, 3, 4)$ el patrón p tiene la siguiente forma: $(2, 1, 4, 5, 3)$. En general, tenemos $p[s_i] = i$ para $i = 1, \ldots, n$.

Una vez establecida la forma canónica del patrón, debemos definir cuándo una parte del texto (denominada w) coincide con el patrón (denominado p). La primera, y obvia, condición será la igual longitud de ambas secuencias, es decir, $|w| = |p|$. La segunda, más importante, es la ordenación idéntica de los elementos de w y p, que se puede expresar como:

$$w[i] < w[j] \Leftrightarrow p[i] < p[j] \quad \text{para } 1 \le i, j \le |w| = |p|.$$

Si p coincide con w, lo indicaremos como $p \approx w$. Por ejemplo, $(2, 1, 4, 5, 3) \approx (6, 3, 8, 12, 7)$.

Por desgracia, esta definición tiene algunas desventajas. La verificación de una coincidencia supone un importante consumo de tiempo. En el problema de coincidencia de patrones clásico, necesita tiempo lineal, y la verificación directa de la relación $\approx$ (según la definición) necesita tiempo cuadrático.

Por suerte, en base a un análisis más profundo de la relación $\approx$, podemos proponer un método más eficiente de verificación.

Definiremos los siguientes *arrays* para el patrón p:

$$LPred_p[i] = i - \text{máxarg}_j\{p[j]: j < i \text{ y } p[j] < p[i]\},$$

$$LSucc_p[i] = i - \text{mínarg}_j\{p[j]: j < i \text{ y } p[j] > p[i]\}.$$

En las fórmulas anteriores, máxarg_j y mínarg_j indican los valores de j con los que se obtienen el máximo y mínimo del conjunto del argumento, respectivamente. Para algunos índices i, el valor de $LPred_p$ o $LSucc_p$ se pueden unificar: esto ocurre cuando el conjunto del argumento de la función máxarg/mínarg está vacío.

i	1	2	3	4	5
$p[i]$	2	1	4	5	3
$LPred_p[i]$	–	–	2	1	4
$LSucc_p[i]$	–	1	–	–	2

Figura 1: *Los arrays $LPred_p$ y $LSucc_p$ para el patrón $p = (2, 1, 4, 5, 3)$.*

Los *arrays* LPred/LSucc se pueden utilizar para localizar la posición del predecesor/sucesor (según el valor) a la izquierda de un elemento de patrón.

Utilizando estos dos *arrays*, podemos reducir significativamente el tiempo de verificación. Ahora solo necesitaremos realizar dos comparaciones por cada carácter del texto. El patrón p coincide con el fragmento de texto w ($p \approx w$) si:

$$w[i - LPred_p[i]] < w[i] \text{ y } w[i] < w[i - LSucc_p[i]] \text{ para } 1 \le i \le |p| = |w|. \quad (1)$$

De hecho, si $p[j] = p[i] + 1$ (dos elementos del patrón de valores adyacentes), de entre las comparaciones anteriores se producirá una comparación entre $w[i]$ y $w[j]$. Para ser más exactos, tendrá lugar con el mayor de los índices i, j. Si, para algún índice i, el valor $LPred_p[i]$ (o $LSucc_p[i]$) no está definido, la comparación correspondiente no se realizará. En este caso, podemos asumir que $LPred_p[i] = 0$ (o $LSucc_p[i] = 0$) y utilizar una desigualdad subaguda al verificar la condición.

La comprobación anterior se puede realizar en tiempo lineal. Ahora tenemos que demostrar que es posible calcular los *arrays LPred/LSucc* de forma eficiente. Ambos *arrays* se pueden calcular en tiempo lineal inspeccionando del patrón p de derecha a izquierda:

Algoritmo CalcularLPredLSucc(p)
    sea L una lista de pares bidirigida ($p[i]$, i) ordenada por los valores de $p[i]$
    para $i := |p|$ **con paso** -1 **hasta** 1 **hacer**
        sea x el elemento de la lista L correspondiente al par ($p[i]$, i)
        sean (a, l) y (b, r) el predecesor y sucesor de x en la lista L
        $LPred_p[i] := i - l$ (o NULO, si x es el primer elemento de L)
        $LSucc_p[i] := i - r$ (o NULO, si x es el último elemento de L)
        eliminar x de la lista L
    devolver ($LPred_p$, $LSucc_p$)

Con esto hemos juntado todas las piezas necesarias para preparar una primera solución. Podemos adaptar el algoritmo ingenuo de coincidencia de patrones para obtener una solución con tiempo de ejecución $O(mn)$ (donde n es la longitud del patrón p y m es la longitud del texto h).

Algoritmo EncontrarCoindenciasSencillo(h, p)
    ($LPred_p$, $LSucc_p$) := CalcularLPredLSucc(p)
    para $i := 1$ **hasta** $|h| - |p| + 1$ **hacer**
        comprobar si $p \approx h[i, \ldots, (i + |p| - 1)]$ (utilizando la condición (1))

Esta solución no es lo bastante eficiente, según los límites establecidos en el enunciado del problema. Necesitamos buscar un algoritmo más rápido.

Cómo hallar todas las apariciones eficientemente

Afortunadamente, podemos modificar el algoritmo de Knuth-Morris-Pratt con el fin de ajustarlo a nuestra definición de coincidencia. El algoritmo KMP es una mejora ingeniosa del algoritmo ingenuo de coincidencia de patrones. Al calcular previamente el patrón para hallar una función de coincidencias parciales, el algoritmo puede encontrar todas las coincidencias eficientemente, consumiendo (en promedio) tiempo constante en cada carácter del texto.

En el algoritmo KMP original, la función de coincidencias parciales se define:

$$\pi[i] = \text{máx}\,\{j: j < i \text{ y } p[1, \ldots, j] = p[(i - j + 1), \ldots, i]\}.$$

Una aplicación natural de esta definición a nuestro modelo requiere que la relación = sea sustituida por $\approx$:

$$\pi'[i] = \max\{j : j < i \text{ y } p[1, \ldots, j] \approx [(i - j + 1), \ldots, i]\}.$$

i	1	2	3	4	5
$p[i]$	2	1	4	5	3
$\pi'[i]$	0	1	1	1	2

Figura 2: *Los valores de π' para el patrón $p = (2, 1, 4, 5, 3)$.*

La función modificada π' se puede calcular utilizando el mismo algoritmo que en la función π original. El único cambio necesario es la modificación de la comprobación "si una parte dada del patrón se puede extender en un solo carácter". En el algoritmo KMP clásico, esta comprobación resulta trivial (basta con comparar dos caracteres). Aquí, como en la verificación de $\approx$, podemos utilizar información de los *arrays LPred* y *LSucc*. Nos ocupamos de los elementos no definidos de *LPred/LSucc* igual que hemos hecho antes.

Algoritmo FunciónCálculoCoincidenciaParcial(p, $LPred_p$, $LSucc_p$)
$\quad \pi'[1] := j := 0$
$\quad$**para** $i := 2$ **hasta** $|p|$ **hacer**
$\quad\quad$**mientras** $j > 0$ **y no** $(p[i - LPred_p[j + 1]] < p[i]$
$\quad\quad\quad\quad\quad\quad\quad\quad\quad\quad < p[i - LSucc_p[j + 1]])$ **hacer**
$\quad\quad\quad j := \pi'[j]$
$\quad\quad$**si** $p[i - LPred_p[j + 1]] < p[i] < p[i - LSucc_p[j + 1]]$ **entonces**
$\quad\quad\quad j := j + 1$
$\quad\quad \pi'[i] := j$
$\quad$**devolver** π'

Una vez que hemos calculado la función π', podemos hallar todas las apariciones del patrón de forma eficiente. Como en el caso anterior, podemos modificar ligeramente el algoritmo KMP original, cambiando aquellas partes del código que incluyen comparación de caracteres.

Algoritmo EncontrarCoincidencias(h, p)
    $(LPred_p, LSucc_p) := $ CalcularLPredLSucc(p)
    $\pi' := $ FunciónCálculoCoincidenciaParcial$(p, LPred_p, LSucc_p)$
    $j := 0$
    para $i := 1$ **hasta** $|h|$ **hacer**
        mientras $j > 0$ **y no** $(h[i - LPred_p[j + 1]] < h[i]$
                                       $< h[i - LSucc_p[j + 1]])$ **hacer**
            $j := \pi'[j]$
        si $h[i - LPred_p[j + 1]] < h[i] < [i - LSucc_p[j + 1]]$ **entonces**
            $j := j + 1$
        si $j = |p|$ **entonces**
            hay una coincidencia que termina en el elemento i
            $j := \pi'[j]$

Esta solución se ejecuta en tiempo lineal. Solo puede haber una cierta confusión con los bucles internos de las funciones FunciónCálculoCoincidenciaParcial y EncontrarCoincidencias. Sin embargo, podemos observar que cada iteración de cada uno de los bucles reduce el contador j, y esta variable se ve incrementada por $|p| - 1$ (o $|h|$, respectivamente) durante toda la ejecución del algoritmo.

JAKUB WOJTASZCZYK

Se graduó en la Universidad de Varsovia con un doctorado en matemáticas y un máster en ciencias de la computación. En la actualidad, es ingeniero de software en Google.

Conocido autor de problemas de programación, algunos de los cuales se han utilizado en las Olimpiadas informática y matemática polacas, Escaramuzas algorítmicas, final mundial del ACM-ICPC, Concurso internacional matemático y Google Code Jam. Sin embargo, también cuenta con algunos logros notables como concursante: fue semifinalista en el TopCoder Open 2010, segundo en Escaramuzas algorítmicas 2011 y tercero en el Concurso de solución de problemas de internet de 2011.

Aparte de sus intereses técnicos, es una activo líder *scout* y organizador de más de veinte campamentos de verano, más de diez de ellos en el extranjero.

/ Fiesta

Concurso: 18ª Olimpiada informática polaca
Autor: Jakub Wojtaszczyk
Memoria: 64 MB
https://oi.edu.pl/en/archive/oi/18/imp

Byteasar quiere organizar una fiesta. Como es lógico, quiere que sea todo un éxito. Además, Byteasar está bastante seguro de que, para lograr ese éxito, basta con que todos los invitados se conozcan. Está intentando hacer una lista con los amigos a los que le gustaría invitar.

Byteasar tiene n amigos, donde n es divisible por 3. Por suerte, la mayoría de amigos de Byteasar se conocen entre ellos. Byteasar también recuerda que, en una ocasión, asistió a una fiesta en la que estaban $\frac{2}{3}n$ de sus amigos y en la que todos se conocían. Lamentablemente, no recuerda muy bien qué ocurrió en esa fiesta… En concreto, no tiene ni idea de qué amigos estaban presentes.

Byteasar no se siente obligado a ofrecer una fiesta enorme, pero le gustaría invitar a, al menos, $\frac{n}{3}$ de sus amigos. Como no sabe a quién escoger, te pide ayuda.

Entrada

En la primera línea de la entrada hay dos enteros, n y m,

$$(3 \leq n \leq 3000, \frac{\frac{2}{3}n(\frac{2}{3}n - 1)}{2} \leq m \leq \frac{n(n - 1)}{2}),$$

separados por un espacio sencillo. Estos números indican, respectivamente, el número de amigos de Byteasar y el número de parejas de sus amigos que se conocen entre ellos. Los amigos de Byteasar están numerados de 1 a n. Cada una de las siguientes m líneas contiene dos enteros separados por un espacio sencillo. Los números de la línea $(i + 1)$-ésima (para $i = 1, 2, \ldots, m$) son a_i y b_i ($1 \leq a_i < b_i \leq n$), que especifican que las personas a_i y b_i se conocen entre ellas. Cada par de números aparece una sola vez.

Salida

En la primera y única línea de la salida, el programa debe escribir $\frac{n}{3}$ números, separados por espacios sencillos, en orden creciente. Estos enteros especifican los números de los amigos a los que Byteasar debería invitar a la fiesta. Como existen varias soluciones, elige una arbitrariamente.

Ejemplo

Para los datos de entrada:

6 10
2 5
1 4
1 5
2 4
1 3
4 5
4 6
3 5
3 4
3 6

el resultado correcto es:

2 4

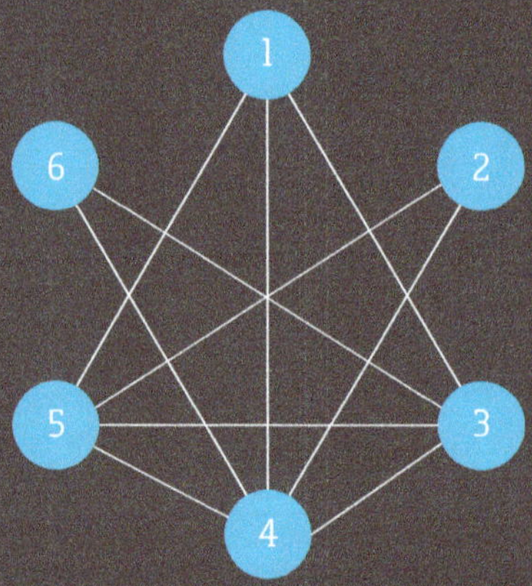

Explicación del ejemplo: Los amigos de Byteasar con números 1, 3, 4, 5 se conocen entre ellos. Sin embargo, cualquier par de amigos de Byteasar que se conozcan entre ellos como, por ejemplo, 2 y 4, forma una solución correcta, es decir, ese par no tiene por qué ser parte del mencionado grupo de cuatro.

/ Solución

Como autor de problemas me gusta que mi trabajo sea apreciado. Nada me satisface más que, cuando alguien no sabe que yo he desarrollado un problema en particular, me haga un comentario del tipo: "Tío, acabo de ver un problema alucinante…". Me gustaría presentar dos problemas en los que ocurrió, exactamente, eso mismo.

En ambos casos, la razón por la que el problema quedó grabado en la memoria de mi interlocutor fue la *sorpresa*, un momento difícil de definir en el que un hecho inesperado se convirtió en evidente e hizo surgir un camino sencillo donde había una intrincada combianción de preguntas. Para poder experimentar ese instante, con independencia de que se produzca por medios propios o al leer la solución proporcionada, uno debe haberse enfrentado al problema: tratar de hacerse con las riendas, sin ayuda alguna, de aquel aspecto que presenta la mayor dificultad y emplear tiempo intentando resolverlo. Si lees las soluciones antes de intentar resolver el problema, perderás la oportunidad de experimentar ese momento mágico.

Pero, si te has esforzado en enfrentarte al problema por tí mismo, ¡bienvenido!

Sobre el problema

Este problema se redactó para la final de la Olimpiada informática polaca de 2011. Se puede expresar en lenguaje de teoría de grafos. En un grafo $G = (V, E)$ dado, se dice que un conjunto de vértices K es un *clan* si dos vértices cualesquiera de K están conectados por una arista. Si n indica el número de vértices del grafo de entrada, sabemos que habrá un clan con una cardinalidad de, al menos, $\frac{2}{3}n$, mientras que nuestra labor consiste en hallar un clan con cardinalidad de, al menos, $\frac{1}{3}n$.

Es natural preguntarse por qué el enunciado del problema resulta tan laxo: si sabemos que existe un clan que contiene dos tercios de los vértices, ¿por qué el problema no nos pide hallarlo? La respuesta más breve es que hallar un clan de tamaño $\frac{2}{3}n$ es muy difícil. Luego hablaremos más sobre esto. De hecho, para un buen número de participantes en la final de la Olimpiada, incluso encontrar el clan "pequeño" resultó una cuestión compleja…

Otra curiosidad sobre el enunciado del problema. Al crear una tarea de programación, en ocasiones ocurre que el problema comienza con un cuento, y más adelante se desvela el algoritmo. Este es el caso del segundo problema que presentaré, *Dados*. En esta ocasión, el problema algorítmico, formulado en términos de teoría de grafos, se me ocurrió primero. Pasé un cierto tiempo tratando de pensar en un cuento que justificase esta situación atípica, en la que sabemos que puede existir un

"

clan, pero no podemos indicar cuál es. En el momento en el que surgió la idea de una fiesta sobre la que no recordamos mucho, supe que había encontrado la historia que buscaba.

Solución

Pensemos en dos vértices del grafo que no estén conectados por una arista. Independientemente del clan que estemos buscando, al menos uno de los dos debe ser descartado. ¿Cuál de ellos? Es difícil decirlo, por lo que, para no cometer un error, eliminaremos ambos del grafo.

¿Y qué viene a continuación? Tomaremos otros dos vértices no conectados por una arista y también prescindiremos de ellos. Y, así, sucesivamente, como ilustra el siguiente pseudocódigo:

```
Algoritmo Fiesta(V, E)
    para todos v ∈ V hacer
        tomar[v] := verdadero {Empiezan todos los vértices en la solución}
    para todos v, w ∈ V hacer
        si vw ∉ E y tomar[v] y tomar[w] entonces
            tomar[v] := falso
            tomar[w] := falso
    devolver tomar
```

Evidentemente, la auténtica pregunta es por qué este algoritmo tan sencillo funciona (en contraposición a otros, más o menos sencillos, que no lo hacen). Denominamos K al clan misterioso, con $\frac{2}{3}n$ elementos, que sabemos que debe estar en alguna parte. Cada vez que eliminamos un par de vértices del grafo, como mucho uno de ellos pertenece a K y al menos uno de ellos no pertenece. Como, incialmente, hay $\frac{1}{3}n$ vértices que no están en K, podemos eliminar un par de vértices un máximo de $\frac{1}{3}n$ veces, de forma que terminemos por quedarnos con, al menos, $n - 2 \cdot \frac{1}{3}n = \frac{1}{3}n$ vértices, y donde cada par estará conectado por una arista (en caso contrario, lo habríamos eliminado). Por lo tanto, los vértices restantes son, de hecho, el clan que estábamos buscando.

Evaluación

Por suerte para mí, la Olimpiada informática polaca es uno de esos concursos en los que el autor del problema no es el responsable de crear los casos de prueba. Digo "por suerte", ya que este es uno de esos problemas para los que existe una plétora de soluciones creativas e incorrectas, y el autor de los casos de prueba debe tratar de eliminarlas todas (y, para hacerlo, debe pensar en la mayoría de ellas). En realidad, crear casos de prueba es todo un arte, como podemos ver en este problema. Veamos el siguiente pseudocódigo:

```
Algoritmo FiestaIncorrecta(V, E)
    para todos v ∈ V hacer
        rechazar[v] := falso {Inicialmente, todos los vértices son candidatos.}
    clan := ∅
    mientras |clan| < n/3 hacer
        para todos v ∈ V hacer
            si no rechazar[v] entonces
                grado[v] := 0
                para todos w ∈ V hacer
                    si (no rechazar[w]) y vw ∈ E entonces
                        grado[v] := grado[v] + 1
                        {Calculamos el grado de todos los vértices}
        candidato := v₀
        para todos v ∈ V hacer
            si ((no rechazar[v]) y grado[v] > grado[candidato] y v ∉ clan)
                o rechazar[candidato] o candidato ∈ clan entonces
                candidato := v {Buscamos el candidato de grado más alto}
        clan := clan ∪ {candidato}
        para todos v ∈ V hacer
            si (v, candidato) ∉ E entonces
                rechazar[v] := verdadero
    devolver clan
```

Aquí la idea es utilizar un algoritmo voraz mediante el cual añadimos a nuestro clan, uno por uno, los vértices de mayor grado. A primera vista esto no parece ni mejor ni peor que la solución correcta por lo que, quizá, esta también sea válida.

Para comprobar que *no lo es*, debemos hallar un grafo en el que esta solución no funcione. Comenzamos creando el clan K, de tamaño $\frac{2}{3}n$, que debe contener nuestro grafo. Añadimos un vértice v_0, que es el vértice que queremos que nuestro algoritmo añada al clan en el primer paso. Como los vértices del clan tienen un grado de, al menos, $\frac{2}{3}n - 1$, porque todos son adyacentes, debemos darle a v_0 un grado mayor, digamos $\frac{3}{4}n - 1$. Supongamos que es vecino de todos los vértices externos a K y de tantos vértices de K como sean necesarios para llegar a $\frac{3}{4}n - 1$ (obtendremos $\frac{5}{12}n$ vértices de K).

Nos quedan unos cuantos vértices, por lo que preparamos v_1 para nuestro algoritmo. En este punto, debemos rechazar unos $\frac{1}{3}n$ vértices externos a K, y unos $\frac{5}{12}n$ vértices de K, por lo que estableceremos el grado de v_1 al valor $\frac{1}{2}n$: un poco más de $\frac{5}{12}n$. Logramos esto, nuevamente, al conectarlo a $\frac{1}{6}n+1$ vértices de K. Así nos aseguramos todos los vértices externos a K y que el algoritmo elija v_1 en el segundo paso.

Ahora, si todos los vértices externos a K tienen únicamente las dos aristas que hemos creado (a v_0 y v_1), el siguiente paso del algoritmo tomará algo de K para su clan y, en algún momento, construirá un clan con $\frac{1}{6}n+3$ vértices, lo que son pocos. Por lo tanto, este algoritmo es, de hecho, incorrecto.

Lamentablemente, el trabajo del autor de los casos de prueba todavía no ha terminado. ¿Qué ocurre si calculamos el grado teniendo en cuenta a todos los vértices y no solo a los que quedan en el grafo? O, peor aún, ¿qué ocurría si mejorásemos el algoritmo eliminando al principio todos los vértices de grado inferior a $\frac{1}{3}n$ (o $\frac{2}{3}n$) del grafo (que, en cualquier caso, nos resultan inútiles)? Esto funcionaría con la verificación que acabamos de crear. Sin embargo, sigue siendo incorrecto, aunque dejaré como ejercicio para el lector la creación de un grafo que lo demuestre.

Un poco de teoría

NP-dificultad. La mayoría de los lectores tendrán alguna referencia de los problemas NP-complejos. Son un tipo de problemas de algoritmia para los que no es muy probable que exista un algoritmo de tiempo polinómico (y que están vinculados a una serie de premios, si alguien es capaz de enunciar uno). Uno de los problemas NP-complejos más conocido es el de hallar el clan más grande posible en un grafo arbitrario. Esto nos servirá como explicación parcial de por qué pedimos un clan "subóptimo" en el problema.

Alguno podría dudar de esto. ¿No nos ayuda el hecho de que *sepamos* que existe un clan grande (en nuestro caso, de tamaño $\frac{2}{3}n$) en el grafo? Después de todo, la experiencia nos dice que buscar algo siempre resulta más sencillo si sabemos que existe… Pero ese no es nuestro caso y se puede demostrar con un razonamiento sencillo. Digamos que tenemos un algoritmo A que nos permite hallar un clan de cardinalidad k en un grafo, asumiendo que sabemos que ese clan existe. Además, asumimos que A es polinómico, es decir, para algún polinomio p tenemos la garantía de que A hallará el clan en un máximo de $p(n)$ operaciones. Veremos cómo convertir este algoritmo en otro que responda la pregunta de si hay un clan de tamaño k en el mismo. Asumimos que tenemos un grafo G del que no sabemos nada. Vamos a ejecutar A sobre G y veamos qué ocurre. Evidentemente, podría pasar cualquier cosa, como que A falle, entre en un bucle infinito, tarde mucho tiempo en responder o devuelva un resultado inútil: no tenemos casi ninguna garantía sobre lo que ocurrirá. ¿Por qué "casi"? Porque sabemos que si no existe un clan de tamaño k, A no lo encontrará. Puede *afirmar* haberlo encontrado, pero podremos verificar fácilmente que lo que A ha encontrado no es, en realidad, un clan de tamaño k.

Por lo tanto, si A finaliza y devuelve algo que no es un clan de tamaño k, sabremos que ese clan no existía (hemos asumido que A encontraría algo si lo hubiese, por lo que, si lo que nos devuelve no resulta útil, es que no había nada que encontrar). Si A se ejecuta durante más de $p(n)$ pasos o falla, también podemos afirmar que no hay un clan de tamaño k. Por lo que, de hecho, ocurra lo que ocurra al ejecutar A en un grafo arbitrario, nos informará de si el grafo contiene el clan solicitado. En términos formales, hemos convertido un algoritmo de búsqueda de un clan, sabiendo que existe, en otro que comprueba si el clan existe. Vamos a añadir, por claridad, que si sabemos que A se ejecuta en tiempo polinómico, pero p es desconocido, no podremos formular el algoritmo de tiempo polinómico necesario para la verificación de un clan, pero podremos demostrar que existe. Los razonamientos como este se denominan *reducciones*, y son herramientas estándar para demostrar que varios problemas son NP-complejos.

Animo al lector a hallar una reducción en sentido contrario: que demuestre que, dado un algoritmo que solo pueda responder *si existe* un clan de tamaño k en un grafo, podamos crear también un algoritmo que lo *encuentre* si es que existe.

 La NP-dificultad del problema del clan es ampliamente conocida. Un hecho un poco menos extendido es que el problema del clan también es *difícil de aproximar*. Los científicos de la computación, viendo que no existe la posibilidad de hallar un algoritmo efectivo que proporcione la solución óptima en muchos problemas NP-complejos, se conforman con alguna aproximación a la misma, una solución que podamos garantizar que no está muy alejada de la óptima.

Resulta que, en el problema del clan, la aproximación también es muy compleja. ¿Qué significa esto, exactamente? Por ejemplo, el siguiente problema es NP-complejo (lo que significa que es muy difícil que exista un algortimo de tiempo polinómico para él):

Problema 1. Dado un grafo $G = (V, E)$, hallar un clan en el mismo que sea, como máximo, dos veces más pequeño que el más grande.

Un lector cauteloso protestaría de inmediato: ¿no es exactamente el problema que acabamos de resolver hace un par de páginas? No, no exactamente. La diferencia radica en que en el problema *Fiesta* sabemos que el tamaño óptimo es de, al menos, $\frac{2}{3}n$. Por otro lado, resulta que los casos difíciles del problema de aproximación general comienzan cuando el clan más grande es bastante pequeño, por ejemplo $\frac{1}{20}n$. Esta pequeña diferencia (y mis fútiles intentos iniciales de expresar el significado exacto de la afirmación "aproximarse a un clan es NP-complejo") es el origen del problema *Fiesta*.

Al lector aplicado podría interesarle saber que el problema de aproximación al clan es mucho más difícil que el que acabamos de ver. Podemos comenzar sustituyendo la constante 2 por cualquier otra, y el problema seguiría siendo NP-complejo. Pero eso no es todo. Incluso el siguiente problema es NP-complejo:

Problema 2. Dado un grafo $G = (V, E)$ con n vértices, hallar un clan en el mismo que sea, como mucho, $\sqrt{n}$ veces más pequeño que el clan más grande de G.

Nuevamente, la raiz cuadrada se puede sustituir por cualquier potencia de n de exponente menor a 1. La demostración de este hecho es compleja y requiere de mucha teoría (aunque también es hermosa y está bastante bien explicada en el artículo de Irit Dinur "*The PCP theorem by gap amplification*").

/ **Dados**

Concurso: Escaramuzas algorítmicas 2009
Autor: Jakub Wojtaszczyk
Memoria: 32 MB
https://oi.edu.pl/en/archive/pa/2009/kos

Jack asegura tener poderes telequinéticos. Ha apostado con Mike que lanzará un dado n veces y logrará, exactamente, k puntos en total. El dado de Jack tiene seis caras, numeradas de 1 a 6, y es perfectamente simétrico. Mike no cree en los poderes telequinéticos de Jack (en general, siendo un racionalista pertinaz, no cree en la telequinesis), pero le preocupa que Jack pueda ganar por simple suerte. Por lo tanto, quiere saber qué posibilidades existen (en porcentaje) de que ocurra tal desgracia, y te ha pedido que escribas un programa que le ayude a resolver el problema.

Entrada

La primera línea de la entrada contiene un único entero t ($1 \leq t \leq 20$), que indica el número de casos de prueba. Cada una de las siguientes t líneas contiene la descripción de un caso de prueba en forma de dos enteros, n_i y k_i ($1 \leq n_i, k_i \leq 10^6$), separados por un espacio sencillo.

Salida

Se deben escribir t líneas en la salida, que contengan las respuestas a los respectivos casos de prueba. La respuesta a cada caso de prueba será la probabilidad (en porcentaje) de que Jack gane la apuesta, *truncada* al entero más cercano.

Ejemplo

Para los datos de entrada:

```
1
1 6
```

el resultado correcto es:

```
16
```

/ Solución

Este problema se presentó en la segunda fase de Escaramuzas algorítmicas, y funcionó bastante bien (lo que no es sorprendente, pues no es excesivamente difícil). Se me ocurrió mientras impartía una clase de *probabilidad* sobre el teorema del límite central, que describiré en detalle más adelante.

Solución

Supongamos, por un momento, que n tiene un límite superior de 100 o 1000. Esto lo convertiría en un problema estándar de programación dinámica. Veamos, ¿cuál es la probabilidad de obtener k puntos con n dados? Si $n = 0$, entonces o $k = 0$ y tenemos una probabilidad del 100% o $k \neq 0$ y la probabilidad es cero.

Ahora estudiaremos el caso ligeramente más interesante de que $n > 0$. Lanzaremos los primeros $n - 1$ dados y veremos qué ocurre. Si el número total de puntos es menor que $k - 6$ o mayor que $k - 1$, no tendremos ninguna posibilidad de obtener exactamente k puntos en la última tirada. En caso contrario, si el número de puntos de las $n - 1$ primeras tiradas está entre $k - 6$ y $k - 1$, tendremos una posibilidad entre seis de tener éxito. Por lo tanto, si $P(n, k)$ indica la probabilidad de obtener k puntos en n tiradas, vemos que

$$P(n, k) = \frac{\sum_{i=1}^{6} P(n - 1, k - i)}{6}.$$

Además, si $k < n$ o $k > 6n$, entonces $P(n, k) = 0$.

Por lo tanto, si tomamos, digamos, $1 \leq n \leq 1000$, podemos calcular los 6.000.000 de valores de $P(n, k)$ para $1 \leq n \leq 1000$ y $1 \leq k \leq 6000$ de la siguiente manera:

```
Algoritmo DadosHasta1000(N, K)
    InicializarConCeros(P)
    P[0][0] := 100 {El array guarda valores exactos, sin truncar}
    para n := 1 hasta 1000 hacer
        para k := 1 hasta 6000 hacer
            para i := 1 hasta 6 hacer
                si k − i ≥ n − 1 entonces
                    P[n][k] := P[n][k] + P[n − 1][k − i]/6
    devolver ⌊P[N][K]⌋ {Aquí truncamos al porcentaje más cercano}
```

Sumamos un máximo de seis números para cada par n, k viable, lo que supone un total de 36.000.000 de sumas (y un número similar de otras operaciones). Está perfectamente dentro del límite de tiempo en la mayoría de concursos.

Los intentos de utilizar esta técnica con el rango completo de n y k no funcionarán. Debemos encontrar otro método más ingenioso.

La observación clave está en que para un n grande hay tantos resultados diferentes posibles que la probabilidad de acertar uno en particular es muy pequeña, probablemente inferior al 1%. Por lo que en este problema no tendremos que calcular el valor exacto, nos basta con devolver cero. Una vez que hemos llegado a esta conclusión, podemos elegir entre hacer dos cosas:

→ Tomar un trozo de papel y tratar de calcular qué tamaño debe tener n para garantizar que $P[n][k]$ es inferior al 1% para todos los k, o

→ Simplemente ejecutar el problema anterior y comprobar si 1000 es suficiente.

Un programador elegirá, naturalmente, la segunda opción. Escribimos, en unos pocos minutos, un programa que calcule $P[n][k]$ hasta 1000 y decubrimos que el valor más alto de $P[n][k]$ que resulta en, al menos, el 1% es $P[545][1908] \simeq 1,0002\%$. Por lo que podríamos haber escrito el programa anterior para $n \leq 545$ y, si $n > 545$, devolveremos cero sin realizar ni un solo cálculo. La solución completa es:

```
Algoritmo Dados(N, K)
    si N > 545 entonces
        devolver 0
    si no
        InicializarConCeros(P)
        P[0][0] := 100 {Nuevamente, valores exactos}
        para n := 1 hasta 545 hacer
            para k := 1 hasta 545 · 6 hacer
                para i := 1 hasta 6 hacer
                    si k − 1 ≥ n − 1 entonces
                        P[n][k] := P[n][k] + P[n − 1][k − i]/6
        devolver ⌊P[N][K]⌋ {Truncado al porcentaje más cercano}
```

Un poco de teoría

La teoría en este caso, como ya hemos mencionado, se basa en el teorema del límite central (abreviado normalmente como CLT), cuyo conocimiento siempre resulta útil. El teorema afirma que, cuando sumamos un número grande de variables independientes (por ejemplo, tiradas de dados), los resultados se aproximarán a la *distribución normal* (o *gaussiana*). En este caso, no nos preocupa mucho qué significa esto (aunque, a veces, merece la pena saberlo). Lo que nos preocupa es cómo el CLT se convierte en la noción del n más grande para el que $P(n, k)$ no es menor del 1%.

El hecho clave es que la posibilidad de obtener el resultado más probable que esté entorno a la media (en este caso, $3,5n$, después de truncar a un entero) es proporcional a $1/\sqrt{n}$. La constante de proporcionalidad de este caso es aproximadamente $1/\sqrt{6\pi} \simeq 0,23$. Por tanto, podemos esperar que $P(n, 3,5n) \simeq 0,23/\sqrt{n}$. Si queremos que este valor caiga por debajo del 1%, resolvemos $0,01 \simeq 0,23/\sqrt{n}$, obteniendo con ello $n \simeq 529$, que es una buena aproximación al valor real de 545.

De cara a aplicaciones en otros problemas, conviene saber que, aunque la constante de proporción exacta depende del tipo de variables que sumemos (decrece con la variedad y extensión de la variables, por ejemplo, si sumamos puntos de un dado de veinte caras, está entorno a 0,07, mientras que en el caso de una moneda, que sería un "dado de dos caras", se sitúa sobre 0,56), la probabilidad de acertar la solución más probable es siempre proporcional a $1/\sqrt{n}$. Esta estimación aproximada nos indica, normalmente, si un método dado tiene alguna posibilidad de éxito.

¿Y si tuviésemos que contar con exactitud?

En este problema hemos evitado la cuestión de calcular $P[n][k]$ para un n grande, gracias a la baja precisión que requiere la salida. Merece la pena valorar si podríamos resolver el problema donde fuese necesaria la precisión estándar de 10^{-6}, que se suele pedir en tareas similares.

No mostraremos la solución completa, pero crearemos un esquema resumido que, con la dedicación suficiente, se podría convertir en una solución completa. Utilizaremos dos observaciones para ello.

En primer lugar, debemos fijarnos en que la fórmula recursiva utilizada para $P(n, k)$ no es la única posible. Por ejemplo, en vez de evaluar la última tirada del dado, podríamos considerar las tres últimas (asumiendo que $n > 3$) y escribir

$$P(n, k) = \sum_{i=3}^{18} P(n - 3, k - i) \cdot P(3, i).$$

Tanto en esta última fórmula como en las siguientes, asumiremos que, en los argumentos negativos, P es igual a 0. Utilizaremos una fórmula más, obtenida de dividir n en dos mitades iguales. Si n es par, entonces

$$P(n, k) = \sum_{i=n/2}^{3n} P(n/2, k - i) \cdot P(n/2, i).$$

Vamos a pensar por un momento que $N = 2^l$ es una potencia de dos. Entonces, en vez de calcular el *array* completo $P[n][k]$ para $n \leq 2^l$, nos basta con calcular $P[2^m][k]$ para $m \leq l$, con lo que, en vez de calcular $O(N^2)$ valores, será suficiente con $O(N \log N)$.

Si n no es par, comenzaremos calculando $P[n-1][k]$ para todos los k (utilizando la igualdad anterior) y, después, iremos a $P[n][k]$ considerando el último dado.

¿Nos ayuda en algo? Debemos calcular $O(N \log N)$ valores de P pero, por desgracia, cada uno de ellos necesita $O(n)$ sumas en vez de seis. Por lo que podríamos decir que no hemos ganado nada (un análisis más detallado mostraría, además, que realmente no hemos perdido un factor logarítmico, como cabría esperar, pero desde luego no es satisfactorio). Es el momento de sacar otro truco de la chistera.

Con suficiente experiencia en algoritmia, podemos detectar de que la expresión

$$P(n, k) = \sum_{i} P(n/2, k - i) \cdot P(n/2, i)$$

resulta bastante familiar: es la conocida *convolución*, que podríamos expresar como una multiplicación polinómica. El algoritmo de la transformada rápida de Fourier (FFT) nos permite calcular todos los valores de $P(n, k)$ (si tenemos los valores de $P(n/2, i)$ para todos los i) en tiempo $O(n \log n)$, en contraposición al $O(n^2)$ que obtenemos aplicando directamente la fórmula recursiva. Por lo tanto, al vincular la observación sobre la división en mitades con la FFT, obtenemos una solución que se ejecuta en tiempo $O(N \log^2 N)$, que será suficiente para $N \leq 10^5$ (y hasta podría servir para $N \leq 10^6$, si los límites de tiempo fuesen lo suficientemente amplios).

FILIP WOLSKI

Comenzó a participar en concursos de programación en su séptimo año escolar, de la mano de Ryszard Szubartowski, profesor de la Tercera Escuela Secundaria de Gdynia y, en la actualidad, presidente de la Sociedad "Talento". Ha ganado cuatro medallas de oro en la Olimpiada internacional de informática (incluyendo el primer puesto en 2006), así como numerosas medallas en concursos regionales de informática y matemáticas (Olimpiada informática báltica, Olimpiada informática centroeuropea, Baltic Way). Ha representado en dos ocasiones a la Universidad de Varsovia en la final mundial del ACM-ICPC, alzándose ganador, junto a sus compañeros Marek Cygan y Marcin Pilipczuk, en Tokio en 2007.
Como aficionado a los deportes acuáticos y, en especial, apasionado del submarinismo, pasó todo un año viajando y buceando alrededor del mundo, gracias a la beca europea OWUSS de Rolex. También es instructor de submarinismo. Sus intereses incluyen usos innovadores de la informática en la sociedad y la economía. Recientemente finalizó un doble grado en la Facultad de matemáticas, informática y mecánica de la Universidad de Varsovia, con un máster en ciencias de la computación y un posgrado en matemáticas.

/ **Dos** *fiestas*

Concurso: 12ª Olimpiada informática polaca
Autor: Wojciech Guzicki
Memoria: 32 MB
https://oi.edu.pl/en/archive/oi/12/dwa

El rey Byteasar ha decidido organizar dos grandes fiestas, y quiere invitar a todos los habitantes de Bytelandia. Como es lógico, su deseo es que cada habitante acuda a solo una de las fiestas. El rey sabe, gracias a su vasta experiencia, que las personas se divierten más cuando están acompañadas por un número par de sus amigos. Por lo tanto, te ha pedido que repartas a los habitantes del país entre las dos fiestas de forma que el mayor número posible de asistentes esté en compañía de un número par de amigos. Está permitida una división trivial, es decir, una en la que en una de las fiestas no haya ningún invitado. La amistad es una relación simétrica, si una persona A conoce a otra B, la persona B también conoce a A.

Tarea

Escribe un programa que:
→ lea de la entrada el número de habitantes de Bytelandia y la descripción de sus amistades,
→ reparta a los habitantes entre las dos fiestas, de forma que el número de personas acompañadas de un número par de amigos sea lo mayor posible,
→ escriba en la salida una lista de las personas que deberían asistir a la primera fiesta.

Entrada

En la primera línea de la entrada hay un entero N ($1 \leq N \leq 200$), que especifica el número de habitantes de Bytelandia. Los habitantes están numerados de 1 a N. En las siguientes N líneas están las descripciones de las amistades de los habitantes. Al principio de la línea $(i + 1)$-ésima hay un entero l_i ($0 \leq l_i \leq N - 1$), que indica el número de amigos del habitante i-ésimo. Está seguido por l_i números distintos, correspondientes a los amigos del habitante i-ésimo. Asumimos que ningún habitante es su propio amigo. Lo que sí ocurre es que cada amistad aparece descrita dos veces: si A y B se conocen, entonces B aparecerá en la lista de amigos de A y A lo hará en la de B.

Salida

En la primera línea de la salida el programa debe escribir un entero M: el número de personas que acudirán a la primera fiesta. En la segunda línea estarán los M números de esas personas. El resto de gente acudirá a la segunda fiesta.

Existen muchos resultados correctos para esta tarea, el programa deberá escribir cualquiera de ellos.

Ejemplo

Para los datos de entrada:

```
5
3   2   3   4
2   1   3
4   2   1   4   5
2   1   3
1   3
```

el resultado correcto es:

```
3
1   2   3
```

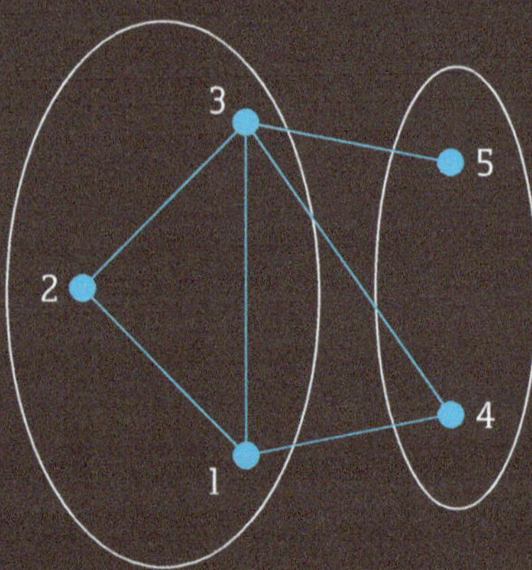

Explicación del ejemplo: En el ejemplo anterior, todo el mundo tiene un número par de amigos en la fiesta.

/ Solución

La lectura del enunciado del problema crea asociaciones inmediatas. Los vértices de grado par nos recuerdan inevitablemente el problema de determinar si el grafo tiene un ciclo euleriano. Por otro lado, dividir el grafo en dos partes nos hace pensar en grafos bipartitos y, de hecho, si el grafo de la amistad de esta tarea es bipartito, es fácil dividirlo en dos partes de forma que ningún vértice tenga un amigo en su propia parte, lo que resolvería el problema. Si vamos un poco más lejos, determinar si un grafo es bipartito implica la búsqueda de ciclos de longitud impar. Sin embargo, vamos a utilizar una técnica completamente distinta para resolver este problema.

Resulta que siempre es posible dividir a los Bytelandianos de forma que todos sean felices. En otras palabras, el conjunto de vértices de cualquier grafo no dirigido se puede dividir en dos subconjuntos tales que cada vértice comparta conjunto con un número par de vecinos. Diremos que es una *buena* división. Un subgrafo en el que cada vértice tenga un número par de vecinos será una *fiesta*. Dada la división de un grafo, también hablaremos del *grado interno* de un vértice, es decir, del número de sus vecinos que pertenecen al mismo subconjunto.

Realizaremos nuestra demostración mediante inducción matemática. Será, además, constructiva: mostrará cómo construir un algoritmo que resuelva el problema. En grafos muy pequeños, resulta muy fácil ver que una buena división es siempre posible. Resulta obvio para un grafo de uno o dos vértices e, incluso, podríamos verificarlo a mano en grafos de tres vértices. Debemos asumir, entonces, que nuestra hipótesis resulta cierta en todos los grafos de N vértices.

Ahora tomemos un grafo G con $N+1$ vértices, $G = (V, E)$, donde V es el conjunto de sus vértices y E el de sus aristas. Trataremos de dividir el grafo en dos conjuntos, V_1 y V_2, de forma que por cada $v \in V_i$, el conjunto $\{w \in V_i : (v, w) \in E\}$ tenga tamaño par.

Si cada vértice de G tiene un número par de vecinos, resultará fácil: $V_1 = V$ y $V_2 = \varnothing$. Podemos asumir, entonces, que habrá, al menos, un vértice v con un número impar de vecinos. Denominaremos S al conjunto de sus vecinos (ver la Figura 1).

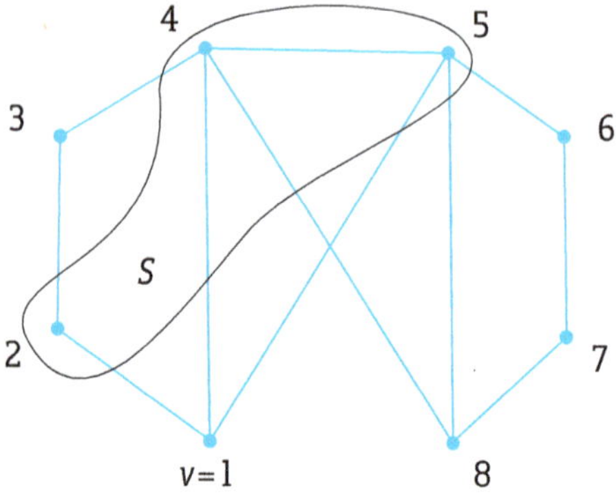

Figura 1: *Grafo G, en el que hemos elegido el vértice v = 1 de grado impar. S es el conjunto de sus vecinos.*

Ahora trataremos de construir una buena división de forma recursiva. Comenzaremos hallando una buena división en un grafo más pequeño y, en base a ella, encontraremos la correspondiente al grafo G completo. Si obtenemos el grafo más pequeño eliminando el vértice v, entonces, después de encontrar una buena división en el grafo más pequeño, estaría bien que nos bastase con añadir v a una de las fiestas para obtener una buena división de G. Si la división completa va a ser buena, v debe ser añadido a una fiesta que contenga un número par de elementos de S. Pero si lo hacemos, invertiremos la paridad de los grados internos de los elementos de S en ese subconjunto, y ya no será una fiesta (ver la Figura 2).

Nos ocuparemos de este problema realizando una pequeña corrección sobre G, después de eliminar v y antes de buscar una buena división para el grafo más pequeño. Digamos que G' es el grafo corregido. Después de encontrar una buena división de G', en una de sus dos fiestas habrá un número par de elementos provenientes de S. Nos gustaría que estos elementos tuviesen un grado interno impar (en lugar de par). ¿Podríamos lograrlo manipulando únicamente la aristas? Por supuesto que sí. Lo que tenemos que hacer es "invertir" las aristas que hay entre los vértices de S en el grafo G'. Esto significa que, por cada par de vértices en S, si hay una arista en ellos en G, no habrá ninguna en G' y, si no hay arista en G, la habrá en G'. En términos de teoría de grafos, G' es un suplemento de aristas de un subgrafo de G inducido por S.

Un vértice de grado s en un grafo con n vértices tendrá grado $n - s - 1$ en este suplemento del grafo, por lo que la diferencia entre estos grados es $|n - 2s - 1|$. Por lo tanto, si n es par, cambiará la paridad del grado mientras que, si es impar, se mantendrá la misma.

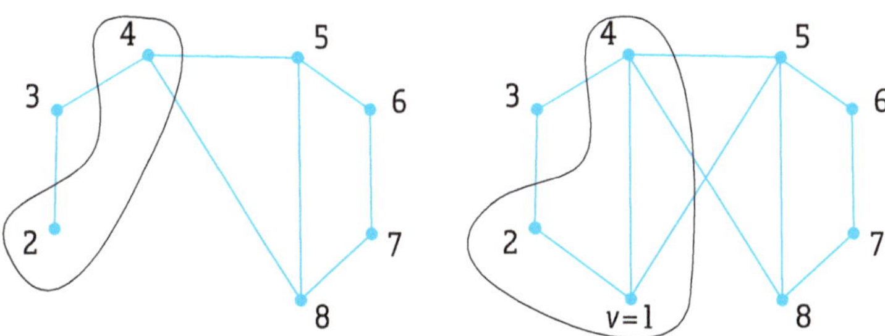

Figura 2: *Grafo G después de eliminar el vértice v y su buena división (a la izquierda). Si recuperamos v, el subgrafo marcado ya no será una fiesta.*

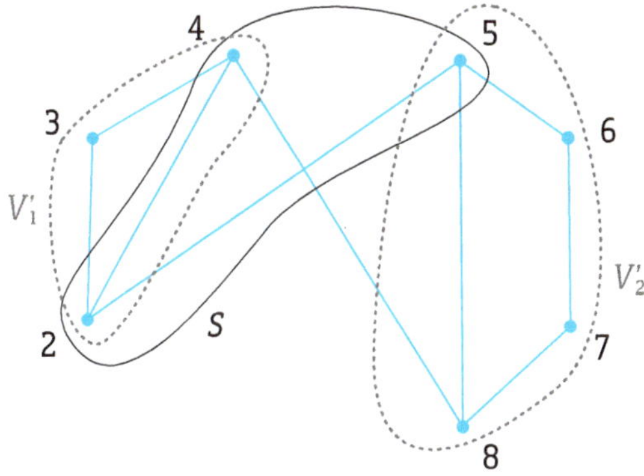

Figura 3: *Grafo G' creado en base a la selección de v en G.*

¿Qué le sucede a la paridad de los grados internos de los vértices S? Exactamente lo que esperamos. La buena división de G' divide S en dos subconjuntos S_1 y S_2, de forma que uno de ellos tendrá tamaño par y el otro tamaño impar. Asumimos que S_2 es el subconjunto de tamaño impar. Cada elemento de S tiene un grado interno par en G'. Los vértices que pertenecen a S_2 también tendrán un grado interno par en G. Los vértices que pertenecen a S_1 tendrán un grado interno impar en G, pero volverán a ser pares después de añadir v.

Vamos a plantearlo más formalmente (ver también la Figura 3). Digamos que $G' = (V', E')$. Creamos el conjunto de vértices V' eliminando v de G: $V' = V \setminus \{v\}$. El conjunto de aristas E' es similar a E, con la excepción de las aristas con un extremo en v (que son eliminadas) y las aristas entre vértices de S:

→ Si u o w no están en S, entonces $(u, w) \in E' \Leftrightarrow (u, w) \in E$.

→ Si u y w están en S, entonces $(u, w) \in E' \Leftrightarrow (u, w) \notin E$.

A partir de nuestra asunción sabemos que el grafo G', que tiene N vértices, se puede dividir en dos fiestas (conjuntos de vértices). Denominaremos a estos conjuntos V'_1 y V'_2 (en el algoritmo real se calculan recursivamente). En nuestro ejemplo, una de estas divisiones sería $V'_1 = \{2, 3, 4\}$ y $V'_2 = \{5, 6, 7, 8\}$. Como v tiene un número impar de vecinos, uno de los V'_i contendrá un número par de ellos. Vamos a asumir, como en el ejemplo, que este es V'_1. Ahora solo resta establecer $V_1 = V'_1 \cup \{v\}$ y $V_2 = V'_2$. ¿Es correcta la división? Es obvio, para vértices que no pertenecen a S:

→ El vértice v está en V_1 y tiene un número par de vecinos en ese conjunto. Así elegimos V_1.

→ El vértice $w \neq v$, que no está en S, tiene el mismo conjunto de vecinos en esta división que en la división de G', y esta es (según la inducción), un número par. Por ejemplo, serían los vértices 3 o 6 en las Figuras 1 y 3.

Los vértices de S están divididos en dos grupos basados en la división, $S_1 = S \cap V_1$ y $S_2 = S \cap V_2$. El vértice $w \in S_i$ tiene un número par de vecinos en V'_i, pero en relación al conjunto de aristas E'. Entonces, ¿exactamente qué vecinos tiene w dentro de V_i? Podría tener vecinos dentro de V_1 pero fuera de $S \cup \{v\}$. Digamos que su número es p. Recordemos que estos vecinos son iguales tanto en E como en E'. Ahora w también podría tener vecinos dentro de S. Digamos que q es el número de vecinos en S_i con relación a E, y q' con relación a E'. Hay que tener en cuenta que $q + q' + 1 = |S_i|$. Además, el número de vecinos de w en V'_i con relación a E', igual a $p + q'$, es par. Por último, es posible que, si $w \in S_1$, v sea vecino de w. Veamos ambos casos:

→ Si $w \in V_1$ entonces $|S_i|$ es par, por lo que $(p+q')-(q+q'+1)+2(q+1) = p+q+1$ también es par, y $p + q + 1$ es el número de vecinos de w en V_1 en relación a E (un vecino adicional es v).

  Ejemplo: digamos que $w = 4$. Así, el vértice $w \in V_1$, por lo que $S_i = \{2, 4\}$, $p = |\{3\}| = 1$, $q = |\varnothing| = 0$ (esto es debido a que, en G, el vértice 4 es vecino de 1, 3, 5 y 8, de los que solo 5 está en S, pero no está en V_1) y $q' = |\{2\}| = 1$. Entonces $(p + q') - (q + q' + 1) + 2(q + 1) = 2$, y esto es igual a $|\{1, 3\}|$, que es el número de vecinos de w dentro de V_1 con relación a E.

→ Si $w \in V_2$ entonces $|S_i|$ es impar, mientras que $q + q'$ es par. Por lo tanto, $(p + q') - (q + q') + 2q = p + q$ también es par, y $p + q$ es el número de vecinos de W en V_2 con relación a E.

  Ejemplo: digamos que $w = 5$. Entonces $p = 2$, $q = q' = 0$ y $(p + q') - (q + q') + 2q = 2$, lo que es igual a $|\{6, 8\}|$, que es el número de vecinos de w dentro de V_2 con relación a E.

Con esto termina la demostración para grafos de $N + 1$ vértices y, por inducción, para cualquier grafo no dirigido.

El siguiente pseudocódigo muestra una solución de ejemplo. En un principio, todas las entradas del *array Activo* están establecidas como **verdaderas**, mientras que, en el *array Par*, asignamos **verdadero** o **falso** a cada vértice, dependiendo de si tiene un número par de vecinos. Después de ejecutar el algoritmo, el conjunto *División* contendrá uno de los dos subconjuntos de una buena división del grafo.

```
Algoritmo DividirGrafo()
    v := 1
    mientras v ≤ N y (Par[v] o no Activo[v]) hacer
        v := v + 1
    si v > N entonces
        División := {w ∈ V : Activo[w]}
        devolver
    S := ∅
    para w ∈ V ∧ Activo[w] ∧ Vecinos[v, w] hacer
        S := S ∪ {w}
    si |S| mód 2 ≠ 0 entonces
        para w ∈ S hacer
            Par[w] := ¬Par[w]
    para (w, u) ∈ S × S ∧ w ≠ u hacer
        Vecinos[w, u] := ¬Vecinos[w, u]
    Activo[v] := falso
    DividirGrafo()
    si |División ∪ S| mód 2 = 0 entonces
        División := División ∪ {v}
```

Digamos que N es el número de vértices del grafo G. La función *DividirGrafo* no se ejecutará más de N veces (cada vez se elimina uno de los vértices). Su tiempo de ejecución viene dictado por el bucle que complementa la relación de vecindad en S, que necesita $O(N^2)$ pasos. Por lo tanto, el tiempo de ejecución global del algoritmo estará limitado a $O(N^3)$.

/ Adivina

Concurso: 11ª Olimpiada informática polaca
Autor: Wojciech Guzicki
Memoria: 32 MB
https://oi.edu.pl/en/archive/oi/11/zga

Byteasar se ha convertido en un jugador crónico. Gasta todo su dinero en el casino jugando a *Adivina*. Afirma que es posible diseñar un sistema de juego que le permita vencer al casino.

Una partida de *Adivina* consiste en mostar nueve números reales consecutivos, pertencecientes a (0, 1), utilizando una distribución uniforme. Después de mostrar cada número, el jugador debe adivinar inmediatamente la posición que ocupará el número (según el orden estándar de los números) entre los nueve elegidos. Evidentemente, no es posible garantizar esa posición, hay que arriesgarse. Si se adivinan las nueve posiciones correctamente, el jugador gana y, en caso contrario, pierde. Si, por ejemplo, adivinamos que el primer número mostrado será el segundo más grande y, después, aparecen dos números más pequeños, habremos perdido.

Tarea

Ayuda a Byteasar. Programa la mejor estrategia de adivinación que puedas. Escribe un programa que juegue varias partidas de *Adivina*, ganando el mayor número posible. Cuantas más ganes, mejor será la evaluación de tu programa. Para ser más exactos, por cada partida ganada el casino paga al jugador 423,99 dólares byteanos y, por cada partida perdida, recibe del jugador 13,53 dólares byteanos. El programa debe jugar 10^6 partidas. El número de puntos que recibirás será igual al beneficio total dividido por 10^4 y redondeado al entero más cercano que se encuentre dentro de [0, 100].

Debes programar un módulo que contenga las siguientes tres funciones:

→ void inicjalizuj() (*inicializar* en polaco)—solo se llamará una vez a este procedimiento, antes de que comience ninguna partida. Puedes utilizarlo para inicializar las estructuras de datos.

→ void nowa_rozgrywka() (*nueva partida* en polaco)—se llamará a este procedimiento al principio de cada partida. Puedes utilizarlo para inicializar las variables correspondientes a una sola partida.

→ int kolejna_liczba(double x) (*siguiente número* en polaco)—esta función recibe un número mostrado x como parámetro ($0 < x < 1$), con una precisión de 12 posiciones decimales. La función debe calcular la posición que tendrá x entre los

9 números mostrados y devolver el resultado. Si se pierde la partida, la función puede devolver cualquier entero entre 1 y 9.

Ejemplo

La siguiente podría ser una interacción hipotética con el programa (los números devueltos por la función kolejna_liczba se muestran en cursiva). Hemos jugado dos partidas.

PARTIDA 1		PARTIDA 2	
0.043319026120		0.164020610610	
1		*2*	
0.933801434041		0.205594263575	
8		*3*	
0.992050359372		0.042637391231	
9		*1*	
0.145189967093		0.147521628974	
4		*1*	Derrota
0.518803250649		0.946549875333	
6		*1*	
0.093583048537		0.772946216573	
2		*1*	
0.764309529654		0.152956276544	
7		*1*	
0.338653748790		0.539653928563	
5		*1*	
0.119437652934		0.552047936535	
3	Victoria	*1*	

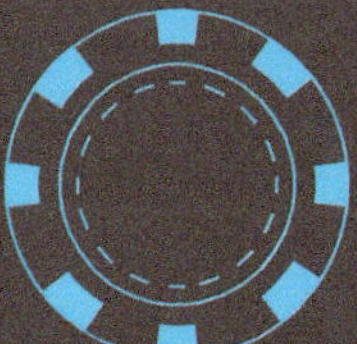

/ Solución

Adivina es un problema muy interesante, y no solo para aquellos a quienes les gusta el juego. Al igual que en la película *21*, en la que unos estudiantes estadounidenses ganaban una fortuna jugando al *blackjack*, Byteasar, como hemos visto en el enunciado, quiere desbancar a los casinos jugando a *Adivina*, mediante una estrategia especial. En este juego, el oponente de Byteasar, ya sea el crupier o el casino, no tiene una estrategia, por lo que la de Byteasar es suficiente para determinar la probabilidad de ganar.

Si asumimos que, antes de cada partida, Byteasar elige una permutación de los números del 1 al 9 y utiliza sus elementos consecutivos durante la partida, entonces la probabilidad de obtener una sola victoria sería de $\frac{1}{9!} = 0,00000275\ldots$ Esto significa que, en cada partida, perdería una media de $13,52879431\ldots$ dólares byteanos.

Podemos tratar de determinar cómo de buena debe ser la estrategia que diseñemos. Si la probabilidad de ganar es p, los ingresos esperados de Byteasar en cada partida deberían ser de $423,99p - 13,53(1 - p)$. Byteasar será feliz si este número es positivo, ya que terminará por hacerse millonario (algún día). Por otro lado, a nosotros nos gustaría que Byteasar ganase, al menos, 10^6 dólares byteanos después de 10^6 partidas. Esa es nuestra expectativa para lograr que la puntuación de nuestra solución sea cercana a 100. Por lo tanto, queremos que la probabilidad p sea como mínimo

$$423,99p - 13,53(1 - p) \geq 1 \Rightarrow p \geq 0,03320991\ldots$$

Comentario breve sobre la estrategia

Vamos a calibrar primero cómo podríamos representar nuestra estrategia. Un aspecto a considerar es conocer qué eventos son independientes de otros y cuáles no. Por ejemplo, en una partida donde debamos adivinar la puntuación de la siguiente tirada de un dado, podemos incorporar los resultados anteriores a nuestra estrategia, pero no afectará a nuestros resultados. Esto se debe a que la puntuación de cada tirada es independiente de las anteriores.

En nuestro caso, obtenemos un número en el primer movimiento. Debemos decidir lo grande que será este número en comparación a los otros ocho que todavía no conocemos. Digamos que elegimos una respuesta y afirmamos que el primer número será el i-ésimo más pequeño.

Podemos comenzar a calcular la probabilidad de que tengamos razón. Digamos que $(x_i)_{i=1}^{9}$ es la secuencia de los números que recibimos del casino. Hasta ahora, solo conocemos x_1. Nos gustaría calcular la probabilidad de que $i - 1$ entre $x_2, \ldots, x_9$ sea menor que x_1, y que el resto de números sean mayores. En primer lugar, vamos a elegir esos $i - 1$ números. Hay $\binom{8}{i-1}$ formas de elegir $i - 1$ números de una secuencia de ocho. Una vez elegidos podemos decir, para cada uno de los números x_i (con $i = 2, 3, \ldots, 9$), si nos gustaría que fuese menor o mayor que x_1. La probabilidad de que un número concreto sea menor que x_1 es x_1, mientras que la probabilidad de que sea mayor es de $1 - x_1$. La elección de cada uno de ellos es independiente, por lo que la probabilidad de que todos ellos cumplan nuestros requisitos es $x_1^{i-1}(1 - x_1)^{9-i}$. Por lo tanto, la probabilidad acumulada de que nuestra predicción sobre x_1 sea correcta es $\binom{8}{i-1}x_1^{i-1}(1 - x_1)^{9-i}$, o

$$\binom{n-1}{i-1}x_1^{i-1}(1 - x_1)^{n-i} \quad \text{para } n = 9.$$

Ahora vamos a generalizar el juego *Adivina*: diremos que n-adivina es una versión de *Adivina*, pero utilizando una secuencia de n elementos, en lugar de 9. También diremos que se juega en un segmento (a, b), si los elementos de *Adivina* se toman del segmento (a, b) con una distribución uniforme (en la versión original de *Adivina*, $a = 0$ y $b = 1$). No olvidemos que jugar a n-adivina sobre (a, b) es equivalente a jugar a n-adivina sobre $(0, 1)$: solo se modifica la escala de los elementos que recibimos del casino (x en el primero corresponde a $\frac{x-a}{b-a}$ en el segundo).

Ahora observamos que no será necesaria una descripción completa de la estrategia. Lo único que necesitamos es un algoritmo que determine nuestro primer movimiento. ¿Por qué decimos esto? Asumimos que, en el primer movimiento, obtenemos 0,4 y respondemos que será el cuarto elemento. Con ello hemos limitado el espacio de las partidas que podemos ganar a aquellas en las que el primer elemento, igual a 0,4, sea el cuarto más pequeño. Si obtenemos 0,3 en el siguiente movimiento, habrá, en general, una probabilidad positiva de que sea el quinto elemento de la secuencia completa. Pero ya hemos predicho que 0,4 es el cuarto, y la probabilidad de que ambos eventos ocurran simultáneamente es 0. Lo que necesitamos es una probabilidad condicional: la probabilidad de que 0,3 en la segunda posición sea el i-ésimo número más pequeño *bajo la condición* de que 0,4 en la primera posición sea el cuarto más pequeño.

Por lo tanto, el primer movimiento divide el resto del juego en dos partidas independientes:

→ 3-adivina jugado sobre (0, 0,4),
→ 5-adivina jugado sobre (0,4, 1).

Además, si nuestra predicción era correcta, cada uno de los siguientes movimientos seguirá una de las partidas independientes y la volverá a dividir en dos (hasta llegar a 0-adivina).

Antes de describirlo más formalmente, vamos a presentar cierta notación. Recordemos que $(x_i)_{i=1}^9$ indica la secuencia de valores dada por el casino, en el paso i-ésimo solo conocemos x_j, para todos $j \le i$. Digamos que $(t_i)_{i=1}^9$ es la secuencia de nuestras respuestas, en el paso i-ésimo indicamos el elemento t_i. Para hacer más sencillas posteriores consideraciones, vamos a asumir que también tenemos estos centinelas: $x_0 = 0$, $t_0 = 0$, $x_{-1} = 1$, $t_{-1} = 10$.

Cuando recibimos un nuevo elemento x_i, debemos elegir entre $x_{-1}, \ldots, x_{i-1}$ el elemento más grande menor que x_i (lo llamaremos x_s) y el elemento más pequeño mayor que x_i (lo llamaremos x_g). Por lo tanto, $x_s < x_i < x_g$. Ya hemos decidido sobre los valores de t_s y t_g, por lo que hemos asumido que, entre los elementos $x_{\text{máx}(s,g)+1}, \ldots, x_9$, hay exactamente $t_g - t_s - 1$ que se encuentran dentro del segmento (x_s, x_g). El primero de ellos es x_i. Ahora debemos "preguntarle" a nuestra estrategia cuál será el mejor primer movimiento en $(t_g - t_s - 1)$-adivina jugando sobre (x_s, x_g), siendo el primer elemento igual a x_i o, lo que es equivalente, el mejor primer movimiento en $(t_g - t_s - 1)$-adivina con el primer elemento igual a $\frac{x_i - x_s}{x_g - x_s}$.

Estrategia sencilla

Ya nos hemos dado cuenta de que todo lo que necesitamos de nuestra estrategia es la capacidad de decirnos qué número será el primer elemento x en n-adivina, para un $x \in (0, 1)$ dado. Pero todavía no sabemos cómo calcularlo.

Comenzaremos con la estrategia más sencilla: dividir $(0, 1)$ en n segmentos iguales. Si la x dada se encuentra dentro del segmento i-ésimo, nuestra respuesta será i. Si denominamos a esta estrategia S^0, se puede escribir como:

$$S^0(n, x) = \lceil xn \rceil.$$

Esto significa que, si jugamos a n-adivina y el casino nos da un número x, decimos que estará en la $\lceil xn \rceil$-ésima posición más pequeña. También podemos representar cualquier estrategia de un modo diferente (lo que nos resultará útil más tarde). Vamos a establecer n. Asumimos que, para $x < y$, tenemos $S^*(n, x) \le S^*(n, y)$. Las estrategias que no cumplen con este requisito parecen menos adecuadas. Además, los valores de $S^*(n, x)$ son $1, 2, \ldots, n$. Por lo tanto, podemos especificar $S^*(n, x)$ completamente (para este n), mediante los valores $s_{n,0}^* = 0 \le s_{n,1}^* \le \cdots \le s_{n,n-1}^* \le s_{n,n}^* = 1$, y decir que $S^*(n, x) = i \Leftrightarrow s_{n,i-1}^* < x \land x < s_{n,i}^*$. En el caso de S^0 tendríamos $s_{n,i}^0 = \frac{i}{n}$. Podemos observar que, según esta descripción, no sabemos qué hacer cuando el casino nos reparta uno de los números $s_{n,i}^*$. Esto no es problema pues, en un caso así, podríamos dar cualquier respuesta. Pero la probabilidad de que ocurra es 0 (ignoramos el hecho de que x tiene una precisón finita).

Antes de saber si esta estrategia tan sencilla es de alguna utilidad, vamos a describir otra un poco más complicada. Si debemos responder a la pregunta de qué posición ocupa un número dado, ¿por qué no responder con aquella que sea más probable? Esto es análogo a la conocida como estimación de máxima verosimilitud.

Ya sabemos cómo calcular la probabilidad de que el primer elemento x sea el número i-ésimo en la secuencia ordenada de n-adivina:

$$p(n, x, i) = \binom{n-1}{i-1} x^{i-1}(1-x)^{n-i}. \tag{1}$$

En el ejemplo anterior, es decir, $n = 9$ y $x = 0,4$, la expresión de la derecha es máxima para $i = 4$ (para $i = 3$ el valor de la derecha es igual a 0,20901888, y para $i = 4$ es 0,27869184).

Llamaremos a esta estrategia S^1 e intentaremos calcular $s_{n,i}^1$. Ya sabemos que $s_{n,0}^1 = 0$ y $s_{n,n}^1 = 1$ para cualquier n. ¿Cómo hallamos el valor de $s_{n,i}^1$ para $0 < i < n$? Vemos que en la vecindad de $s_{n,i}^1$ la estrategia S^1 siempre responde i o $i+1$. Para ser más exactos, para $x < s_{n,i}^1$ tenemos $S^1(n, x) = i$ y para $x > s_{n,i}^1$ tenemos $S^1(n, x) = i+1$. Además, sabemos que $p(n, x, i)$ es continuo. Por lo tanto, $x = s_{n,i}^1$ debe ser un valor para el que $p(n, x, i) = p(n, x, i + 1)$. Busquemos ese x:

$$p(n, x, i) = p(n, x, i + 1),$$

$$\binom{n-1}{i-1} x^{i-1}(1-x)^{n-i} = \binom{n-1}{i} x^{i}(1-x)^{n-i-1},$$

$$\frac{1-x}{n-i} = \frac{x}{i},$$

$$x = \frac{i}{n}.$$

Resulta que esta estrategia "más complicada" es la misma que la estrategia 0. En otras palabras, la estrategia 0 es equivalente a elegir la respuesta con mayor verosimilitud. ¿Será suficiente para vencer al casino?

Análisis de la estrategia

Vamos a tratar de calcular la probabilidad P^*, que es la probabilidad de ganar una partida de *Adivina*, asumiendo que jugamos utilizando una estrategia S^*. Digamos que $P^*(n, x)$ es la probabilidad general de ganar en n-adivina, mientras que $P^*(n, x)$ es la probabilidad de ganar en n-adivina si el primer elemento que nos da el casino es igual a x. Estas probabilidades dependen directamente de nuestra estrategia:

$$P^*(n, x) = p(n, x, S^*(n, x))P^*(S^*(n, x) - 1)P^*(n - S^*(n, x)).$$

Ahora veremos dos formas de calcular estas probabilidades. Una de ellas utiliza el método de Montecarlo para realizar una aproximación. La otra es más precisa, pero necesita un poco de cálculo integral.

 El método de Montecarlo se suele utilizar cuando queremos calcular ciertos valores que pueden ser difíciles de obtener de forma analítica. En vez del resultado exacto, obtenemos una aproximación mediante la toma de suficientes muestras. En nuestro caso, ya nos hemos decidido por una estrategia, por lo que lo único que tenemos que hacer es escribir un programa que juegue a *Adivina* utilizando la estrategia S^1.

¿Qué ocurre con el programa que simula al casino? Si estuviésemos en el concurso, podríamos utilizar el programa que nos proporcionan los organizadores. Ejecutaría nuestra solución 10^6 veces y nos diría cuántos puntos hemos logrado en esa ejecución. Debería ser suficiente para decidir si nuestra solución es lo suficientemente buena para lograr una puntuación alta.

Por otro lado, fuera del ámbito del concurso, podríamos escribir un programa sencillo que actuase como crupier. Este programa también consultaría nuestra solución. Podemos hacer que juegue 10^7-10^8 partidas y nos informe de la fracción de las ganadas. Esa fracción podría ser una buena aproximación al valor de $P^1(9)$.

Este programa podría ser un buen ejercicio para el lector. Sin embargo, si eres impaciente, basta con que consultes el final de la siguiente subsección para descubrir si la estrategia S^1 sería capaz de puntuar...

 Independientemente de la elección de la estrategia, la probabilidad de ganar una partida se puede describir recursivamente:

$$P^*(n) = \int_0^1 P^*(n, x)dx,$$

$$P^*(n, x) = p(n, x, S^*(n, x))P^*(S^*(n, x) - 1)P^*(n - S^*(n, x)).$$

Podemos simplificarlo un poco. Para ello, utilizaremos los valores $s_{n,i}$ que hemos definido antes:

$$P^*(n) = \int_0^1 p(n, x, S^*(n, x))P^*(S^*(n, x) - 1)P^*(n - S^*(n, x))dx$$

$$= \sum_{i=1}^n \int_{s_{n,i-1}^*}^{s_{n,i}^*} p(n, x, i)P^*(i - 1)P^*(n - i)dx$$

$$= \sum_{i=1}^n P^*(i - 1)P^*(n - i) \int_{s_{n,i-1}^*}^{s_{n,i}^*} p(n, x, i)dx.$$

Veamos si podemos tratar con este tipo de integral:

$$\int_a^b p(n, x, i)dx = \int_a^b \binom{n-1}{i-1} x^{i-1}(1-x)^{n-i}dx$$

$$= \binom{n-1}{i-1} \int_a^b x^{i-1} \sum_{j=0}^{n-1} \binom{n-i}{j}(-x)^j dx$$

$$= \binom{n-1}{i-1} \int_a^b \sum_{j=0}^{n-1} \binom{n-i}{j}(-1)^j x^{i+j-1} dx$$

$$= \binom{n-1}{i-1} \sum_{j=0}^{n-1} \binom{n-i}{j}(-1)^j \int_a^b x^{i+j-1} dx$$

$$= \binom{n-1}{i-1} \sum_{j=0}^{n-1} \binom{n-i}{j}(-1)^j \frac{b^{i+j} - a^{i+j}}{i+j}.$$

Podemos calcularlo numéricamente con la precisión que deseemos. Es fácil ver que $P^1(0) = P^1(1) = 1$. Para obtener más valores, podemos utilizar la siguiente fórmula:

$$P^1(n) = \sum_{i=1}^{n} P^1(i-1)P^1(n-i) \int_{\frac{i-1}{n}}^{\frac{i}{n}} p(n, x, i)dx.$$

Después de implementarlo, veremos que $P^1(9) = 0{,}03075546\ldots$, por lo que la estregia S^1 no es suficiente para este problema. Pero, ¿qué podemos mejorar?

Una estrategia mejor

Hasta ahora, hemos utilizado una estrategia muy sencilla: elegimos, cada vez, la respuesta más probable. Parece bastante razonable, pues el mismo valor que estamos maximizando es el que utilizamos después al calcular la probabilidad de ganar. Recordemos que se puede obtener mediante la fórmula:

$$P^*(n, x) = p(n, x, S^*(n, x))P^*(S^*(n, x)) - 1)P^*(n - S^*(n, x)).$$

Elegimos $S^1(n, x)$ de forma que $p(n, x, S^1(n, x))$ sea máximo. Pero, si nos fijamos bien… ¿por qué no elegir $S^*(n, x)$ para maximizar toda la expresión de la derecha?

Nuestro error nos ha llevado a elegir la respuesta más probable en el primer paso. En su lugar, deberíamos elegir la respuesta que maximice nuestras opciones de ganar toda la partida, y eso incluye a los pasos sucesivos.

Veamos un ejemplo: 3-adivina con un primer elemento $x = 0{,}3$. ¿Deberíamos decir que es el primer número o el segundo? Lo más probable es que sea el primero, pues la probabilidad de que los dos elementos siguientes sean mayores es de 0,49, mientras que la de que solo lo sea uno de ellos es de 0,42. En el primer caso, sin embargo, tendremos que tomar una decisión más, si el segundo elemento obtenido será el segundo o el tercero más pequeño. Tenemos una probabilidad de 0,75 de ganar este 2-adivina. Por lo que, si respondemos que 0,3 es el elemento más pequeño de la secuencia, tendremos una probabilidad total de ganar la partida de $0{,}49 \cdot 0{,}75 = 0{,}3675$. Por otro lado, si respondemos que es el segundo número más pequeño, aunque será cierto con una probabilidad de solo 0,42, no habrá que realizar elecciones posteriores.

Llamaremos S^2 a esta estrategia. ¿Cuáles serán los valores s^2? Los calculamos de forma similar a s^1. En la estrategia S^2 estamos maximizando el valor de $q(n, x, i) = p(n, x, i)P^2(i - 1)P^2(n - 1)$ al elegir la respuesta i. Por lo tanto, hallaremos el valor límite de $s^2_{n,i}$ mediante la igualdad:

$$q(n, x, i) = q(n, x, i + 1),$$

$$p(n, x, i)P^2(i - 1)P^2(n - i) = p(n, x, i + 1)P^2(i)P^2(n - i - 1),$$

$$\frac{1 - x}{n - i}P^2(i - 1)P^2(n - i) = \frac{x}{i}P^2(i)P^2(n - i - 1).$$

Lo que terminará por darnos

$$s^2_{n,i} = x = \frac{iP^2(i - 1)P^2(n - i)}{iP^2(i - 1)P^2(n - i) + (n - i)P^2(i)P^2(n - i - 1)}.$$

En la estrategia S^1 hemos calculado los valores P^1 para descubrir si merecía la pena utilizarla. Aquí, en cambio, debemos calcular los valores para definir la estrategia. Al igual que con S^1, tendremos $P^2(0) = P^2(1) = 1$, y para $n \geq 2$:

$$P^2(n) = \sum_{i=1}^{n} P^2(i - 1)P^2(n - i) \int_{s^2_{n,i-1}}^{s^2_{n,i}} p(n, x, i)dx.$$

Al igual que en el análisis anterior, no necesitamos fórmulas integrales. Si, para un n dado, conocemos $P^2(n')$ para cada $n' < n$, en base a ello podemos calcular $s^2_{n,i}$ (para todos los $0 \leq i \leq n$). Es suficiente para jugar a n-adivina con la estrategia S^2.

Sin embargo, tampoco necesitamos utilizar integrales. En su lugar, podemos utilizar el método de Montecarlo para aproximar $P^2(n)$. De esta forma, podemos calcular previamente los valores límite $s^2_{n,i}$, utilizando el método de Montecarlo para los valores consecutivos de n. Si los incorporamos directamente en el código de nuestra solución, no tendremos que volver a calcularlos cuando estemos jugando la partida.

Ya tenemos todo lo necesario para calcular no solo la estretegia, sino también la probabilidad de ganar *Adivina*, al jugar con la estrategia S^2: $P^2(9) = 0,03337533...$, lo que debería ser suficiente para obtener 100 puntos.

¿Cómo hemos determinado la probabilidad de obtener la puntuación máxima utilizando la estrategia S^2? Para saberlo, necesitamos algunos conocimientos de teoría de la probabilidad. Digamos que, después de 10^6 partidas, ganamos X de ellas (X es una variable aleatoria). Querremos que $423,99X - 13,53(10^6 - X) \geq 10^6$, lo que es equivalente a $X \geq 33210$. La probabilidad de ganar una sola partida de *Adivina* es de $p = 0,03337533...$. Gracias al teorema del límite central, sabemos que X tiene (aproximadamente) una distribución normal, con un valor esperado $\mathbb{E}X = 10^6 > 33375$ y una desviación típica $\sigma_x = \sqrt{10^6 p(1-p)} < 180$. Por lo tanto, la probabilidad de $\{X < 33210\}$ es menor que:

$$\mathbb{P}(X < 33210) < \mathbb{P}(X - \mathbb{E}X < -165) < \mathbb{P}\left(\frac{X - \mathbb{E}X}{\sigma_x} < -\frac{165}{180}\right) =$$

$$= \mathbb{P}\left(\mathcal{N}(0, 1) < -\frac{165}{180}\right) < \Phi\left(-\frac{165}{180}\right) < 0,18.$$

Por lo que, con la estrategia S^2 obtendremos 100 puntos con una probabilidad mínima de 0,82.

Comentarios finales

El problema *Adivina* es muy original. Se presentó en una sesión de prueba de la fase final de la Olimpiada informática poalca, por lo que, probablemente, el comité organizador de la Olimpiada lo consideró un problema experimental. Algunos de los concursantes lo resolvieron correctamente. Otros no lograron la solución completa, utilizando la estrategia sencilla que hemos descrito. Uno de los concursantes consiguió desbancar totalmente al casino al adivinar las progresiones futuras de la partida basándose en variables de un generador de números pseudoaleatorios.

Recordé este problema, años después del concurso, durante un largo viaje. Después de un prolongado intercambio de mensajes SMS con un número desconocido, llegó el momento de descubrir cuál de las chicas a las que acababa de conocer estaba en el otro extremo de la comunicación. Gracias a mi excelente preparación en la Olimpiada, supuse que era la que más me gustaba.

Índice de problemas

notas

notas